METHODOLOGY OF LIFELONG EDUCATION

평생교육방법론

| 김영옥 · 최라영 · 조미경 공저 |

학지사

◇◇◇◇◇◇◇◇
머리말

　세계 각국의 평생학습 실천 평가 지침이 될 만큼 오늘날까지 평생교육에 가장 많은 영향을 주고 있는 것이 1996년 유네스코의 들로르(Delors) 보고서입니다. 들로르는 「학습: 그 안에 담긴 보물(Learning: The Treasure Within)」이라는 보고서를 통해 모든 인간이 미처 발견하지 못하고 잠재적으로 가지고 있는, 숨겨진 보물을 평생학습으로 찾아낼 것을 강조했습니다. 그러기 위해서는 전 생애를 걸쳐 자신의 능력을 개발해야 하는데, 바로 학습 네 기둥을 세울 것을 제안하였습니다. 학습 네 기둥이란 알기 위한 학습(learning to know), 행위를 위한 학습(learning to do), 더불어 살아가기 위한 학습(learning to live together), 그리고 존재를 위한 학습(learning to be)입니다.

　학습 네 기둥을 실천하기 위해서는 학교교육만으로는 한계가 있기 때문에 학교를 졸업한 이후에도 모든 사람이 계속적으로 학습할 수 있는 평생학습사회가 이루어져야 합니다. 선진국은 일찍이 평생학습사회 실현을 위해 평생학습도시 건설을 추진해 왔으며, 우리나라도 2001년부터 평생학습도시를 건설하기 시작하였습니다. 2018년 153개 지방자치단체가 평생학습도시로 지정되어 그 도시 안에 살고 있는 시민 누구나 언제 어디서나 학습할 수 있는 평생학습사회 실현에 박차를 가하고 있습니다.

　학습의 물결이 전 생애에 걸쳐 일어나고 있는 시점이고, 특히 2016년 4월 세계경제포럼에서 클라우스 슈밥(Klaus Schwab)이 4차 산업혁명시대를 선언하면서 새롭게 배워야 하는 영역이 확대되고 있습니다. 또한 2017년 8월 우리나라 65세 이상 인구가 14.2%로 고령사회에 들어서면서 배움의 길이가 점점 길어져 가고 있는데, 대학까지 인생의 약 1/4을 정규 학교교육에서 배운다면 인생의 3/4은 바로 학교제도권 밖인 평생교육에서 배움의 기회를 제공해야 합니다. 그렇다면 과연 정규학교에서처럼 이미 정해진 교육 내용에 맞추어 활용되었던 교육방법으로 평생교육에 접근할 수 있을까요?

학교 밖 평생교육 현장의 교육 내용은 너무나 다양합니다. 연령층의 범위도 넓고, 학습자들의 특성과 여건도 다양하고, 살고 있는 지역 특성도 다릅니다. 즉, 학습자의 특성과 여건, 지역 특성 등을 고려한 평생교육방법이 적용되어야 학습 효과를 높일 수 있을 것입니다.

성인의 학습 방법은 다르다는 놀스의 안드라고지 가정 네 가지는 평생교육방법을 개발하고 활용하는 데 많은 시사점을 줍니다. '어떻게 성인학습자의 경험을 살릴 것인가?' '성인이 자기주도적으로 학습하게 하려면 어떤 교육방법을 개발하고 적용할 것인가?' '성인이 갖고 있는 당면한 과제를 해결하기 위해 어떻게 도와주어야 할 것인가?' 등 다양한 평생교육방법으로 접근해야 할 것입니다.

그리고 누구나 학습장을 열 수 있고, 카페, 숲, 마을정자, 온라인 등 어디서든 학습할 수 있으며, 누구에게나 열린 유비쿼터스 시대에 온라인, 브랜디드, 하브루타, 플립러닝, MOOC, 액티브러닝 등 어떤 교육방법이 가장 적합할지를 개발하고 활용하는 것이 중요합니다. 이렇게 학습 공간과 형태가 다양해짐에 따라 학습의 내용이 다양해질 수밖에 없습니다. 그리고 무엇보다 가장 중요한 것은 학습자의 요구입니다. 평생교육에 참여하는 성인학습자들의 학습 욕구가 각기 다르기 때문에 개설한 평생학습 프로그램을 성공적으로 운영하려면 적합한 평생교육방법을 선택하는 것이 중요합니다.

따라서 이 책은 전문가의 지식을 습득할 수 있는 가장 기본적인 강의법부터 개인이 스스로 학습할 수 있는 자기주도적 학습능력을 향상시킬 수 있는 방법, 집단을 이루어 서로 배우고 가르치는 학습법, 집단이 함께 할 수 있는 공동체 학습법, 4차 산업혁명시대에 적합한 스마트 학습법, 고령화 시대에 적합한 학습법 등 평생교육 현장에서 다양한 상황에 활용할 수 있는 평생교육방법을 소개하고자 노력하였습니다.

그리고 이 책의 특이점은 앞에서 언급한 다양한 학습자의 요구와 특성, 장소, 지역 특성 등을 고려하여 개발·운영되고 있는 수많은 평생교육 프로그램을 분류해 놓은 평생교육 6진 분류에 근거하여 평생교육방법론을 제시한 제3부입니다.

이 책이 평생교육을 탐구하고 있는 미래의 평생교육사, 학부생, 대학원생 그리고 평생교육지도자들이 평생교육 현장에서 펼쳐지는 다양한 평생교육 프로그램의 효과를 높이고 적합한 평생교육방법을 활용할 수 있는 역량을 기르는 데 도움이 되었으면 합니다.

또한 현장에서 평생교육 프로그램을 개발하고 운영하는 실천가, 평생교육 프로그램 강사, 지도자들에게는 평생교육의 다양한 상황에 적합한 평생교육방법을 활용하는 데 유익한 자료가 되었으면 하는 바람입니다.

모두가 소외됨 없이 평생학습으로 자신의 보물을 키워 나가며, 평생학습사회 발전에 힘쓰고 있는 미래의 평생학습지도자, 평생학습자, 실천가, 전문가들의 건승과 행복을 빕니다.

2019년 3월
저자 일동

◇◇◇◇◇
차례

제1부

평생교육방법의 이해

제1장

평생교육방법의 기초

평생교육은 일정한 시기에 교육하는 것이 아니라 인간이 태어나서 죽을 때까지 평생에 걸쳐 이루어지는 교육을 말한다. 그러나 교육이라고 하면 이미 우리의 일상생활 속에 학교교육의 패러다임이 자리잡고 있기 때문에 교육이 곧 평생교육이라는 개념을 인식하기가 쉽지 않다. 하지만 21세기 지식정보화 사회에서 살면서 학교교육을 마친 이후의 교육의 필요성은 점차 증가하게 되었다. 따라서 국가도 국민의 교육실현을 위해 평생교육지원체제를 강화하고 있다. 이제 학교교육의 틀을 벗어나 평생교육의 패러다임으로 전환되고 있는 것이다. 이렇게 평생교육이 확산되면서 학교교육에서 활용되었던 교육방법의 적용은 한계에 봉착하게 되었고, 평생교육에 적합한 교육방법의 필요성이 부각되었다. 즉, 다양한 학습자의 요구와 특성에 맞는 평생교육 프로그램을 효과적으로 전개하기 위한 평생교육방법이 필요하다고 볼 수 있다.

이 장에서는 평생교육방법을 적용하는 데 기초가 되는 평생교육의 개념과 내용에 대해 살펴보고자 한다. 평생교육이 출현하게 된 배경과 그 역사적 근원을 살펴보고, 우리나라에서는 언제 어떻게 평생교육이 도입되고 어떻게 진행되어 왔는지를 알아보고자 한다. 또한, 근거리에서 배울 수 있는 주민밀착형학습부터 전문가 자격과정까지 전국 방방곡곡에서 개발·운영되는 평생교육 프로그램을 어떻게 분류할 것인지 살펴보고자 한다.

학습목표

1. 평생교육의 출현배경과 평생학습 패러다임 전환의 필요성을 설명할 수 있다.

2. 평생교육에 영향을 끼친 국제기구인 OECD와 UNESCO의 지향성과 세계 평생교육 발전에 영향을 끼친 학자들의 보고서의 핵심 내용을 설명할 수 있다.

3. 우리나라 평생교육 6진 분류에 근거하여 평생교육 프로그램 분류 능력을 함양할 수 있다.

✱ 주요 용어

평생학습 패러다임, 평생교육, 경제협력개발기구(OECD), 유네스코(UNESCO), 학습 네 기둥, 평생교육 6진 분류

1. 평생교육의 개념

1) 평생교육의 배경

(1) 평생교육의 출현 배경

평생교육은 프랑스어로는 l'éducation permanente이고, 스페인어로는 education permanente로 영구교육 또는 항구교육으로 번역된다. 그리고 영어로는 lifelong education, 일본어로는 생애교육(生涯敎育)으로 번역하여 사용되고 있다.

평생교육(lifelong education)이라는 용어는 1919년 영국의 성인교육위원회에서 평생교육의 원칙을 제시한 보고서에서 처음 사용되었다. 이 보고서는 "평생교육은 제한된 사람들을 위한 사치가 아니라 사회생활의 통합요소"라고 강조하고, "모든 사람이 항상 참여할 수 있도록 평생교육이 조직되어야 한다."고 지적했다. 이후 랑그랑(Lengrand, 1965), 허친스(Hutchins, 1968), 포레(Faure, 1972) 등 관련 학자와 유네스코(UNESCO, 1970)와 경제협력개발기구(OECD, 1973) 등 국제기관에 의해 평생교육과 관련된 용어들이 지속적으로 확산되었다.

그러나 평생교육이라는 말이 전 세계적으로 광범위하게 사용된 것은 유네스코의 역할이 컸다. 유네스코의 성인교육발전을 위한 국제위원회(International Committee for the Advanced of Adult Education, 1965. 12.)에서 랑그랑의 계속교육에 관한 연구논문을 검토한 결과, "유네스코는 출생에서 죽음에 이르기까지 인간이 일생을 통하여 행하는 교육의 과정(전체적으로 통합적이어야 할 필요성이 있는 교육과정)을 만들어 활동하게 하는 원리로서 평생교육이라는 구상을 승인해야 한다."(한국사회교육협회, 1983: 김종표, 2016에서 재인용)라는 건의를 유네스코 사무국에 제출한 것에서부터 평생교육이 확산되었다.

이 건의는 1970년대 유네스코의 기본교육사업으로 채택되었으며, 1970년 '국제교육의 해'의 주제로 평생교육을 표방하였다. 1972년의 교육발전에 관한 국제위원회(International Commission on the Development of Education)의 보고서(통칭 '포레 보고서')에서 포레는 모든 선진국과 개발도상국에서 이 평생교육을 실시하여야 한다(Edgar, 1972, p. 182; 김용현, 2004에서 재인용)고 제언하였다. 또한, 1972년 일본의 동경에서 개최된 제3차 세계성인교육회의에서 평생교육의 개념과 원리가 채택되어 세계 여러 나라에 빠른 속도로 전파되게 되었다(김종표, 2016; 김진화, 2010a).

포레의 「존재를 위한 학습(Learning to Be)」 보고서는 유네스코 교육개발위원회의 평생교육에 관한 유네스코의 구상을 잘 전달하고 있는 것으로 세계 각국의 새로운 교육정책 기준이 되고 있다.

(2) 우리나라 평생교육의 출현 배경

우리나라에서는 1973년에 유네스코 한국위원회에서 '평생교육 발전을 위한 세미나'를 개최하여 평생교육의 개념과 원리의 전파에 노력하였다. 1977년에는 한국사회교육협회 주최의 '평생교육과 사회교육법'에 관한 전국 세미나가 개최되었고, 1978년에는 문교부 정책연구과제로 「평생교육관계 보고서」(한국사회교육협회, 1978: 김종표, 2016에서 재인용)가 제출되는 등 활발한 연구가 진행되어 왔다. 특히 제5공화국 「헌법」에 평생교육진흥에 관한 조항["국가는 평생교육을 진흥하여야 한다."(제29조 제5항)]이 제정됨에 따라 평생교육에 대한 국가적 관심이 크게 부각되었다(김종표, 2016).

또한 민간단체의 교육 활동이 주민에게 평생교육 참여 기회를 제공해오기도 하였다. 특히 1969년 한국지역사회학교후원회가 조직되면서 학교가 주민 평생교육의 장으로 활용되기 시작하였다. 1968년 동아일보사와 주한미국공보원은 전통적 낙후성을 탈피하는 일과 근대화의 부작용과 진통을 극복해야 하는 이중적 과제를 안고 있는 상황에서 '도시문화와 민간지도자'라는 주제를 가지고 속리산에서 국제회의를 개최하였다. 이 회의의 참고자료로서 입수된 〈To Touch A Child〉라는 영화가 세미나에 참가한 사람들에게 깊은 감명을 주었다. 이 영화는 미국 미시간 주 프린트 시에서 30여 년간 체험해 온 지역사회학교의 실천 경험을 설명한 것으로 학교를 개방하여 주민이 배우고 싶어 하는 것을 배우는 시설로 만들어 학교를 중심으로 서로 가르치고 배우는 공동체를 만들어 간다는 내용이다(김종서, 주성민, 1990). 이 영화를 본 사람들이 '한국지역사회학교후원회'를 발족(회장 정주영)하고 학교를 개방하여 자기실현을 위한 평생학습 등을 추진해 왔으며, 1997년 '한국지역사회교육협의회'로 명칭을 개칭, 2018년 전국에 30개 지부를 두고 지역사회문제해결에 중점을 둔 평생학습, 지역사회교육운동을 추진해 오고 있다.

이후 1980년 「헌법」에 처음으로 평생교육의 진흥이 명시되고, 1982년 「사회교육법」이 제정되었으며, 1999년 「평생교육법」으로 명칭이 변경되었다. 평생교육이 우리나라 일반시민의 일상생활이 될 수 있게 된 배경에는 교육부가 2001년부터 지방자치단체(이하 '지자체')를 대상으로 평생학습도시조성 사업을 추진되면서부터라고 할 수 있다. 평생학습도시는 개인의 자아실현, 사회적 통합 증진, 경제적 경쟁력을 제고하여 궁극적으로 개인의 삶의 질 제고와 도시 전체의 경쟁력을 향상시킬 수 있도록 언제, 어디서, 누구나 원하는 학습을 즐길 수 있는 학습공동체 건설을 도모하는 총체적 도시 재구조화(restructuring) 운동이다. 지역사회의 모든 교육자원을 기관 간 연계, 지역사회 간 연계, 국가 간 연계시킴으로써 네트워킹 학습공동체를 형성하려는 지역 시민에 의한, 지역 시민을 위한, 시민의 지역사회교육운동이라고 볼 수 있다. 이처럼 지자체가 나서서 지역 주민의 평생학습권을 보장하는 정책을 펼치게 되면서 평생교육이 확산되었다.

특히 2008년 「평생교육법」이 전면 개정됨에 따라 교육부 산하 국가평생교육진흥원, 광역 시·도 단위의 평생교육진흥원이 개원되고 기초 시·군·구 지자체 평생학습도시까지 국가 평생교육 3대 전담 지원체제를 구축하게 되면서 평생교육이 일반시민의 일상생활과 직업세계에서도 쉽게 접할 수 있게 되었다. 또한 2017년 8월 우리나라 65세 이상 인구가 14.2%로 고령 사회에

들어섰으며, 4차 산업혁명시대의 물결이 급속도로 밀려들어 오면서 평생학
습은 새로운 시대적 담론이자 혁신적인 패러다임으로 인식되고 있다.

2) 주요 국제기구의 평생교육 영향

평생교육은 평생교육의 관련된 주요 국제기구에 영향을 받고 있다. 평
생교육의 지향점의 변화에 영향을 끼치고 있는 국제기구는 유네스코
(UNESCO), 경제협력개발기구(OECD), 세계은행(World Bank), 유럽연합(EU)
등이다. 가장 많은 영향을 받은 국제기구는 유네스코, OECD이다.

(1) 유네스코의 영향

유네스코의 설립 목적은 인류평화 문화 조성, 빈곤 추방, 교육 · 과학 · 문
화의 소통과 정보 제공을 통하여 지속 가능한 발전과 다양한 문화 간 소통
에 있으므로 교육영역, 특히 평생교육영역에서도 이와 같은 기조하에 평생
교육의 지향점을 제시하고 사업을 추진해 왔다. 유네스코의 평생교육 지향
에 영향을 미친 학자들은 랑그랑(Lengrand), 옴멘(Ommen), 다베(Dave), 겔피
(Gelphi), 포레(Faure), 들로르(Delors) 등이다.

① 랑그랑의 영향

유네스코의 평생교육 지향에서 가장 중요한 인물 중 한 사람은 랑그랑이
다. 랑그랑은 유네스코 성인교육국장을 지냈으며, 1965년 12월 유네스코 '성
인교육발전위원회'에 「평생교육」이라는 보고서를 권고안으로 제출하였고,
유네스코 본부가 이 건의안을 받아들이게 되면서 평생교육이 확산되었다.
랑그랑의 보고서에 나타나 있는 평생교육의 지향은 인간의 전 생애에 걸친
교육 기회 제공, 인간의 발달에 적합한 교육 기회 제공, 인간의 전 생애에 걸
친 학습 지원을 위한 제도적 장치 마련, 공교육기관의 평생교육기관으로서
의 기능 강화 등이다. 유네스코 사무국은 성인교육발전위원회의 건의를 받

아들여 1970년 '세계교육의 해'를 계기로 '평생교육'의 개념 정의와 보급에 박차를 가했다.

② 국제성인교육회의 영향

유네스코는 처음 조직되었을 때부터 문해교육 운동 등 성인 기초교육 분야에 힘을 기울였다. 1945년 유네스코 창립준비회의에서 당시 사무총장 대리를 맡았던 알프레드 지먼은 "교육 분야에서 유네스코가 설정해야 할 방향은 많은 사람이 빈곤과 무지 속에 살고 있는 나라들을 도와주는 일로서 구체적으로 세계 여러 나라의 성인 비문해자를 교육하는 일이다."(UNESCO, 1947, pp. 1-2; 한숭희, 2010에서 재인용)라고 하였다. 당시 주창되었던 이념 중 "교육은 해방이다(To educate is to liberate.)."라는 말은 제2차 세계대전 이후 독립한 수많은 신생국의 진정한 해방을 지향함과 동시에 이후의 기초교육(fundamental education) 정책과 사업의 중심축이 되었다(한숭희, 2010). 그동안 평생교육 이념의 형성과 전 세계적 발전 전략은 유네스코의 '국제성인교육회의'(Conference Internationale sur L'education des Adultes: CONFINTEA)를 통해 추진되었다. 유네스코는 1940년대 이후 12년 혹은 13년 간격을 두고 현재까지 총 6회에 걸친 세계성인교육회의를 개최하였다. 세계성인교육회의는 성인교육에 대한 세계적 실태진단과 이후 전개해야 하는 성인교육정책 방향을 제시하는 중요한 의미를 지닌 회의이다. 그동안 성인교육회의는 1949년, 1960년, 1972년, 1985년, 1997년, 2009년에 걸쳐 총 6차례 개최되었다.

1차 회의는 1949년 '민주사회건설을 위한 시민성 교육과 자유교육' 주제로 덴마크 엘시노어(Elsinore)에서 개최되었다. 이 회의는 25개국에서 총 79명이 참석하여 제2차 세계대전을 반성하고, 성인교육 분야의 세계적 결속과 국제협력의 계기를 마련하였다.

2차 회의는 1960년 51개국에서 총 112명이 참석한 가운데 캐나다 몬트리올(Montreal)에서 개최되었으며, 공산권 국가, 라틴아메리카, 국제기관, 비정부 조직이 참석하였다. 이 회의를 통해 향후 추진하여야 하는 정책목표로 평생교육 이념이 대두되었으며, 변화하는 세계에서의 성인교육과 성인문해교육의 중요성을 공감하는 계기가 되었다.

3차 회의는 1972년 7월 일본 도쿄(Tokyo)에서 개최하였으며, 세계 85개국과 42개 국제기구에서 총 400명이 참석하였다. 이 회의의 특징은 개발도상국 회원들의 참여가 증가하였다는 점이며, 회원국의 성인교육 관련 법규가 제정되고 각종 성인교육활동이 보급되는 계기가 마련되었다. 특히 사회경제적으로 소외된 집단의 교육에 대한 관심이 증대되었다.

4차 회의는 프랑스 파리(Paris)에서 개최되었으며, '학습권 선언'이 채택되었다는 데 의의가 있다. 이 회의에서 논의된 주제는 1972년 이후의 성인교육의 발달, 교육의 민주화와 평생교육 관점에서의 성인교육 발전, 성인교육 발전을 위한 국제적·지역적 협력증진방안 등이었다.

5차 회의는 1997년 독일 함부르크(Hamburg)에서 개최되었으며, 130개 회원국과 비회원국, 국제기구, 협회, 비정부조직에서 총 1,507명이 참석하는 등 참여국이 크게 증가했다. 이 회의는 세계화가 진행되는 시대적 배경 속에서 개최되었으며, '교육권'과 '학습권'에 대한 인식을 확산하는 계기를 마련하였다. 평생학습의 한 부분으로서 성인학습과 비형식교육은 필수불가결한 부분이라는 세계적 인식을 확산하는 계기를 마련하였다.

6차 회의는 브라질 벨렝(Belém)에서 개최되었으며, 2009년 12월 144개국, 유엔기관, 국제기구, 비정부기구와 재단, 일반인으로 구성된 총 1,125명이 참석하였다. 이 회의는 오늘날 세계화, 국제화의 시대적 배경과 지구환경문제의 심각화로 인한 지속 가능한 발전을 위한 대안이 절실한 시기에 개최되었다. 평생학습 발전에 성인학습과 교육에 대한 인식 확산이 필요하며, 문해교육이 그 기초가 됨을 확인하였다는 데 의의가 있다.

세계성인교육회의는 현재까지 총 6차에 걸쳐 유네스코 회원국과 비회원국, 국제기구, 비정부조직, 일반인 등이 참여하여 성인교육의 전 세계적 현황 진단 및 주요 과제를 발굴하고, 성인교육과 평생교육에 대한 주요 정책과제와 추진방안을 마련하는 데 기여하였다. 2017년 10월 25∼27일에는 유네스코 평생학습연구소(UIL)가 주관하는 '유네스코 제6차 세계성인교육회의 중간회의'가 수원시에서 열렸다. 전 세계 97개국에서 회원국 대표와 성인학습전문가 등 500여 명이 참가해 평생학습이 나아갈 방향을 논의했다. 폐막에 앞서 '수원선언문'을 발표하기도 했다. 그리고 제6차 세계성인교육회의를 점검하고 2021년 개최될 제7차 회의 방향을 설정하였다. 이처럼 세계성인교육회의를 통해 향후 국제적으로 추진될 평생교육의 주요 의제가 발굴되었으며, 평생교육의 이념적 지향과 과제가 논의되는 가운데 평생교육의 이론과 실천이 발전하고 있다.

　③ 포레, 들로르의 영향
　유네스코 '국제교육발전위원회' 위원장인 포레는 1972년 근대 평생교육의 역사를 가름하는 중요한 문건인「존재를 위한 학습(Learning to Be)」(통칭 포레보고서)이라는 보고서를 발간하였다. 이 포레 보고서는 이후 평생교육 사상, 실천 및 연구의 초석을 다졌다. 한숭희(2010)가 지적한 대로, 포레 보고서는 학교교육 틀에 대한 개혁을 통해 교육의 지평을 학교사회에서 평생학습사회로 넓힌 선구자적 문건이며, 당시의 세계 제도교육의 문제는 단지 실천적 변화만으로는 해결될 수 없으며 오히려 교육을 바라보는 이론적 패러다임을 평생교육이라는 새로운 담론으로 전환함으로써만 해결될 수 있다는 것은 교육의 이념을 학교교육에서 평생교육으로 확장하였다고 볼 수 있다.
　포레 보고서 이후에 유네스코는 1996년 들로르를 위원장으로 하는 '21세기 교육위원회'를 통하여 평생교육의 이념을 종합적으로 제시하였다. 들로르 보고서라 불리는「학습: 그 안에 담긴 보물(Learning: The Treasure Within)」은 앞선 포레 보고서에서 강조한 '존재를 위한 학습'이라는 지향점을 보다 구체적으로 논의한다. 평생학습의 가능성을 모든 인간이 미처 발견하지 못하고 잠재적으로 가지고 있는 숨겨져 있는 보물로 비유하고 있다. 21세기의 변화하는 시대적 흐름에서 인간다움을 지키면서 살아가기 위해서 평생학습 가

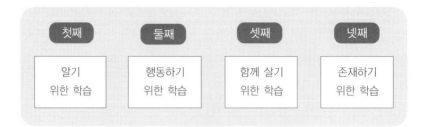

[그림 1-1] 유네스코의 학습 네 기둥

치를 발견하고 이를 실행하는 것이 필요하며, 그럼으로써 한 인간으로서 가지고 있는 잠재성을 드러낼 수 있다는 것이다. 이를 위한 급진적인 네 가지 학습 유형으로서 알기 위한 학습, 행위를 위한 학습, 더불어 살아가기 위한 학습, 그리고 존재를 위한 학습을 '학습의 네 기둥'으로 제안하였다(유네스코 21세기세계교육위원회, 1997).

첫째, 알기 위한 학습(learning to know)은 개인 스스로 학습할 수 있는 능력을 기를 수 있도록 도와줄 것을 강조한다. 인간으로서 독자적 가치를 존중하고 또 지켜 나가기 위해서 끊임없는 학습이 요구되며, 이를 위해서는 어떠한 상황에서든지 자신에게 필요한 것을 학습할 수 있는 힘을 갖추는 것이 필수적이라고 본다.

둘째, 행위를 위한 학습(learning to do)은 개인이 효과적으로 노동활동에 참여할 수 있는 능력을 기르는 것이다. 지속적으로 일함으로써 안정적인 삶을 영위할 수 있는 수단을 제공하는 과정으로 이해될 수 있다. 단순히 전문직업기술의 배양뿐만 아니라 다양한 상황에서 타인과 더불어 효과적인 활동을 할 수 있는 개인의 사회적 기술과 같은 광범위한 영역에 필수적으로 요구되는 역량을 기르는 데 초점을 맞추고 있다.

셋째, 더불어 살아가기 위한 학습(learning to live together)은 문화적 다양성에 대한 감각을 도야함으로써 다름에 대한 수용적 태도를 갖추도록 하는 학습이다. 자신과 구별되는 존재들과의 관계가 경쟁과 갈등이 아닌 호혜적인 가치와 포용적 태도를 바탕으로 이루어지도록 하는 데 있다. 공동의 과제를 수행함으로써 서로 간의 차이를 포용하고 조정할 수 있는 기회가 될 수 있어야 함을 강조한다.

넷째, 존재를 위한 학습(learning to be)은 가장 궁극적인 학습의 초석이자 목적이다. 인간으로 존재하도록 도와주기 위해서 평생교육은 개별적인 자아실현을 돕는 것이어야 하며, 개인의 평생에 걸친 학습에 대한 이러한 체계적 지원은 누구에게나 제공되어야 한다. 개인의 인성을 보다 잘 성장시키고, 자율성, 판단력, 책임감을 가지고 행동할 수 있게 해 주어야 한다고 본다.

이 학습의 네 기둥은 서로 구분되는 별개의 학습이 아니라 한 유형의 학습의 필요성이 다른 유형의 학습을 효과적으로 이끄는 조건과 관련되며, 다른 유형의 학습과정에 영향을 미치는 상호 보완적 관계이다(김용주 외, 1997; 김한별, 2014).

(2) OECD의 영향

OECD는 유네스코의 평생교육운동과 때를 맞추어 순환교육(recurrent education)이라는 개념을 슬로건화하기 시작했으며, 순환교육 역시 1960년대의 교육 격동기 및 급진적 탈학교론, 학교교육에 대한 비판론 등을 염두에 두면서 '교육제도의 틀을 바꾸지 않으면 안 된다.'는 문제의식에서 출발한 것으로서, 계속교육과의 차별성을 주장하면서 유네스코와 마찬가지로 교육제도 안에 숨어 있는 수많은 장애물, 장벽 및 차별을 탄력적으로 극복할 수 있는 교육개혁모형을 제시한 것이었다.

OECD의 순환교육은 정규학교를 졸업하고 직업을 가진 성인에게 직업에 관련된 새로운 지식과 기술을 교육하는 것으로 산업사회의 직업기술 갱신을 위한 교육을 뜻한다. 1973년 출간한 「순환교육: 평생학습을 위한 전략(Recurrent Education: A Strategy for Lifelong Learning)」에 평생학습의 주요 개념이 포함되어 있다. ① 국가 주도의 위계적 학교교육체제를 유연하고 회귀 가능한 형태로 변화시키는 것, ② 일단 정규 트랙을 벗어난 사람들이 자유롭게 들어올 수 있는 길을 열어 주는 것, 즉 시스템 중심에서 학습자 중심으로 관점을 전환하는 것, ③ 교과 중심의 학교교육에서 능력 중심의 평생학습으로 전환할 수 있도록 하는 것을 의미하는 것이었다(Davis et al., 1986; 한숭희, 2010에서 재인용). OECD는 1990년대로 넘어가면서 '정규교육 시스템의 유연화'로서 순환교육이라는 용어를 폐기하고 본격적으로 평생학습이라는 용어를 전면에 내세웠다. 그 분기점이 된 것이 1996년에 발표된 『모든 이를 위한 평생학습(Lifelong Learning for All)』이라는 문건이다(Faure et al., 1972; 한숭희, 2010).

OECD의 지향은 유네스코와 같이 학습사회를 지향하고 사회구성원의 지식과 기술이라는 점에서는 동일하지만, 학습의 내용이 직업과 관련된 지식과 기술이라는 점과 이를 통한 궁극적 지향점이 유능한 근로자 육성을 통한 직업세계와 경제발전, 각국의 경쟁력 제고에 기여하는 도구적 필요를 충족하기 위한 것이라는 점에서 차이가 있다. 이처럼 평생교육은 초기에는 유네스코를 중심으로 인본주의적 관점과 세계 평화, 만인의 학습권을 위한 관점에서 출발하였으나, 차츰 인적자원 개발과 경제발전을 지향하는 것으로 변화되었다.

3) 평생교육의 개념

우리나라 「평생교육법」 제4조에서는 평생교육의 이념을 "① 모든 국민은 평생교육의 기회를 균등하게 보장받는다. ② 평생교육은 학습자의 자유로운 참여와 자발적인 학습을 기초로 이루어져야 한다. ③ 평생교육은 정치적·개인적 편견의 선전을 위한 방편으로 이용되어서는 아니 된다. ④ 일정한 평생교육과정을 이수한 자에게는 그에 상응하는 자격 및 학력인정 등 사회적 대우를 부여하여야 한다."라고 정의하고 있다. 평생교육의 개념은 여러 학자들에 의해 다양하게 정의되고 있다. 평생교육의 개념을 광의적 정의와 협의적 정의로 구분할 수 있다.

(1) 광의적 정의

평생교육은 지식정보화 사회를 거쳐 4차 산업혁명시대를 살아가야 하는 모든 사람에게 필수적인 교육 패러다임이 되고 있다. 평생교육의 광의적 정의를 살펴보면 다음과 같다.

- 김종서와 주성민(1990): 평생교육은 '인간의 삶의 질 향상'이라는 이념추구를 위하여 태교에서부터 시작하여 유아교육, 아동교육, 청년교육, 성인전기교육, 성인후기교육, 노인교육을 수직적으로 통합한 교육과 가정교육, 사회교육, 학교교육을 수평적으로 통합한 교육을 총칭하여 말한다. 그것은 개인의 잠재능력의 최대한의 신장과 사회발전에 참여하는 능력의 개발을 목적으로 한다.
- 유네스코(1965): 평생교육은 유네스코 성인교육추진위원회에서 랑그랑이 처음으로 제시한 개념으로, 랑그랑은 "교육이란 한 개인이 학교라는 형식기관에 들어서면서 시작되고 졸업함으로써 끝나는 것이 아니라 일생을 통하여 계속되어야 한다."라고 하여 평생교육을 '출생에서 죽을 때까지의 전 생애에 걸친 교육의 통합'이라고 정의하였다.
- 김진화(2010): 평생교육은 유아, 아동, 청소년, 성인, 노인 등을 대상으로 하는 전 생애에 걸친 교육과 가정, 학교, 사회, 기업, 사이버상에서 이루어지는 범 생애교육을 포함하는 총제적인 교육 이념이다.

궁극적으로는 학습자의 자율적 학습 수행과 교육적 선택의 자유를 통한 학습권이 보장되는 학습 사회를 지향하는 교육이념으로, 즉 평생교육이란 인간 삶의 질 개선을 위해 교육권을 실질적으로 보장해 주는 교육이념으로 아동기, 청소년기, 성인기, 노년기 등의 발달단계에 따른 교육활동의 수직적 통합과 가정, 학교, 사회에서 각기 전개되던 형식적 · 비형식적 · 무형식적 교육활동의 수평적 통합을 추구한다. '삶이 곧 교육'인 '학습사회'를 건설하고자 하는 모든 형태의 교육활동이라고 볼 수 있다.

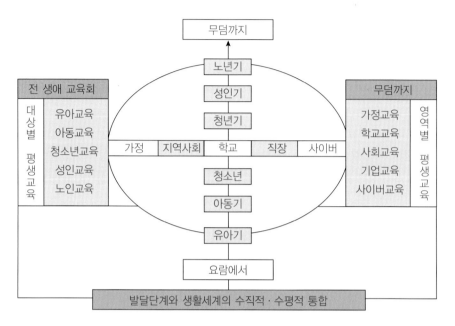

[그림 1-2] 평생교육의 광의적 개념도

출처: 김진화(2010a), p. 19.

(2) 협의적 정의

「평생교육법」 제2조에서 협의적으로 정의하고 있다. '평생교육'이란 학교의 정규교육과정을 제외한 학력보완교육, 성인 문자해득교육, 직업능력 향상교육, 인문교양교육, 문화예술교육, 시민참여교육 등을 포함하는 모든 형태의 조직적인 교육활동을 말한다.

2. 평생교육의 역할과 특성

1) 평생교육의 역할

100세 시대, 4차 산업혁명시대 변화는 교육 패러다임을 학교교육에서 평

생교육으로 확장하게 하였다. 공공영역의 평생교육 지원체제 구축, 다양한
성인 학습자의 요구와 특성에 맞는 프로그램의 개발·지원이 확대되고 있
다. 민간에서도 다양한 영역의 프로그램을 통해 시민의 평생학습 실천 역량
을 강화하고 있다. 이처럼 최근 들어 학교교육 이후에도 지속적인 교육이 이
루어질 수 있는 평생학습사회의 실현에 박차를 가하고 있다. 이러한 평생교
육의 역할을 살펴보면 다음과 같다.

(1) 체제유지 수단의 역할

모든 개인의 궁극적인 욕구는 개인이 가지고 있는 잠재력을 최대한으로
계발하여 완전한 자아정체감(self-identify)을 성취하는 데 있다. 자아실현을
목적으로 하는 평생교육활동은 학교교육을 대체 또는 대신하는 것들이다.
어떠한 이유로 정규학교교육의 기회를 제공받지 못했거나 중단한 청소년 및
성인에게 제2의 교육기회(second chance education)를 제공하는 방계학제 교
육기관이 이러한 범주에 속하는 평생교육이다.

즉, 우리나라의 공민학교, 고등공민학교, 방송통신고등학교, 학력인정 평
생교육시설, 산업체 부설학교 및 야간 특별학급, 방송통신대학, 산업대학,
사내대학, 원격대학, 특수대학원 등은 학교교육 기회를 잃은 사람에게 추가
교육 기회를 제공하는 평생교육기관이다.

체제유지 수단으로서의 평생교육이 가지는 다른 측면은 현대 산업사회와
민주시민사회에 적응할 수 있도록 계속적인 학습을 통한 성숙도(degree of
maturity)의 달성이다. 성숙한 인간(mature person)을 측정하는 척도로서 놀
스(M. Knowles)는 성숙도를 목적으로 하는 평생교육활동을 학교교육의 최종
단계인 고등교육을 완료한 사람까지도 그 대상으로 실시한다고 하였으며,
평생학습 또는 계속학습의 절대적 근거를 제시하고 있다.

즉, 여성단체의 각종 활동, 로터리 클럽·라이온스 클럽 등 각종 성인단체
활동, 사내연수 프로그램, 학원의 취미·교양 프로그램, 언론기관의 교양문
화센터(cultural center) 등이 개인의 성숙도를 제고하기 위하여 제공되는 평

생교육 프로그램이다.

따라서 고도산업사회와 민주시민사회를 지향하는 모든 나라는 그 나라의 총체적 교육체제(total educational system) 속에 정규 학교교육 이외에 다양한 평생교육을 포함시켜 발전시켜야 한다. 시몬스(J. Simons)는 "평생교육의 확충은 그 사회의 정서적·사회적 체제유지를 강화한다."라고 보았다(김종표, 2016).

(2) 사회변화 생성 수단의 역할

평생교육을 정치적·경제적·사회적 변화를 증진하는 역할로서 인식하는 관점은 평생교육이 개혁잠재력(reform potentials)을 지니고 있다는 점을 강조하는 것이다.

평생교육이 수행하는 사회변화 생성의 역할에는 점진적 변화(incremental change)와 급진적 변화(radical change)의 두 가지를 들 수 있다. 먼저, 점진적 변화는 지역주민 스스로가 지역사회 개발계획을 선정하고 집행하는 지역개발사업에서 많이 볼 수 있는 것과 같이 학습자의 요구를 수렴하는 등 참여를 강조함으로써 학습에 대한 동기력(motivation force)과 권한증대력(empowering force)을 부여하여 점진적인 변화를 유도하는 것을 말한다.

다음으로, 급진적 변화는 교육과 학습을 통해 사회혁명을 꾀하는 일련의 활동을 말하며, 해방교육 또는 민중교육을 주장하는 프레이리(P. Freire)가 대표적인 학자이다. 이는 평생교육 활동이나 프로그램이 도시빈민층이나 저소득층, 농어촌의 도서벽지 지역 등 낙후된 지역 그리고 정규교육을 제대로 받지 못한 교육소외계층을 대상으로 학습을 시켜 그들이 주인이 되고, 교육적 가난을 대물림하지 않는 새로운 사회를 건설하는 등의 급진적 변화를 유도하는 것을 말한다(김종표, 2016).

이러한 평생교육의 사회변화 생성 수단의 역할은 그동안 세계 각국 및 우리나라에서도 시대적·정치적 상황에 의하여 때로는 점진적 변화가 또 때로는 급진적 변화를 위한 활동이 전개되어 왔음을 잘 알고 있다. 여기서 중요한 것은 무엇이 다수 국민의 교육복지를 향상하고 학습사회를 건설하는 데 유용한 변화 수단이 될 것인지를 확인하기 위하여 우리 평생교육자들이 늘 깨어 있어야 한다는 것이다.

2) 평생교육 필요성

4차 산업혁명시대, 100세 시대, 고령화 · 저출산으로 인한 사회 변화에 따른 평생교육에 대한 관심과 중요성이 그 어느 때보다도 강조되고 있다. 또한 인간은 미완성의 존재이므로 생애 주기별 평생교육의 필요성이 요청되고 있다.

(1) 학교교육의 한계

학교교육의 한계를 살펴보면 지금까지 우리는 '교육' 하면 '학교교육'을 연상할 정도로 학교교육을 절대시하는 학교교육 중심의 사회에서 살아왔다. 쿰스(Coombs, 1967: 권대봉, 2002에서 재인용)는 학교에 다니면 교육받은 인간으로 인정해 주고 그렇지 않으면 무지한 인간으로 취급하는 오늘날의 교육관을 비판하면서, 학교교육만으로는 중도 탈락자나 계속학습을 요구하는 수많은 성인에게 충분한 교육기회를 제공할 수 없다고 지적하였다. 학교교육 중심의 개념만으로는 현대사회의 급격한 변화에 적절히 대처할 수 없을 뿐 아니라 다양하고 복잡하게 부각되는 개인의 교육 욕구를 충족시키기가 어렵게 되었다. 학교교육은 새로운 변화에 대한 학습 욕구를 충족시키지 못하며, 사회 불평등을 재생산하는 평등성의 결여에서 오는 위기를 맞고 있다. 현대사회에 들어와서 교육대상은 아동에서 성인으로 확대되고, 교육내용은 학습자를 중심으로 전문화 · 다양화되었으며, 교육기회 또한 탄력성을 지니게 되었다. 이에 따라 새로운 환경에 걸맞은 새로운 교육실천이 필요하게 되었다. 따라서 학습하는 방법을 학습하고 지속적으로 학습해야 하는 이 사회에서 학교교육은 이제 평생교육의 관점에서 재정립되어야만 한다(권대봉, 2002).

(2) 4차 산업혁명시대 과학기술의 발달

현재 인류는 지금까지 어느 누구도 미리 내다보지 못할 정도의 빠른 기술혁신에 따른 '4차 산업혁명시대'를 맞고 있다. 기존의 일하는 방식이나 소비 행태뿐 아니라 생활방식 전반에 걸친 혁명적 변화가 가속화되는 시대에 들어서 있다. 인공지능과 로봇, 빅 테이터와 클라우딩, 3D 프린팅과 퀀텀(quantaum) 컴퓨팅, 나노, 바이오기술 등 거의 모든 지식정보 분야에 걸친 눈부신 속도의 발전이 4차 산업혁명을 이끌고 있다(Schwab, 2016). 이러한 4차 산업혁명시대 과학기술의 발달은 현대사회를 변화시키고 있는 핵심적인 요소이며, 이러한 과학기술의 진보는 다른 분야의 연쇄적인 변화의 주된 원인이 되기도 한다.

또한 지식기반사회로 특정 짓는 현대는 하루가 멀다 하고 새로운 지식들이 쏟아져 나오고 있다. 1940년대에 농부가 가진 지식의 수명이 40년이라면 오늘날 IT 산업에 종사하는 사람의 지식 수명은 3개월이라고 한다. 심지어 응용과학 기술 분야의 지식 중에는 단 며칠 만에 그 수명을 다하는 것도 있다. 이러한 변화에 적응하기 위해서 평생교육에 대한 요구는 더 커진다고 볼 수 있다.

(3) 인간의 평균수명 연장과 사회변화 주기

이제 배움의 끝이란 있을 수가 없다. 인간의 평균수명과 사회변화 기간의 대비를 살펴보면 고대 로마시대나 르네상스시대에는 인간의 평균수명보다 사회변화 주기가 더 길어서 한 번 습득한 지식으로 죽을 때까지 충분히 살아갈 수 있었다. 그러나 이제 평균수명은 점점 길어지고 사회변화 주기는 점점 짧아져서 한 번 배운 지식으로 생을 마칠 때까지 산다는 것은 어렵다고 할 수 있다. 왜냐하면 생을 마칠 때까지 여러 번의 사회변화 주기가 찾아오기 때문이다.

변화를 넘기 위해서는 새로운 지식, 새로운 기술, 새로운 사고를 개인이나 조직에 요구하게 된다. 그러므로 개인이나 조직은 계속학습을 하여야만 그

러한 변화를 넘게 된다. 또한 생명공학의 발달, 동물 및 세포 복제술, 인간유
전자 정보(게놈)지도 개발 등 의학기술의 발달로 인한 미래의 수명은 130~
200세를 살 수 있는 무병장수시대가 도래했다. 따라서 인구의 노령화와 삶
의 주기 변화로 성인교육 기회는 더욱 확대되어 갈 것이다.

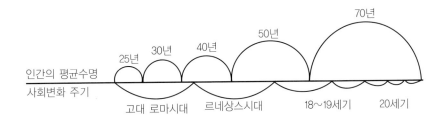

[그림 1-3] 인간의 평균수명과 사회변화 주기 간의 대비

출처: 전해황, 문종철, 김호순, 김진숙(2014), p. 24.

(4) 인간은 미완성 존재

동물학자가 말하기를, 인간은 다른 동물에 비하여 미완성 존재이다. 다른
동물은 태어날 때 90%가 완성되어 태어나고 10%가 미완성으로 태어나는데,
인간은 90%가 미완성, 10%가 완성으로 태어난다는 것이다. 그러므로 인간
은 변화의 가능성이 많다. 강아지, 송아지, 망아지 등 모든 동물은 태어나자
마자 어미가 한 번만 핥아 주면 10분 만에 걸어 다닌다. 거기에 비해서 인간
은 한 살이 되어서야 가까스로 서며 계속 성장을 해 나간다. 세계에서 가장
미개척지는 사하라 사막도 아니고 아마존도 정글도 아닌 인간의 머리이다.
따라서 인간은 성숙하기 위해 지속적인 배움이 필요하다.

3) 평생교육방법의 특성

(1) 평생교육과 학교교육의 비교

평생교육은 〈표 1-1〉과 같이 학교교육과 비교해 볼 때 이상적이고, 입신

출세·취직 조건 등이 목적인 학교교육과 다르게 실제적이고 인간교육·인격향상 등에 목적을 두고 있다. 학교교육의 교육 대상이 획일적·동질적·특징적인 데 비해, 평생교육은 다원적·이질적·보편적이다. 교육방법과 교사 역할을 보면 학교교육이 일방교육·교사주도적·수동적이고 교사가 지식 전달에 중점을 두는 반면, 평생교육은 교사가 안내자-조력자로서 상호교육·학습자 중심적·능동적인 교육 방법으로 진행한다.

〈표 1-1〉 평생교육과 학교교육의 비교

구분	평생교육	학교교육
교육목적	인간교육, 인격향상, 실제적	입신출세, 취직조건, 이상적
교육대상	다원적, 이질적, 보편적	획일적, 동질적, 특징적
교육내용	학습자의 흥미와 필요에 기초한 문화 내용	사회에 의하여 공인된 특정 지식 중심의 교과 내용
교육방법	상호교육, 학습자 중심적, 능동적	일방교육, 교사 중심적, 수동적
교육제도	비형식적, 다양성, 유연성 사회변화에 적응이 용이	형식적, 고정적, 획일적 사회변화에 적응하기 곤란
교육평가	학습자 스스로의 자기평가	경험 위주의 시험평가
교육결과	지식의 현재 효용도 중시	지식의 미래 효용도 중시
교육시기	무한정(수시), 전 생애	재학기간 중
교육장소	학교 내외로 무한정	학교로 한정됨
학습동기	자율적	타율적
학습자	독립적 성향(자기주도적)	의존적 성향(교사주도적)
교사역할	안내자, 조력자	지식 전달
사전경험	경험 자체가 풍부한 학습자원	경험이 별로 중시되지 않음

(2) 평생교육방법의 원리

손준종(2000)은 평생교육의 방법의 원리를 확장성, 혁신성 및 통합성으로 설명하고 있다. 첫째, 확장성(expansion)의 원리로, 평생교육은 학습 영역과 내용 및 학습 상황이 확장되었다. 교육 확장은 일과 여가에 대해 새로운 태도를 요구한다. 둘째, 혁신성(innovation)의 원리로, 매혹적인 전망과 새로운 양식을 열어 주는 혁신의 필요를 제기한다. 즉, 대안적인 학습의 구조와 유형을 발견하고 학습자가 선택할 수 있는 학습 기회의 창출을 통해 혁신을 고무하고 가치 있게 여기며 아울러 동기학습 가능성이 실현될 수 있는 학습 풍토를 조성하며, 학습내용의 유연성과 다양성 추구, 적절한 학습도구와 기법 활용, 학습시간과 장소의 자유로운 선택 등을 모색한다. 셋째, 통합성(integration)의 원리로, 학습 조직들을 충분히 육성하고 서로 간 의미 있게 연계를 모색하여 확장과 혁신의 과정을 촉진한다. 평생교육에서는 지식의 통합으로 학제 간 연구의 실현 및 지식의 양적 팽창에 따른 질적 가치를 고양할 수 있고, 가정 · 지역사회의 이익보다 더 큰 사회 그리고 일과 대중매체의 세계 등 교육적 잠재력을 통합하여 교육의 과정에서 보다 효과적인 새로운 학습 상황을 창출할 수 있으며, 인간의 신체적 · 도덕적 · 미적 · 지적 발달 등 제반 영역을 통합하고, 학교교육 이전과 이후 그리고 순환교육의 학습 단계를 통합한다.

3. 평생교육의 영역과 내용

평생교육학자들에 의해 평생교육의 영역과 내용을 구분하려는 노력이 이어져 왔으며, 국가에서도 평생교육사업을 효과적으로 진흥하고 국민의 평생학습경험을 체계적으로 관리 · 지원하기 위해 '평생교육 프로그램 분류체계'를 설계하였다.

평생교육 프로그램 6진 분류표는 평생교육법에 근거한 평생교육 프로그램 6대 영역을 선별하는 방법이 되고 있으며, 대분류와 중분류로 분류체계를 구성하였으며, 하위분류에서는 평생교육 프로그램을 예시적으로 분류하였다(김진화, 2010b; [그림 1-4] 참조).

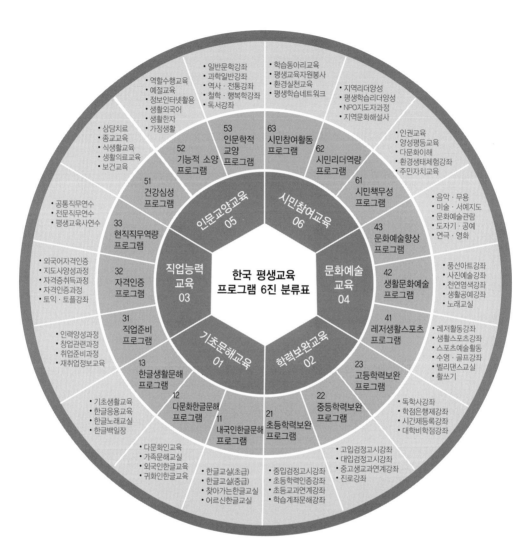

[그림 1-4] 한국 평생교육 프로그램 6진 분류표

출처: 김진화(2010b), pp. 211-236.

📖 **학습과제**

1. 평생교육의 출현 배경을 설명하고, 평생학습 패러다임 전환의 필요성에 대해 토의한다.

2. 평생교육에 영향을 끼친 국제기구 OECD와 유네스코의 지향성을 알아보고, 각각 우리나라 평생교육에 어떤 영향을 주고 있는지 토의한다.

3. 한국 평생교육 프로그램 6진 분류표를 설명해 보고, 6진 영역의 특성과 내용을 서로 질문하고 답해 본다.

❑ **참고문헌**

권대봉(2002). 평생교육 다섯마당. 서울: 학지사.

김용현(2004). 사회·평생교육방법론. 서울: 법원사.

김종서, 주성민(1990). 지역사회 이론과 실제. 경기: 교육과학사.

김종표(2016). 평생교육방법론. 경기: 양서원.

김진화(2010a). 평생교육방법 및 실천론. 경기: 서현사.

김진화(2010b). 한국평생교육프로그램 분류체계개발연구. 평생교육학연구, 16(3), 211-236.

김한별(2014). 평생교육론(개정판). 서울: 학지사.

손준종(2000). 평생학습 논리의 의미와 한계 검토. 교육학연구, 38(1), 289-308.

유네스코21세기세계교육위원회(1997). 21세기 교육을 위한 새로운 관점과 전망. (김용주, 김재웅, 정두용, 천세영 역). 서울: 오름.

전해황, 문종철, 김호순, 김진숙(2014). 평생교육방법론. 경기: 정민사.

한숭희(2010). 학습사회를 위한 평생교육론. 서울: 학지사.

Faure, E. et al. (1972). *Learning to be*. Paris: UNESCO.

OECD (1973). Recurrent education: A strategy for lifelong learning. Paris: OECD.

Schwab, K. (2016). 클라우스 슈밥의 제4차 산업혁명. (송경진 역). 서울: 새로운 현재.

국가평생교육진흥원. (http://www.nile.or.kr)

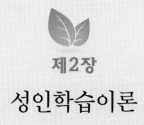

제2장

성인학습이론

　사람이 어떻게 학습하는가를 밝히고자 한 연구들은 19세기 후반부터 체계적으로 시작되었다. 그로부터 지금까지 학습에 관한 수많은 이론들이 형성되어 왔다. 학습이론들에서는 공통적으로 두 가지 측면에서 학습을 정의하고 있다. 첫째, 학습을 인간행동의 결과로 나타나는 지속적인 변화로 가정하고 있다. 둘째, 행동의 변화가 반드시 학습자와 환경과의 상호작용에 따른 결과여야 한다. 학습이론이란 행동에서 나타난 관찰될 수 있는 변화와 이들 변화가 어떻게 해서 나타나게 되었는가를 연결하는 구인(construct)으로 구성된다는 것이다. 즉, 학습이 어떤 과정을 통해 이루어지며 어떠한 힘이 학습을 가능하게 하는지를 설명해 주는 이론체계이다.

　이 장에서는 성인학습의 이론적 기초가 되고 있는 안드라고지, 자기주도학습, 경험학습, 전환학습에 대해 알아보고자 한다.

학습목표

1. 안드라고지가 성인학습으로 성립될 수 있게 된 네 가지 가정을 설명할 수 있고, 성인교육에 적용할 수 있는 방법을 모색할 수 있다.

2. 자기주도학습의 증진 전략을 설명할 수 있고, 콜브의 경험학습 4단계를 성인교육 방법으로 활용할 수 있다.

3. 전환학습의 11가지 단계를 습득하고, 의미도식과 의미관점을 설명할 수 있다.

＊ **주요 용어**

성인학습, 안드라고지, 자기주도학습, 경험학습, 전환학습, 성찰

1. 안드라고지

안드라고지(andragogy)는 페다고지(pedagogy)의 원리와 실천방법으로서 성인의 학습과정을 이해하고 성인학습을 촉진하는 데 한계가 있다는 의문에서 등장한 개념이다. 아동교육에서 도출된 원리를 성인에게도 적용할 수는 있겠지만, 여러 측면에서 아동ㆍ청소년과 차이를 나타내는 성인교육에 적용하는 데 문제가 있으며, 아동ㆍ청소년 교육과 성인교육은 서로 달라야 한다는 것이다. 즉, 자신이 쌓아 온 경험을 기반으로 하는 성인학습은 아동ㆍ청소년 교육과는 질적인 차이가 있으므로 성인생활에 적용될 수 있는 이론과 실제를 구축하고자 하는 노력에서 안드라고지가 출발하게 된다.

1) 안드라고지의 어원

교육에 대한 논의는 신체적ㆍ인지적 발달과정에 있는 아동에게 지식과 기술을 효과적으로 전달할 수 있는 교육의 형식과 구조를 탐구하는 것에 치중해 왔다. 아동 학습자를 대상으로 하는 교육에서는 아동이 학습해야 할 바람직한 지식과 기술은 이미 교수자에 의해서 규정되며, 교수자는 아동이 이를 보다 효율적으로 습득할 수 있도록 이끄는 역할을 부여받게 된다. 아동으로 하여금 아직 미숙한 읽기, 쓰기 그리고 셈하기 등에 대해서 보다 체계적으로 숙달할 수 있도록 하기 위해서 이러한 능력을 이미 충분히 갖추고 있는 성인이 아동을 이끌어 가는 것이 바로 교육인 것이다. 이러한 아동의 교육은 페다고지라 하며, 그리스어인 paid(아동)와 agogos(지도하다)에서 나온 용어로 '아동을 가르치는 학문과 과학'을 의미한다. 아동교육과 달리 성인을 대상으로 하는 교육이 성립되었는데 안드라고지이다. 안드라고지는 andros(성인)를 핵심으로 하는 '성인을 돕는 기술과 과학'이라는 의미를 갖고 있다(Knowles, 1980).

안드라고지가 용어로 자리 잡기까지는 오랜 시간이 걸렸다. 안드라고지는 1833년 독일인 교사 카프(Alexander Kapp)가 플라톤의 교육철학을 설명하기 위해 언급한 용어였으나, 동료 교사 헤르바르트(Fredrick Herbart)의 반발로 통용되지 못하고 사장되어 있었다. 그러다가 1934년 베를린에서 로젠스톡(Rosenstock)이 처음 사용하였고, 린드만(Lindman)은 안드라고지라는 용어를 1927년에 처음 미국에 소개하였으나 단지 안드라고지란 용어만 사용하였을 뿐 개념 정의나 개발은 하지 않았다. 이후 안드라고지는 1960년대 프랑스, 네덜란드, 유고슬라비아 등지에서 일반화되어 널리 사용되었다. 미국에서 안드라고지가 확산된 데는 놀스(M. Knowles)의 공헌이 컸다.

1968년 4월 『Andragogy, Not Pedagogy』가 발표된 후 1970~1980년대에 이르러 비로소 안드라고지가 성인교육을 뜻하는 용어로 정착되었다(김한별, 2014).

2) 안드라고지의 성립

놀스(1970)는 『Modern practice of adult education: Andragogy versus』라는 책을 통해 페다고지의 원리 및 실천이 성인교육에는 적절하지 못하다는 차원에서 안드라고지와 페다고지를 대비하여 소개하였다.

경쟁의 의미를 포함하는 부제처럼 페다고지와 안드라고지는 가치를 동등하게 인정받을 수 없는 상호 배타적인 개념으로 간주되며, 교육활동에서 학습자의 능동적인 역할을 부각하는 안드라고지가 보다 진화된 개념으로 해석될 여지가 있다. 하지만 이 두 가지를 너무 과잉 단순화하여 대립시켰다는 문제가 제기되자, 놀스는 1990년 『Modern practice of adult education: Pedagogy and Andragogy』로 개정판을 내면서 두 이론이 서로에게 적용 가능함을 인정하였다. 안드라고지는 포괄적으로는 성인학습의 정책 및 제도 실시과정 전체를 체계적으로 탐색하는 학문, 좁게는 성인의 학습을 돕는 학문과 과학이라고 할 수 있다.

〈표 2-1〉 놀스의 페다고지와 안드라고지의 교수활동 설계 요소 비교

설계 요소	안드라고지	페다고지
학습 장면의 분위기	상호존중, 상호신뢰, 비형식적, 쾌적함, 지지적	권위주의적, 형식적, 경쟁적, 지시적
프로그램 기획	상호기획, 기획에의 참가 및 결정사항의 공유	교사주도
학습요구의 진단	요구와 필요에 대한 상호·자가 진단	교사주도
학습목표의 공식화	상호작용에 의한 협상적 결정	교사주도
학습계획안 설계	학습 준비도에 대응하는 계열과 문제 단위	교재의 논리와 내용 단위
학습 활동	경험적 기법들	전달적 기법들
평가	상호작용에 의한 요구의 진단, 프로그램 결과에 대한 평가	교사 평가

출처: 이현림, 김지혜(2011), p. 95.

3) 안드라고지의 가정

놀스는 아동학습과 성인학습을 구분할 수 있는 4가지 가정을 다음과 같이 제시하였다.

① 인간은 성숙함에 따라 자아개념이 의존적 특성에서 자기주도적 특성으로 변화해 간다.
② 학습자는 학습자원이 되는 경험을 점차 누적시켜 나간다.
③ 학습에 대한 준비도는 사회적 역할과 관련되는 발달과업에 바탕을 둔다.
④ 학습이란 미래 생활을 대비하기 위한 것이 아니라 실제 생활에 즉각적으로 적용하기 위한 것이며, 학습 성향은 교과중심에서 능력개발 중심으로 변화해 간다.

이와 같은 안드라고지의 4가지 가정은 안드라고지와 페다고지 모델 간의 개념적 차이와 수업 방식의 차이를 구분하는 근거가 되었다.

메지로우(Mezirow, 1982)는 안드라고지에 입각하여 성인학습자에게 자기주도성을 촉진하여 적극적으로 학습하게 하는 데 필요한 지도원칙 12가지를 다음과 같이 제시하였다.

① 교육자에 대한 의존성은 학습자가 성장하면서 점차 감소한다.

② 학습자가 자신의 학습자원, 특히 교육자를 포함한 타인의 경험 등을 활용하는 방법을 터득하도록 도와준다. 또한 교수-학습 상황에서 다른 학습자들과 호혜적인 학습관계를 형성하도록 도와주어야 한다.

③ 학습자가 자신의 학습요구에 영향을 미치는 문화적 · 심리적 요인을 이해하고 즉각적으로 인식하도록 함과 동시에 자신의 학습요구를 확인할 수 있도록 지원하여야 한다.

④ 학습자가 자신의 학습목표를 설정하고, 학습 프로그램을 계획하고, 학습성과를 평가하는 데 필요한 책임감을 고양하도록 도와주어야 한다.

⑤ 학습자가 현재의 개인적 문제, 관심 그리고 이해 정도와 관련하여 학습 내용을 선정 · 조직할 수 있어야 한다.

⑥ 학습자가 자신에게 적합한 학습경험을 선정하도록 하고, 선택 범위를 확대함으로써 의사결정력을 제고하도록 한다. 또한 다른 사람의 관심을 수용할 수 있도록 조정해야 한다.

⑦ 경험에 대한 인식이 자기반성적이고 통합적이 될 수 있도록 보다 총괄적이면서 세분화된 판단 준거를 활용하도록 한다.

⑧ 학습은 물론 사실의 확인 및 유형화, 관점의 수용 및 선정, 학습습관 및 학습관계 등에서 자기교정적이고 반성적인 접근을 할 수 있도록 촉진한다.

⑨ 개인 및 집단 행동의 이행과 관련된 문제는 물론 공적인 문제와 사적인 문제 간의 관계를 인식하는 것과 관련하여 문제제기식, 문제해결식 방

법을 동원하도록 촉진한다.

⑩ 학습자에게 계속학습을 제공하며, 변화를 추구하고 위험을 감수하고자
하는 노력을 격려하고, 피드백할 수 있는 지원적인 환경을 제공한다.
과제달성 정도에 대한 경쟁적인 평가를 피하고, 상호 지원적인 집단방
법을 적절하게 활용함으로써 자아개념을 강화하도록 해야 한다.

⑪ 경험적 · 참여지향적 · 실제지향적 수업방법을 강조하도록 한다. 또한
모델링과 학습계약법과 같은 것들을 적절하게 활용하도록 한다.

⑫ 학습자가 자신의 선택 범위를 확인하도록 하고 선택을 도와주며, 선택
의 질을 제고하고 구체적인 선택을 할 수 있도록 격려해야 한다.

4) 안드라고지의 영향 및 논쟁

안드라고지는 성인교육은 물론 간호, 사회사업 등지에 일반적으로 원용되
었고, 심지어 기업체, 종교계, 농업 분야, 법조계에서도 그 원리를 이용하게
되었다. 그러나 안드라고지를 둘러싼 논쟁은 아직도 계속되고 있다. 놀스, 맥
켄지(McKenzie), 쿤(Kuhn)은 안드라고지의 입장에서 아동과 성인은 존재방식
자체가 다르므로 성인의 학습활동을 위한 이론은 달라야 한다는 주장하였다.
반면에 호울(Houle)과 런던(London)은 전통적 페다고지의 입장에서 성인교육
과 아동교육은 본질적으로 동일한 것으로 보는 이분법적 구조를 반대하였다.

호울(1972)은 안드라고지에 최초로 비판을 가하며 교육을 하나의 단일한
기본적인 인간의 과정으로 간주하였다. 그리고 런던(1973)은 놀스(1970)의
저서인 『성인교육의 현대적 실천』에 대한 논평을 통하여 호울과 전적으로 일
치하는 의견을 제시하였다. 런던(1973)은 교육의 단일성 및 통합성을 강조하
였으며, 안드라고지의 몇 가지 기본 원리들을 아동의 학습에도 적용할 수 있
다고 지적하였다. 사회교육자들이 교육계에서 지위와 명성을 얻기 위한 노
력의 일환으로 강조하고 있다고 주장하였으나 구체성이 결여되어 있다.

또한 레벨(Lebel, 1978)은 안드라고지를 인정하면서도 고령자는 성인과

는 또 다르다는 점에서 제로고지(gerogogy)를 강조하였다. 쿠드슨(Knudson, 1979)는 3가지 이론을 초월하여 인간 전체로서의 학습을 다루는 이론인 휴머너고지(humanagogy)를 제창하였다. 이러한 논쟁에도 불구하고 안드라고지가 갖고 있는 성인의 자아개념, 경험, 학습준비도, 문제중심, 내적 동기에 대한 가정은 성인학습에 대한 많은 시사점을 제시하고 있다(이현림, 김지혜, 2011; 김한별, 2014에서 재구성).

5) 안드라고지가 주는 성인학습의 시사점

앞서 제시한 안드라고지의 4가지 가정은 오늘날 성인교육 프로그램을 개발하고 운영하는 데 있어 기본 지침이 되고 있다.

첫째, 성인의 자아개념이 자기주도적 특성을 갖고 있다는 가정은 성인교육은 자기주도적인 학습을 할 수 있는 교육방법을 모색해야 한다는 점이다. 강의 위주 수업보다 성인학습자 참여식 교육방법을 적용하는 것이 효과적이라는 것을 알 수 있다.

둘째, 경험이 학습자원이 될 수 있다는 가정은 성인이 가진 경험을 최대한 활용할 수 있는 교육방법을 적용해야 한다는 것이다. 학습자가 자신의 경험을 말할 수 있는 학습 분위기를 조성하고 공유된 다양한 경험을 활용할 수 있는 방법을 수업에 적용한다면, 학습자의 참여도 높일 수 있고 흥미로운 수업이 될 수 있을 것이다.

셋째, 사회적 역할과 관련된 발달과업에 대한 학습 준비 가정은 성인교육의 프로그램 개발의 방향을 설정할 때 성인의 인생 주기에 적합한 발달과업에 초점을 두어야 한다는 것을 시사한다. 사회적 구성원으로서의 개인은 가정에서 사회에서 역할을 수행하며 살아가다가 생을 마감한다. 인생의 전환기에 적합한 역할을 수행하기 위해 배움이 필요하기 때문에 성인기 발달과업 수행을 위한 평생교육 프로그램 개발 및 방법이 중요하다고 볼 수 있다.

넷째, 실제 생활에 적용할 수 있는 문제해결에 초점을 두어야 한다는 가정은 사람이 일생을 살아가면서 부딪치는 문제들을 지혜롭게 해결하기 위해 도움을 받길 원한다는 것이다. 사람은 책에서 지혜를 얻기도 하지만 실천을 통해 과제를 해결할 수 있는 방법을 선호한다. 따라서 평생교육 현장에서 개인의 문제해결을 위한 프로그램에 참여하길 희망한다. 개인이 갖고 있는 문제를 해결할 수 있는 능력을 개발해 줄 수 있는 프로그램 개발과 교육방법 모색이 중요하다.

2. 자기주도학습

1) 자기주도학습의 개념

자기주도학습은 학습자의 자율성을 기반으로 하며 학습 운영에 대해 학습자가 책임을 지는 학습을 말한다. 21세기 정보화시대, 4차 산업혁명시대에 꼭 필요한 능력이며, 모든 성인학습자가 보유하고 있는 능력이 바로 자기주도학습이다.

자기주도학습 개념의 도입 및 이론 발전에 공헌한 학자로는 터프(Tough)와 놀스가 있다. 자기주도학습은 1960~1970년대 미국, 캐나다, 영국 등에서 개발되어, 이후 점차 평생교육 및 성인 계속교육 관계자들로부터 집중적으로 관심을 받아왔으며, 오늘날 평생학습 추진의 중심개념으로 인정되고 있다.

터프와 놀스는 자기주도적 학습과 관련된 다른 개념으로서 자기 수업(self-instruction), 자기 교육(self-education), 자기 교수(self-education), 독립학습(independent learning), 자기 공부(self-study), 개별연구(individual study), 자율 학습(autonomous learning), 자기 계획적 학습(self-planned learning) 등을 지적하고, 이와 같은 학습에 종사하는 인간을 자율적 학습자(autonomous learner), 자기 추진 학습자(self-propelled learner) 등이라고 하였다. 자기주도학습과 다른 개념의 공통점은 용어 그 자체의 의미로서는 타인의 지원 없이 혼자 고립화된 상태에서 학습하는 것을 의미하고 있다. 차이점은 자기주도학습은 학습을 고립화하지 않고 교사, 지도자, 교재, 교육기관 등 다양한 교육자원을 이용한 학습자 자신이 자기의 학습전체의 계획·통제·감독에 있어 1차적인 책임을 지는 학습형태라는 데 있다.

자기주도학습의 주요 개념은 학습의 자기주도성(self-directedness)과 학습자의 자기주도(self-direction)이다. 자기주도학습에는 다음의 3가지가 내포되어 있다.

① 자기의 학습 목적 및 수단에 대한 타자의 통제로부터의 독립성이다.
② 타자의 원조 여부에 상관없이 자신이 주도권을 쥐고, 자기의 학습요구를 진단하고, 학습목표를 공식화하고, 학습자원을 동일시하고, 학습 전략을 선택·실시하고, 학습 성과를 평가하는 학습 과정 전체에서 주도성을 갖고 있다.
③ 학습의 의미 및 학습을 통해서 실현하고자 하는 가치에 관한 학습 선택 범위에 대한 이해와 자각의 중심인 자율성을 내포하고 있다.

한편, 자기주도학습에 대한 정의를 살펴보면 다음과 같다. 놀스(1975)는 "타인의 도움이 있건 없건 상관없이 자신의 학습 요구진단, 달성할 학습목표 수립, 학습에 필요한 인적·물적 자원 판단, 적절한 학습 전략의 선택과 실행, 그리고 학습 결과의 평가에서 개인이 주도권을 갖는 학습과정"이라고 하였다. 피스쿠리치(Piskurich, 1993)는 자기주도학습을 주어진 학습과제를 완수하는 데 교수자의 도움 없이 자신의 속도로 진행시켜 나가도록 하는 훈련설계라고 말한다. 교육개혁위원회(1995)는 자기주도학습을 학습자가 싫든 좋든 교사가 전달해 주는 내용을 이해하고 암기하는 식의 수동적인 학습태도에서 벗어나, 어떤 문제가 주어지더라도 겁내지 않고 각자의 다양한 능력과 개성을 최대한 발휘하여 적극적으로 문제를 해결하고 나아가 창의적인 생산을 할 줄 아는 능력을 기르는 학습체제로 보았다.

2) 자기주도학습 증진 전략

인간이 성숙해 가는 과정에서 독립성과 자주성이 향상되지만 자기주도적 학습 능력까지 향상할 수 있다고 보긴 어렵다. 개인에 따라 자기주도적 학습을 수행할 수 있는 기회가 부족하였거나 학습 장면에서 자율적이고 능동적으로 학습을 수행할 수 있는 경험이 부족한 경우에는 자기주도학습 수행이 어려울 수 있다. 이러한 점에서 상황적 리더십 모델에 기초한 그로우(Grow, 1991)의 단계적 자기주도학습(Staged Self-Directed Learning: SSDL) 모델을 제안하였다. 이 모델은 학습자가 자기주도적으로 학습을 진행시켜 가기 위해 지도자가 어떻게 중재할 것인가를 보여 준다(이현림, 김지혜, 2011).

〈표 2-2〉 그로우(1991)의 단계적 자기주도학습 모델

단계	학습자	지도자 역할	교수 예
1	의존적 학습자: 무엇인가를 가르쳐 줄 권위 있는 사람을 필요로 하는 낮은 자기주도성	권위자, 코치	• 즉각적인 피드백으로 코치 • 반복연습 • 정보제공을 위한 강의
2	관심 있는 학습자: 학습에 대해 동기화되어 있고 확신은 있지만 무엇을 학습해야 할지 모르는 보통 수준의 자기주도성	동기 유발자, 안내자	• 강의 및 유도된 토론
3	참여적 학습자: 기술과 기초 지식을 갖고 있으면서 자기 스스로 특정한 내용을 탐구할 준비와 능력을 갖춘 중간 수준의 자기주도성	촉진자	• 함께 참여하는 교사에 의해 촉진된 토론 • 세미나 • 집단 프로젝트
4	자기주도적 학습자: 자신의 학습을 스스로 계획·실행·평가할 수 있는 의지와 능력을 가진 고도의 자기주도성	상담자, 위임자	• 인턴제 • 연구논문 • 개별 과제 • 자기주도적 학습집단

출처: 이현림, 김지혜(2011), p. 99.

(1) 1단계: 의존적 학습자

의존적 학습자는 학습해야 할 내용, 방법, 시기에 대해 분명한 방향을 제시해 줄 수 있는 인물이 필요하며, 지도자는 자격과 권위를 갖춘 전문가여야 한다. 의존 정도에 따라 학습자를 구분할 수 있으나, 모든 학습자는 새로운 주제에 직면하면 일시적으로 의존적이 될 수 있음을 염두에 두어야 한다. 훈련과 지시가 주가 되어 주로 일방적으로 구체적 과제를 구조화된 장면에서 제시하는 방식이 사용된다.

(2) 2단계: 관심 있는 학습자

관심을 동기화시키기 위해 학습 상황에 재미와 흥미의 요소를 투입해야 한다. 지시적 방법을 통한 설명이 주가 되지만, 지도자가 제시하는 것의 의미를 파악하고 지도자와의 상호작용을 통해 학습이 이루어지므로 의사소통은 양방적이다. 지도자는 과제를 설명하고 학습자에게 그 가치를 설득시키면서 학습자의 관심과 교과를 지시적 기법을 통해 연결시킨다.

(3) 3단계: 참여적 학습자

지식과 기술을 갖고 능동적으로 학습에 참여한 사람으로서 학습 경험의 공동 참여자가 될 준비가 된 학습자이다. 가장 유용한 교수방법은 안내하고 촉진하는 것이다. 지도자는 참여를 이끌어 내고 의사소통에 초점을 두면서 학습자를 지원해 주는 역할을 한다.

(4) 4단계: 자기주도적 학습자

자기주도학습이 가능한 지점에 도달한 학습자를 말한다. 교수방법은 위임하고 격려하는 것으로서 교과를 가르치는 것이 아니라 학습자의 학습 능력을 배양하는 것이다. 지도자는 학습자와 교육과정 전반에 대해 상의하고 학습자와 정기적인 모임을 갖고 상호 간에 협력하도록 격려한다. 시간이 지남에 따라 지도자는 학습자와의 의사소통과 외적 강화를 감소시켜 학습자 사이의 관계와 학습자 자신의 과제에 초점을 맞출 수 있게 도와야 한다.

그로우는 자기주도학습을 위한 훌륭한 교수법으로 ① 학습자의 자기주도성의 발달단계에 잘 맞추어 가는 것이며, ② 학습자가 자기주도적으로 진보하도록 힘을 부여하는 방법으로 보았다.

3) 자기주도학습의 시사점 및 지도 방향

(1) 성인학습에 주는 시사점

첫째, 지식과 기술의 생명력이 점차 짧아지고 있는 현대사회에서는 외부에서 주입된 학습을 통해 습득한 지식이나 기술의 효용성이 떨어지므로 새로운 지식이나 기술을 주도적으로 습득할 수 있는 능력을 키워 주어야 한다.

둘째, 교육을 아동·청소년 교육과 동일시하는 것, 또는 학습이 학교에서만 이루어진다는 식의 학습에 대한 사고방식의 변화가 이루어져야 한다. 즉, 생활자체가 학습의 과정이며 경험을 통해 학습할 뿐만 아니라 주위에 있는 모든 것을 학습 자원으로 활용하여 자신의 성장 발전을 도모해야 함을 보여 주는 것이다.

셋째, 학습자의 주도성은 단순히 개인의 특성으로만 볼 것이 아니라 다양한 개인적 환경적 변인들에 의해 형성되고 변화될 수 있는 것으로 보아야 한다.

넷째, 성인학습이 요구되는 현대사회에서 학습자의 자기주도성이 자기에게 필요한 것을 찾아내어 스스로 학습할 수 있는 능력을 키워 줄 수 있을 것이다.

(2) 성인학습 지도 방향

첫째, 자기주도학습은 시행할 것이냐 말 것이냐의 이분법적 결정이 중요한 것이 아니라 학습자가 자기주도성을 얼마나 가지고 있느냐, 또는 내적·외적 상호작용을 통해 얼마나 향상시키고 키울 수 있느냐에 초점을 맞춰야 한다.

둘째, 자기주도학습의 의미를 확대 해석하여 홀로 학습을 진행하는 것으로 오해할 수 있다. 자기주도학습이라 할지라도 진행에서 타인의 도움이 필요하다.

셋째, 학습은 사회적 공동체 속에서 진행되는 것이기에 동일한 직급의 두 사람이 자기주도적으로 학습한다고 하더라도 그 내용이 조직에 도움이 되느냐 마느냐에 따라 의미가 달리 부여될 수 있다. 그러므로 외부에서 환경을 마련하고 조력해 주는 지도자의 역할이 중요하다.

3. 경험학습

경험학습이론은 인간의 학습은 '경험(experience)'을 통해 이루어진다고 보며, 이와 같은 경험의 결과가 인간의 변화를 초래하며, 경험은 학습의 자원이고 과정이며 결과라고 보는 이론이다. 교육학자 가운데 경험을 통한 학습에 주목한 대표적 학자는 듀이(John Dewey)이다. 듀이에게 교육이란 경험의 질적 수준을 높이는 것이다. 듀이는 교육이란 경험의 의미에 부가된 '경험의 재구성' 또는 '재조직'이 이루어지는 일련의 경험을 이끌어내는 능력을 증진시키는 것으로, 교육을 경험 기반의 경험 창출적 활동으로 보았다(정민승, 2010).

1) 경험학습의 정의

듀이는 『경험과 교육(experience and education)』에서 "진정한 교육은 경험을 통해서 이루어진다."라고 하면서 경험을 통한 학습이 일어나려면 계속성과 상호작용이라는 두 가지 주요 원칙과 일치해야 한다고 보았다. 즉, 과거의 경험과 현재의 경험이 연결되어야 하고 상호작용의 원칙에 의해 성인이 생활하고 있는 환경 안에서 상호작용적으로 경험이 발생하게 될 때 계속적인 학습이 지속된다고 보았다. 그는 학습이란 학습의 결과로 정지되어 있는 상태가 아니라 학습이라는 과정 속에서 파악되어야 할 것을 중시하였다. 즉, 학습이란 경험을 재구성해 나가는 것이며, 지식이란 학습자들의 논의와 정교화의 과정 속에서 변증법적으로 발견되어 나가는 것이고, 한 부분이 아닌 총체적인 것으로 학습자가 환경과의 상호작용 속에서 끊임없이 만들어 나가는 것임을 강조하였다.

정지웅과 김지자는 경험학습을 전 생애 과정 속에서 경험을 통한 학습이며 경험들에 의한 학습이라고 정의하였다. 신체적인 경험을 매개로 하는 체험학습이나 실천학습 등을 경험학습으로 말하는 전통적인 교육과는 달리, 성인교육에서 경험학습의 의미는 객관적 실재에 대한 개인의 지각으로 인해서 획득하게 되는 산물로서의 경험을 바탕으로 이루어지는 인간의 변화 및 성장과정이다.

린드만은 미국의 성인교육학의 선구적 학자로 성인교육에서 경험의 중요성을 강조하였다. 성인학습자의 가장 큰 특징 중 하나는 성인학습자가 다양한 경험을 체득하고 있다는 점이다. 그는 성인교육에서는 학습자의 경험을 고려한 교육을 해야 하며, 성인학습자의 경험을 학습자원으로 활용하여야 함을 강조하였다.

콜브는 경험학습을 경험의 전환을 통해 지식을 창조해 가는 과정으로 보았다. 경험학습은 학습자가 구체적인 경험에 대한 분석적인 관찰과 반성을 통하여 이러한 경험으로부터 추상적 개념화를 시도하고 이 추상적인 개념화를 통해 일반 행동 원리는 도출하며, 이런 원리를 바탕으로 새로운 행동을 시도함으로써 새로운 시각을 갖고 새로운 경험을 계속적으로 추진하면서 학습자의 행동변화와 성장을 가져오게 되는 학습의 과정을 말한다. 즉, 콜브는 인간의 아이디어, 사고, 지식의 기초적인 요소들은 고정되어 있거나 불변하는 것이 아니라 경험에 의해서 지속적으로 변화하고, 재생성되는 것이라고 본다.

2) 경험학습의 단계적 과정

성인교육학에서 경험학습이 이루어지는 구체적 과정에 주목한 학자는 콜 브와 자비스(Jarvis)이다. 콜브는 경험학습은 정보지각 방식과 정보처리 방식 의 조합에 의해 수렴형, 확장형, 융합형, 적응형의 4가지 유형으로 구분하였 으며, 이는 단계적 과정을 거쳐 이루어진다고 보았다(〈표 2-3〉 참조).

〈표 2-3〉 콜브의 4가지 학습 유형

학습 유형	학습 특성	특징
수렴형 -실용주의형	추상적 개념화 + 능동적 실험	아이디어의 실천적인 적용에 강하다. 특정 문제에 대한 가설, 연역적 추리에 초점을 둔다. 추상적 개념을 구체적인 지식으로 바꾸어 적용하는 일을 잘한다. 특정 목적을 위해 이론을 동원해 설명하는 일에 능하다. 관심 영역이 좁다.
확장형 -성찰가형	구체적 경험 + 반성적 성찰	상상력이 풍부하다. 아이디어를 잘 개발하고 다른 관점으로 사물을 본다. 구체적인 경험을 성찰하는 일을 잘하고, 사태를 설명하는 일에 능하다. 사람에 대한 관심이 있으며 폭넓은 문화적 흥미가 있다.
융합형 -이론가형	추상적 개념화 + 반성적 관찰	이론적인 모델을 만드는 능력이 있다. 귀납적 추리에 능하다. 관찰된 사실을 추상적 개념으로 만드는 일에 능하다. 다른 사람보다 이론·추상적 개념에 관심이 있다.
적응형 -활동가형	구체적 경험 + 능동적 실험	구체적 지식은 현장활동 속에서 섞이며, 이론보다는 실천에 많은 관심을 가진다. 최대 강점은 일을 수행하는 것이다. 위험 상황이나 돌발 상황에 대처를 잘한다.

출처: 정민승(2010), p. 135.

구체적으로, 수렴형은 추상적 개념을 선호하고, 새로운 상황에서 능동적 으로 실험검증을 하려는 학습자이다. 확장형은 구체적 경험을 선호하고, 반 성적 관찰을 수행하는 학습자이다. 융합형은 추상적 개념의 성향이 강하고,

반성적 관찰을 수행하는 학습자이다. 그리고 적응형은 구체적 경험을 선호하고 새로운 상황에서 능동적으로 실험검증을 시도하는 학습자이다(정민승, 2010).

　콜브에 따르면 경험학습은 다음과 같이 4단계의 과정을 거쳐 이루어진다([그림 2-1] 참조).

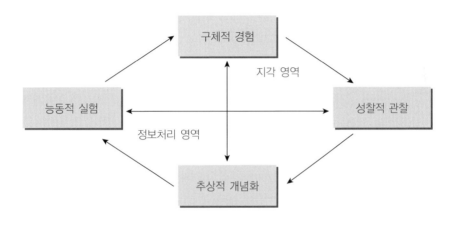

[그림 2-1] 콜브의 경험학습 사이클

출처: Kolb (1984); 양흥권(2017)에서 재인용.

(1) 콜브의 경험학습 4단계 과정

- 1단계 구체적 경험: 학습자가 자신이 경험하고 있는 상황 또는 환경에 대하여 논리적으로 판단하기보다는 직관적으로 느끼는 단계이다. 학습자는 새로운 경험을 하고자 하는 개방성과 동기를 바탕으로 구체적 경험을 한다.

- 2단계 성찰적 관찰: 기존의 사고방식이나 이론보다는 새로운 접근방법을 찾는 데 초점을 둔다. 학습자는 자신의 삶, 자신이 속해 있는 조직 및 환경에 대하여 새로운 관점을 도입하려 하고, 자신의 경험을 다양한 관점에서 성찰한다.

- 3단계 추상적 개념화: 성찰적 관찰에 기반을 두고 통합적 아이디어와 개념을 생성한다. 학습자는 새로운 관점이나 아이디어, 사고방식 등의 적용 가능성을 타진하면서 상황이나 환경이 주는 의미를 살펴본 결과를 분석적·추론적인 방법을 사용하여 하나의 가설 또는 개념으로 만들어 간다.
- 4단계 능동적 실험: 추상적 개념화를 기반으로 새로운 아이디어와 개념을 새로운 현장에서 실제로 적용하는 학습자는 전환의 정신적 기재를 사용하여 내적 상징이나 개념을 외부의 경험으로 전환한다. 하나는 추상적 개념화의 단계에서 만들어진 가설, 추상적 개념, 이론을 현실세계에 적용하여 그 타당성을 검증하는 것이다. 다른 하나는 적극적으로 주변 환경을 변화시키려는 노력한다.

콜브의 경험학습이론은 모호한 경험학습의 과정을 단계적·구체적으로 설명하고 있으며, 이후 경험학습에 대한 연구의 출발점이 되었다는 점에서 의미를 갖는다. 하지만 콜브의 모형은 경험학습 과정에 필연적으로 개입하는 개인의 감정 정서를 충분히 고려하지 못하고 있다는 한계점을 갖는다. 경험을 접하는 과정에서 수반되는 감정은 성찰과 의미 추출, 그리고 행동이 제대로 이루어지는 데 방해가 될 수 있다. 또한 콜브의 경험학습 모형에 대해서 이후의 많은 학자들은 콜브의 논의는 경험학습을 이해하고 설명하는 데 있어서 핵심적인 사회적 맥락과 개인의 외적 조건을 간과한 채, 경험학습을 단순한 개인의 인지적 차원의 활동으로 환원하여 설명하고 있다고 비판한다(Fenwick, 2003; Merriam, Caffarella, & Baumgartner, 2007; 김한별, 2014)에서 재인용). 이러한 비판은 인간의 복잡한 경험학습 과정을 지나치게 단순화·정형화·고착화한다는 점, 학습에서의 전이요소를 고려하지 않고 있는 점, 학습을 지나치게 개인화하였다는 점, 암묵지를 고려하지 못하고 있다는 점 등이다(Moon, 2006: 양홍권, 2017에서 재인용).

(2) 자비스의 경험학습모형

콜브의 경험학습이론을 보완하여 보다 정교한 경험학습모형을 제시한 학자는 자비스이다. 자비스는 콜브의 경험학습모형은 실제로 학습이 이루어지는 배경과 맥락을 고려하지 않고 있음을 비판하면서 학습자의 실제적 경험학습 과정에 대한 분석을 토대로 새로운 모형을 제시하였다([그림 2-2] 참조). 자비스는 인간의 경험학습을 9가지 서로 다른 경로를 통해 이루어지는 복잡한 과정으로 제시하였다. 자비스에 따르면 인간의 경험학습은 크게 3수준으로 구분할 수 있는데, 그것은 '무학습' '비성찰적 학습' '성찰적 학습'이다. 먼저, 무학습이란 인간이 자신이 하고 있는 경험을 의식하지 못함으로써 학습자에게 영향을 미치지 못하는 경험을 말한다. 다음으로, 비성찰적 학습이란 학습은 이루어졌지만 학습자의 비판적 숙고를 바탕으로 하는 깊이 있는 반성이 이루어지지 않은 단순한 수준의 학습이다. 끝으로, 성찰적 학습이란 학습자의 주체적이고 비판적인 반성이 이루어진 가장 높은 수준의 학습이다.

이처럼 자비스는 콜브의 연구를 확장하여 일상의 복잡성을 포착한 현실감 있는 경험학습모형을 제시하였다. 자비스에 따르면, 경험은 상징적인 것으로서 경험학습과정은 학습자가 자아를 형성하고 재구성하는 과정이다. 개인

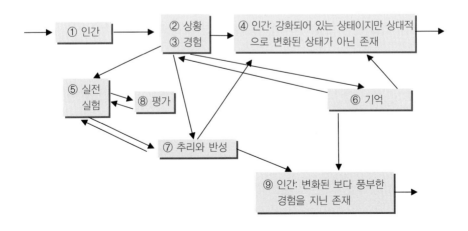

[그림 2-2] **자비스의 경험학습모형**

출처: 권두승, 조아미(2004), p. 162.

과 환경의 상호작용 속에서 자아가 형성된다. 이처럼 자비스는 학습의 사회적 맥락을 강조함으로써, 경험학습이 개인주의적 차원에서 벗어나 사회적인 것이라는 점을 강조했다(정민승, 2010).

(3) 경험학습이 성인학습에 주는 성찰의 의미

크리타코스(Criticos, 1993: 김한별, 2014에서 재인용)가 지적한 것처럼, 효과적인 경험학습은 경험의 가치보다는 경험에 대한 학습자의 성찰의 질적 수준에 따라서 더 많은 영향을 받는다. 물론 자신의 관점에 순조롭게 조응하는 경험을 새로운 정보로서 그대로 수용하고 기억하는 것처럼 경험을 매개로 하는 학습에는 성찰이 개입하지 않는 경우도 충분히 있을 수 있다. 그러나 성인학습 영역에서는 미래를 위하여 경험 내용을 단순히 기억하고 수용하기보다는 성찰 활동을 통해서 경험의 의미와 가치를 재구조화하는 것에 보다 많은 관심을 가진다.

이러한 점에서 성인학습의 맥락에서 다루어지는 경험학습은 개인과 환경 간의 상호작용을 통해서 형성되는 경험으로부터 출발한다. 경험을 매개로 한 학습은 경험에 대한 반성적 사고활동 없이 기억하는 형태의 학습과 자신의 경험 내용에 대해서 학습자의 의도적인 성찰이 개입함으로써 학습자의 맥락에서 유용한 지식을 스스로 구성해 가는 과정으로서의 학습으로 구분할 수 있다(〈표 2-4〉 참조).

〈표 2-4〉 경험학습의 형태

전제: 학습자의 문제의식	기존 관점과 능력에서 해결 가능	기존 관점과 능력에서 해결 불가능
반성적 사고 개입	숙고활동	전환학습
반성적 사고 미개입	적용, 실행, 기억	기억(미래를 위한 정보)

출처: 김한별, 김영식, 이로미, 이성엽, 최성애(2010), p. 15.

또한 학습을 촉발하는 경험이 학습자 개인이 가지고 있던 기존 관점의 틀이나 능력의 범위에서 충분히 다루어질 수 있는 경우와 그렇지 못한 경우로 구분할 수 있다. 이처럼 경험학습은 학습자가 인식하는 경험을 이해하고 구조화하는 모든 형태의 인지적 실천으로 요약될 수 있으나, 이 중 경험학습에 주목하는 성인교육 이론가들은 특히 성찰이 의식적으로 개입하는 학습과정에 대해 지대한 관심을 가진다.

따라서 성찰이란 개인의 경험에 대해서 그 의미를 적극적으로 해석하려는 노력이며, 성인은 성찰 과정을 통해 차별의식, 피해의식, 편견, 우월주의에 대한 반성을 함으로써 자신의 행동과 태도 등을 반성하는 학습을 할 수 있다. 결국 일상생활 가운데 발생하는 경험학습을 통해 변화 · 성장할 수 있다고 본다.

4. 전환학습

1) 전환학습의 정의 및 특징

전환이란 개인의 의미 구조와 사회 구조의 근본적인 변화를 의미하며, 인식 및 행동의 전환이 동시에 이루어지는 것을 전제로 한다. 바로 성인학습자가 세상을 인식하고 해석하는 틀, 즉 관점(perspective)의 전환을 뜻한다. 메지로우(1990)는 관점의 전환이란 "개인이 가지고 있는 가정이 현실을 지각하고, 이해하고, 또 느끼는 가운데 어떻게 혹은 왜 개입하는지에 대해서 비판적으로 깨닫게 되는 과정"(p. 14)이라고 규정하고 있다. 그리고 이러한 관점의 전환이 이루어지는 일련 과정을 학습이라고 파악한다. 메지로우(2000)는 전환학습(transformative learning)을 제안하며, "학습자 자신의 행위나 사고를 조정하기 위해서 기존의 경험 해석의 틀을 바탕으로 실행하는 경험의 의미에 대한 새로운 해석 혹은 재해석의 과정"(p. 5)이라고 정의했다(김한별,

2014). 학습자가 경험하는 객관적인 현실보다는 그것을 이해하고 해석하는 과정을 통해서 만들어진 실체가 바로 학습자가 습득하는 지식이라고 보는 것이다. 메지로우의 전환학습은 준거틀이 전환되는 학습이며, 현실에서 존재하기 어려운 반성적 담론을 통해 발생한다는 것이다.

전환학습의 특징은 다음과 같다.

첫째, 성인기 학습은 전환적 기능을 가진다. 메지로우(1995, p. 51)는 아동기와 성인기의 구별되는 특징으로 '아동기의 학습은 주로 형성적 기능(formative function)'의 특징을 보이지만 '성인기의 학습은 전환적 기능(transformative function)'의 특징을 갖는다고 하였다. 물론 성인기에도 새로운 지식이나 기술을 습득하는 학습활동이 분명히 나타나기도 하지만, 자신의 삶을 지탱하는 기존의 것들이 상황적으로 적절한지 검토하고, 삶에서의 여러 가지 과제에 대하여 효과적으로 대처할 수 있도록 스스로 개조해 가는 노력은 아동기에서 볼 수 없는 특징이다.

둘째, 폐기학습(unlearning)이 나타난다. 기존의 경험을 이해하는 개인의 관점이 더 이상 적절하지 않거나 지식 및 관행이 불필요해지는 경우, 이들을 해체하려는 폐기학습의 노력이 성인에게서 발견할 수 있는 중요한 학습과정이다(송미영, 유영만, 2008). 전환학습은 바로 이러한 학습 양식에 주목하면서 이론화한 개념이다.

셋째, 학습자 개인의 관점은 지식 구성의 중요한 요소이다. 학습을 통해 획득하는 지식은 학습자가 자신이 처한 환경에 대하여 적절하게 대응하는 가운데 발생하는 의미 해석의 과정을 통해서 구성된다는 구성주의적 입장과 연결되어 있다. 지식을 구성하는 학습자의 속성, 특히 학습자 개인의 관점이 중요한 요소로 부각된다.

넷째, 자신에 대한 지식(self-knowledge)을 획득해 가는 과정이다(Mezirow, 1991). 전환학습은 학습자 자신이 세상을 이해하는 방식을 점검하고, 그 속성이 무엇이고 그로 인해서 세계를 어떻게 이해하며, 편향된 해석이나 왜곡 가능성이 있는지를 확인하려는 노력이라고 할 수 있다.

다섯째, 관점의 변화가 성인 발달(adult development)의 핵심적인 과정이다. 메지로우(1991)는 기존의 관점에서는 충분히 이해되지 않고 문제적 상황으로 인식되는 삶의 경험을 새롭게 이해할 수 있도록 성인 스스로의 관점을 조정·변화하는 과정이 전 생애에 걸쳐서 일어나게 되며, 이러한 관점의 변화를 성인 발달의 핵심적인 과정이라고 하였다. 즉, 전환학습은 '성인의 신체적 발달과 아울러서 함께 진행되는 인지적 발달을 설명하는 개념'이라고 볼 수 있으며, 그 결과로서 성인은 보다 성숙한 관점을 형성하고 지혜롭게 되는 것이다.

2) 의미 도식과 의미 관점

전환학습을 이해하기 위해서는 자신의 경험으로부터 의미를 해석하는 과정에 개입하는 의미 도식(meaning scheme)과 의미 관점(meaning perspective)이라는 두 요소를 구분하여 이해하는 것이 필요하다(Mezirow, 1990).

(1) 의미 도식

의미 도식이란 우리가 다양한 일상적 상황을 이해하고 해석하는 데 사용하는 습관적 해석의 규칙과 그 내용이다. 예를 들어, '손님을 대할 때 예를 갖추어야 한다.'는 것이나 '우리가 모르는 것이 있어나 궁금한 것이 있으면 학습해야 한다.'고 이해하는 것도 바로 학습에 대한 의미 도식이라고 볼 수 있다. 따라서 사회문화적 배경이 비슷한 경우에는 각 개인의 의미 도식의 내용도 비슷하다.

(2) 의미 관점

의미 관점이란 새로운 경험이 기존의 경험과 관련하여 해석되고 재구조화되는 가운데 개입하는 일종의 가정, 신념, 전제의 구조라고 할 수 있다. 즉, 우리가 어떠한 경험을 할 때 그 경험을 각자의 기대나 가치, 경험을 접하게 되는 상황에서 개인의 독특한 조건에 따라서 주관적으로 해석하고 이해하는 틀이다. 예를 들면, 가정에서 남성과 여성의 역할에 대한 생각이나 기대, 그리고 그렇게 해석하는 기본 가정 등이 의미 관점이라고 할 수 있다. 개인이 살아온 가정환경이나 가치관 등에 따라서 서로 다르게 해석될 수 있다. 이처럼 의미 관점은 개인의 주관이 개입하는 요소로서 동일한 사회문화적 배경을 가지고 있더라도 개인의 사적·심리적 조건의 차이나 경험을 접하는 상황적 특수성에 따라서 가변적일 수 있다.

의미 도식이 사회적·문화적 존재로 살아오면서 형성된 습관적인 해석의 규칙으로서 비슷한 사회나 문화 속에서 살아가고 있는 개인들의 합의에 의해 이루어지는 것이라면, 의미 관점은 개인의 주관과 경험에 따라 구별되는 특징을 가진다.

(3) 의미 관점의 변화가 이루어지는 과정

메지로우(1991)는 의미 관점의 변화가 이루어지는 두 가지 과정을 언급했는데, 첫 번째 변화 가능성은 의미 도식의 변화가 축적되면서 관점의 변화가 점진적으로 이루어지는 것이다. 예를 들면, 명절 때 주부가 감당해야 할 역할에 대한 생각이 매년 명절을 지내 오면서 접하는 경험, 각종 매체로부터 접하는 새로운 주부의 역할에 대한 정보, 이웃과의 대화 등을 통해 서서히 관점이 변화할 수 있게 되는 것이다.

두 번째 변화 가능성은 개인의 보편적인 생애 주기나 사회적 역할과 관련하였을 때 예상하지 못했던 이례적인 경험을 접하고, 그에 대해 기존의 관점이 효과적으로 대응하지 못하여 관점의 변화가 나타나는 것이다. 즉, '혼란스러운 갈등(disorienting dilemma)'이라는 사건을 접하게 되면서 비교적 급진적 형태로 이루어지는 관점의 변화를 말한다. 예를 들면, 이혼이나 실직, 가족의 사고 등을 겪게 되면서 개인의 생각이나 삶에 대한 태도가 바뀌는 것을 말한다. 이는 기존의 익숙한 관점으로는 적절하게 해석하거나 이해할 수 없는 사건을 수용하기 위한 노력의 일환으로서 관점의 변화가 이루어지게 되는 것을 뜻한다.

3) 전환학습 과정

메지로우(1995)는 전환학습이론을 통해 성인학습자가 사회화나 여러 다양한 경험을 통해 무비판적으로 수용하고 판단해 오던 기존의 사고체계에 대해 비판적으로 사고하고 반성할 수 있는 능력을 신장시킬 수 있다고 보았다. 그 결과 새로운 의미를 창출할 수 있게 되고, 창출된 의미를 기반으로 새롭게 인지구조를 재구조화하여 기존의 가지고 있던 사고의 틀로부터 자유로워질 수 있게 되는 것이다.

인지구조의 변화를 유발하는 전환학습에서의 학습이란 단순히 지식을 습득하는 것만을 말하는 것이 아니다. 학습자가 자신을 둘러싸고 있는 환경과 상황을 인식하는 자신의 신념과 가치관, 이해를 바탕으로 출발해서 자기 자신에 관한 의미 구조의 근본적인 변화하는 것을 말한다. 메지로우(1994)는 전환학습이 대체로 11단계를 거쳐 일어난다고 하였다(이미나 외, 2015에서 재인용; 〈표 2-5〉 참조).

전환학습 과정의 11단계는 늘 고정적으로 혹은 단선적으로 나타나는 것이 아니라 몇 단계를 건너뛰기도 하고 같은 단계를 한 번 이상 반복하는 등 다양하게 나타날 수 있지만, 전환학습은 전형적으로 혼란스러운 갈등, 즉 계기가 되는 사건에서 시작된다. 혼란스러운 경험 혹은 계기가 되는 사건은 단일한 사건일 수도 있고 혹은 지속적으로 이루어진 사건의 연속일 수도 있는데 이것은 학습자가 의미를 명백하게 하도록 만든다. 메지로우의 전환학습 11단계는 성인이 가진 기존의 신념과 가치관을 비판적으로 반성하고 새로운 이해와 기존의 가지고 있던 이해를 비교해서 상충될 때는 협상(negotiate)을 통해 통합한다(Mezirow, 1995: 김규옥, 2012에서 재인용).

〈표 2-5〉 메지로우의 전환학습 과정

단계	내용
1	혼란스러운 갈등에 직면한다.
2	죄의식이나 수치심을 느끼면서 자신을 점검한다.
3	학습자 자신이 갖고 있는 가정에 대해 비판적 반성을 한다.
4	학습자 개인의 불만과 전환 과정이 타인과 공유되면서 다른 이들도 유사한 변화를 겪었음을 인식한다.
5	새로운 역할, 관계 그리고 행동에 대한 대안을 탐색한다.
6	새로운 여행을 계획한다.
7	계획 실행에 필요한 지식과 기술을 습득한다.
8	새로운 역할을 시험적으로 시도해 본다.
9	새로운 역할과 관계를 협상한다.
10	새로운 역할과 관계에 대한 자신감과 자기 확신을 갖게 된다.
11	자신의 삶을 새롭게 형성된 관점으로 해석한 상황과 재통합한다.

출처: 이미나, 이해주, 김진화(2015), p. 103.

4) 전환학습에서의 성찰이 주는 의미

성찰은 성인기의 학습을 설명하는 데 매우 중요한 요소이다. 성찰이란 새로운 지식을 쌓고 경험을 이해하기 위해서 현재와 과거의 경험을 반추하고 탐색하는 지적·정서적 활동으로 정의할 수 있다(김규옥, 2012에서 재인용). 성찰 행위에는 추론, 일반화, 비유, 회상, 비교와 구분 그리고 가치판단 등의 인지적 활동이 광범위하게 포함된다.

메지로우는 일상적 경험과 관련해서 이루어지는 성찰의 유형에 대해서 내용 성찰, 과정 성찰, 전제 성찰의 3가지로 구분하여 설명하였다.

• 내용 성찰(content reflection): 행위를 하는 내용 주제에 대한 성찰로서 문

제의 핵심을 파악하기 위한 노력이 포함된다. '무슨 일이 벌어지고 있는 가?' '관심의 대상이 되는 경험에서 문제의 핵심은 무엇인가?' 등에 대해 서 반성하는 것이다.

- 과정 성찰(process reflection): 행위를 수행하는 절차적 활동의 타당성이나 가치에 대해서 가치판단을 하는 노력이다. '사건이 어떻게 전개되었는 가?' '그 사건에서 나 혹은 타인은 어떻게 행동하였는가?' 등을 살펴보는 것이다.

- 전제 성찰(premise reflection): 어떠한 문제적 상황에 내재되어 있는 기 본적 통념이나 가치, 규범 등을 점검하는 활동을 의미한다. '어떠한 사 회문화적 맥락에서 경험이 발생하였는가?' '그러한 맥락에서 강조되 는 가치나 규범은 무엇인가?' '나는 왜 현상을 그러한 방식으로 경험하 고 또 이해하였는가?' 등을 점검하는 것이다. 성찰의 주체가 현상을 이 해하고 그로부터 경험을 해석하는 과정에 개입하는 예상 혹은 가정 (presupposition)에 대한 의심과 검토를 포함한다는 점에서 많은 성인교 육 이론가들이 강조하는 비판적 성찰의 내용 및 형식과 동일한 것으로 볼 수 있다(Mezirow, 1990: 김규옥, 2012에서 재인용).

세 가지 성찰 유형 가운데 어떠한 것이든지 간에, 개인은 성찰이라는 행위 를 통해서 기존 의미 도식에 의해서 수행하는 습관적 행위를 벗어나서 의식 적 · 의도적인 행위를 할 수 있는 가능성을 얻을 수 있다.

📖 **학습과제**

1. 안드라고지의 네 가정을 정리하여 발표하고, 성인교육에 활용할 수 있는 방법을 찾아본다.

2. 콜브의 경험학습의 단계적 과정을 설명하고, 사례를 들어 적용해 본 후 발표한다.

3. 자기주도학습의 증진전략에 대입하여 성인학습자의 학습을 증진시키는 전략을 수립해 본다.

4. 전환학습의 11단계를 설명하고, 의미 관점이 일어난 전환학습 사례를 찾아 발표한다.

❑ 참고문헌

권두승, 조아미(2004). 평생학습 실현을 위한 성인학습 및 상담. 경기: 교육과학사.

김규옥(2012). 한센인들의 학습경험을 통한 관점 전환과 소외 극복 사례연구. 아주대학교 대학원 박사학위논문.

김한별(2014). 평생교육론. 서울: 학지사.

김한별, 김영식, 이로미, 이성엽, 최성애(2010). 성인 경험학습의 이해: 이론과 실제. 서울: 동문사.

송미영, 유영만(2008). 자아창조와 공적연대를 지향하는 폐기학습 모델에 관한 연구. Andragogy Today, 11(3), 29-56.

양흥권(2017). 평생교육론. 서울: 신정.

이미나, 이해주, 김진화(2015). 평생교육방법론. 서울: 한국방송통신대학교출판문화원.

이현림, 김지혜(2011). 성인학습 및 상담. 서울: 학지사.

정민승(2010). 성인학습의 이해. 서울: 에피스테메.

Grow, G. (1991). Teaching learners to be self-directed: A stage approch. *Adult Education Quarterly, 41*(3), 125-149.

Knowles, M. S. (1980). *The modern practice of adult education: From Pedagogy to Andragogy.* New York: Cambridge book company.

Mezirow, J. (1991). *Transformative dimensions of adult learning.* San Francisco: Jossey-Bass.

Mezirow, J. (1995). Transformative Theory of adult learning. In M. R. Welton (Ed.), *In defense of lifeworld: Critical perspectives on adult learning* (pp. 39-70). New York: State University of New York Press.

제3장

성인학습자의 이해

평생학습사회를 준비하고 살아가야 하는 현대인에게 평생학습은 더 이상 선택이 아닌 필수이다. 따라서 평생 동안 학습이 전제되는 평생학습사회에서 살아가야 하는 학습자에 대한 효과적인 평생교육 방법에 대한 논의는 중요할 수밖에 없다. 특히 평생학습 분야에는 다양한 연령대의 학습자들이 존재하지만, 평생교육의 주요 대상인 성인을 대상으로 하는 평생교육의 영역은 교육의 타 영역보다 훨씬 더 역동적이다. 성인은 다양한 특성을 지니고 있기 때문에 한마디로 규정할 수는 없지만, 평생교육의 방법적 특성을 설명하기 위해서는 평생교육 현장의 주요 대상인 성인학습자에 대한 이해가 필요하다. 따라서 이 장에서는 성인학습자의 개념과 특성, 성인학습의 참여 목적, 성인학습의 원리, 성인학습자의 학습 스타일, 성인학습자의 중도탈락 예방 방안에 대해 살펴보고자 한다.

학습목표

1. 성인학습자의 개념을 이해하고 설명할 수 있다.

2. 성인학습자의 특성에 대해 이해하고 정리하여 발표할 수 있다.

3. 성인학습의 원리를 설명할 수 있다.

4. 성인학습자의 참여동기 및 저해요인을 학습하고 설명할 수 있다.

✱ 주요 용어

성인학습자 학습불안, 유동적 지능, 결정적 지능, 중도탈락, 학습 스타일, 자기 주도성, 참여동기

1. 성인학습자의 이해

1) 성인의 개념

유네스코가 규정한 성인의 개념은 개인의 완전한 발달뿐만 아니라 사회・경제・문화 발전에 주체적으로 참여하고, 자신이 속한 사회에서 능력 계발과 지식을 확장하며, 기술과 전문성을 신장하고 태도와 행동을 새로운 방향으로 바꿀 수 있는 존재를 의미한다.

성인을 정의하는 방법은 다양하다. 역연령(曆年齡, Chronological Age: CA)이나 법적 규정에 의해서 성인을 규정할 수 있으며, 수행하고 있는 사회적 역할이나 심리적 자아개념의 독립성 등을 중심으로 성인을 정의하기도 한다. 대부분의 사회에서는 일반적으로 만 18세 이상으로 자신을 스스로 관리할 수 있으며, 자신의 삶에 일차적인 책임을 질 수 있는 사람을 성인이라 칭한다.

성인은 다양한 특성을 지니고 있기 때문에 한마디로 규정할 수는 없다. 그럼에도 성인의 개념을 규정하면, "일상적인 개인의 생활을 지속하되 학생의 역할보다는 개인생활을 우선하면서 규칙적으로 일정한 시간을 정하여 학습활동에 참여하는 20세 이상의 성인남녀"를 말한다. 또한 "사회적으로 요구되는 일을 수행할 뿐 아니라 자신의 삶에 대해 기본적인 책임을 지닌 자"를 성인으로 규정하는 것이 우리 사회에서 보는 일반적인 정의라고 할 수 있다(최운실, 송성숙, 박수정, 2017). 이러한 성인이 평생교육의 주요 대상이다. 성인을 정의하는 데 필요한 요소는 다음과 같다(Rogers, 1998).

첫째, 성인에게 반드시 필요한 주관적인 시각 또는 관점이다. 성인으로서의 주관적 관점은 타인이 자신을 어떻게 보는지, 실제 자신의 모습이 어떠한지를 모두 인지할 수 있는 관점이다. 둘째, 충분한 성장으로 최절정을 의미하는 것이 아니라 지속적인 성장을 추구하는 것을 의미한다. 셋째, 자율성이다. 즉, 성숙하고 주관적으로 자율성과 책임감을 조화롭게 유지하기 위해 계속해서 노력해야 하는 존재가 성인이다.

2) 성인학습자의 특성

성인은 아동·청소년과 달리 구체적이고 직접적인 학습목표를 가지고 스스로 선택하여 학습에 참여한다. 이는 성인학습자가 자신의 구체적이고 직접적인 목표와 다양한 생애 경험을 바탕으로 확고한 가치와 견해를 가지고 행동하는 자기주도적인 존재이기 때문이다. 이러한 성인학습자의 특성을 이해하는 것은 평생교육에서 매우 중요하므로, 일반적·신체적·심리적 특성을 살펴볼 필요가 있다.

(1) 일반적 특성

성인학습은 연령의 제한으로부터 해방되는 것을 목표로 한다. 또한 전통적 교육방식인 학교가 독점하고 있는 교육체계에 종지부를 찍는 일에서 시작된다. 또한 탈락자가 없는 교육을 실현하는 것을 목표로 하는 것이다. 성인기 동안 일어나는 학습은 매우 개인적인 활동이다. 삶 전체가 학습과정이요, 우리의 환경자체가 학습환경이다.

로저스(Rogers, 1998)는 다양한 학습 관련 이론을 비교한 후 전통적 투입 모델과 현대적 행동 모델로 분류하였다(〈표 3-1〉 참조). 수동적·수용적인 전통적 투입 모델에 비해 현대적 행동 모델에서는 내적 동기, 적극적 탐색과 자기만족을 추구한다. 현대적 행동 모델은 학습이 단순한 지식과 기술의 전이가 아닌 문제해결 능력과 자기주도성이 요구되는 과정임을 보여 준다. 로저스는 성인학습에서 강조되는 학습의 특징을 다음과 같이 정리하였다(신용주, 2012, pp. 57-79).

• 학습은 지식이나 기술을 단지 수동적으로 수용하는 것이 아닌 적극적인

활동이다.

- 학습은 개인적이며 또한 개별적이다. 우리가 타인과 관계를 맺으며 함께 배울 때도 학습에서 일어나는 궁극적인 변화는 개별적이다.
- 학습은 자발적인 것이다. 학습자는 강제에 의해서가 아니라 자발적으로 학습해야 한다.

〈표 3-1〉 전통적 모델과 현대적 모델의 비교

전통적 투입 모델	현대적 행동 모델
수동적	적극적
수용하기	탐색하기
부족한 부분 채우기	만족 추구하기
외부 자극에 반응하기	내적 충동에 의한 주도
핵심용어: 주기, 나누기	핵심용어: 발견, 창조
지식과 기술의 전이	문제해결
교사를 필요로 함	자기학습

출처: 신용주(2012), p. 58.

한편, 놀스는 경험 및 실생활 지향성을 중시하는 안드라고지적 전제에 기초하여 성인학습자의 특성을 정리하였다(〈표 3-2〉 참조).

〈표 3-2〉 성인학습자의 특징

자아개념	의존적 특성에서 자기주도적 특성으로 변화한다.
경험	학습 자원이 되는 경험을 점차 축적해 나간다.
학습 준비도	점차 사회적 역할과 관련된 발달과업에 바탕을 둔다.
학습 성향	학습이란 미래 생활에 대비하기 위한 것이 아니라 실생활에 즉각적으로 적용하기 위한 것이며, 학습 성향은 교과 중심이 아니라 문제해결 중심이다.

(2) 신체적 특성

나라마다 법적인 기준도 조금씩 다르게 되어 있어 성인기를 정의한다는 것은 매우 어렵다. 일반적으로는 신체적인 '노화'에 초점을 두는 경우가 많다. 왜냐하면 이 현상은 교육의 가능성(educability)과 직결되는 부분이기 때문이다.

인간의 신체적 특성은 개인에 따라 다르나, 보통 18~25세를 거치며 성장이 최고조에 달하는 시점을 지난 후 어느 정도의 기간은 큰 변화 없이 유지되다가 퇴화의 정도는 다르지만 점차적으로 감소한다. 성인학습자의 신체적 특성에 대한 이해는 노화의 다양한 측면인 시력, 청력 및 신경계통의 노화, 신체적 질병에 대한 영향, 지능 및 기억의 감퇴 등에 따라 교육 가능성에 영향을 미치므로 중요하다.

① 체력

일반적인 체력이나 근력의 신체적 능력은 대체로 30세 이전에 절정에 달하며, 개인의 적절한 운동량과 특성에 다라 퇴화의 정도에 상당한 차이가 있지만 점차 감소한다. 그러나 개인의 운동량에 따라서 약 50세까지도 강도나 양에 있어서 증가할 수 있다. 전반적인 체력의 변화는 학습자가 어느 연령대에 속해 있어도 학습능력에 영향을 미치며, 특히 노년기에 더 큰 영향을 미치게 된다.

② 감각

보고 듣는 능력에 있어서의 쇠퇴는 학습 과정에 문제를 일으킬 수 있다. 시력 저하, 피부 노화, 노인성 난청, 근육 감소 등 신체적인 외적 변화가 생기기 시작한다. 따라서 학습자의 신체적 특성을 유념하여 교육환경을 마련해야 한다.

③ 신경계통

성인기 내내 점차 나타나는 변화로서 두뇌와 척수로 구성되는 중추신경계통은 학습을 위한 중요한 생물학적 기초가 된다. 중추 신경계통은 나이가 들수록 반응 시간이 지체된다. 아울러 과업의 성격과 개인의 과거 경험과 같은 요인들 역시 개인의 반응 시간에 지체된다.

④ 질병

대부분의 사람들에게 '나이 든다'는 말은 '노화'를 뜻한다. 즉, 모든 기능이 노쇠해 간다는 것을 의미한다. 노화는 단일 과정이 아니며, 최소한 세 가지 종류의 노화가 있다. 1차 노화가 성인기 동안의 질병이 없는 정상적 발달이라면, 2차 노화는 질병, 생활방식, 환경에서 생긴 발달적 변화로 치매와 같이 환경으로 인한 오염과 같은 영향을 말한다. 끝으로, 죽음 직전의 신체의 최종적 급강하가 3차 노화를 이룬다.

성인은 신체의 변화를 통해 처음으로 자신이 늙어 가고 있다는 사실을 깨닫기 시작하고, 그러한 점에서 신체변화는 중요한 의미를 지닌다. 따라서 신체변화에 따른 건강 유지와 관리가 성인의 주요 관심사가 된다.

(3) 심리적 특성

성인의 심리적 상태는 학습에 직접적으로 영향을 준다. 심리적 상태는 인간행동의 심리적 기초를 이루며, 학습자로 하여금 학습활동을 하도록 하는 심리적 요인이다. 연령이 증가함에 따라 부정적인 심리적 요인이 작용하게 되는데, 남성의 경우는 신체적 노화에 따른 긴장감, 직업에서의 승진 가능성 제한, 가족생활의 변화 등과 밀접한 관련을 갖게 된다. 반면에 여성은 자녀의 독립과 과업완수에 대한 안도감과 함께, 폐경이라는 변화에 따른 상실감, 고통, 그리고 새로운 역할에 대한 두려움을 수반하게 된다. 특히, 연령의 증가와 함께 습득하게 되는 경험과 다양한 역할 및 성격의 변화는 성인기의 심리적 변화를 일으키는 요인이 된다(신용주, 2012).

① 다양한 경험

성인학습자의 가장 중요한 특징은 성장 배경, 교육수준, 직무 경력, 종교, 가치관 등과 같은 다양한 경험을 가졌다는 점이다. 이러한 성인학습자의 다양한 배경과 경험은 정보의 지각·해석·처리 능력에 영향을 미친다.

한편, 전 생애를 거치면서 일어나는 생애 사건(life events)과 직면하게 되는 인생전환기(transitions)의 개념이 성인기 발달 패러다임의 대안으로 대두되기도 한다. 성인은 삶의 전환기를 경험하고 정치·경제·사회·문화·가족 맥락 속에서 그 영향을 받으면서 살아간다. 성인은 학습 활동에 참여함으로써 생애 사건 및 삶의 전환기에 더 효과적으로 대처하는 역량을 키울 수 있다.

② 성격의 변화

성인학습자는 연령이 증가함에 따라 성격도 변화한다. 대체로 나이가 들수록 고집이 세어지거나, 내향성과 소극성이 증가한다. 즉, 새로운 대인관계에 있어서 쉽게 가까워지지 않으며, 많은 일에 참여하는 것을 꺼리고, 오직 자신의 일에만 관심과 집중하는 성향이 있고, 자기에게 친숙한 물건에 애착을 보이기도 한다. 외부 자극보다는 자신의 사고에 따라 모든 일을 판단하며, 점차 수동적으로 문제를 해결하게 된다. 또한 자신감이 낮아지게 되는데, 이러한 자신감의 결여는 연령 증가와 함께 체험하는 능력의 감퇴, 그리고 현대 사회에 점차 주변인이 되어 가는 자신의 위치에 대한 인식이 생겨난다. 따라서 연령이 높아질수록 조심성이 증가하며, 안정성을 우선적으로 추구하게 된다. 또한, 기억력이 감퇴된다. 기억력의 기능은 학습 능력과 동일하거나 학습과 관련되는 중요한 정신적 과정의 하나로 보게 된다. 만일 성인이 중대한 변화, 특히 기억력의 감퇴를 경험한다면 학습 과정 역시 손상받게 된다. 성인학습자의 이러한 심리적 특성은 학습 과정에 한편으로 방해가 되기도 하고 도움이 되기도 한다.

③ 지능발달

성인의 지능에 대한 사고에서 중요한 요인은 유동적 지능과 결정적 지능으로 구성된다. 먼저, 유동적 지능은 학교에서 검사했던 IQ에 관한 것으로서 선천적·생물학적으로 결정된 개념과 동일한 특성을 말한다. 다음으로, 결정적 지능은 교육과 경험의 영향을 더 많이 받는다는 것이다. 예를 들어, 어휘, 일반상식, 언어이해 등 경험, 교육 및 훈련을 통하여 얻은 지식과 능력을 말한다. 그러나 두 가지의 지능은 항목들 사이의 관계 인식, 추상적 추리, 개념 형성 그리고 문제해결과 같은 몇 가지 유사한 과정을 포함하고 있다. 일반적으로 전자는 감퇴하나 후자는 지속적으로 발전이 가능하다고 본다.

(4) 사회학적 측면

나이가 들어감에 따라 성인에게 요구되는 사회적 기대와 요구사항이 변화하는데, 이러한 변화들이 성인기의 특성을 형성하게 된다. 인간은 변화하는 내적·외적 환경에 어떻게 적응하는가에 따라 성공과 실패가 결정된다. 즉, 신체적·심리적 성숙과 결혼, 자녀 양육, 직업생활 등의 사회적 요구들이 어떻게 상호작용하는가에 따라 달라지는 것이다. 이러한 발달과업들은 사회문화적인 상황에 따라 다르게 정의되고 있지만, 중요한 것은 발달과업에 의해 성인의 교육적 요구가 발생한다는 것이다. 성인은 자신에게 부과된 여러 과업들을 성공적으로 수행해 내기 위해 새로운 지식과 기술을 필요로 하기 때문이다. 성인의 교육적 요구는 발달과업과 자신이 맡고 있는 업무를 성공적으로 수행하려는 노력과 연결되어 나타난다. 그러므로 평생교육을 제대로 이해하기 위해서는 그 대상인 성인학습자에 대한 사회적 특성의 이해가 필수적이다. 성인의 특성을 무시하고 아동과 성인을 하나의 학습이론으로 설명할 수는 없다.

성인은 학습 상황에서 다음과 같은 특징을 지닌다(임형택 외, 2013, pp. 69-70).

- 성인학습자는 다양한 생애 경험을 가지고 있다. 성인은 살아오면서 다양한 생애 경험을 가지고 있으므로 학습 상황에 직접적인 영향을 미치게 된다. 특히 다양한 경험을 통해 성인 스스로 자신이 원하는 학습내용과 학습목표에 대해 결정할 수 있다. 따라서 성인의 학습은 그들의 요구에 더 민감하게 반응해야 한다. 그 예로, 이전의 학교생활에서 좋지 않은 경험을 가진 성인학습자의 경우 학습 상황에 대한 불안감이 있고, 새로운 학습에서 자신이 경험한 상황과 학습내용이 일치하게 된 성인학습자의 경우는 학습내용을 습득하는 데 용이하다.

- 성인학습자는 독립적인 자아개념을 가지고 있다. 성인학습자는 학습자로서보다 직업인, 배우자, 부모로서의 사회적 역할을 갖고 있는 경우가 많기 때문에 자기 생활에 주도성, 즉 스스로 삶을 꾸려 가는 성향이 강하다. 따라서 학습 상황에서도 교수자에게 일방적으로 끌려 다니기보다는 주도성을 가지고자 하기 때문에, 학습 시 교수자는 학습의 지시자가 아니라 학습의 안내자가 되어야 한다.

- 성인학습자는 학습에 투자하는 비용과 시간, 그리고 학습의 이익을 계산한다. 성인의 경우 자기 생활에 대한 계획을 스스로 하고 지금 필요한 학습에 대해 비교적 명확하게 인식하고 있으므로, 학습에 드는 비용과 이익을 계산하는 경향이 있다. 따라서 평생교육담당자는 성인학습자에게 이들의 경험에 기반을 둔 실제적 자극을 제공하고, 학습을 통한 이득에 무엇인지를 실질적으로 검증해 주어야 한다.

- 성인학습자는 배운 것을 바로 실생활에 활용하고자 한다. 성인은 지금 현재 필요해서 무엇인가를 배우려고 하는 성향이 강하고, 배운 것을 바로 직업이나 가정생활에서 활용하려고 한다. 그러므로 평생교육담당자는 실제 성인학습자가 요구하는 문제에 대한 교육과정을 개발해야 하며, 성인이 학습하면서 실제 생활에 적용 및 응용해 볼 수 있는 시간을 충분히 가져야 한다.

- 성인학습은 지능보다는 언어를 통하여 타인과의 관계를 적절히 유지할

때 효율성을 가진다. 성인의 학습능력은 지능과 비례하지 않으며, 오히려 지능보다 주변 환경의 방해로 인하여 학습에 지장을 초래하기 때문에 계속적인 성인학습을 위하여서는 연령과 지능보다는 사회적 관심이 필요하다. 이상과 같이 성인학습은 사회적 측면에 따라 개인의 성격 · 정신적 · 생리적 요인에 의하여 학습의 결과가 극대화될 수도 저하될 수도 있다.

2. 성인학습의 원리

성인학습은 성인이 학습의 주체로서 능동적인 학습 활동을 통해 자신의 존재 가치를 재확인하고 책임성과 자율성을 증진하여 학습욕구의 충족, 문제해결 및 의사결정에 자발적으로 참여하여 이루어지는 배움의 활동이다. 성인학습을 지원하기 위해서 교수자는 다음과 같은 성인학습의 원리를 이해하고 있어야 한다.

첫째, 성인은 아동 · 청소년에 비해 자신의 생활을 통제할 수 있는 능력이 있다. 성인은 자신에게 부족한 것이 무엇이고, 그것을 충족하기 위해서 해야 할 일이 무엇인지를 스스로 잘 알고 있다. 따라서 학습자 스스로가 학습목표를 설정하고 자원을 할당하며 학습 전략을 선정하는 데 능동적이다. 이러한 점을 감안해서 교수자는 성인학습자의 자기주도적 학습을 도와주고 촉진할 수 있는 방법으로 성인학습자의 관심 분야와 배우고자 하는 것에 중점을 둬야 한다.

둘째, 성인학습자는 직업, 연령, 학력, 사회경제적 배경, 사회적 경험 등이 매우 다양하므로, 교수자는 이러한 특성을 고려한 교육방법을 선정하여야 한다. 이것은 성인학습자의 편성 시 동질적인 특성에 따라 학급을 배열해야 한다는 의미가 아니라, 이질적으로 편성한다고 하더라도 그들이 평생교육을 통하여 다양한 경험을 할 수 있는 환경을 만들어 주어야 한다는 것을 의미한다. 아울러 성인학습자는 이미 고정된 관념, 습관, 태도, 의견 및 신념을 지니고 있으므로 교수자의 일방적 주도가 아니라 교육목표에 따라서 다양한 강의 방법이 적용되어야 한다.

셋째, 교육의 내용은 학습자에게 문제를 해결할 수 있도록 도움을 줄 때 최고의 가치를 나타낸다. 성인은 광범위한 실제 삶의 경험을 가지고 있으며, 이러한 경험을 토대로 새로운 학습을 체계화하고 범위를 한정하고자 한다. 성인학습은 이전의 경험을 통해 획득된 의미, 가치, 기술 및 전략을 변형하거나 확대하는 데 초점을 맞춰야 한다. 변화에 대한 압력은 주로 사회적 역할이나 직장에서의 역할, 기대감, 지속적인 생산성에 대한 개인적 욕구, 정체성 확립 등에서 비롯된다. 즉, 배운 내용을 현실적인 문제에 즉시 적용하기를 원하는 성인학습자의 특성에 적합하도록 문제해결 중심의 학습을 이끈다.

넷째, 성인은 이미 기본적으로 학교교육을 마치고 사회생활을 통해서 풍부한 경험을 가진 사람이다. 경우에 따라서는 교수자보다 어떤 특정 영역에 대해서는 더 많은 경험이 축적되어 있을 수도 있다. 따라서 평생교육은 교수자-학습자, 학습자-학습자 간의 경험을 공유할 수 있는 방향으로의 평생교육 프로그램이 마련되어야 할 것이다. 학습자의 학습 경험이 학습 자원인 동시에 새로운 학습의 기초가 되도록 교수 방식 역시 강의보다는 다양한 매체와 함께 토론이나 실습 등 실천적 학습이 효과적이다.

다섯째, 평생교육은 학습자의 자율성에 바탕을 둔 교육이기 때문에 평생교육자는 강의 설계 시 학습자의 자율적인 참여가 장려될 수 있는 방안을 모색해야 한다. 성인은 대개 일반화되고 추상적인 사고를 추구하며, 그들의 학습욕구를 표현함으로써 자신의 학습 과정을 설명하고 스스로 학습 프로그램에 참여하게 된다. 성인은 조직화되고 지속적인 자아 개념과 자존감을 소유하고 있으며, 독립된 인격체로서 학습활동에 참여한다. 성인은 사회 내에서 맡고 있는 지위 때문에 늘 생산적인 사람이 되어야 한다고 생각한다. 즉, 성인학습자의 교육 욕구를 측정한 후 학습을 계획한다. 교수자는 성인학습자의 자아개념을 향상시키고 동기를 유발함으로써 이들이 적극적으로 학습에 참여하도록 분위기를 조성한다.

한편, 김종표(2018)는 성인학습의 원리를 다음과 같이 정리하였다.

첫째, 성인은 학습 필요성에 유념한다. 성인은 학습할 때 배움으로써 얻는 이로운 점과 그렇지 않을 때의 불합리한 점을 파악하는 데 상당한 관심이 있다. 따라서 성인학습에서는 학습자가 알고자 하는 욕구를 해소시키도록 도와주는 것이 중요한데, 특히 그들의 삶과 관련된 가치를 강조하는 것이 바람직하다.

둘째, 성인은 자율적 학습 욕구를 가지고 있다. 발달심리학적으로 볼 때 사람은 유소년기에는 전적으로 의존적이다가, 나이가 들면서 점차 자율적으로 된다. 따라서 성인학습에서는 성인의 내면에 있는 이러한 자율성 추구라는 자연적 욕구가 충족될 때 보다 효과적인 학습이 가능하다.

셋째, 이질적인 준비도와 동기형성이 다르다. 성인은 준비도가 다르고 학습의 동기도 제각기 다르다. 어떤 사람은 학습결과가 경제적 이익에 도움을 받기 위한 경제적 동기로 학습하고, 또 어떤 사람은 인간관계를 형성하고 다른 학습자와의 네트워크를 조성하기 위한 사회적 동기를 위해 학습에 참여한다. 이들은 학습시간보다는 학습 외의 시간에 더 활동적이고 더 적극적으로 참여한다. 이러한 학습준비도와 학습동기를 파악하여 학습을 계획하는 것이 효과적이다.

넷째, 경험의 인지구조에 기초하여 이해하고 학습한다. 성인은 경험에 기초하여 이해하고 배운다. 그렇기 때문에 평생교육방법에서는 강의와 같은 전통적 방법보다는 학습자의 경험을 반영하는 토론이나 모의실험 등과 같은 교수전략을 활용할 필요가 있다.

다섯째, 실생활에 익숙한 소재로 이루어진 교육에 관심이 많다. 평생교육에서는 학습자의 요구와 발달단계에 따르는 과제가 정확히 파악되어야 한다. 이와 아울러 파악된 과제가 학습활동에 적극 반영되어야 한다. 예컨대, 직업인, 배우자, 부모 등의 역할과 관련되는 주제나 소재들이 성인학습 활동에 효율적으로 작용한다.

여섯째, 현장지향적 학습을 선호한다. 평생교육과정은 실제 생활에 즉시 적용될 수 있는 내용을 학습할 때 훨씬 더 효과적이다.

일곱째, 내재적 동기에 영향을 받는다. 성인은 압력, 승진, 봉급 등과 같은 외재적 동기뿐만 아니라, 내재적 동기에 의해 크게 영향을 받는다. 물론 성인도 외재적 동기에 의해서 동기화되지만, 더 근본적인 동기의 원천은 자아존중욕구, 책임 의식, 권한, 성취욕 등이다. 성인학습에는 학교교육과는 달리 이러한 내재적 동기화에 더욱 주의할 필요가 있다.

이와 같이 성인학습자의 학습을 촉진하기 위해서는 학습자의 경험을 활용하면서, 다양한 교육방법을 사용하여 유연하게 교육을 실시하는 것이 바람직하다. 평생교육에 이처럼 성인학습의 원리를 접목시켜 효과적으로 교수-학습 과정을 조직할 수 있다.

3. 성인학습자의 학습 스타일

학습 스타일(learning styles)이란 학습자가 어떻게 배우는가에 관한 것이다. 즉, 학습자가 정보를 지각, 수집, 해석, 조직 및 사고할 때 선호하는 방법을 의미한다. 어떤 학습자는 읽기를 통해 정보를 흡수하는 것을 좋아하는 반면, 다른 학습자는 실제적 실험을 통해 배우는 것을 좋아한다. 어떤 학습 스타일이 다른 것보다 더 효과적이라고 하기는 어렵다. 그렇기 때문에 교수자가 효과적으로 학습활동을 하기 위해서는 학습자의 학습 스타일을 이해하는 것이 중요하다. 학습 스타일은 개인이 무엇을 배우는가 또는 얼마나 잘 배웠는가가 아닌 어떻게 배우는가에 관한 것이다. 학습 스타일에는 좋고 나쁨이 없다. 교수자가 학습 스타일을 이해하는 것은 교수활동을 전개하는 데에 매우 중요한 요소로 작용한다. 이 절에서는 학습 스타일에 대한 이해와 유형을 살펴보고 학습자의 학습 스타일을 파악하는 방법을 알아보도록 한다.

1) 학습 스타일에 대한 이해

① 적극적인 학습자

적극적인 학습자는 정보를 활발하게 이용하여 새로운 것을 적극적으로 시도하며, 정보를 기억하고 이해하려는 경향을 갖고 있다. 또한 열정적이고 부지런하고 개방적인 성향이 강하다. 이들은 일상의 문제들에 대하여 브레인스토밍(brainstorming)을 즐기고, 토론이나 제안을 하거나 자신의 생각을 다른 사람에게 설명하는 것을 좋아하기 때문에 아무런 활동 없이 강의 내내 앉아서 필기만 하는 학습 분위기를 힘들어한다.

② 신중한 학습자

신중한 학습자는 적극적인 학습자처럼 성급하게 행동으로 옮기기보다는 문제에 관하여 '우선 생각해 보자.'라는 식의 반응을 하는 경향이 있다. 특히 신중한 학습자는 협동학습보다는 혼자 학습하는 것을 선호한다. 반면, 어떤 문제에 관하여 심사숙고를 거치지 않고 조급하게 행동하려다가 문제가 생기는 경우가 많다. 반면에 생각만 하면서 너무 많은 시간을 보낸다면 어떤 것도 완성하지 못하는 결과를 초래하기도 한다. 그러므로 두 가지 학습 스타일을 균형 있게 갖는 것이 가장 바람직하다.

③ 논리적인 학습자

논리적인 학습자는 정렬되고 합리적인 방식에 따라 차근차근 생각한다. 따라서 주제 전체를 이해하기 위하여 각각의 부분적인 단계부터 일련의 단계를 거쳐서 순차적으로 이해하는 경향을 보인다. 특히 분석하고 종합하는 것을 좋아하며, 명확한 이론이나 구조에 맞추어 생각하려고 한다. 이들은 어떤 현상의 원인을 파악하거나 사실을 일반적인 상황에 적용하고자 노력하기 때문에 해답을 찾을 때 한 걸음씩 국지적으로 경로를 따르면서 학습한다. 대부분의 대학평생교육원에서는 연속적인 방법으로 수업이 진행되는데, 교수자가 주제나 단계를 뛰어넘는다면 논리적인 학습자는 강의를 따라가거나 기억하는 데 어려워하게 된다.

④ 실용적인 학습자

실용적인 학습자는 실용적이고 현실적이다. 이들은 어떤 문제에 대한 해결 방안을 찾고 결정하기를 좋아하며, 새로운 생각이나 이론, 기술이 실제로 효과를 발휘할 수 있는지 시험하는 일을 즐긴다. 일을 진척시키기를 좋아하며, 매력을 느끼는 아이디어를 재빨리 그리고 자신 있게 실행에 옮긴다. 장황한 생각이나 끝이 나지 않을 것 같은 토론을 싫어한다.

2) 학습 스타일의 유형

평생교육을 잘 구현하기 위해서 교수자는 학습자의 학습 스타일과 그 특성을 파악하여 교수활동을 전개하여야 한다. 교수자가 학습자의 학습 스타일을 파악함으로써 얻을 수 있는 이점은 다음과 같다.

첫째, 학습 스타일을 알고 있으면 학습자들 간의 차이점을 이해하고 설명할 수 있다. 둘째, 학습의 장에 있는 서로 다른 능력의 학습자들을 위해 폭넓은 교수전략을 세울 수 있다. 셋째, 학습자들 간의 차이를 아는 것은 학습자들의 학습 전략을 증진시키는 데 유용하다. 다만 어느 하나의 스타일이 다른 스타일보다 확실히 효과적이지는 않다는 것을 인식하는 것도 중요하다. 또한 학습자들의 성, 도덕성, 문화, 사회적 계층 등에 기초하여 그들의 학습 스타일에 대한 선입견을 갖는 것을 억제해야 한다(권두승, 조아미, 2002).

(1) 콜브의 유형
학습 스타일에 대한 분류는 학자들에 따라 각기 다르지만, 일반적으로 많

이 사용되는 콜브(Kolb)의 학습 스타일 분류는 그가 경험학습이론에서 제시
한 구체적 경험, 반성적 관찰, 추상적 개념화, 적극적 실험으로 구성된 4단
계의 학습 주기 중에 학습자가 선호하는 유형이 있다는 가정에서 출발한다.
콜브의 학습 스타일은 도구를 통해 측정 가능하며, 상황별·과제별로 달라
질 수 있다. 콜브의 4가지 학습 스타일 유형과 특성을 제시하면 〈표 3-3〉과
같다.

〈표 3-3〉 콜브의 4가지 학습 스타일 및 특성

수렴적 사고형	추상적 개념화와 실제적 실험에 의존하여 확실한 답을 얻으려 하고, 문제의 해답을 얻기 위해 빠르게 움직인다. 문제를 정의하고 결론을 내리는 데 익숙하다.
확산적 사고형	구체적 경험과 반성적 관찰을 이용해 무수한 아이디어를 도출해 낸다. 브레인스토밍과 대안을 생각해 내는 것에 뛰어나다.
동화형	추상적 개념화와 반성적 관찰에 의존한다. 광범위한 정보를 이해하고 그것을 간결한 이론으로 바꾸는 것을 좋아한다. 또한 계획하고, 이론을 발전시키고, 모델을 만들어 내는 데 능숙하다.
조절형	이 유형의 학습자는 구체적 경험과 적극적 실험에 가장 뛰어난 사람들이다. 이들은 문제해결을 위해 위험을 무릅쓰고 적극 뛰어들기 때문에 자주 시행착오를 경험한다.

출처: 신용주(2012), pp.125-126.

(2) 제이콥스와 퍼만의 유형

제이콥스와 퍼만(Jacobs & Fuhrmann)이 제시한 학습 스타일의 사회적 상
호작용 모형은 다음과 같이 분류된다.

- 의존형: 학습에 대한 교수자의 책임을 전제로 한다.
- 협력형: 교수자와 학습자의 협력에 기초한 학습을 전제로 한다.
- 독립형: 학습자의 독자적 학습을 전제로 한다.

(3) 레이치만과 그라샤의 유형

레이치만과 그라샤(Riechmann & Grasha)가 제시한 학습 스타일 유형은 다음과 같다.

- 경쟁형: 타인과의 경쟁에 의해 어떤 보상을 기대하는 학습자
- 협력형: 타인과의 아이디어를 공유하고 함께 일하는 것을 선호하는 학습자
- 회피형: 학습이나 참여에 관심 없는 학습자
- 참여형: 수업 외의 활동에 책임을 지고 질문이나 토의, 프로젝트를 즐겨 하지만 수업 내용은 잘 따르지 않는 학습자
- 의존형: 타인에 의해 학습 방향이 제시되거나 가이드가 주어지기를 기대하고 있는 학습자
- 독립형: 자신의 방식대로 학습을 선호하는 학습자

(4) 버틀러의 유형

버틀러(Butler)는 학습 스타일을 4가지의 유형으로 분류하였다(〈표 3-4〉 참조). 이 중에서 어떤 것이 더 좋고 나쁘다고 말하기는 어렵다. 많은 학습자는 한 가지 이상의 학습 스타일의 특성을 갖고 있고, 그중에서도 자신의 가장 지배적인 학습 스타일에 적합한 방식으로 교수-학습이 일어날 때 가장 편안하게 느낀다. 예를 들어, 유형 C에 속하는 학습자는 다양한 교수-학습 방식을 사용하는 학습 환경에는 잘 적응하는 반면, 강의 형식의 교육 환경에는 잘 적응하지 못할 수 있다. 누구나 자신이 선호하는 학습 환경에서 자신의 학습 스타일에 맞추어 배우기를 원하지만, 그것이 항상 가능한 것은 아니다. 그런 경우에 어려움을 느끼는 학습자에 대한 교수자의 배려가 필요하다.

〈표 3-4〉 버틀러의 4가지 학습 스타일 및 특성

유형 A	유형 B
• 일을 혼자서 잘한다. • 일을 효율적으로 계획한다. • 일을 기한 내에 끝낸다. • 지시를 잘 읽고 따른다. • 일정한 기한이 없는 작업을 싫어한다. • 노트 정리를 잘한다. • 다른 사람들이 일하는 방법이 불만족스럽다고 느낀다(예: '그 사람은 지나치게 느리다.') • 숲보다는 나무에 치중하여 때로는 숲을 놓치기도 한다. • 협동 작업을 잘하지 못한다.	• 자료 정리를 잘한다. • 문제 풀기를 좋아한다. • 종이에 적으면서 문제를 푼다. • 정확하며 치밀하다. • 아이디어 간의 연결 내용을 잘 이해한다. • 때로는 일을 하기 전에 너무 많은 정보를 필요로 한다. • 지나치게 조심스러울 수도 있다. • 창조적인 사고를 잘하지 못한다. • 형식적인 강의를 통하여 지식 습득을 잘 한다.
유형 C	유형 D
• 창조적인 해답을 잘 이끌어 낸다. • 숲을 잘 보지만 때로는 나무를 놓칠 수도 있다. • 획기적인 문제들을 자주 제기한다. • 새로운 아이디어에 대해 수용하는 자세를 갖는다. • 분류하는 것을 어려워한다. • 지속적인 학습보다는 짧은 기간의 집중을 선호한다. • 쉽게 산만해진다. • 여러 가지 자극에 모두 반응한다.	• 다른 사람들과 일을 잘한다. • 새로운 아이디어에 대한 거부감이 없다. • 직관적이다. • 다양성과 변화를 좋아한다. • 대충 읽는 것을 좋아한다. • 사전에 계획을 짜는 것을 좋아하지 않는다. • 마지막 순간까지 일을 안 하고 미룰 수도 있다. • 세부 사항에 신경을 쓰지 못하기도 한다. • 효율적인으로 시간을 분배하는 것에 능숙치 못하다.

출처: 신용주(2004), p. 242.

3) 학습 스타일의 파악

　평생교육의 방법을 선택할 때 학습자의 학습 스타일에 대한 고려는 반드시 필요하다. 학습자의 학습 스타일을 파악하는 것과 함께 학습동기, 학습자의 지식수준, 능력과 기술, 사회경제적 지위 및 성별과 같은 개인적 배경 요소들을 파악해야 한다. 또한 학습자가 학습 상황에서 경험할 수 있는 문제들을 사전에 예측하고 이에 효과적으로 대처할 수 있는 교수 방법을 선정하는 것은 성공적인 평생교육 프로그램 운영에 큰 도움이 된다.

　　평생교육 프로그램 참여 학습자의 학습 스타일을 파악하는 방법에는 크게 두 가지가 있다. 첫째, 학습자와의 면담을 통해 확인하는 것이다. 둘째, 교수-학습 과정을 통해 학습자에게 다양한 학습 스타일을 적용해 볼 수 있는 기회를 제공함으로써 자신의 학습 스타일을 확인하도록 하는 것이다. 학습 스타일은 학습자마다 고유하며, 또한 특유의 장단점을 가지고 있다. 때로는 학습 내용에 따라 학습자도 한 가지가 아닌 여러 가지 학습 스타일을 사용하기도 한다. 학습 스타일은 학습자의 인성과는 관련 없으며, 또한 영구적이지도 않다. 그러나 평생교육이 가진 자기주도적 특성을 고려할 때, 성인학습자가 선호하는 학습 스타일을 파악하고 이에 적절한 교수 방법을 사용하는 것이 효과적이다.

4. 성인학습자의 참여동기 및 저해요인

　　성인학습자는 자발적으로 학습에 참여하고 학습자 개개인의 배경이나 특성이 다양하다는 점을 고려하면, 성인학습자의 참여동기는 매우 복잡하다고 할 수 있다. 단순히 학습하는 것 자체가 즐겁기 때문에 학습을 계속하는 성인은 드물고, 대다수는 습득한 지식을 실생활에 직접 활용하기 위해서 학습을 한다고 해도 과언은 아닐 것이다. 즉, 개인적 상황에서 실제로 일어나는 어떤 형태의 변화로 인해 성인은 학습환경에 접근하게 된다. 이 절에서는 평생교육 활성화를 위한 성인학습자의 평생학습 참여 확대를 위한 참여동기 및 저해요인을 살펴보도록 한다.

1) 참여동기

성인학습자는 자발성을 가지고 학습 상황을 선택하며, 자기주도적이고, 삶의 경험을 가지고 학습에 임하는 특성을 지니고 있다. 또한 현실 문제에 더 많은 관심을 갖기 때문에 내재적 동기를 가지고 학습에 참여하는 경향이 강하고, 연령에 따른 신체적 변화로 인해 학습환경에 민감하게 반응하는 특성을 갖는다. 이러한 성인학습자의 참여동기는 학습내용과 학습성과와 관련성이 있다. 그러므로 평생교육기관이나 교수자는 성인학습자가 다양한 학습욕구를 가지게 된 배경을 좀 더 근본적으로 파악할 필요가 있다.

성인학습자의 평생교육 참여동기는 다음과 같이 분류된다(최운실, 송성숙, 박수정, 2017).

- 취업을 위한 준비
- 현재의 직업능력 계발
- 지식과 교양 함양
- 여가시간 활용
- 가사능력 계발
- 일상생활 기술 습득 및 친교
- 일상적 삶의 변화
- 기타 개인적 요구

그러나 이 참여동기 분류는 학습자의 특성에 대한 차이를 고려하지 않았는데, 실제로는 학습자의 성별, 연령, 사회경제적 지위에 따라 상이하게 나타난다. 예를 들어, 사회경제적 지위가 낮은 학습자일수록 직업능력과 관련한 동기가 두드러지며, 여성은 가사능력 계발에 대한 동기가 현저히 높게 나타난다. 또한 노인층은 여가시간 활용이나 지식과 교양 함양과 같이 직업과 무관한 교육활동 참여 의도가 높다.

호울(Houle)의 참여동기이론은 평생학습의 참여유형을 파악할 수 있는 이론적인 틀을 최초로 구축한 모형이다. 호울은 성인학습자들을 대상으로 한 심층면접을 통해 성인의 학습 참여 동기를 목적지향형, 활동지향형, 학습지향형 3가지로 유형화하였다.

- 목적지향형: 목적지향형은 평생학습 참여동기가 지식과 기술의 전문적 향상이나 새로운 지식의 습득을 통한 직업상 발전의 목표와 같은 경우이다. 이 유형의 주목적은 현실적·실제적인 필요나 학습자의 이익 추구를 위한 욕구 충족으로서 외부로 가장 구체적이며 가장 명백하게 보인다. 이러한 유형의 학습자는 현실적인 이익이나 필요 등 이해관계에 의해 이를 충족하려는 욕구로 학습에 참여한다. 이들은 지속적으로 꾸준한 참여를 하는 것이 아니라 일단 교육에 참여한 목표에 달성할 경우 학습을 쉽게 중단하는 경향이 강하다. 이들은 교육을 즉각적·실제적인 문제해결의 수단으로 활용하기 때문에 목적 달성에 도움이 되는 교육기관이나 방법을 선택하여 참여한다.
- 활동지향형: 활동지향형은 학습자가 학습활동을 통해서 함께하게 되는 동료들과의 사회적 상호작용에 관심을 가지고 참여하는 경우이다. 이러한 유형의 학습자는 단조로운 일상 또는 가정이나 직장에서의 어려운 상황을 탈출하고자 학습한다. 활동지향형 학습자에게 평생교육기관은 사람들이 서로 만나고 우정을 갖는 개방된 장소이며 사회적으로 인정된 장소이다. 즉, 상황으로부터의 도피, 다른 사람과의 관계 유지, 소속감의 형성, 대인관계의 증진을 통한 안녕감, 사회적 안정 및 참여, 가족이나 직장에서의 기대 등을 목적으로 학습에 참여한다.
- 학습지향형: 학습지향형은 학습자가 배움과 지식 그 자체를 추구하는 경우이다. 학습자는 학습을 통하여 새로운 것을 알고, 인격적으로 성장하려는 근본적인 소망을 지니고 있으며, 이와 같은 활동은 지속적이고 평생을 간다는 사실을 발견할 수 있다. 이들에게 모든 종류의 학습활동은

그 자체만으로 의미를 지니게 되며, 학습활동마다 지니고 있는 의미들의 총체는 곧 학습자의 참여동기가 된다. 즉, 학습자 스스로 자신에 대한 분명한 자아개념을 가지고 학습에 몰두하며, 교육을 특별활동이라기보다는 매우 일상적인 일 중의 하나로 여기면서 참여한다.

이와 같이 성인학습자의 참여동기와 학습목적을 유형별로 분류할 수 있으나, 이들의 참여동기를 일반화된 유형으로 설명하기는 쉽지 않다. 그 이유는 대부분의 성인학습자는 한 가지 이상의 동기를 가지고 학습에 참여하기 때문이다. 성인학습자는 개인이 처한 다양한 환경과 상황에 따라 학습동기가 변할 수 있다.

2) 참여의 저해요인

성인학습자가 왜 학습에 참여하기를 주저하는지에 대한 이유를 분석하는 것은 향후 성인학습자의 평생교육 참여를 촉진하기 위해 매우 중요한 작업이다. 성인이 평생교육에 참여하지 않는 이유로서 사람들이 가장 많이 언급하는 것이 시간과 비용의 문제이다. 또한 학습능력의 감퇴, 건강과 체력의 쇠퇴, 의욕상실, 학습기회의 부족 등도 학습의 참여 저해요인이 된다.

이처럼 성인학습자의 교육 참여를 저해하는 요인을 파악하려는 시도는 성인학습자의 참여동기를 설명하거나 교육 참여 현상을 체계적으로 보여 주는 것만으로는 교육에 참여 자체를 하지 않거나 또는 중도에 교육 참여를 포기하는 현상을 충분히 설명할 수 없다는 점에서 출발한다. 즉, 교육에 참여하지 않는 개인이 직업능력 계발 및 자아실현의 동기가 부족하기 때문이라고 단정 지을 수 없는 것처럼, 참여동기에 관한 이론만으로는 성인학습자의 비참여 현상과 중도 탈락 현상을 충분히 설명하는 데 한계가 있다. 성인학습자의 평생교육 참여를 저해하는 요인을 살펴보면 다음과 같다.

(1) 가정적 요인

성인은 누구나 가정에서 중요한 역할을 수행하기 때문에 가정에서 그들이 수행하는 역할은 성인학습에 있어서 중요한 요소이며, 긍정적인 면과 부정적인 면을 모두 가지고 있다. 성인학습에 부정적인 요인으로 작용하는 가정적 요인은 무엇보다도 성인은 가족구성원을 부양할 책임을 부여받고 있다는 점이다. 평생교육을 받고 싶어도 경제적인 문제로 인해 평생교육 기회에 접근하기가 쉽지 않다. 또한 현대사회의 가정은 지리적 이동의 증가뿐만 아니라 별거·이혼 및 재혼 등의 도전을 경험한다. 독신으로 살기를 선택한 사람들 역시 사회적 접촉에 적응해야 한다. 대부분의 사람들은 또한 나이든 부모와 사는 법을 배워야 한다.

(2) 직업적 요인

가정의 역할과 마찬가지로 개인의 직업경력 역시 끊임없이 변화하고 있다. 이러한 변화는 성인학습의 필요성을 고조시킨다. 사회변화에 발맞추기 위해서는 성인학습이 필요하지만, 직업세계에서의 현실적 재조건은 성인학습의 제약요건이 된다. 이러한 이유 때문에 성인이 강렬한 교육욕구가 있다고 하더라도 쉽게 교육활동에 참여하지 못하는 것이다.

(3) 지역사회의 요인

성공적인 지역사회 조직에의 참여를 위해서 리더십과 집단역학의 기술을 학습하는 것이 반드시 필요하다. 반면, 지역사회 활동을 위해 요구되는 시간과 개인의 참가 요구는 한 개인이 교육을 계속하기 위해서 이용 가능한 시간을 감소시킬 것이다. 그러나 그러한 활동에의 참여는 그 자체로서 평생교육의 일 형태인 실천에 의한 학습이 될 것이다.

(4) 여가시간의 요인

현대사회는 일하는 시간이 줄어든 반면, 유급 휴가는 증가되었다. 이것 역시 평생교육에 대해 긍정적 · 부정적 측면을 모두 지니고 있다. 이론적으로, 학습을 위한 시간이 늘어나기는 했지만, 시간을 활용하는 측면에 있어서는 걸림돌이 되는 요소들이 더 많아지게 되었다. 효과적인 프로그램 기획은 일의 성질, 여가시간의 변화를 염두에 두어야 하며, 개인의 시간계획에 들어갈 수 있는 프로그램을 개발해야 한다. 새로운 기술을 개발하기 위해 성인들의 여가시간을 연구할 필요가 있고, 성인이 참여하도록 하기 위해서 창조적인 방법으로 대중매체를 사용해야 한다.

5. 성인학습자의 중도탈락 원인 및 예방

1) 성인학습자의 중도탈락 원인

성인학습자가 교육 프로그램에서 중도탈락하는 원인으로는 개인적 · 사회구조적 원인과 교육 프로그램 실행기관의 원인으로 구분할 수 있다. 전주성(1996)은 성인학습자가 교육 프로그램에서 중도탈락하는 원인을 개인적 원인, 사회구조적 원인, 교육 프로그램 실행기관 원인으로 구분하고, 하위 개념으로 학습자 배경, 학습에 대한 자아개념, 사회구조 요인, 학습을 위한 개인 환경, 사회적 통합 요인, 교육환경으로 구분하였다(전주성, 1996).

'중도탈락'이란 성인학습자가 계획된 교육과정을 이수하지 못한 채 교육진행 중에 프로그램 참가를 그만두는 것을 의미한다. 성인학습자 중도탈락의 장애요인을 상황적 · 제도적 · 사회심리적 · 경제적 유형에 따라 발생하는 것으로 구분하였다.

첫째, 상황적 장애요인은 교육 비용과 시간 부족, 그리고 자녀를 양육하는 여성 성인학습자의 경우 양육시설의 부족, 지리적 고립 등의 개인적 생활맥락과 관련성이 깊다. 둘째, 제도적 장애요인으로는 개인의 상황과 맞지 않는 일정, 적절하지 못한 강좌, 부족한 제도적 정책 및 실천 등 학습기관이나 제도가 만들어 내는 참가 제한 요인이다. 셋째, 사회심리적 장애요인은 참여를 방해하는 개인적 신념, 가치, 태도 또는 지각을 의미한다.

크로스(Cross, 1981)는 성인학습자 중도탈락 원인을 상황적 원인, 개인특성 원인, 기관 및 제도적 원인, 정보에 따른 원인으로 제시하였다.

첫째, 상황적 원인으로는 성인학습자가 일정한 시기에 생활 맥락에서 기인하는 조건들로 인해 평생학습 참여가 어렵게 되는 원인 및 업무 부담, 가정에서의 역할 책임과 같이 개인이 가지는 사회적 지위와 역할에서 오는 부담이다. 둘째, 개인특성 원인은 학습자 개인이 교육에 대해서 가지고 있는 신념과 태도가 낮을 때 발생하며, 학습자의 신체적·심리적 조건에 대한 부정적 인식이 작용할 때 중도탈락하게 된다. 셋째, 기관 및 제도적 원인은 학교 조건이나 프로그램 및 관련 제도적 요소가 성인 친화적이지 않을 때, 기관의 위치가 접근성이 떨어지거나 교육 프로그램 개설 시간대의 불편함, 등록 절차가 복잡할 때 중도탈락이 발생한다. 넷째, 정보에 따른 원인으로는 학습자의 요구에 부합하는 정보가 부족하여 참여 의욕이 감소할 때 발생한다.

성인학습자의 중도탈락 원인을 규명하기 위해 빈과 메츠너(Bean & Metzner, 1985)는 학습자 배경, 학문적, 환경적, 심리학적 결과의 4가지 원인을 제시하였다. 비전통적인 학습자들은 학문적 변인보다 배경적 변인이, 학문적 결과 변인보다 심리적 결과 변인이 직간접적으로 성인학습자의 중도탈락 결정에 영향을 미친다. 이를 도식화하면 [그림 3-1]과 같다.

성인학습에 참여하는 중도탈락자의 특성을 파악한 결과 중도탈락에 영향을 주는 원인은 다음과 같다.

- 자신에게 적절하지 못한 과정에 등록
- 교육이 시작된 후에 등록
- 동료 관계가 원만하지 못함
- 프로그램의 질(교재 내용, 시간표, 기타 취업과 관련한 지원)에 불만

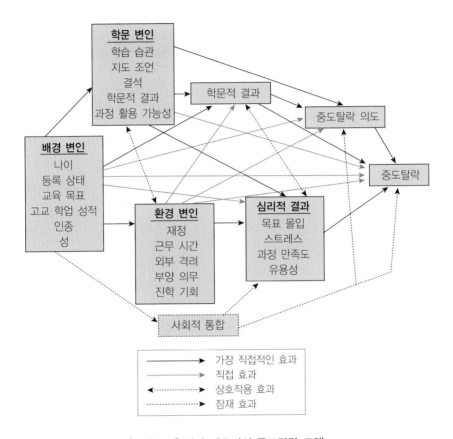

[그림 3-1] 빈과 메츠너의 중도탈락 모델

출처: Bean & Metzner (1985).

- 남성
- 어려운 재정 형편
- 등록금 감면

성인학습자의 중도탈락 관련 요인을 정리하면 〈표 3-5〉와 같다.

〈표 3-5〉 중도탈락 관련 요인

요인군	요인	내용
개인적 요인	학습자 배경	• 학습자의 개인적 특성 변인 •(성별, 연령, 결혼여부, 직업유무, 학력, • 평생교육프로그램 참여경험
	학습자의 자아개념	• 정서적 요인(학습자의 기분) • 인지적 요인(학업능력) • 학습동기(내적/외적) • 교육에 대한 목표의식 • 자기 효능감, 자기신뢰감 • 자기조절학습능력 • 이상적인 자아 수준 • 교육목표에 대한 인식 • 지적 능력에 대한 자아개념
	학습자의 개인 환경	• 학습자의 일상생활 환경적 변인 　- 학습시간 　- 근무시간 • 교육 비용 자각 정도 • 가족의 지원 • 통학에 걸리는 시간 • 직업과 학습 시간과의 갈등 • 과정 이후 활용도에 대한 기대 정도
사회구조적 요인	사회구조	• 성별 · 사회경제적 배경
평생교육 실행기관 요인	교육환경	• 학급 크기에 대한 자각도 • 학습을 위한 기관 및 시설 환경 만족도 • 교육과정 운영의 융통성
	교육과정 및 내용	• 과정의 적절성, 난이도 • 교육 내용의 분량 및 과제 • 교수설계의 적합성 • 화면 구성
	학문적 환경	• 교육기관 서비스 • 교육기관의 지원 여부(행정적 · 기술적 지원)

평생교육 실행기관 요인	상호작용	• 교수-학습자 간 상호작용 • 학습자-내용 간 상호작용 • 학습자-학습자 간 상호작용
	학문적 통합	• 지적 분위기에 대한 만족도 • 개인의 지적 · 기능적 발달에 대한 만족도
	사회적 통합	• 동료 간, 강사 간 사회적 친밀도
	교육결과	• 학업성적 및 학업성취도 • 심리적 만족감의 수준 • 사회적 안정

출처: 박대권(1999)에서 재구성.

2) 성인학습자 중도탈락 예방 방안

성인학습자의 중도탈락을 예방하기 위한 방안은 다음과 같다.

• 상황적 원인에 따른 예방
  - 성인학습자 개개인의 상황적 요인이 중도탈락의 장애요인으로 작용하지 않도록 모니터링 및 상담을 강화해야 한다.
• 개인 특성 원인에 따른 예방
  - 자신의 능력으로 잘 해낼 수 없을 것이라고 부정적 요인에 대해 생각하는 학습자를 파악하여 자아효능감이 상승하도록 격려해야 한다.
  - 신체적으로 불편(노인, 장애인)하거나 심리적으로 불안한 성인학습자는 지속적 모니터링 및 상담을 실시하여 중도탈락을 예방해야 한다.
• 환경 친밀도 기반 제공을 통한 예방
  - 성인학습 전담교수 배치를 통해 학습자 개개인의 맞춤형 관리를 통해 중도탈락을 예방해야 한다.
  - 동료와의 친밀도 제고를 통해 중도탈락을 예방해야 한다.
  - 교사 · 강사와의 적응력 및 친밀도 향상을 통해 중도탈락을 예방해야

한다.

- 교육환경 만족도 제고를 통해 중도탈락을 예방해야 한다.

• 온라인 학습 네트워크 체계 구축

  - SNS(Social Networking Service)를 구축하고 이를 활성화해야 한다.
  - 네이버 밴드 및 카카오톡 활용: 과정별, 교사·강사별 밴드 및 카카오톡 대화방을 개설하여 원활한 소통체계로 활용해야 한다.
  - 블로그, 카페 등 학습자들이 온라인에서 수시로 만날 수 있는 공간을 개설하여, 학습자 간에 서로 배우고 가르칠 수 있는 상호 학습의 장을 마련해야 한다.

• 오프라인 학습 네트워크 체계 구축

  - 성인학습자 소통을 위한 토크 프로그램을 운영하여 소통 체계를 강화한다.
  - 학습 회의, 생일파티, 월간 회의, 간담회 등을 운영한다.
  - 참여 학습자 간 팀워크(team work)제를 운영하여 상호학습 체계를 구축한다.
  - 학습집단 내 팀을 편성하여 개인별 중도탈락자를 예방한다.

• 참여 확대 프로세스 구축

  - 참여 단계별 관리제를 도입한다.
  - 소극적 참여자 관리(안)을 구축한다.
  - 참여 확대 유도를 위한 단계적 혜택 제공(안)을 마련한다.
  - 개인별 만족도 향상을 위한 요구 수준의 차등 관리를 한다.

• 갈등관리를 통한 선제적 대응

  - 갈등사례, 참여자 성향 파악 등을 위한 모니터링을 통해 갈등 요소를 사전에 파악한다.
  - 성인학습자-교수자 간의 갈등 상담제를 운영하여 개인별 맞춤형 갈등을 관리한다.

📖 학습과제

1. 자신의 학습 스타일을 파악하고, 같은 학습 스타일을 가진 다른 학우의 사례를 공유하고, 그중 공통점과 차이점을 찾아본다.

2. 호울(Houle)의 성인학습자의 참여동기 유형 중 어떤 유형에 속하는지 토론한다.

3. 성인학습자의 평생교육 중도탈락 원인과 그 해결 방안에 대해 토론한다.

❑ 참고문헌

권두승, 조아미(2002). 성인학습 및 상담. 경기: 교육과학사.

김종표(2018). 평생교육방법론. 경기: 양서원.

박대권(1999). 실업자 직업훈련의 중도탈락 원인분석. 연세대학교대학원석사학위논문.

신용주(2004). 평생교육의 이론과 방법. 경기: 형설출판사.

신용주(2012). 평생교육방법론. 서울: 학지사.

임형택, 권재환, 권충훈, 김경열, 김두열(2013). 평생교육방법론. 경기: 공동체.

전주성(1996). 성인교육프로그램 참여자의 중도탈락 요인 분석: 대학부설 평생교육원을 중심으로. 서울대학교 대학원 석사학위논문.

최운실, 송성숙, 박수정(2017). 평생교육방법론. 경기: 양서원.

Bean, J. P., & Metzner, B. S. (1985). A conceptual model of nontraditional undergraduate student attrition. *Review of Educational Research*, 55(4), 485-540.

Cross, K. P. (1981). *Adults as Learners*. San Francisco: Jossey-Bass.

Rogers, A. (1998). *Teaching adults*(2nd ed.). Buckingham: Open University Press.

제4장

성인학습 전략 및 교수법

사람의 모습이 다르듯이, 저마다 공부하는 방법도 공부하는 목적도 다르고, 공부를 하는 이유도 다를 것이다. 하지만 어떤 것을 쉽고 빠르게 공부하기는 어려운 것 같다. 이집트 왕자가 당시 위대한 수학자인 프톨레마이오스(Ptolemaeos)에게 기하학을 배우러 알렉산드리아로 갔다. 왕자는 프톨레마이오스에게 군사 훈련과 사냥 때문에 시간이 없으니 기하학을 최대한 빠르고 쉽게 배우고 싶다고 말했다. 그러자 프톨레마이오스는 "세상에 수많은 왕도가 있지만, 공부에는 왕도가 없습니다."라고 말했다.

이 장에서는 실생활에 필요한 공부를 하고 싶은 성인학습자에게 쉽고 적합한 방법은 무엇인지, 그리고 이들을 가르치는 교수자에게 필요한 태도와 교수법, 그리고 교수-학습 과정안 작성 방법을 살펴보고자 한다.

학습목표

1. 성인학습 전략을 학습하고 이를 설명할 수 있다.

2. 훌륭한 교수자에 대해 살펴보고, 자신의 경험에 비추어 토론할 수 있다.

3. 교수-학습 지도안 작성 방법을 학습하고, 실제로 모의 강의안을 작성할 수 있다.

✱ 주요 용어

사람의 배움, 교수자, 성인학습 전략, 교수법, 교수-학습 지도안

1. 성인의 학습

사람은 태어나면서부터 부모로부터, 가족으로부터, 그리고 자신을 둘러싼 사회로부터 많은 것을 교육받는다. 하지만 교육을 받기 이전에 사람은 본성적으로 무엇인가를 배우려는 욕구가 있으며, 이는 정규 학교 과정을 마쳤다고 해서 끝나지 않는다.

이 절에서는 인간의 배움 본성과 교육자로서의 배움에 대해 살펴본다.

1) 배움 본성

인간은 본성적으로 배움을 통하여 자연환경을 바꾸어 인간에게 합당한 것으로 만들고, 사회를 구성하며 문화를 향유한다. 이것은 그저 무리를 이루고 살며 적절한 보상이 제거되고 나면 배움의 태도가 사라지는 동물과 차별화 되는 것이며, 보상 유무에 관계없이, 또한 다른 사람의 의지에 관계없이 인간은 무엇인가를 익히며 배우려는 학습본능을 가지고 있음을 의미하는 것이다. 이런 배움 본성을 타고난 인간을 '호모 에루디티오(homo eruditio)'라고 부른다. 이들은 본성적으로 자기 성찰과 자기 성장의 순화과정으로 학습을 하면 할수록 정신이 맑아지며, 자기 스스로 엑스터시로 빠져든다. 『진화론』을 쓴 다윈은 "나의 학문에서 가장 가치 있는 것들은 모두 스스로 어렵게 익힌 것들이다."라고 밝히고 있다.

『장정일의 공부』(장정일, 2006)에서는 23편의 글을 통해 "공부 가운데 최상의 공부는 무지를 참을 수 없는 자발적인 욕구와 앎의 필요를 느껴서 하는 공부다."라고 한다. 이는 워즈워스(W. Wordsworth)의, 비록 시에 관하여 쓴 것이지만, "spontaneous overflow of powerful feelings"와 같은 의미이며, "깊은 자각 속에서 어떤 것을 만날 때, 그대는 곧 모든 것과 만난다."라는 틱낫한(Thich Nhat Hanh)의 가르침이나, "그대가 한순간을 깊이 느끼는 순간,

그 순간 속으로 모든 과거와 미래가 들어온다고 한다. 하나 속에 모든 것이 들어 있는 것이다."는『화엄경』의 깨달음과 상통하는 것이다.

인간의 배움 본성은 그 스스로 생명이 다하는 때까지 계속되며, 인간 스스로 내적 필요에 의하여 외부 자극에 관계없이 자율적으로 동화와 조절, 그들 사이의 평형과 균형을 유지하면서 지적 능력을 향상시킨다. 이것은 인간의 배움이고, 삶의 본질이며, 인간의 온전성을 드러내는 것이다. 그러나 인간은 완전한 존재로 태어났음에도 불구하고 물리적이거나 정신적인 환경의 영향을 받아 하나 둘씩 결핍되어 가는 존재인 것이다. 여기에 인간이 배워야 하는 필연성이 생긴다. 루소는『에밀』에서 "신이 만물을 창조할 때에는 모든 것이 선이었지만, 인간의 손이 닿으면서 모든 것이 타락한다."라고 이야기했다. 이 두 가지 인간 본성의 결합, 즉 온전성과 불안정성으로부터 배움의 당위성과 교육의 필요성이 생긴다. 그러므로 가르침과 교육은 배움 다음에 나타나는 것이다. 유가 경전에서도 敎, 敎育, 敎人, 師보다는 學, 爲學, 修身, 學者라는 말이 먼저 나온다.『논어』제1권의 첫 구절이 "學而時習之 不亦悅乎"이며,『大學』,『小學』등의 책명이 그렇다.

이렇게 배움은 가르침보다 우선하며, 제한받지 않고 자유롭게 배울 수 있는 권리는 가장 근본적인 자연권인 것이다. 배움의 권리를 위하여 가르침이 존재하는 것이다. 배움은 인간의 근원적 행위로서 그 스스로 의미가 있는 것이다. 배움은 다양한 의미들 사이의 분열과 융합, 다양한 의미들 사이의 긴장과 갈등, 그리고 융합의 현상을 통해 하나의 에너지로 발현된다. 인간의 배움이라는 것은 기본적으로 배움 현상 그 자체를 어떤 정해진 형식으로 확정시킬 수 있는 것이 아니다. 배움은 개조적인 것으로, 뒤에 발생하는 인간의 배움은 이전의 배움을 어떤 형식으로 부정하거나 바꾸어 놓음으로써 배움이 연속성이 뒤바뀐다는 것을 의미한다. 배움의 대화 본성은 개인 차원의 일방적 의사소통에만 머물지 않고, 조직 내에서 어떻게 생활하고 일하며 함께 성장해 나갈 것인가와 같은 의식 소통을 통해 공동체 차원의 배움 활동으로까지 확장된다. 이는 인간의 배움은 배운 이 스스로 경험의 지평을 창조적으로 파괴하는 틀바꿈을 의미하는 것이다.

　인간의 배움을 위하여 우리는 교육을 시행한다. 교육이라는 말은『孟子』「盡心章」에 君子有三樂 중 '得天下英才而敎育之 三樂也'에서 유래하였다. '敎'는 아들은 두 손 모아 공손하게 본받고, 어른은 손에 회초리를 들고 지도한다는 뜻이다. 즉, 윗사람이 아랫사람에게 지도와 격려로 솔선수범하고 바람직한 방향으로 이끌어가고, 아랫사람은 이를 본받고 따라간다는 뜻이다. '育'은 부모가 자식을 따뜻하게 안아 주는 사랑과 관심을 나타낸다. 교육이라는 영어단어 'education'은 'e + ducere'의 합성어로 개인의 잠재력이 발현되도록 이끌어 줌을 의미한다. 중동 지역에서는 'Tarbiya'라고 하며, 이는 개인의 성장과 그 과정을 의미하다. 그러므로 교육은 성숙한 윗사람이 부모와 같은 마음으로 아랫사람의 능력과 잠재 가능성이 발현되도록 도와주는 의도적 과정이다.

　이런 교육을 의도적으로 실시하는 곳이 학교이다. 플라톤(Platon)은『교육론』에서 귀족 자제를 위한 교육비를 국가에서 부담하여야 한다는 6세 조기 교육론으로 국가의 의무교육을 주장하였다. 가정과 교회에서 행해지던 교육은 독일이 나폴레옹과의 전쟁에서 1806년 패배하자, 철학자 피히테(Fichte)는 '게르만 민족에게 고한다.'는 연설을 통하여 국민이 복종할 수 있도록 모든 이를 교육하는 일이 필요하다고 하였다. 이로 인하여 1819년, 프로이센에서는 최초로 의무교육제도가 생겨나게 되었고, 명령에 복종하는 군인, 고분고분한 광산 노동자, 정부지침에 순종하는 공무원, 기업이 요구하는 대로 일하는 직원, 사회적 일거리나 쟁점에 대해 비슷한 생각을 하는 시민을 만들어 내는 일을 학교가 담당하게 되었다. 국가에 필요한 유능한 노동력과 군사력을 길러 내는 의무강제 교육이 시작된 것이다. 학교는 벤담(J. Bentham)이 설계한 원형감옥(pan opticon)에서 유래하여 감시를 위한 교도소, 공장의 구조이고, 학교 공간에 그 잔재가 남아 있다. 이러한 독일의 교육은 유럽 여러 나라로 번져 나갔고, 사회발전과 군국주의의 정비를 하던 일본에 의해 1900년대 초 수입되었으며, 이것은 다시 조선 지배를 위한 식민지 교육으로 조선총

독부를 통하여 우리나라에 전달되었다.

한국전쟁 이후 국가 재건 등 경제발전을 위하여 우리나라의 학교는 인재를 육성·배출하는 기능을 하였다. 우리 사회의 학교는 여러 갈등 요인을 안고 있는데, 그 중 사회이동의 통로로 교육을 상품화하여 입시교육을 만연시키고 있다. 대학입학을 위한 학생선발·분배기능만이 학교 유지의 이유가 되어, 학생을 국가가 활용할 수 있는 하나의 인력 자원으로 간주하고 국가 권력의 목적에 맞게 선발·축출·징벌하는 것이다. 미국의 칼라한(Callahan)은 학교 행정가들이 학교개혁을 도모하기 위한 수단으로 과학적 관리기법을 사회적 압력에 굴복한 채 받아들였음을 지적하였다. 학교를 공장에, 교사를 공장 근로자에, 학생을 제품에 비교한 것이 미국의 학교학자들이라는 것이다. 칼라한에 따르면, 학교교육은 아동이라는 원료를 사회 각계각층의 수요를 충족시키기 위해 여러 제품으로 만들어 내는 공장과 같다. 학생들 나름대로 가지고 있는 고유한 특성이 학교교육과정을 거치게 되면 이들의 자아실현 가능성은 분쇄되어 사회에서 요구하는 대로 표준화된다. 촘스키(Chomsky)에 따르면, "앵무새처럼 주입된 지식만을 주절대고, 비판적 사고를 포기하고, 사회 질서에 순응하고, 성스러운 질서유지를 위해 필요한 이데올로기로 가득한 내용만을 받아들이는 착한 학생"이 배출되는 것이다. 지금과 같은 교육구조와 선발 과정 및 입시 체제하에서는 생물학적으로 인간이 가지고 있는 배움 특성은 사라지고 마는 것이다.

우리가 학교교육에 집착하는 이면에는, 첫째, 교육 자체에 대한 몰이해를 들 수 있다. 교육이 무엇이고 교육의 존재 이유가 무엇인지에 대한 올바른 이해가 결여되어 있는 것이다. 자신의 생명을 학업 성적과 비교하고 비관하여 포기해 버린 고등학생의 자살 사건은 이를 잘 나타낸다. 둘째, 교수-학습 과정에 대한 편협한 이해를 들 수 있다. 지금의 교육은 가르치는 일에만 초점을 맞춘 채, 성숙한 교수자가 미성숙한 학습자에게 정해진 교과 내용을 전달하는 일련의 과정으로만 사용되고 있는 것이다. 셋째, 학습의 본질, 다시 말해서 배움이 무엇인지에 대한 오해이다. 학습자는 왜 배워야 하는지 이유도 모른 채 그저 열심히 익히고 있는 것이다. 넷째, '교육은 학교'라는 왜곡된 시각을 들 수 있다. 다양한 교육현상을 학교 중심의 행동 변화, 교사 중심의 교수기법, 교수 활동의 결과로서의 학습 행위, 배움보다 우선하는 가르침에 초점을 맞추고 해석해 왔기 때문이다. 이제 현대사회에서 대학은 고등교육기관의 한 부분일 뿐이다. 대학이 고등교육기관으로 독점적인 지위를 차지하던 시대는 끝나고 고등교육의 유비쿼터스 시대로 접어들었다. 고도의 지식과 기능이 옛날에는 대학에만 모여 있었으나 이제는 각종 전문학교와 사설 강습소, 동호회, 인터넷 등으로 흩어졌으며, 종류에 따라서는 대학이 전혀 도움이 되지 않는 경우도 있다.

인간의 배움 본성을 단지 가르침에 대한 요구로 평가 절하하여 학습자로 하여금 자기주도적인 배움 본성을 포기하게 만들었다. 이는 에듀파시즘(edufascism, 교육패권주의)과 학교 과소비를 야기하여 지금껏 교육을 억압하고 있다. 이제 진정한 공교육을 위해 무엇이 제공되고 보장되어야 할지 진지하게 연구해야 한다. 교육이 가르치는 자의 문제이든, 교육을 받는 자, 즉 배우는 자의 문제이든 사람에 관한 것이고, 이는 인간의 본성은 어떤 것인가에 기초하여 '무엇을, 왜, 어떤 목적으로, 누구를 위해서, 누구에 반해서, 누구에 의해서, 누구 편에서, 무엇에 찬성하여' 등 프레이리(Freire)의 문해 학습자들을 위한 교육적 질문을 적용하여 우리 교육에 관한 문제들을 해결 방법을 찾아야 한다. 가르침 중심의 학교 교육으로 산업사회에 필요한 기능적 인력 양성에 어느 정도 성공을 거두었다고 할 수 있겠지만, 이제 인간의 배움 본성을 이해하고, 배움 본성을 왜곡시키는 '교육은 학교에서 한다.'는 시각에서 벗어나야 한다.

2) 교육자로서의 배움에 대하여

교육자라 함은 교원으로 교육에 종사하는 사람을 칭하는 말이다. 그중에서도 특히 직접 교육을 담당하는 교사에 대한 공자의 관점은 '溫故知新, 可以

爲師矣'이다. 즉, 옛날에 들은 것을 익혀 새로운 것을 얻는 것이 있으면 그가 스승이다. 이에 대한 다산 정약용의 해석은 "전에 배운 것들이 이미 식어 버렸지만, 늘 남을 가르치는 까닭에 옛것을 다시 공부하여 새로운 지식을 얻게 되는 사람이 스승이다."고 한다.

슈타이너 발도르프(Steiner Waldorf)는, "학교는 아동의 성장과 관련된 성인들, 즉 학부모, 교사, 교육행정가, 보조직원, 연구자 등 모두가 교육자이며, 이들 모두 학생의 배움을 돕는 공동체인 것이다."라고 하였다. 특정 교과서를 쓰지 않으며, 교사가 새로운 내용을 파악하고 가르치는 데 많은 노력이 필요하고, 그런 노력을 통해 교사는 발견이 기쁨과 열정을 느낀다. 학교나 교사훈련 과정에서 배운 것을 매년 똑같이 되풀이하는 게 아니기에 늘 새로운 전망을 가지게 된다. 슈타이너는 "교육자가 되는 것은 결코 쉽지 않다. 우리는 엄밀한 의미에서 교양인이 되어야 한다. 교사는 오늘날 일어나는 모든 일에 살아있는 관심을 가져야 한다. 그러지 않으면 좋은 교사가 될 수 없다."라고 하였다.

누군가 미켈란젤로에게 어떻게 〈피에타〉와 〈다비드〉 같은 훌륭한 조각상을 만들 수 있었느냐고 물었다. 그러자 미켈란젤로는 이미 조각상이 대리석 안에 있었다고 상상하고, 필요 없는 부분을 깎아 내어 원래 존재하던 것을 꺼내 주었을 뿐이라고 대답했다. 이는 진정한 교사상을 이야기하는 것이다. 법정 스님은 "꽃이나 새는 자기 자신을 남과 비교하지 않는다. 저마다 자기 특성을 마음껏 드러내면서 우주적인 조화를 이루고 있다. 남과 비교하지 않고 자기 자신의 삶에 충실할 때 그런 자기 자신과 함께 순수하게 존재할 수 있다."라고 한다.

사회적·시대적 요구에 부응하지 못하는 교사의 지식전달 체제, 토론하기, 컴퓨터 조작, 탐구설계 및 수행과 실천의 모범을 통해 이루어지는 가치와 태도 교육 등에 문제가 있다. 교육의 질은 교사의 질을 넘지 못한다는 말이 있다. 교사의 경쟁력 강화를 위한 지원과 투자, 비민주적 학교운영과 의사소통 체계의 개선, 교육활동 수행을 위한 기자재를 지원하고, 경쟁을 배제하여 성취동기를 강화시켜야 한다. 칸(S. Cahn)은 훌륭한 교사의 요인을 지적 능력이 있고, 이 능력을 가르치는 모든 학생에게 인내로써 이해토록 발휘할 수 있으며, 학습내용을 상황에 맞추어 계획하고 인간을 이해하는 지식, 그리고 학생을 하나의 인간으로 사랑할 줄 아는 자라고 하였다. 프레이리에 따르면, 교육자는 학생, 성인 및 기타 학습자가 학교와 기타의 교육장소로 가지고 오는 경험과 더불어 작업해야 한다고 주장했다. 기노트(H. Ginott)는 말보다는 감정이, 일방적인 지시보다는 상호 소통이, 심층적인 분석보다는 현상적이고 상황에 대한 솔직한 표현이 교사가 필요로 하는 바람직한 기교라고 하였다. 류시화의 다음 글은 학교와 교사의 역할을 극명하게 나타낸다. "학교는 내게 너무 작은 것들을 가르쳤다. 내가 다녀야 할 학교는 세상의 다른 곳에 있었다. 교실은 다른 장소에 있었다. 보리수나무 밑이 그곳이고, 기차역이 그곳이고, 북적대는 신전과 사원이 그곳이었다. 사기꾼과 성자와 걸인, 그리고 동료 여행자들이 나의 스승이었다."(류시화, 2002)

배움을 얻는다는 것은 자기 자신의 인생을 사는 것을 의미한다. 학생들 스스로 배움 본성을 깨달아 자신이 필요한 것을 배울 수 있는 가장 기본적인 권리를 이행하도록 교사는 자신의 지식을 이용하고, 또한 모자라는 지식을 학생과 더불어 배우고, 학생의 경험을 함께할 수 있는 지도자, 멘토, 촉진자(facillitator)가 되어야 한다. 인간 교육의 원형인 안드라고지(하나의 배움 과정이고 동시에 독립적인 배움 활동이며, 고유한 배움 원리)에 대한 깊은 성찰로 교사와 학생 상호 간의 동등한 상호작용과 교수 활동으로 인간의 자율적인 배움 의지를 표출하기 위한 배움 활동의 길잡이 역할을 해야 한다.

2. 성인학습 전략

어떤 학습방법으로 효과를 보았다는 주변 사람들의 추천은 그 사람에게 적합할 수도 아닐 수도 있다. 자신이 처한 생활환경을 고려할 때, 그 방법은 본인에게 꼭 맞는 것은 아닐 수도 있다는 것이다. 이 절에서는 성인학습자 그에게 필요한 학습방법을 찾아 이를 적용할 수 있도록 학습 전략의 의미와 범주, 학습 전략의 유형을 살펴본다.

1) 학습 전략의 의미와 범주

학습 전략(learning strategy)이란 효과적으로 공부하는 방법, 즉 학습자가 자신의 학습효과를 높이기 위해 의도적으로 취하는 행동방식과 인지양식을 말한다. 학습 전략은 효율적인 학습 또는 정보를 효율적으로 기억하는 데 필요하거나 도움이 되는 여러 종류의 기능, 능력 또는 방법으로, 학습자가 학습하고 이해하고 복잡한 상황에 적용하기 위해 사용하는 인지적 과정, 정신적 활동이며, 행동으로 학습 성과를 강화시키기 위한 것이다.

학습 전략이라는 용어는 교수-학습 과정에서 학습자가 수행하는 역할에 대한 새로운 관점, 즉 인지심리학적 학습이론의 대두와 함께 사용되기 시작하였다. 학습의 과정에 대한 인지심리학적 관점에 따르면, 학습이란 더 이상 입수되는 자극에 대한 기계적 반응의 연결 현상이 아니다. 그리고 학습자는 이러한 기계적 학습의 과정에 아무런 의미 있는 영향도 미치지 못하는 수동적 존재가 아니다. 이론에 따르면, 학습의 과정은 정보를 입수-처리-저장-재생시키는 일종의 정보처리 과정이다. 그리고 이러한 과정에서 개개의 학습자는 입수되는 정보를 보다 잘 배우고 보다 잘 기억하기 위하여 나름대로의 다양한 학습 전략을 사용하여 정보를 변형하고 조작하는 적극적·능동적 주체가 된다. 이러한 의미에서 학습 전략이라는 용어는 새로운 학습이론, 인지심리학, 정보처리이론, 능동적 학습자라는 개념과 관련이 있다.

일반적으로 학습 전략에는 초인지적 전략(예, 학습계획, 자신의 이해수준과 산출물에 대한 성찰과 분석, 성과 평가), 인지적 전략(예, 학습 자료를 통한 학습), 그리고 사회적·정의적 전략(즉, 다른 사람과의 상호작용)이 있다. 한 과제에 내포된 정보를 이해하고 기억하여 그 정보를 시간이 경과된 후에 인출하여 다시 사용할 수 있게 학습자가 행하는 활동들을 의미한다. 인간의 정보처리 과정에서 과제의 내용이 장기적으로 기억되어 인출되기 위해서는 정보를 잘 조직화시키는 일이 중요한데, 따라서 학습 전략은 이러한 정보의 조직화를 돕는다.

학습 전략에 관해 연구한 학자들의 연구는 주로 학령기 학생들을 위한 것으로, 학습 전략은 대개 4가지 분류로 구분된다. 첫째, '정보처리 전략'으로서, 입수되는 정보들을 보다 의미 있게 만들기 위해 학습자가 사용하는 조직화(organization)나 정교화(elaboration) 등이 이에 포함된다. 둘째, '공부전략(study strategies)'으로, 노트 필기 방법이나 시험 준비 방법 등 각종 공부 방법들이 여기에 포함된다. 셋째, '지원전략(support strategies)'으로, 효율적인 학습 시간의 조직 방법, 시험 불안을 제거 또는 완화 방법, 과제에 대한 주의 집중 방법 등이 포함된다. 넷째, '초인지 전략(metacognition strategies)'으로, 자신이 아는 것과 모르는 것 간의 간극을 알아내는 방법이나 기술, 정보를 제대로 획득해 가고 있는가를 점검하고 통제하는 기술이나 방법 등이 상위인지 전략에 속한다(교육학용어사전, 1995).

또한 주요한 학습 전략 범주로 웨인스타인과 메이어(Weinstein & Mayer, 1983)는 리허설, 정교화, 조직화, 이해도 점검, 그리고 정의적 전략의 5가지를 들고 있다. 첫째, 리허설 전략의 목적은 학습자가 학습내용의 중요한 측면에 주의를 기울이게 하는 '선택'과 이후의 학습에서 학습된 자료들이 작동기억으로 잘 전이되도록 하는 '획득'이며, 베껴 쓰기, 밑줄 긋기, 큰소리로 따라 읽기, 노트하기 전략이 포함된다. 둘째, 정교화 전략은 현재의 정보를 이전의 지식과 통합시키는 것을 목적으로 하는데, 바꾸어 말하기, 요약하기, 유추하기, 새로운 정보가 기존의 정보와 어떻게 관계되어 있는지 기술하기, 생성적 노트하기, 질문하고 답하기와 같은 전략을 그 예로 들고 있다. 셋째, 조직화 전략은 작동기억으로 들어올 정보를 선택하고 아이디어 간의 관계를 구성하기 위한 목적을 수행되며, 개요 만들기, 위계나 개념 간의 관계를 다이어그램으로 그려 보기, 핵심 아이디어와 이를 지지하는 세부 내용 간의 관계를 확인하는 것 등을 말한다. 넷째, 이해도 점검 전략은 일종의 초인지 전략으로 학습자가 목표를 수립하고 이 목표의 달성 정도를 평가하며, 그 결과에 따라 목표 달성에 적합하도록 전략을 수정하는 것이다. 다섯째, 정의적 전략은 조용한 장소에서 학습을 하거나 집중을 방해하는 생각, 실패에 대한 두려움과 같은 생각들을 멈추는 등 주변의 산만한 요인들을 감소시키는 전략을 의미한다.

이러한 학습 전략은 주로 학령기의 학교교육을 받는 학생에게 적합한 것이라고 할 수 있다. 성인에게 있어 학습은 단순히 지식을 얻기 위한 과정만이 아니기 때문에 학교에서와 같은 강요된 지식이 아니라 성인학습자의 삶에서 필요한 지식을 다양한 경로로 자발적으로 학습이 이루어질 수 있다. 학습자가 처한 생활에서의 문제를 스스로 알아내고, 이를 해결하기 위해 스스로 혹은 주위 사람과의 상호작용을 통해 노력한다. 성인학습자는 자신의 생활 속에서, 즉 눈 뜨고 일어나 세수하고, 밥 먹고, 출근하여 일상생활을 하듯이, 학습이 자발적으로 그리고 습관적으로 이루어져야 한다. 이러한 성인학습자의 학습은 자신의 삶을 풍요롭게 해 줄 뿐만 아니라, 가정과 사회의 발전에 도움이 된다.

2) 성인학습 전략 유형

앞서 언급한 학습 전략의 공통적인 유형을 성인학습자에게 적용하기 위해 7가지로 상세하게 정리하면 다음과 같다. 이러한 내용을 참고하여 성인학습자는 자신에게 적합한 학습 전략을 찾아 적용할 수 있다.

(1) 조직화 전략

학습내용의 범위가 넓을 때 이를 체계화하여 고차원적인 지식 구조를 형성하는 것을 말한다.

- 학습한 내용에 대해 체계화할 수 있는 요약표를 만든다.
- 중요한 전공 용어와 개념 정의에 관한 표를 만든다.
- 공부할 분량이 많아지면 내용이 어떤 구조로 이루어져 있는지 적어 본다.
- 교재나 노트 필기의 중요한 곳에는 밑줄을 친다.
- 노트 필기, 수업 교재 혹은 참고문헌의 주요 사항을 정리하여 짧게 요약 한다.
- 학습내용을 잘 기억할 수 있도록 구성해 본다.
- 필기 내용을 정독한 후 중요한 요점들을 정리한다.
- 중요한 내용을 요약하여 잘 기억나게 한다.
- 수업 내용을 좀 더 체계적으로 파악해 보기 위해 표, 그래프 혹은 그림 등을 만든다.

(2) 정교화 전략

새로운 학습내용을 기존의 지식 구조에 잘 연결시켜 심층적으로 이해하는 것을 의미한다.

- 수강하고 있는 교과목들의 내용이 서로 연관이 있는지를 생각해 본다.
- 새로운 개념을 실제 현장에서 어떻게 적용할 수 있는지 생각해 본다.
- 새로운 개념이나 이론을 자신이 이미 알고 있는 것들과 연결 지으려고 시도해 본다.
- 학습한 내용을 머릿속에 떠올려 본다.
- 지금 공부한 내용과 자신이 이미 알고 있는 것을 서로 연결해 본다.
- 학습한 내용에 대한 구체적인 예를 생각해 본다.
- 공부한 내용을 자신의 경험과 연결시킨다.
- 공부한 내용이 일상생활에 도움이 되는지 생각해 본다.

(3) 비판적 검토 전략

공부할 내용에 접했을 때 그 논제나 근거에 대하여 비판적으로 의문을 제기하는 것을 의미한다.

- 지금 읽고 있는 글이 정말로 설득력이 있는지 스스로에게 물어본다.
- 교재에 서술된 이론이나 해석이 충분한 증거들로 뒷받침되어 있는지 검토해 본다.
- 교과서에 수록된 주장이나 결론에 대한 다른 대안들이 있을 수 있는지 깊게 생각해 본다.
- 여러 텍스트의 서로 모순된 생각들을 해결해 보는 것에 흥미를 느낀다.
- 지금 공부하고 있는 내용을 출발점으로 하여 자신의 아이디어를 발전시켜 본다.
- 글을 비판적으로 읽는다.
- 여러 다양한 이론들의 장단점을 비교해 본다.
- 공부한 것에 대해 비판적으로 검토해 본다.

(4) 반복 전략

공부할 내용(사실이나 규칙)을 단순 반복을 통해 기억하는 것을 의미한다.

- 학습내용을 반복을 통해 암기한다.
- 필기한 것을 몇 번씩 반복하여 읽는다.
- 시험에서 중요한 내용을 잘 기억해 내기 위해 주요 개념들을 암기한다.
- 중요한 전공 용어들을 요약표로 만들어 암기한다.
- 글을 정독한 후 각 단락이 끝날 때마다 외워 본다.
- 규칙, 전공 용어 및 공식을 암기한다.
- 교재와 필기를 통해 학습한 내용을 가능한 한 외운다.

(5) 초인지 전략

공부할 내용, 분량, 방식 등에 대한 계획 활동, 상황에 적합한 학습 전략의 선택에 대한 검토 활동, 그리고 자신이 선택한 전략에 대한 조절 활동 등을 의미한다.

- 어떤 부분을 특히 중점적으로 공부해야 하는지를 공부하기 전에 생각해 본다.
- 어려운 글을 읽을 때는 늘어난 학습부담에 맞추려고 한다(예, 읽는 속도를 늦춤).
- 교재를 읽을 때 모두 이해하지 못하면 부족한 부분을 찾아내어 보완한 후 다시 한 번 교재를 정독한다.
- 공부하기 전에 어디까지 해야 할지를 미리 결정한다.
- 공부하기 전에 어떻게 하면 가장 효율적으로 할 수 있을지에 대해 생각해 본다.
- 어떤 순서로 공부해야 할지 사전에 꼼꼼히 따져 본다.
- 공부한 것을 모두 이해했는지 확인해 보기 위해 내용에 대해 스스로에게 질문해 본다.
- 학습이 덜된 부분을 찾기 위해 교재를 보지 않고 요약해 본다.
- 내용을 잘 이해했는지 확인해 보기 위해 다른 연습문제들을 추가적으로 풀어 본다.
- 잘 이해했는지 확인해 보기 위해 공부한 내용을 친구들에게 설명한다.
- 교재 내용에 대해 확실하게 이해할 수 없을 때에는 다시 한 번 천천히 교재를 정독한다.

(6) 시간관리 전략

공부할 때 시간계획을 어느 정도 미리 세우고 지켜 나가는 것을 의미한다.

- 공부할 때는 학습시간표에 따라 한다.
- 언제 공부해야 할지에 대해 시간을 결정한다.
- 매일 몇 시간 공부해야 할지에 대한 계획표를 짠다.
- 각각의 학습단계를 위해 필요한 시간 분량을 사전에 정한다.

(7) 학습 환경 조성 전략

방해받지 않고 집중적으로 공부하기 위하여 외적인 공부환경을 만들려고 노력하는 것을 의미한다.

- 집중이 잘되는 장소에서 공부한다.
- 공부할 때 가능한 한 산만해지지 않도록 환경을 조성한다.
- 항상 같은 곳에서 공부한다.
- 공부할 때는 조용한 분위기를 조성한다.
- 공부하는 곳에서 모든 것을 쉽게 찾을 수 있도록 한다.
- 가장 중요한 학습교재는 공부하는 곳에서 쉽게 손이 닿는 곳에 둔다.

3) SQ3R 전략

플레밍(Flemming, 2009)은 이 SQ3R 전략을 다음과 같이 제안하였다. 즉, 전체 내용을 훑어보고(S), 질문거리를(Q) 만들면서 책을 읽고(R), 읽은 부분을 되새겨 보고(R), 검토하는 것(R)이다.

(1) S(survey: 개관하기): 다음의 7가지 사항 훑어보기
   ① 주제
   ② 여백에 적기
   ③ 각 장의 정리 문제 풀기
   ④ 사진, 만화, 그래프, 표, 차트, 표제

⑤ 진하게, 색깔로 인쇄됐거나 이탤릭체로 된 단어

⑥ 책 안에 강조된 상징, 부호

⑦ 표나 목록

(2) Q(question: 질문 하기): 책을 읽어 가며 집중하도록 질문하고 답하기

(3) R-1(read: 읽어 보기): 집중하도록 한 번에 최대 15~20쪽으로 끊어 읽으며, 질문을 하고 저자의 생각을 예견해 보기, 자신의 예상과 비교하여 확인하기

(4) R-2(recall: 상기하기): 읽은 부분을 덮고 간단히 질문에 답을 말해 보기

(5) R-3(review: 재검토하기): 한 장(chapter)을 다 읽었으면, 읽은 것을 재검토하기; 주제, 요점, 질문과 대답, 개념지도나 개요를 만들어 보기

4) 요일별 전략

서울대학교 교수학습개발센터(2018)에서는 학습자의 기억을 돕기 위한 전략을 요일에 부여하여 제안하였다. 성인교육자는 학습자를 위해 효과적인 전략 제시와 학습을 잘 이어 가는 방법을 참고할 수 있다.

- 월요일-의미 부여하기: 그 일이 왜 중요한가를 알아야 한다. 계속해서 꾸물거리고 어떤 일을 하지 않았다면 그 과제를 끝마쳤을 때의 장점에 대해 목록을 만들고 자신의 목표라는 관점에서 그 일을 바라봐야 한다. 회피해 오고 있는 과제를 적어 놓고, 왜 그렇게 꾸물거렸는지에 대해 써 본 다음, 그 과제와 자신의 목표, 특히 자신이 받고자 하는 보상과 연결하여 생각해 본다.
- 화요일-세부적으로 나누기: 큰 과제는 작고 처리하기 쉬운 부분으로 구분을 하는 것이 좋다. 구분된 과제들을 하나씩 끝낸다는 생각을 가져야 한다. 구분된 과제는 약 15분 안에 완료할 수 있을 정도면 적당하다. 성

과는 측정 가능하게 만들어서 학습이 얼마나 진척되었는지를 알 수 있
도록 해야 한다.

- 수요일-자신의 의지를 문장으로 작성하기: 세부적으로 구분한 각 과제마다
  자신의 의지도 함께 작성해 둔다. 종이에 자신의 의지를 써서 가지고
  다니거나 공부하는 장소에 붙여 두고 자주 볼 수 있게 한다.

- 목요일-다른 사람에게 자신의 의지를 알리기: 자신의 의지를 친구나 룸메이
  트, 부모 등에게 공개적으로 발표한다. 자신의 의지를 세상에 공표하는
  것은 자신이 목표한 바를 확실하게 완수하는 데 있어 훌륭한 방법이다.
  다른 사람들을 자신의 지원 집단으로 만들면 효과적이다.

- 금요일-어떤 보상을 받으면 좋을지 생각해 보기: 보상을 받을 수 있게 목표
  한 바를 완수하지 못했다면 스스로 성실히 자제해야만 한다. 어차피 영
  화를 보러 갈 생각이라면 영화를 보상으로 정해서는 안 된다. 계획한
  바를 다 마치지 않았으면서도 결국 영화를 보러 간다면 영화는 보상으
  로서 효력이 없는 것이 되기 때문이다. 자신이 정당하게 보상을 얻어냈
  을 때 어떤 기분이 들지 한 번 생각해 본다. 열심히 공부한 결과로 얻어
  낸 것이라는 생각이 들었을 때 영화나 새 옷, 혹은 자신이 좋아하는 주
  제에 대해 1시간 공부하는 것이 더욱더 기쁘게 느껴질 것이다.

- 토요일-당장 실행하기: 당장 실행한다. 꾸물거리고 있다는 생각이 들자마
  자 과제에 바로 착수한다. 어느 산꼭대기의 호수에서 다이빙을 할 준비
  를 하고 있다고 상상해 본다. 조금씩 물에 젖어 들어가는 것은 지루한
  고문이 될 것이다. 차라리 재빠르게 뛰어드는 것이 덜 고통스러운 경우
  가 종종 있다. 그러면 과제에 착수했다는 느낌에 재미를 느끼게 될 것
  이다.

- 일요일-그만하기: 만약 어떤 과제를 하면서 그것도 우선순위가 낮은 일
  을 하면서 계속 시간을 보내고 있다면 그 일을 하는 목적을 재검토해야
  한다. 뭔가를 할 의지가 정말로 없다는 사실을 깨달았다면 스스로에게
  할 거라는 주문을 걸지 않는 것이 좋다. 그게 바로 꾸물거리는 것이다.

진실을 깨닫고 그만둔다. 그러면 하지도 않을 과제 때문에 무거운 책가
방을 들고 다닐 필요도 없어진다.

3. 성인학습자를 위한 학습법

성인학습자의 특징은 자기주도적이며, 실생활의 문제해결을 위한 공부를
하고, 자신의 경험에 기반하며, 일방적으로 강의를 듣기보다는 학습 프로그
램을 직접 설계하고 참여하며, 학습자 상호 간에도 학습을 한다. 이러한 성
인학습자에게 어울리는 학습법은 다음과 같다.

1) 주도적이 되라

자기주도학습을 하라. 자기주도학습은 ① 자기 학습의 목적과 수단에 대
한 타자의 통제로부터의 '독립성', ② 자기의 학습욕구를 진단하고 학습목표
를 공식화하며 학습자원을 파악하고 학습 전략을 선택·실시하며 학습결과
를 평가한다고 하는 학습 과정 전체에 있어서의 '주도성', 그리고 ③ 학습의
의미 이해와 학습을 통해서 실현되는 가치와 관련되는 학습을 스스로 선택
할 수 있는 '자율성'을 내포하고 있다. 학습자가 자신의 학습에 가치를 인식
하고 이러한 가치를 스스로 추구해 가며, 긍정적·적극적인 태도 내에서 독
립적·주도적으로 학습이 이루어져야 진정한 성인학습이 실천된다고 할 수
있다.

2) 목표를 확립하고 행동하라

성인이 학습에 참여하게 되는 중요한 동기는 소위 우리가 '자아실현'이라
고 부르는 자신의 삶의 발전 때문이다. 교육의 궁극적인 목적이기도 한 이

자아실현은 성인이 자신의 삶을 살아가는 데 있어서 경험을 재구성하고 자신의 내적 잠재력을 밖으로 최대한 끌어내어 활용하고자 하는 욕구이다. 이러한 내적 잠재능력을 이끌어 내기 위해서는 성인학습자 자신이 자율적으로 심사숙고하고, 상상력과 창의력을 발휘하여 자신이 올바르다고 생각하는 가치관을 정립하여야 한다. 이러한 목표가 성립되면, 행동으로서 학습에 참여하고 자기주도적으로 학습을 이끌어간다. 여기에서 성인학습자는 교육을 통해 다시 사회적으로 또 개인적으로 요구되는 가치관의 차이를 이해하고, 최상의 학습방법을 스스로 찾아 주도적으로 해 나가게 된다.

3) 소중한 것부터 먼저 하라

제1과업은 긴급하고도 중요한 일을 말하고, 제2과업은 중요는 하지만 긴급하진 않은 일을 의미한다. 즉, 성인에게 '학습'이란 제2과업이며, 제1과업은 그들이 속한 직장이나 또는 가정이 된다. 제1과업에서 일어나는 일들은 긴급하고 중요한 일들이다. 그러나 일이 끝난 뒤 심사숙고해 보면 별로 중요하지 않은 일임을 알 때가 있다. 제2과업에서의 학습은 성인학습자가 자신의 경험을 재구성하고, 자신의 목표가 무엇인지를 정하고 나서야 생기는, 때로는 아주 많은 시간을 요구하는 활동이다. 당연히 더 큰 자발성과 보다 더 많은 주도성을 요구한다. 더욱이 중요한 것은, 바로 이 학습이라는 제2과업의 활동이 더 긴급하고 중요해 보이는 제1과업의 일들을 쉽고 빠르게 해결할 수 있는 열쇠를 제공한다는 것이다.

4) 상호이익을 추구하라

성인학습자와 교사의 사이에 윈-윈(win-win) 사고가 필요하다. 성인학습자는 자신이 목표로 하는 것을 성취하기 위해 자기주도적인 학습이 이루어지도록 노력해야 하고, 교사는 이러한 학습자들의 동기유발을 긍정적인 방향으로 이끌며 그들의 상담자와 조력자가 되어야 한다. 학습자와 교사 사이의 상호승리를 위해서 '용기'와 '배려'가 절실히 필요하다. 학습자는 자신의 목표와 가치관 정립을 위해 무엇이 중요한지, 그리고 어떤 것을 과감히 개조해야 할지를 스스로 결정하기 위해 무엇이 중요한지, 그리고 어떤 것을 과감히 개조해야 할지를 스스로 결정하기 위해 교사를 필요로 한다. 한편, 교사는 이러한 학습자를 위한 '배려'로서 그들의 환경과 경험을 최대한 이용하여 그들의 잠재능력을 이끌어 내기 위해 자신의 시간을 투자해야 한다. 결국 이러한 윈-윈 사고는 교사와 학습자 사이의 인간관계를 통해 부정적인 에너지를 제거하고 긍정적인 방향으로 함께 나갈 수 있다.

5) 시너지를 활용하라

네트워킹 학습을 활용한다. 한편으로는 성인학습자 자신이 다른 학습자원을 활용함으로써 자기의 학습을 자기 스스로 돕고 성인학습자 스스로 학습하는 방법을 익히며, 다른 한편으로는 학습자 자신들이 사회적 연결망을 만듦으로써 성인학습 활동뿐만이 아니라 일상적인 사회생활에 서로가 도움을 주는 매개체로 활용하는 학습활동이 네트워킹 성인학습이다. 네트워킹 학습이 제 기능을 다하기 위해서는 다른 학습자들과 바른 의사소통의 관계를 맺는 일이 중요하다.

6) 재충전하라

성인학습자의 많은 수가 직업을 가지고 있거나 사회적 위치 내에서 자신들의 활동을 한다. 산업화·정보화 사회에서 이러한 활동들은 본의 아니게 그들의 신체적(스트레스)·정신적(상상력 저하)·사회적(시너지의 결핍, 내적 불안감) 불균형을 야기한다. 이러한 요소들은 성인학습자의 학습욕구를 감퇴시키고, 계속적 자기주도학습의 의욕을 저하시킨다. 그러므로 심신단련은 학습을 계속하고자 하는 성인에겐 주춧돌과 같은 의미를 지닌다. 심신을 단련한다는 것은 결국 학습을 더욱 효율적이고 균형적인 방법을 이용한 일관성의 단련이다. 더불어 이러한 단련을 행하기 위해서는 자기주도적이어야 한다. 심신의 단련은 끝없는 학습에 관한 동기를 유발한다. 더불어 자아실현을 이룰 수 있게 하고, 독립적 정신을 생기게 하며, 주도적인 생각을 정립할 수 있게 한다.

4. 성인교수법

누군가를 가르치고자 하는 사람은 기본적으로 '가르치는 내용을 어떻게 하면 학습자에게 잘 전달할 수 있을까?' '어떻게 하면 나의 강의를 듣는 사람들이 강의 내용을 잘 알아들을 수 있을까?' '학습자를 잘 참여시킬 수 있는 방법은 무엇인가?' 등을 끊임없이 생각하게 마련이다. 또한 강의를 한 후에는 '오늘 강의를 준비한 만큼 잘 하였는가?' '부족함은 무엇인가?'를 반성한다. 강의를 하는 교수자는 누구나 강의를 잘하는 교수자가 되기를 원할 것이다. 이 절에서는 성인학습자의 특징을 잘 이해하고 이들을 대상으로 하는 훌륭한 교수자의 태도와 교수법 그리고 질문기술에 대해 살펴본다.

1) 훌륭한 교수자

허예라(2015)는 『Seven simple secrets: what the best teachers know and do』(Breaux & Whitaker, 2006)를 기초로 하여 '훌륭한 교수자의 7가지 비밀 병기'를 정리하였다. 허예라(2015)의 글은 누군가를 가르치는 교수자라면 되새겨 보아야 할 내용이라서 평생교육방법의 교수자로 대입하여 재구성하여 제시하고자 한다.

(1) 탁월한 계획자

첫째, 훌륭한 교수자는 해당 수업의 내용을 왜 배워야 하는지 명확히 전달한다. 수업에 대한 명확한 목표를 설정한다는 것은 학습성과를 잘 만들어 수업을 시작할 때 오늘 배울 내용에 대해 학습자에게 명확히 전달해 주는 것도 있지만, 한 차시의 수업을 위해 많은 고민을 해야 한다는 의미이다.

둘째, 훌륭한 교수자는 여유 있게 준비한다. 수업이 너무 일찍 끝나거나 학습자의 쉬는 시간이 없어질 정도로 계획된 시간을 초과하는 것 모두 적절하지 않다고 볼 수 있다. 훌륭한 교수자는 이러한 상황이 벌어지지 않도록 수업 전에 미리 시연해 본다. 그리하여 자신이 계획했던 수업이 50분 수업이라면 35분짜리 수업을 준비하고, 만일을 대비하여 추가적인 활동 하나를 준비해 둔다(overplaning). 훌륭한 교수자는 그 어떤 상황에서도 절대 당황하지 않는다.

셋째, 훌륭한 교수자는 5분 단위로 수업을 준비한다. 수업 도입 단계의 5분과 수업 정리 단계의 5분은 학습 효과가 가장 높은 시간임을 익히 잘 알고 있을 것이다. 그 사이 40분 수업에 대하여 학습자를 중간중간 수업에 참여시킬 수 있는 간단한 활동(예, 질문, 형성평가도 될 수 있는 자동응답 시스템을 활용한 퀴즈, 2인 1조 토의 등)을 넣어 학습자가 역동적이고 재미있게 수업할 수 있도록 계획한다.

넷째, 훌륭한 교수자는 매우 유연하다. 계획은 꼼꼼히 하되, 계획대로 되지 않았다고 좌절하거나 스트레스를 받을 필요는 없다. 사람인 이상 모든 것을 완벽하게 할 수는 없다. 실패를 거듭하면 풍부한 경험을 지닌 훌륭한 교수자가 될 수 있다.

다섯째, 훌륭한 교수자는 학습목표를 명확히 이해하고 있다. 50분 수업에서 교수자가 설정한 학습 성과가 4가지라고 가정한다. 예를 들어, 교수자가 철저하게 수업을 준비했고, 45분에 자동응답 시스템을 활용하여 학습자가 4가지의 학습 성과를 달성했는지까지 확인하였다면, 이것이 훌륭한 수업이었다고 단정 지을 수 있는가? 여기서의 핵심은 4가지 학습 성과를 왜 배워야 하는지 교수자와 학습자가 충분히 이해했느냐는 것이다. 성과에 지나치게 집중하다 보면, 더 큰 그림인 목표를 놓칠 때가 많다.

여섯째, 훌륭한 교수자의 수업에는 활동이 많다. 대입시험을 치르기 위해 외우는 몇 천 개의 영어 단어들 중 상당수는 실생활에 사용하지 않아서 대부분 잊어버린다. 그렇다고 암기가 다 나쁜 것은 아니다. 훌륭한 교수자도 필요한 암기 기술을 가르치고 꼭 외워야 할 것은 외우라고 학습자에게 요구한다. 중요한 것은, 암기한 내용이 수업 현장에서 어느 정도는 활동으로 이어져야 기억에 오래 남고 의미 있는 학습이 될 수 있다.

일곱째, 훌륭한 교수자는 예방(proactive)을 잘한다. 한 예로, 점심 후 오후 첫 수업 시간에 조는 학습자가 눈에 띄거나, 토의학습을 시켰는데 제대로 하지 않는 학습자가 있을 수 있다. 상황을 주도하는 교수자는 학습자가 졸 것을 대비하여 학습자가 적극적으로 참여해야 하는 학습활동이나 퀴즈를 수업 중간 중간에 계획해 두거나 수업 자체를 팀 바탕 학습으로 진행할 수도 있다. 훌륭한 교수자는 수업 시간에 발생할 수 있는 다양한 상황들에 대한 대비책을 항상 가지고 있다.

(2) 탁월한 수업운영자

첫째, 훌륭한 교수자의 수업 현장에는 일반적인 특징이 있다. 교수자는 수업 분위기의 주도권을 잡고 있으며, 자신감 넘치는 태도로 수업에 임한다. 따라서 학습자들의 참여도가 높고 반응이 뜨겁다. 교수자는 다양한 질문을 던지는 발문법 기술을 사용하고, 학습자는 적극적으로 의견을 제시한다. 수업의 목적과 목표가 명확하고 수업 계획이 잘 구성되어 있어 누가 보더라도 이해가 되며 다른 교수자가 맡아도 내용을 쉽게 이해하고, 심지어 진행도 가능할 정도로 정돈되어 있다.

둘째, 훌륭한 교수자는 규칙보다는 수업의 절차를 강조한다. 브로와 휘태거(Breaux & Whitaker)는 여러 수업의 현장을 관찰한 결과 비효과적인 교수자들은 수업에 대한 많은 규칙을 만들어 낸다는 것을 발견하였다. 즉, 수업

시간에 하지 말아야 할 행동들에 대한 규칙들을 많이 나열한다는 것이다. 반면에 효과적인 교수자는 규칙은 간소하고, 수업 절차를 많이 강조하며, 규칙과 수업의 절차를 명확히 구분한다. 예를 들어, '수업 시간 5분 전에 착석한다.'는 규칙이며, '질문을 하려면 반드시 손을 든다.'는 수업의 절차이다. 또한 규칙이든 절차든 모두 긍정적인 단어로 불러서 얼굴에 미소를 머금은 채, 지켜야 할 규칙과 수업 절차에 대해 조용히 상기시켜 주는 것이 좋다.

셋째, 훌륭한 교수자는 학습자에게 함부로 단추를 보이지 않는다. 엘리베이터를 탔을 때 다급한 마음에 혹시 닫힘 단추를 한 번 이상 누른 적은 없는가? 여러 번 눌렀을 때 과연 엘리베이터 문이 빨리 닫혔는가? 아마도 그렇지 않았을 것이다. 바쁜데 앞에 있는 엘리베이터를 못 탔다면 어떻게 하겠는가? 다른 엘리베이터를 찾거나 계단을 이용했을 것이다. 수업 현장에서 미성숙한 학습자의 태도가 이와 같다. 교수자가 단추를 이리저리 눌러대면서 인내심을 극한 상황으로 몰 수 있다. 가장 좋은 방법은 학습자의 미성숙한 태도에 반응해 주지 말고, 학습자의 태도에 절대로 당황하지 않는다. 최소한 겉으로는 태연한 척 보여야 한다.

(3) 교수자의 태도

첫째, 훌륭한 교수자는 자기통제력이 강하다. 가끔 일부 교수자가 요즘 학생들의 태도가 어떻고, 버릇이 없고, 이해 못할 사고방식을 갖고 있다고 불평을 할 때가 있다. 학습자의 성적이 기대에 미치지 못하거나 수업 중 심하게 산만하다고 하여 버럭 화를 내며 학습자에게 탓을 돌리기보다는 침착하게 자기 자신을 돌아보며 자신이 무엇이 부족한가를 먼저 생각하고, '내가 어떻게 하면 이 상황을 개선시킬 수 있겠는가?'라는 자기통찰의 시간을 먼저 가져야 한다. 그런 다음 학습자에게 필요한 내용을 교육적인 차원에서 차분히 이야기한다. 교수자는 학습자의 본보기가 되는 위치에 있다. 일부 학습자들은 교수자를 롤 모델로 삼기도 한다.

둘째, 훌륭한 교수자는 학습자의 태도를 변화시킨다. 몇몇 학생들이 수업

시간에 버젓이 엎드려 자고 있다고 가정해 보자. 이때 선택은 3가지이다. 한 가지는 학생들을 무조건 나무라는 것이다. 다른 한 가지는 그냥 무시하고 방치하는 것이다. 그러나 이 두 가지는 문제를 해결하지 못한다. 세 번째 방법은 무슨 문제가 있는 것인지, 수업 계획에 무리가 있는 것인지, 전날 특별한 일이 있었던 것인지, 또는 도와줄 수 있는 부분은 없는지 학생들을 이해하려는 자세와 지원적인 자세를 보이는 것이다. 이때 학생들은 누군가 자신에게 관심을 주고 있고 격려해 준다는 사실에 해당 수업과 교수자에 대한 마음가짐이 달라질 수 있다.

셋째, 훌륭한 교수자는 부정적인 비판을 멀리한다. 교육정책이나 학습자에 대하여 불평과 불만만 늘어놓는 동료를 만나게 되면 다음과 같이 반응할 수 있다.

- 반응 1: "아, 그러세요? 교육에 대해 관심이 많으시네요. 말씀하신 내용 등을 학교에 건의해 보시는 것은 어떨까요? 어쩌면 문제를 해결할 수 있는 방법을 찾으실 수 있을 것 같은데요?"라고 말하고 자리를 피한다.
- 반응 2: "오늘따라 무척 피곤해 보이시네요. 요즘 힘드신 일이 많으신가요? 평소 잘 쉬실 수 있으면 좋을 텐데요, 그렇지요?"라고 말하고 자리를 피한다.
- 반응 3: 바쁜 척하며 자리를 피한다.

부정적인 말만 하는 사람은 피하는 게 상책이다. 매사에 부정적인 사람들과 지내다 보면 내 자신에게 많은 영향을 미치기 때문에 현명한 선택이 필요하다.

넷째, 훌륭한 교수자는 긍정적이 되도록 노력한다. 부정적인 생각을 버리고 부정적인 태도를 가진 동료를 피한다고 하여 긍정적인 사람이 되는 것이 아니다. 긍정적인 사람이 되려면 노력이 필요하다. 그러려면 자신의 태도에 대한 자기통제력이 필수다. 다른 사람을 통제하기보다 나 자신을 통제하는 것이 더 쉽고, 언제나 가능하다.

다섯째, 훌륭한 교수자는 외모도 프로답다. 여기서 말하는 외모란 잘생긴 얼굴이나 몸매를 말하는 것이 아니다. 사람의 첫인상을 결정하는 시간이 미국은 16초, 일본은 6초, 한국은 3초라는 이야기도 있을 만큼, 우리나라 사람들은 사람에 대한 판단을 순식간에 하는 듯하다. 외모가 그 사람의 모든 능력을 결정짓는 것은 아니지만 그 사람에 대한 인식에 영향을 주기 때문이다. 롤 모델이 되어야 하는 교수자는 교수자답게 행동할 뿐만 아니라 교수자다운 복장을 갖추어야 한다.

여섯째, 훌륭한 교수자는 최고가 아닌 최선을 택한다. 최고의 교수법은 없다. 다만, 상황에 맞는 최선의 방법이 있을 뿐이다. 최고의 교수자가 있기보다는 최선을 다하는 교수자가 되기를 노력하는 하는 것이 바람직할 것이다. 무심결에 던진 한 마디가 한 사람의 인생을 변화시키기도 한다.

일곱째, 훌륭한 교수자는 끊임없이 자기계발을 위해 노력한다. 최고가 아닌 최선을 다하는 교수자가 되려면 어떻게 해야 하는가? 답은 지속적인 자기계발이다. 새로운 교수법을 적용해야 한다고 강조하면서 정작 나 자신은 제자리가 아닌지 반성해야 한다. 교수자는 '이것이 학습자를 위한 최선의 것인가?'라는 질문을 항상 염두에 두어야 한다.

(4) 가르침에 대한 열정과 동기

첫째, 훌륭한 교수자는 '나의 열정을 너의 열정'으로 만든다. 기억에 남는 '좋은 수업과 힘들었던 수업'이라고 떠올리게 되는 그 결정적인 요소는 다름 아닌 단 한 사람, 가르치는 사람이다. 그 날의 수업 분위기는 강의실에 들어서는 교수자의 기분에 따라 결정된다고 해도 과언이 아니다. 교수자도 사람인지라 매일 행복한 얼굴을 하고 들어갈 수는 없지만, 가르치는 사람의 열정은 전염성이 강하기 때문에 교수자는 수업마다 열정을 가지고 수업에 임해야 한다.

둘째, 훌륭한 교수자는 모든 학생에게 각자가 특별한 존재라는 인식을 심어 준다. 출석을 부르며 학습자의 얼굴을 일일이 확인하고 시선을 맞추고 그에게 몇 가지 질문을 하며 간단한 소통을 할 수도 있다. 이 수업에 대한 학습자의 집중과 열의는 교수자의 열의만큼 커질 수밖에 없다. 학습자인 자신이 교수자에게 특별한 존재가 되는 순간 수업에 대한 태도가 긍정적으로 바뀌고 동기유발이 될 수 있다.

셋째, 훌륭한 교수자는 학습자에게 개인적인 관심을 보여 준다. 강의실 안이나 밖에서 학습자와 마주칠 때 활짝 웃어 주며 인사를 건네는 것만으로도 이들의 자아존중감에 영향을 줄 수 있다. 자신이 중요한 사람이라고 인정받는 것은 인간의 기본적인 욕구 중 하나이다. 교실 맨 뒷좌석에 앉는 학습자나 몸을 다치거나 아픈 이들에게 진심 어린 한마디의 격려를 해 보자.

넷째, 훌륭한 교수자는 칭찬의 힘을 십분 활용한다. '칭찬은 고래도 춤을 추게 한다.'는 속담을 우리는 너무 잘 알고 있다. 칭찬 전략의 한 가지로 'SUCCESS'라는 것이 있다(S: Specific, U: Unconditional, C: Credible, C: Consistent, E: Enthusiastic,S: Stand alone, S: Suitable). 'specific'은 학습자의 잘못을 지적하기보다는 긍정적인 행동에 대해 구체적으로 칭찬을 해 주는 것을 말한다. 'unconditional'이라 함은 말 그대로 무언가 되돌려 받으려는 의도 없이 칭찬을 해 주는 것이다. '너희가 먼저 잘해 봐. 내가 칭찬을 왜 안 해 주겠어.'라는 생각이 아니라, 조건 없이 순수한 격려를 해 주는 것이다. 'credible'은 교수자의 칭찬이 진심으로 들려야 한다는 것이다. 마음에서 우러나오는 진심을 담고 구체적인 칭찬을 해 주도록 한다. 훌륭한 교수자는 지속적(consistent)인 칭찬을 하며, 열정(enthusiastic)을 담아 전달한다. 또한 칭찬을 한 후에 잘못한 점을 지적하는 방식이 아닌, 칭찬은 칭찬으로 끝낸다(stand alone). 칭찬 뒤에 '하지만'이 붙으면 학생은 칭찬했던 것은 다 잊어버리고 교수자가 지적한 것만 기억하기 때문이다. 마지막으로 상황에 맞고 학습자의 수준에 맞는(suitable) 칭찬을 할 줄 알아야 한다. 예를 들어, 월등한 학습자가 아주 적은 성과를 낸 것을 가지고 칭찬을 해 주는 것은 적절하지 않다.

다섯째, 훌륭한 교수자는 적절한 보상을 제공한다. 중요한 것은 어떤 보상을 주느냐보다 어떻게 효과적인 보상을 제공하는가 하는 점이다. 나이를 불문하고 무언가 잘한 것에 대한 보상을 받는 것은 누구에게나 즐거운 일이다. 주의할 점은 지나치게 경쟁심을 유발하거나 '제대로 해야 상을 받지.'라는 식의 긍정적인 보상에 대한 부정적인 접근을 하지 말아야 한다.

여섯째, 훌륭한 교수자는 동기가 없는 학습자에게 동기를 유발해 준다. 동기가 없는 학습자는 대부분 성취감 경험이 적은 학습자이기 때문에 교수의 적절한 지도가 더해지면 그 성공의 경험을 바탕으로 더 잘하고자 하는 욕구가 생긴다. 따라서 성취감을 맛보게 하려면 해당 학습자의 수준에 맞는 과제를 주는 것이 필요하다. 그런 다음 그 성공에 대해 적절한 칭찬과 격려를 하고 조금 더 높은 수준의 과제를 부여하도록 한다. 그리고 무엇보다 교수자 자신이 열정과 동기를 가진 채 교실에 들어서는 지 질문해 보도록 한다.

일곱째, 훌륭한 교수자는 자신의 역량을 최대한 발휘할 줄 안다. 가르침은 쉬운 일이 아니다. 교육에 대한 책임이 교수자에게 있는 것이다. 교수자가 가진 열정은 교육현장에서 학습자에게 그대로 전달된다.

단순한 미소, 따뜻한 말 한 마디, 진심 어린 칭찬, 그리고 각종 교수 개발 관련 교육에 참여하고자 하는 배움의 자세 등 작은 노력 하나하나가 훌륭하나 교수자가 되도록 하는 자양분이다.

2) 질문기술

훌륭한 교수자는 좋은 질문을 많이 하며, 학습자가 좋은 질문을 하도록 유도할 수 있어야 한다. 교수자는 질문의 상호작용을 통해 주의를 집중시키고, 학습자의 참여를 유도하며 창의적인 사고를 개발하는 것을 도울 수 있다. 질문을 하는 목적은 ① 강의 시간에 배운 내용을 제대로 학습 했는지에 대한 검토, ② 학습자가 모르는 정보에 대한 보완, ③ 학습자가 질문과 대답의 과정을 통해 얻는 다양한 시각, ④ 교수자와 학습자 간의 상호작용이다.

효과적인 질문을 위해서는 질문의 목적이 분명해야 한다. 폐쇄질문('예/아니요'의 단답형 질문)보다는 개방질문이 효과적이다. 개방질문의 장점은 특정한 대답보다는 학습자의 다양한 견해를 유도하기에 적절하며, 학습자 위주의 대답이 가능하다. 또한 "이 문제를 어떻게 풀었습니까?"라는 의문문 형태의 직접질문보다는 "이 문제를 어떻게 해결했는지 궁금합니다."라는 간접질문이 보다 더 자연스러운 대답을 유도할 수 있다. 좋은 질문과 나쁜 질문의 종류는 〈표 4-1〉과 같다.

〈표 4-1〉 좋은 질문과 나쁜 질문의 종류

좋은 질문	나쁜 질문
개방질문	폐쇄질문
간접 질문	직접 질문
단일 질문	이중 질문
간결한 질문	장황한 질문
구체적이고 명료화된 질문	추상적인 질문

출처: 김종표, 이복희(2010), p. 164.

교수자가 질문할 때 피해야 하는 것은 같은 학습자에게 반복적으로 질문을 하지 않고, 학습자가 바로 대답을 하지 않는다고 교수자가 곧바로 대답하지 않아야 하며, 한 번의 질문에 여러 질문을 포함하지 않아야 하고, 어려운 질문의 경우 충분한 시간을 주고, 학습자의 오답에 감정적으로 반응하지 않는 것이다.

5. 교안 작성

효과적인 수업을 위해 강의 교안을 작성하는 것이 중요하며, 학습자의 수요와 요구에 따른 구체적인 강의계획서가 필요하다. 캐롤(Caroll)의 학교학습이론, 블룸(Bloom)의 완전학습, 브루너(Bruner)의 발견학습, 오수벨(Ausubel)의 유의미 학습 등, 많은 학자들이 학습자를 잘 가르치기 위한 학습이론과 이를 수업 시간에 활용하기 위해 교수-학습 지도안, 수업과정안, 수업지도안 등으로 불리기도 하는 일련의 과정을 연구하였다. 학습자를 가르치기 위한 일련의 과정이나 절차 또는 수행해야 할 과제를 순서에 따라 행위별로 정리한 것을 교수 설계라 한다. 이런 교수 설계에 관해 가네(Gagné), 메릴(Merill), 켈러(Keller) 등이 연구를 하였는데, 이 중 가장 많이 알려진 것은 가네의 교수 설계인 수업활동(instructional event)일 것이다. 이 절에서는 가네(1979)의 수업활동 구성요소와 교안 작성 시 유의점 등에 대해 김종표와 이복희(2010)의 정리를 참고하여 살펴보고자 한다.

1) 강의 교안 작성 시 유의사항

교안 작성 시 유의해야 할 5가지 사항은 다음과 같다.

첫째, 구체성이다. 강의할 모든 내용이 강의계획서에 구체적으로 명시되어 있을 때 여유롭고 알찬 강의를 할 수 있다.

둘째, 명확성이다. 교수자가 강의를 하면서 정확하게 알아볼 수 있도록 깨끗하게 작성해야 하며, 글씨 크기나 색깔의 사용도 주의해야 한다.

셋째, 실용성이다. 교안은 교수자가 정한 수업 내용에 맞게 순서대로 작성되어야 한다. 그래야 학습자에게 효과적으로 전달될 수 있다.

넷째, 평이성이다. 학습자의 수준을 고려하여 작성되어야 하며, 명확하게 전달될 수 있는 언어를 사용해야 한다.

다섯째, 논리성이다. 교수자가 전달하는 내용이 체계적인 이론에 바탕이 되어야 하며 객관적으로 작성되어야 한다.

2) 강의 교안 구성 요소

일반적으로 강의 교안은 도입, 전개, 정리의 3단계로 구성된다.

(1) 도입

도입 단계에는 주의 집중, 목표 제시, 선행학습 상기의 활동이 있다. 주의 집중을 위해서는 학습자의 주의를 환기시키면서 흥미를 유발하고, 학습에 집중을 위한 짧은 영상 제시, 날씨나 시사에 관련된 질문 유도, 학습내용 소개를 위한 간단한 자료 제시 등 다양한 방법을 통해 학습자의 집중을 유도한다. 주의를 집중시킬 수 있는 동영상이나 동작, 명언 등을 스팟(spot)이라고 한다. 일찍 온 학습자를 위한 프리 오프닝 스팟, 재미있게 주의를 집중시키는 몰입 기술인 오프닝 스팟과 아이스 브레이킹, 효과적이고 기억에 남는 종료를 위한 클로징 스팟과 팀업 프로그램, 강의 진행 중에 활용할 수 있는 스토리 스팟, 스팟 게임, 퀴즈 스팟, 액션 스팟, 카툰 스팟, 영상 스팟 등이 있다. 스팟의 4가지 요소는 S · P · O · T이다. 첫째, 'short'로, 짧고 간결한 스팟팅으로 시작하라. 둘째, 'paradigm shift'로, 고정관념을 깨고 학습자를 자연스럽게 강의에 몰입하게 하는 스팟을 활용하라. 셋째, 'open minded'로, 스팟의 기본 목표는 참가자의 마음을 여는 것이다. 넷째, 'taste'로, 학습자의 욕구를 자극하는 맛보기 스팟을 적극 활용하라(이영민, 2017).

수업 활동을 통해 달성하게 되는 학습목표는 명확하게 행동적 용어로 기술하며, 이전에 학습한 내용을 되돌아보고, 이번 시간과의 연계성을 갖도록 한다.

(2) 전개

도입 단계에서 제시한 학습목표를 구체적으로 설명하는 단계이다. 전개는 수업의 80% 이상을 차지한다. 수업의 전개 단계에는 학습 자료 제시, 학습 안내 및 지도, 연습과 피드백 제공의 활동이 이루어진다. 교수자의 다양한 교수 방법을 통해 설명이 이루어지지만, 각각의 목표마다 학습활동과 주의집중을 시키는 방법이 함께 이루어져야 한다. 즉, 성인학습자 또한 집중할 수 있는 시간이 길지 않기 때문에 정해진 학습목표를 달성하기 위해서 수업 중간에 집중할 수 있는 상호 보완적인 활동과 교수자의 유머 등으로 주의집중을 시키도록 노력해야 한다. 학습한 내용을 학습자 스스로 실행하고 연습할 기회를 제공해야 하며, 연습한 결과에 대해 검토하고 오류를 교정하는 등의 피드백을 제시한다.

(3) 정리

수업의 마지막 부분으로 학습을 정리하는 시점이다. 요약과 평가/피드백, 파지 및 전이가 이루어지도록 한다. 요약 단계에서는 수업시간에 학습한 내용을 일목요연하게 요약하며, 중요한 부분만 강조하며 설명한다. 평가/피드백 단계에서는 학습자에게 수업에 관련된 수행평가를 하거나 필요한 피드백을 제시한다. 정리 단계에서는 수업시간에 언급하지 않았던 새로운 내용을 설명하지 않도록 주의해야 한다. 또한 학습한 내용이 실제 생활에서 유사한 문제 상황에서도 적용될 수 있도록 일반화 가능성을 증진시키며, 수업이 간결하게 마무리될 수 있도록 끝맺는 것도 중요하다.

[그림 5-1]은 실제로 강의나 수업에 임할 때의 학습지도안의 예시이다. 학습지도안은 대체로 [그림 5-1]과 같은 예시를 따르지만, 학습자나 학습내용, 학습방법에 따라 달라질 수 있다.

일시	년 월 일 ( )교시		수업자	
학습주제				
학습목표				
장소			대상	명
기자재				
지도단계	학습요소	학습 내용과 방법		시간(50분) 유의점
도입	주의 집중			5분
	학습목표 제시			
	선행학습 상기			
전개	학습자료 제시	수업 내용 (교수방법-학습활동 추가)		40분 (10분)
	학습 안내 및 지도			
	연습			
	피드백			
(심화)	소주제	심화활동		
정리	요약/평가			5분
	파지 및 전이			

[그림 5-1] 학습지도안 예시

6. 성인교수 전략

평생학습은 기본적으로 다양한 개인들의 평생에 걸쳐 진행된다. 즉, 전 생애 학습을 의미한다. 성인을 위한 수업활동이라고 해서 기존 형식 교육기관에서의 학습자를 대상으로 했던 교수 전략과 전혀 다른 것을 아닐 것이다. 이 절에서는 앞서 살펴보았던 교수이론을 바탕으로 성인의 학습활동을 위하여 지도 전략을 수업 단계별로 살펴본다.

1) 준비 단계의 지도 전략

준비 단계에서는 일정한 준비 일정표를 작성해서 체계적인 준비를 해 나가는 것이 효과적이다. 이 단계에서는 당일 학습지도 활동을 전개해 나갈 자도안의 편성과 그 확인 작업이 이루어져야 한다(〈표 4-2〉 참조).

〈표 4-2〉 학습지도를 위한 준비사항

구분	점검 · 정비	행정 · 확인	비고
중점 처리 사항	1. 인적 체제의 정비 - 운영 스태프, 확인 - 지도자 · 강사 의뢰 및 연락 2. 역할 분담 - 지도 스태프의 역할 - 운영 스태프의 역할 3. 조건의 정비 - 장소 확보 및 점검 - 재정 확보 상태 점검	1. 홍보 실시를 통한 참여자 모집 2. 참가 준비 - 참가자 명부 및 명찰 - 학습 형태 및 방법 - 학습자료 작성 3. 조건의 확정 및 확인 - 전개안 편성 - 학습환경 확보 및 확인 - 사전 체크리스트 확인	사전 점검 확인 철저

학습지도안의 작성 시 목표, 내용, 방법, 평가의 4가지 요소를 적절하게 고려하여 작성해야 한다([그림 4-1] 참조). 학습지도안 작성의 원리는 목표 설정

의 원리, 내용 편성의 원리, 방법 편성의 원리 등이 있다.

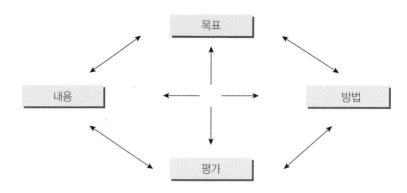

[그림 4-1] 학습지도안의 4가지 요소 간의 작용 관계

2) 실시 단계 지도 전략

실시 단계는 실제로 학습지도 활동이 전개되는 단계로, 학습지도 활동에서 가장 핵심적인 과정이다. 실시 단계에서는 도입, 전개, 심화, 정리 단계에서 각각의 지도 전략이 필요하다.

실시 단계에서의 주요 과업은 〈표 4-3〉과 같다.

〈표 4-3〉 실시 단계에서의 주요 과업

구분	역할 분담 확인	프로그램의 실시	상황 변화에의 대응
중점 처리 사항	1. 지도의 확인 　- 지도자 등 확인 　- 학습자의 실태 파악 2. 운영 스태프의 확인 　- 체크리스트 점검 　- 자원봉사자 확인 3. 학습자 조직 　- 집단 편성 　- 대표자 선정	1. 도입-전개-심화-정리 단계별 시간 배분 2. 실시 단계마다의 반응 파악(지도자, 학습자의 반응) 3. 내용, 방법, 평가 점검 　- 사전 체크리스트 확인	기상 조건 변화, 지도자의 사정, 학습자의 사정, 학습장소의 변화 등에 대한 효과적인 대처활동

실시 단계에서는 도입, 전개, 심화, 정리 단계에서 각각의 지도 전략이 필요하다. 특히, 학습동기 유발을 위한 지도 전략에서는 수행과 활동을 위한 노력을 구분하여 개인의 입력 요인이 행동 산출에 미치는 영향을 도식화하면 [그림 4-2]와 같다.

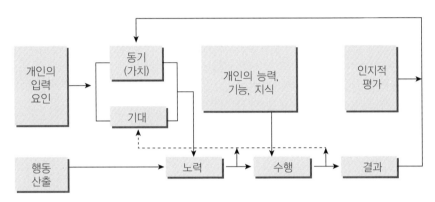

[그림 4-2] 개인의 입력 요인이 행동 산출에 미치는 영향

3) 정리 단계 지도 전략

정리 단계는 이미 실시한 학습지도 활동의 과정 및 결과에 대하여 기록하고 정리·평가·보고하는 단계이다. 학습활동을 실시한 내용을 정확하게 기록하고 정리하여 체계적인 평가를 위한 자료로 활동할 수 있도록 관련 조치

〈표 4-4〉 실시단계에서의 주요 과업

구분	기록	정리	평가
중점 처리 사항	1. 기록, 보고 　- 내용 정리 　- 학습자의 실태 파악 2. 기록의 방법 　- 슬라이드, VTR, 사 　　진, 문서 등	1. 장소, 강의실, 기구, 게 시물 점검·정리 2. 경비의 처리	• 학습 성과 파악 • 평가 실시 및 분석 • 결과 보고

를 취할 필요가 있다.

학습지도 활동과 관련하여 끊임없이 반성적 사고를 할 수 있도록 하는 것이 필요하다. 이와 관련하여 교수자가 취할 수 있는 반성적 질문의 예는 다음과 같다.

반성을 위한 질문들

- 나는 지금 학습자에 대하여 무엇을 아는가? 이 정보는 나의 가르치는 방식에 어떤 영향을 미치고 있는가?
- 나는 학습자에 대하여 어떤 편견을 가지고 있는가? 나는 어떤 성격 유형을 가장 좋아하는가? 가장 싫어하는 성격 유형은 무엇인가?
- 수업에 대한 학습자의 태도와 학과를 다루는 그들의 능력과 관련하여 나는 어떤 점이 사실이라고 가정하고 있는가? 이러한 가정은 나의 가르침에 어떤 영향을 미치는가?
- 나는 어떤 방법으로 학습자의 노력을 후원하고 격려하는가?
- 교수자로서의 나의 역할은 어떤 특징이 있는가?(예, 권위자, 자료제공자, 인도자, 사고확장자, 평가자 등) 이러한 특성이 학습자와의 상호작용에 어떤 영향을 미치는가? 나와 학습자 사이의 이상적인 관계는 무엇이라고 생각하는가? 나는 이러한 기대를 학습자에게 어떻게 알리는가?

📖 학습과제

1. 지금까지의 학습 경험을 바탕으로 자신에게 가장 적합한 공부 방법을 성찰하고, 이를 정리하여 발표한다.

2. 훌륭한 교수자가 되기 위해 필요한 부분을 학습하고, 자신의 경험에서 기억에 남는 교수자에 대해 토론한다.

3. 성인학습자를 대상으로 하는 강의를 위해 하나의 주제를 선택하고, 교수-학습 지도안을 작성해 본다. 이를 기본으로 하여 모의 강의를 실시한다.

❏ 참고문헌

국립국어원(1999). 표준국어대사전. 서울: 두산동아.

권두승(2000). 성인학습지도 방법의 이론과 실제. 경기: 교육과학사.

김정환(2007). 한국교육이야기 백가지. 서울: 박영사.

김종표, 이복희(2010). 평생교육방법론. 경기: 양서원.

류시화 엮음(2006). 살아있는 것은 다 행복하라. 법정 잠언집. 서울: 조화로운 삶.

류시화(2002). 지구별 여행자. 서울: 김영사.

박연호(1994). 조선전기 사대부 교양에 관한 연구. 한국정신문화연구원 한국학대학원 박사학위 논문.

서울대학교 교수학습개발센터(2003). 학습 전략 6: 효과적인 학습을 위한 일곱 가지 전략. http://ctl.snu.ac.kr/news/ebook/learn_06/EBook.htm(2018. 4. 24일 인출).

오천석(1973). 스승. 서울: 배영사.

이영민(2017). 스팟 101 청중의 마음을 사로잡고 두뇌를 깨우는 창의적 액션러닝 교수법 2. 서울: 김영사.

이종각(1994). 교육학 논쟁. 서울: 도서출판 하우.

이한(2000). 탈학교의 상상력. 서울: 삼인.

이희승(1983). 교육자의 길. 서울: 중원문화사.

장삼식(1987). 大漢韓辭典. 서울: 교육서관.

전국교직원노동조합 참교육실천위원회(1999). 학교붕괴. 서울: 푸른나무.

정범모(1968). 교육과 교육학. 서울: 배영사.

정범모(1976). 가치관과 교육. 서울: 배영사.

정우현(1989). 교사론. 서울: 배영사.

정원식(1984). 스승의 길. 서울: 농원문화사.

조벽(2004). 나는 대한민국의 교사다. 서울: 해냄.

한국교육개발원(2003). 교육계 갈등의 본질과 갈등해결방안. 서울: 도서출판 하우.

한준상(1999). 호모 에루디티오. 서울: 학지사.

한준상(2002). 학습학. 서울: 학지사.

한준상(2003). 이교육. 경기: 교육과학사.

한준상(2005). 국가과외. 서울: 학지사.

허예라(2015a). "훌륭한 교수자의 7가지 비밀 병기" 시리즈 네 번째 비밀 병기: 훌륭한 교수자는 가르침에 대한 열정과 동기를 가지고 있다. 한국의학교육, 27(4), 329-330.

허예라(2015b). "훌륭한 교수자의 7가지 비밀 병기" 시리즈 두 번째 비밀 병기: 훌륭한 교수자는 탁월한 수업 운영자이다. 한국의학교육, 27(2), 137-139.

허예라(2015c). "훌륭한 교수자의 7가지 비밀 병기" 시리즈 세 번째 비밀 병기: 훌륭한 교수자는 훌륭한 태도를 지니고 있다. 한국의학교육, 27(3), 227-228.

허예라(2015d). "훌륭한 교수자의 7가지 비밀 병기" 시리즈 첫 번째 비밀 병기: 훌륭한 교수자는 탁월한 계획자이다. 한국의학교육, 27(1), 51-53.

홍성욱(2002). 파놉티콘: 정보사회 정보감옥. 서울: 책세상.

황금중(2004). '마음교육론'의 학문적 성격과 전망. 교육학 연구, 42(4), 1-33.

Breaux, A. L., & Whitaker, T. (2006). *Seven simple secrets: what the BEST teachers know and do.* New York & London: Routledge.

Chomsky, N. (2001). 실패한 교육과 거짓말[*Chomsky on Miseducation*]. (강주원 역). 서울: 도서출판 아침이슬. (원전은 2000년에 출판).

Clouder, C., & Rawson, M. (2006). 아이들이 꿈꾸는 학교[*Waldorf Education*]. (박정화 역). 서울: 양철북. (원전은 2000년에 출판).

Eright, D. J., & de Chickera, E. (1962). *English Critical Texts: William Wordsworth.* London: Oxford University Press.

Flemming, L. E. (2009). *Reading for thinking.* Boston, MA: Wadsworth Publishing.

Freire, P. (2003). 교육과 정치의식[*The politics of education*]. (한준상 역). 서울: 학민사. (원전은 1985년에 출판).

Freire, P. (2000). 프레이리 교사론[*Teachers As Cultural Workers*]. (교육문화연구회 역). 서울: 도서출판 아침이슬. (원전은 1998년에 출판).

Gagné, R. M., & Briggs, L. J. (1979). *Principles of instructional design.* New York: Holt, Rinehart & Winston.

Gatto, J. T. (1999). 학교의 악몽. 민들레 제3호, 72-81.

Ginott, H. G. (2003). 교사와 학생 사이[*Teacher and child: A book for parents and teachers*]. (신홍민 역). 서울: 양철북. (원전은 1972년에 출판).

Levine, E., & Peters, T. (2004). 학교를 넘어선 학교[*One kid at a time: big lessons from a small school*]. (서울시대안교육센터 역). 서울: 도서출판 민들레. (원전은 2001년에 출판).

Reinhartz, J., & Beach, D. M. (2005).교육혁신 리더십: 변하는 학교. 변하는 역할 [*Educational leadership: changing schools, changing roles*]. (김정일, 최은수, 기영화 역). 서울: 아카데미프레스.

Rousseau, J. (1991). 에밀[*Emile*]. (권응호 역). 서울: 홍신문화사. (원전은 1987에 출판).

Sprenger, E. (1976). 천부적인 교사. 김재만 역(2005). 서울: 배영사.

Thich Nhat Hanh (2005). 마음을 멈추고 다만 바라보라[*Touching Peace*]. (류시화 역). 서울: 도서출판 꿈꾸는 돌. (원전은 2002에 출판).

Weinstein, C. E., & Mayer, R. E. (1983). The teaching of learning strategies. *Innovative Abstract*, 5(32), 1-4.

Wilis, P., & Aronowitz, S. (2004). 학교와 계급 재생산-반학교문화, 일상, 저항[*Learning to Labor: How Working Class Kids Get Working Class Jobs*]. (김찬호 역). 서울: 이매진. (원전은 1981에 출판).

제5장
평생교육자의 역할

　평생교육자는 평생교육현장에서 리더로서 역할을 하는 사람을 말한다. 평생교육자에는 가장 대표적인 것이 평생교육의 전문직인 평생교육사를 들 수 있다. 그리고 평생교육 프로그램을 강의 또는 진행하는 강사를 말한다. 이뿐만 아니라 평생교육이 점점 활성화되면서 평생교육 분야의 리더가 증가하고 있다. 주로 평생교육현장에서 실천하는 리더가 다양한 형태로 변화되고 생성되는 것을 알 수 있다. 이들을 평생학습상담사, 평생학습 매니저, 평생학습 마을리더, 평생학습 코디네이터, 평생학습 서포터즈 등 다양한 명칭으로 불리고 있다.

　이 장에서는 평생교육지도자의 개념, 평생교육자의 역할, 평생교육자의 리더십에 대해 살펴보고자 한다. 특히 평생교육자 중에 프로그램을 운영하면서 학습자에게 가장 많은 영향을 미치는 평생교육 강사의 역량 강화를 위한 자기 계발 영역을 알아보고자 한다. 그리고 평생학습 시대에 전문직인 평생교육사 자격 취득방법과 직무에 대해 구체적으로 살펴보고자 한다.

학습목표

1. 평생교육자의 개념과 유형을 분석할 수 있다.

2. 평생교육 프로그램을 강의하는 평생교육 강사의 자기 계발을 위한 방법을 설명할 수 있다.

3. 평생학습 시대에 전문직으로서의 평생교육사 자격 취득 방법과 직무에 대해 설명할 수 있다.

✳ <u>주요용어</u>

평생교육자, 평생교육 강사, 평생교육리더, 평생교육사

1. 평생교육자의 개념

1) 평생교육자의 명칭

각국의 평생교육자의 명칭은 다음과 같이 다양하게 불리고 있다(교육부, 2000; 김진화, 2012).

- 미국: 성인교육자(adult educator), 계속교육자(continuing educator)
- 영국: 평생학습매니저(lifelong learning manager), 학습지원매니저 (learning supports manager), 평생교육자(lifelong educator)
- 독일: 성인교육자, 계속교육교사(weiterbildungslehrer)
- 일본: 사회교육지도자
- 한국: 평생교육지도자, 성인교육자, 평생교육담당자, 평생교육 실무담 당자 등

영미권에서 사용되고 있는 평생교육자와 우리나라에서 사용되고 있는 평생교육사의 역할과 의미를 볼 때, 지식정보사회에서 현대인이 평생학습을 생활화하고 전략화하도록 촉진하는 전문직업인이라는 공통점을 지녔으므로 평생교육실천가와 함께 통합적으로 지칭할 수 있는 용어라 할 수 있다. 즉, 평생교육사와 평생교육자는 같은 대상을 지칭한다고 할 수 있다(백수정, 2013).

2) 우리나라 평생교육지도자의 명칭 변화 과정

우리나라에서 미군정기에 성인교육지도자로 불리다가 1982년 「사회교육법」이 제정되고 사회교육자로 사회교육전문요원으로 바뀌었다. 1999년 「사회교육법」이 「평생교육법」으로 변경된 이후 평생교육사로 명칭이 변경되었

다. 2001년 평생학습도시 선정된 후 지방자치단체에서 평생교육사를 채용하기 시작하면서부터 평생교육사라는 명칭이 널리 알려지게 되었다. 평생학습도시를 중심으로 평생교육이 점점 확산되면서 새로운 교육 패러다임의 형성과 실천 분야가 생겨나게 되었다. 따라서 다양한 평생교육 실천가들이 양성되면서 평생교육사가 평생교육지도자는 평생교육사로 인식하였던 사고의 전환이 일어났다. 평생교육 위원, 평생교육 강사, 문해교사, 행복학습매니저, 학습코디네이터, 평생학습상담사, 평생학습마을리더 등 다양한 평생교육지도자의 명칭이 생성되고 있다.

3) 평생교육자의 구분

(1) 우리나라 평생교육자의 구분

우리나라에서는 평생교육자를 평생교육사와 평생교육지도자로 구분하고 있다.

- **평생교육사**: 제도적 차원에서 국가로부터 자격증을 부여받은 자로 평생교육 프로그램에 대한 요구분석, 개발, 운영, 평가, 컨설팅과 학습자 상담 및 교수 등을 수행하는 평생교육 전문가를 말한다.
- **평생교육지도자**: 평생교육 현장에서 다양한 영역에서 평생교육을 실천하는 평생교육지도자가 활동하고 있다. 평생교육 분야에서 강의를 담당하고 있는 평생교육 강사를 비롯하여 평생학습 매니저, 평생학습 상담사, 평생학습 코디네이터, 평생학습 서포터즈, 평생학습 활동가 등의 다양한 명칭으로 활동하고 있다.

(2) 놀스의 평생교육자 구분

놀스(Knowles, 1980)는 수행하는 역할과 기능에 따라 성인을 대상으로 하는 평생교육자를 다음의 세 단계로 구분하였다.

- 첫 번째 단계: 교사, 집단 리더, 업무 관리자 등이다. 성인학습자와 대면하여 직접 가르치는 집단이다. 이들은 학습에 대한 요구 파악, 학습계획 수립, 학습하고자 하는 조건 형성, 최적의 학습방법론 선택, 학습을 위한 자원 제공, 학습결과 평가 등을 한다.
- 두 번째 단계: 위원회 회장, 훈련 기획자, 야간 학교 총장 등이다. 이들은 프로그램 디렉터 단계를 담당한다. 이 단계의 교육자는 개인, 기관, 사회적 수준의 요구를 파악한다. 이들은 효과적인 평생교육 프로그램 운영을 위해 조직구조를 변경하며, 교육 프로그램의 목표를 설정하고, 교육에 소요되는 제반 환경 관리, 프로그램 효과성 등을 평가한다.
- 세 번째 단계: 평생교육 운영자이다. 가장 상위의 수준은 프로 리더십의 단계이다. 새로운 지식과 신기술을 개발하고 재료를 준비하여 성인학습자를 교육함에 있어서 교육자의 권위를 지양하고 학습자의 성장과 발달을 촉진한다. 성인학습자를 대상으로 그들의 학습욕구를 충족시키기 위해 교육 프로그램을 기획·개발하고 전달한다. 평생교육기관에 교육 프로그램의 바람직한 방향을 제시하고 효과적으로 운영하도록 지원하고 평생교육을 실시하는 사람이다. 이들은 성인학습자의 학습을 촉진하고, 학습자와 활발한 상호작용을 통해 학습자가 학습목표를 달성해 나갈 수 있도록 지원한다.

4) 평생교육자의 유형

로저스(Rogers, 1998)는 평생교육자가 성인학습자를 대하는 접근 유형을 두 가지로 제시하였다. 첫 번째 유형은 학습자에게 전통적 규범에 따르는 준수자(conformist)가 될 것을 강조하는 것이며, 두 번째 유형은 자기주도적인 독립된 해방자(liberator)가 되도록 촉진하는 것이다. 이 분류는 학습자가 학습의 주도권을 갖는 독립적인 학습자로 성장하도록 촉진하는 것이 평생교육자의 진정한 역할이라는 점을 강조한다. 성인학습자의 교육을 담당하는 평생교육자의 유형은 〈표 5-1〉과 같다(최운실 , 송성숙, 박수정, 2017).

〈표 5-1〉 성인학습자의 교육을 담당하는 평생교육자 유형

학습 관련 요소	준수자: 학습자를 교수자에게 동조시키는 평생교육자	해방자: 학습자를 독립적으로 성장시키는 평생교육자
알고자 하는 진리	학습자는 이미 알려져 있는 진리를 학습해야 한다.	진리는 아직 알려져 있지 않으며, 가장 옳은 행동방식도 존재하지 않는다.
학습의 주도권	학습자는 스스로 학습을 추진하지 못하며, 교수자가 학습의 주도권을 갖는다.	인간은 고유의 잠재적 학습능력을 갖고 있으며, 학습자가 학습의 주도권을 갖는다.
학습방법	학습은 제시된 것을 통해 얻는 것이다.	가장 의미 있는 학습은 직접 경험해 보는 것이다.
학습자료	교수 자료는 교수자나 학습자와 관계없이 이미 독립적으로 존재한다.	학습자가 자신의 학습목표와 관련된 주제를 다룰 때 의미 있는 학습이 된다.
지식획득 수단	지식은 학습자 스스로 얻을 수 없으므로 교수자가 학습자에게 지식을 전달해야 한다.	지식은 전달되는 것이 아니라 학습자 스스로 창조하는 것이다.
교육과정	교육과정은 사실적인 지식을 축적한 것이다.	학습에는 정해진 순서가 없으며, 학습자는 자신의 방식대로 학습 자료를 조직할 수 있다.
학습 참여도	수동적인 학습자가 좋은 시민을 만든다.	학습 과정에 대한 적극적 참여가 창의적 학습을 가능하게 한다.
평가	교수자가 학습자의 학습과정을 평가한다.	타인의 평가보다 자기평가를 통해 학습 성취도가 높아진다.
학습 영역	인지학습이 가장 중요하다.	학습에는 지성과 감성 등 인간의 모든 측면이 포함된다.
학습 경험	학습은 반복될 필요 없는 한 번의 경험이다.	현대사회에서 가장 유용한 학습은 '학습하는 방법'을 배우는 것이다. 교육의 목적은 경험에 의한 개방성을 키우고 변화 과정을 통합하는 것이다.

출처: Rogers (1998): 최운실, 송성숙, 박수정(2017)에서 재인용.

2. 평생교육자의 역할

평생교육이 확대되면서 평생교육 수요자의 요구를 충족시키고 시민의 평생학습 참여를 촉진하기 위한 평생교육자의 역할이 중요해지고 있다. 점점 다양해지는 평생교육자의 역량을 강화할 수 있도록 주도하는 대상자에 따라 타자주도적, 자기주도적, 상호주도적에 따라 분류하여 살펴보면 다음과 같다(기영화, 2012; 김종표 외, 2013; 서명환 외, 2016; 엄미란, 2010; 최운실 외, 2017).

1) 타자주도적 평생교육자의 역할

타자주도적 평생교육자로서 역할은 행동주의이론에 근거하고 있으며, 전문가, 기획자, 강사 등이 있다.

(1) 전문가

평생교육자는 강의나 시범, 실습 등 성인학습자의 학습활동을 지원하는데 필요한 전문적인 지식과 기술을 보유하고 있어야 한다. 전문가로서 역할은 학습자의 경험이 부족하거나 학습내용이 학습자에게 새로운 것일 때, 시간이 부족하여 단기간 내에 학습을 해야 할 때, 전문지식의 전달이 중심교육내용일 때 효과적이다. 전문가로서 평생교육자의 역할은 대체로 강의 중심의 교육에서 이루어진다. 학습자와 원활한 상호작용을 통해 학습자가 학습활동에 적극적으로 참여할 수 있는 학습 환경을 조성해야 한다.

(2) 기획자

평생교육자의 역할은 교육과정에 필요한 자료를 선택하고 취합하며 교육과정을 준비한다. 프로그램 개발을 위해 학습내용을 결정하거나 혹은 워크숍 의제를 작성할 때 요구되는 역할이다. 평생교육자가 기획자로서 학습과 관련한 모든 결정권을 가지게 될 때 학습자의 관심도나 요구를 파악하고, 경험 및 학습자의 여건에 대한 인지 및 평가에 대한 공정성을 간과해서는 안 된다. 학습자가 학습내용에 친숙하지 않거나, 계획된 학습에 대한 경험이 없거나, 시간이 부족할 때는 기획자로서 평생교육자의 역할이 효과를 거두기 어렵다.

(3) 강사

강사로서 평생교육자는 전문가, 공식적인 교수자의 역할을 한다. 강사의 역할은 학습 경험 결정, 학습 과정 구성, 피드백과 가이드 제공, 학습내용에 대한 설명, 과제 부여, 학습자 평가 등의 내용을 포함하며 실제 학습 현장에서 학습자의 '학습 경험' 전체를 총괄한다. 강사로서 평생교육자의 역할이 효과적인 경우는 프로그램이 훈련이나 특수한 기술과 관련된 목표를 가질 때이다.

2) 자기주도적 성인교육자의 역할

자기주도적 성인교육자로서 역할은 학습관리자, 촉진자, 자원가 등이 있다.

(1) 학습관리자

학습자를 파악하여 요구에 맞는 지원을 위해 학습자 현황 데이터베이스를 구축한다. 평생교육자는 학습자가 참여하는 평생교육 프로그램의 진행 상황을 파악하고, 참여 결과를 기록하며, 학습자의 요구 및 성장·발전과 관련된 평생교육 프로그램을 안내한다. 평생교육자가 수행하고 있는 학습자 명부 관리와 출석 상황, 학습 상황의 기록, 시간, 장소의 설정과 기록 등의 일상적인 일이 학습관리자의 역할에 포함된다.

(2) 촉진자

평생교육자의 역할은 학습이 보다 용이하게 진행될 수 있도록 이끄는 역할을 의미하며, 학습자에 대한 조력을 강조한다. 촉진자의 역할은 인본주의 이론에 기반을 두고 있으며, 자기주도학습의 경험이 없는 학습자에게는 비효과적일 수 있다. 촉진자는 아동교육 중심의 페다고지 패러다임에서 성인이 자기주도적으로 학습이 이루어질 수 있도록 촉진하는 역할을 제시하기 위해 사용되는 대표적인 용어이다. 촉진자는 조력자의 역할이므로 학습자의 현실적 요구가 있다 하더라도 학습자가 가지고 있는 배경, 경험 및 가치를 넘어서는 교육을 진행하는 것이 용이하지 않다. 촉진자의 역할은 학습자가 특정한 기술을 습득하거나 기초적인 지식을 얻고자 할 때에는 적절하지 않다.

(3) 자원가

평생교육자가 학습과정에 필요한 각종 자원 혹은 자료와 정보를 제공하는 역할이다. 학습자에 대한 영향력은 촉진자 역할보다는 약하다. 자원가(resource-person role)로서 역할은 학습자가 원하는 것을 정확히 알고, 학습의 목표가 개인의 요구와 결합되어야 효과를 발휘할 수 있다.

3) 상호주도적 성인교육자의 역할

상호주도적 성인교육자로서의 역할에는 역할모델, 멘토, 학습동반자, 개혁가, 반추적 실천가, 연구조사자 등이 있다.

(1) 역할모델

역할모델로서 평생교육자의 역할은 학습자가 학습 과정에서 받은 영향력의 정도와 성격을 선택할 수 있다는 가정에서 출발한다. 역할모델은 평생교육자와 학습자에 의한 상호주도적인 방법에 적합하고 모델링은 지식, 가치, 태도, 기술과 같은 모든 종류의 학습에 사용될 수 있다. 평생교육자가 학습자의 삶에서 중요한 인물이라고 판단되면 모델링이 활발하게 일어나고 학습이 보다 빠르게 진전된다. 모델링은 학습자와 평생교육자가 의식하지 못하는 사이에 일어날 수 있고, 학습자가 가지고 있는 가치체계를 통해 학습을 촉진한다. 모델이 너무 완벽하면 모델 역할의 효과성이 떨어질 수 있으며, 학습자가 외향적인 성격을 가지고 있을 때 모델링은 더욱 활발히 일어난다.

(2) 멘토

공식적인 평생교육자라기보다는 '충실한 친구이며 조언자'로서의 역할을 가지며, 지속적이고 장기적인 상호작용을 통해 학습기회를 제공한다. 멘토의 역할은 '교육자와 학습자'라고 하는 개별의 관계에서 출발하여 멘티의 현재 학습요구에 부응할 뿐만 아니라 교육자-학습자 쌍방이 선택한 방향으로 향할 수 있도록 학습자와 함께 학습해 나가는 것이다. 멘토링은 비공식적인 학습 장면 등에서 활발하게 나타나고 있으며, 최근에는 기업이나 대학교육에서 이 제도를 도입하여 학습효과를 증대시키고 있다.

(3) 학습동반자

학습자와 교육자가 서로 배우고 가르치는 학습동반자의 역할을 한다는 의미이다. 학습동반자로서 평생교육자의 역할은 성인학습자에게 기본적인 철학적 원리를 제공하며, 특정한 상황에서 의도적으로 선택되며, 학습조직에서 주로 활용된다. 평생교육자는 학습동반자로서 집단의 다른 구성원과 동등한 책임과 원리를 공유하고 리더십을 배분하며 학습자와 상호작용하며 목적과 목표를 만들어 나간다. 지역사회 활동이나 근로자 교육, 컨퍼런스, 네트워크, 활동 프로젝트 등에 적합하다.

학습동반자로서의 평생교육자 역할 시 유의할 점은 다음과 같다.

- 의존적인 학습자나 낮은 수준의 자기주도성을 지닌 학습자는 좌절하기 쉽다.

- 많은 노력과 시간의 소요가 필요하다.
- 비공식적인 학습 상황, 즉 모든 참여자가 동등한 권리 혹은 관심사를 가지는 학습 상황에서 효과적이다.
- 교육자와 학습자 간의 상호작용이 가능하려면, 학습자는 자기주도적이어야 하고 상호 신뢰와 편안함이 전제되어 있어야 한다.

(4) 개혁가

개혁가로서 평생교육자는 문제제기, 도전, 의식의 고양, 전환 등과 같은 기법을 활용하여 저널쓰기, 역할극, 자유연상, 브레인스토밍 등을 통해 자아성찰을 이끌어 낸다. 개혁가의 역할에 있어서 평생교육자는 주입과 전환의 개념을 명확히 구분해야 한다. 학습자의 문제와 그들의 선택을 명확하게 이해하고 경험을 올바로 해석하도록 이끌어야 한다.

(5) 반추적 실천가

반추적 실천가로서 평생교육자의 역할은 실천에 대한 검토와 문제 제기가 이루어질 수 있어야 한다. 평생교육을 수행할 경험이나 가치가 요구되며, 실천에 대한 지속적인 발전과 개선 노력이 필요하다. 특수한 교육적 상황의 이면에 숨어 있는 교육적 원리를 인식해야 하며, 이러한 인식은 실천에 대한 이론의 지속적인 성찰이 요구되는 어려움이 있다. 반추적 실천가는 집단 속에서 꾸준히 참여하며, 실천의 철학적 원리를 발전시켜 나가야 한다.

(6) 연구조사자

연구조사자로서 평생교육자의 역할은 학습자와 교수자의 행동과 반응, 환경적 특징을 체계적으로 관찰하고 각각의 관찰 결과에 대한 가설을 설정하고 검증해야 한다. 관찰에 근거한 가설의 기각 여부를 결정하고 규칙과 원리를 형성하여 실천에 대한 이론이나 설명을 정교화하여 이론을 개발해야 한다. 분석 자료는 집단활동 기록 자료와 학습자 보고서, 프로젝트, 저널, 학습계약서, 평가 기록, 협의 사항과 활동을 기록하는 것이다. 연구조사자로서 평생교육자는 연구결과를 일반화시킬 때 항상 주의를 기울여야 한다.

지금까지 살펴본 성인학습의 3가지 유형에 따른 교수자의 역할 변화 관계는 [그림 5-1]과 같다.

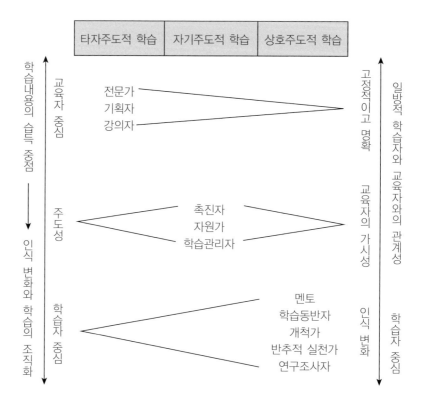

[그림 5-1] 성인학습의 3가지 유형에 따른 교수자의 역할 변화 관계

출처: 서명한 외(2016).

학습에 있어서 상호지향적인 접근은 학습자에게 그들의 생각을 명확하게 해 주고 관심의 지평을 넓혀 주며 책임감을 심어주는 것을 의미하며, 평생교육자는 중립적인 역할을 유지해야 한다.

3. 평생교육자의 자질과 능력

1) 평생교육자의 자질

최적의 교육환경과 학습경험을 설계하고 이를 효과적으로 전달할 수 있는 이론적 기초는 물론 교육과정 전문가로서 숙달된 지식과 기술 및 평가를 할 수 있는 평생교육자로서의 자질이 요구된다. 또한 학습과정에서 활발한 상호작용이 일어나도록 격려하면서 자기주도 학습을 촉진하는 역할도 중요하게 부각되고 있다. 따라서 평생교육자는 학문적 능력은 물론 실천적 역량을 겸비한 전문가로서의 자질이 요구된다. 여기서는 놀스(Knowles), 녹스(Knox), 메지로우(Mezirow)가 제시하는 평생교육자의 자질에 대해 알아보도록 하겠다.

(1) 놀스의 평생교육자의 자질

놀스(1989)는 평생교육자의 자질을 학습촉진자로서의 자질, 프로그램 개발자로서의 자질, 행정가로서 자질 등으로 나누어 설명하였으며, 구체적인 내용은 다음과 같다(신용주, 2012; 차갑부, 2002; 최운실 외, 2017).

① 학습촉진자로서의 자질

첫째, 성인학습의 이론적 기초에 관한 숙달능력이 요구된다. 성인학습자의 욕구·능력 및 발달적 특성을 이해하고 이를 학습에 적용하는 능력 및 청소년과 성인에 대한 가정의 차이가 교수활동에 시사하는 바를 기술하는 능력을 말한다. 구체적으로 살펴보면, 성인학습이론을 이해하고 이를 학습 상황에 관련지어 활용하는 능력, 성인학습자의 학습 경험을 고안하고 실천하는 능력이 요구된다. 성인학습자들 간의 개인차를 고려하여 목표를 세우고 학습 경험을 설계하는 능력, 학습자가 스스로 학습욕구를 진단하고 목표를 설정하여 학습에 참여하도록 권장하는 능력, 상호 존중과 신뢰에 기초하여 개방적인 분위기를 형성하고 성인학습자와 온정적이고 촉진적인 관계를 형성하는 능력을 말한다.

둘째, 학습자의 주도성을 증진하는 능력이 요구된다. 교수자 주도 학습과 자기주도학습의 차이점을 설명할 수 있는 능력, 평생교육자 자신이 직접적인 행동을 통해 학습자에게 자기주도적인 학습의 모델링이 가능하도록 하는 능력을 말한다.

셋째, 교육 방법 · 기법 및 자료 선정과 관련된 능력이 요구된다. 학습의 촉진을 위하여 이용 가능한 학습 자원 및 자료의 범위를 파악하는 능력과 교육목표의 선정 및 교육 결과의 도출을 위해 적절한 교육 방법 · 기법 및 자료 선정에 필요한 근거를 제공하는 능력, 학습자들의 다양한 경험을 효율적으로 활용하며 집단 역학(group dynamics)과 소집단 토론 기법을 효과적으로 활용하는 능력을 말한다.

② 프로그램 개발자로서의 자질

프로그램 기획 능력이 요구된다. 프로그램 욕구 측정, 목표 설정, 프로그램 설계, 실행 및 평가에 이르는 전 과정을 기획할 수 있는 능력 및 프로그램 기획 과정에 학습자를 참여시킬 수 있는 능력, 개인 및 조직의 욕구를 위한 도구나 절차를 개발하고 체제 분석 전략을 통해 프로그램을 기획하는 능력, 프로그램 설계 및 실행 능력, 상황 및 환경 분석에 따라 프로그램을 설계하고, 조사 자료를 활용하여 프로그램을 개발하는 능력, 일정이나 자원에 따라 창조적으로 프로그램을 설계하는 능력, 자문이나 특별위원회 등을 효과적으로 활용하는 능력, 기관의 책무성을 충족시키고 프로그램 개선을 위한 평가계획의 수립 및 실행 능력을 말한다.

③ 행정가로서의 자질

첫째, 조직을 발전시키고 유지하는 능력이 요구된다. 조직 운영의 개선을 위하여 다양한 이론 및 연구결과를 이해하고 적용하는 능력, 행정가로서 개인 철학을 확립하고 이를 다양한 상황에 적용할 수 있는 능력, 정의를 구현하는 정책을 수립하는 능력, 조직의 효율성을 평가하여 지속적인 발전을 도모하는 능력을 말한다. 또한 책임 및 의사결정 권한을 타인과 공유하면서 효과적으로 행사하는 능력, 조직구성원의 업무수행 능력을 평가하는 능력, 성인교육 관련 법규 및 정책을 분석 · 해석 · 활용하는 능력도 포함된다.

둘째, 프로그램 실행자로서의 능력이 요구된다. 예산의 범위 내에서 프로그램을 실행하고 재정 계획 및 절차를 검토하는 능력, 정책입안자에게 평생교육의 바람직한 접근방법에 대해 효과적으로 설득하는 능력, 효과적인 홍보전략을 설계하고 활용하는 능력을 말한다. 제안서(proposal)를 개발하고 이를 위한 재정 지원 방안을 마련하는 능력, 혁신적 프로그램을 시행하고 이를 객관적으로 평가하는 능력이 요구된다.

(2) 녹스의 평생교육자의 자질

녹스(1979)는 평생교육자로서 요구되는 자질을 평생교육 영역 전반에 대한 인식, 성인학습자와 평생학습에 대한 인식, 관계를 통한 창의적 실천 등 세 가지 영역에서 숙달되어야 한다고 보았다.

첫째, 평생교육 영역 전반에 대한 인식할 수 있는 능력이 요구된다. 평생교육 기관 및 조직, 평생교육 관련 사회적 추세 및 쟁점에 대해 이해할 수 있는 능력, 인사, 조직, 자원 등 유용한 자료에 대한 파악과 해석에 대한 능력을 말한다.

둘째, 성인학습자와 평생학습에 대해 인식할 수 있는 능력이 요구된다. 성인학습자에 대한 이해, 성인의 생애주기 및 평생교육 참여 동기에 대한 이해, 성인의 학습방법 및 학습환경에 대한 이해할 수 있는 능력을 말한다.

셋째, 관계를 통한 창의적 실천에 대해 숙달된 능력이 요구된다. 교수자의 다양한 배경과 전문성을 평생교육 실천에 적용하는 능력, 행정가, 교수자, 상담자, 프로그램 개발자 및 자원 인사로서 성인학습 지원 능력을 말한다.

(3) 메지로우의 평생교육자의 자질

메지로우(2006)는 평생교육자가 갖추어야 할 핵심적인 자질에 대해 다음과 같이 세 가지로 설명하였다.

- 성인학습자에게 학습이 일어나도록 지원하는 것
- 성인학습자의 비판적 사고를 촉진하는 것
- 성인학습자가 학습한 내용을 스스로 경험하도록 하는 것

2) 평생교육자(강사)의 능력

평생교육자 중에서도 평생교육 프로그램을 강의하는 교수자는 프로그램의 질을 높일 수 있기 위해서는 전문 지식을 갖고 있어야 하며, 위기 상황 및 변화에 대처할 수 있어야 한다. 또한 무엇보다도 열정이 중요하며, 좋은 인간관계를 갖고, 학습자를 존중하며 성실하게 대해야 한다. 이를 자세히 살펴보면 다음과 같다.

- 전문 지식: 강사는 강의 내용에 대해서 충분한 지식을 가지고 있어야 한다. 이야기할 내용을 가지고 있을 뿐 아니라 그것을 바르게 전달하는 기술적인 능력도 갖추고 있어야 한다. 학습자에게 무엇인가 유익한 것을 줄 수 있어야 한다. 교수자는 '강의 내용을 충실하게 준비했는가?' '강의 체계 구성은 잘되었는가?' '얼마만큼 잘 이해시킬 능력이 있는가?' 등을 점검해야 한다. 목소리가 변화 없이 한결같다거나 강의기법에 변함이 없으면, 학습자는 지루함을 느끼며 주의집중을 할 수 없으므로 목소리를 조절하고 다양한 강의기법을 활용해야 한다. 강의는 체계적인 내용으로 구성이 되어야 하는데, 체계적이지 못하면 횡설수설하는 강의로 끝나고 만다.
- 위기 상황 및 변화에의 적응: 실제 강의를 할 때는 예측하지 못한 여러 일

들이 일어날 수 있기 때문에 변화에 잘 적응할 수 있어야 한다. 예상하지 못한 질문을 하는 학습자의 질문에 대응할 수 있어야 한다. 기자재가 갑자기 문제를 일으키는 상황이 생길 수도 있으므로 이에 대한 대응력이 있어야 한다. 어떠한 돌발적인 사건에 대해서도 자연스럽게 잘 대처할 수 있는 임기응변의 대처능력이 있어야 한다.

• 교수자의 열정: 열정을 갖고 강의를 해야 한다. 교수자의 열정은 학습자에게 전이되어 성취 의욕을 불러일으킬 수 있게 된다. 교수자는 어떤 힘든 상황에서도 자기 관리를 철저히 하여 열정을 잃지 않도록 해야 한다.

• 좋은 인간관계: 교수자는 학습자와의 친화적인 관계를 형성하기 위해 노력해야 한다. 기술이 뛰어나고 지식이 많다고 해도 인간적이지 않으면 교수자와 학습자 사이에 친밀감이 생기지 않는다. 교수자는 강의실의 분위기를 활발하게 조성하기 위해 원만한 인간관계를 갖고 있어야 한다.

• 교수자의 태도: 교수자는 강의실에서는 항상 모든 학습자를 동등하게 대하여야 한다. 학습자를 존중하는 태도를 갖고, 공적인 강의 중에는 존대어를 써야 한다. 교수자는 나와 다른 의견을 인정할 수 있는 유연한 사고를 가지고 있어야 한다. 교탁에 기대거나 앉아서 강의를 하는 것은 바람직하지 않으며, 똑바른 자세로 학습자의 눈을 보며 예의를 갖춰 학습자를 대해야 한다. 그리고 수업 중에 핸드폰을 받지 않고, 실수한 부분은 인정할 줄 알아야 한다. 학습자는 진솔한 교수자를 신뢰한다.

4. 평생교육사의 자격과 직무

1) 평생교육사 자격(국가평생교육진흥원)

(1) 평생교육사 자격제도 변천 과정
1982년 「사회교육법」에 따른 '사회교육전문요원'은 1999년 새로 개정된

「평생교육법」을 통해 '평생교육사'로 개칭되었다. 1986년부터 양성되기 시작한 사회교육전문요원은 채용과 취업에서 평생교육기관의 의무로 규정이 마련되어 있지 않아 사장된 것이나 다름없었다. 평생교육은 고도의 전문성을 겸비한 전문가의 필요성이 제기된 데는 연령과 수준, 배경에서 상이한 성인을 대상으로 하는 평생교육이 고난도의 교수기법을 필요로 하기 때문이다.

〈표 5-2〉 평생교육사 자격제도의 변천 과정

관계법령	법규의 변화	주요 내용
사회교육법	「사회교육법」 제정 (1982. 12. 31.)	• 사회교육전문요원 제도의 기초 • 사회교육전문요원 배치 규정 마련
(구) 평생교육법	「평생교육법」 전부개정 (1999. 8. 31.)	• 평생교육사 자격증 명칭 변경(사회교육전문요원 → 평생교육사) • 평생교육사 배치 규정 마련
	「평생교육법 시행령」 전부개정(2000. 3. 13.)	• 평생교육사 등급별 자격요건에 따른 평생교육사 명칭의 자격증 발급
	「평생교육법 시행규칙」 제정(2000. 3. 31.)	• 평생교육사 자격취득 관련 교과목 개정(사회교육학의 영역→평생교육 관련 과목)
(개정) 평생교육법	「평생교육법」 전부개정 (2007. 12. 14.)	• 평생교육사 자격제도의 정비(학점 수/시간 증가, 교과목 개정) • 평생교육사 1·2급 승급과정 시행 • 대상기관별 평생교육사 배치 규정 개정
	「평생교육법 시행령」 전부개정(2008. 2. 14.)	• 평생교육사 등급별 자격기준 조정(평생교육 관련 전공 박사학위 취득자의 1급 자격기준 삭제)
	「평생교육법 시행규칙」 전부개정(2008. 2. 18.)	• 평생교육 현장실습 강화(3주 → 4주)
	「평생교육법」 전부개정(2013. 5. 22.)	• 평생교육사 자격증 발급 권한을 교육부 장관 명의로 일원화(국가평생교육진흥원 위탁)

출처: 국가평생교육진흥원(www.nile.or.kr).

'평생교육사'는 평생교육 기관이나 단체 또는 시설에서 평생교육의 목표
가 효과적으로 달성되도록 관련된 사람들과 더불어 일하면서 그들에게 영
향력을 발휘하여 자기가 소속된 평생교육 기관이나 시설을 계속 유지·발
전시키는 직무이다. 평생교육사란 교육부장관이 평생교육의 기획·진행·
분석·평가 및 교수업무의 전문적 수행을 위하여 일정 자격을 갖춘 사람
에게 부여하는 국가자격증을 취득한 자를 말한다(「평생교육법」 제24조, 시행
2017. 5. 29.).

(2) 평생교육사 양성 현황

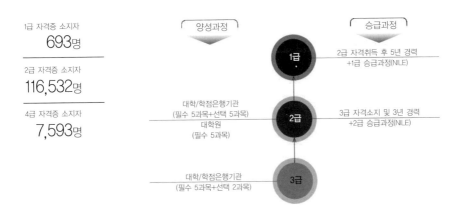

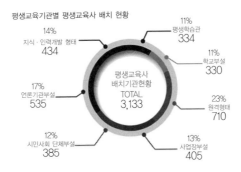

[그림 5-2] 우리나라 평생교육사 양성 현황

출처: 국가평생교육진흥원(www.nile.or.kr).

(3) 평생교육사 자격 제도

① 평생교육사 이수과정

평생교육사 자격제도는 양성과정과 승급과정으로 운영되며, 1 · 2 · 3급으로 구분된다([그림 5-3] 참조). 양성과정은 대학, 대학원, 학점은행기관에서 운영하며, 승급과정은 국가평생교육진흥원에서 운영한다. 평생교육사 이수과정은 「평생교육법」 제24조와 「평생교육법 시행령」 제16조~제18조에 따른다.

- 승급과정: 일정 자격요건을 갖춘 평생교육사 자격증 소지자가 상위 급수로 승급하기 위해 이수하는 연수과정(1급 승급과정, 2급 승급과정)
- 양성과정: 대학, 학점은행기관 등 평생교육사 양성기관에서 운영하는 관련 과목을 이수하여 일정 학점 이상 취득하는 과정(2급, 3급 진입 가능)

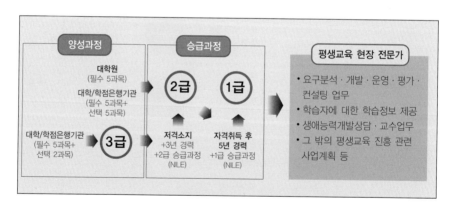

[그림 5-3] 평생교육사 이수과정

출처: 국가평생교육진흥원(www.nile.or.kr).

② 평생교육사 등급별 자격기준

평생교육사의 등급별 자격기준은 〈표 5-3〉과 같다.

〈표 5-3〉 평생교육사 등급별 자격기준

등급	자격 기준
1급	평생교육사 2급 자격증을 취득한 후, 교육부장관이 정하는 평생교육과 관련된 업무 (이하 "관련업무"라 한다)에 5년 이상 종사한 경력이 있는 자로서 진흥원장이 운영하는 평생교육사 1급 승급과정을 이수한 자
2급	1.「고등교육법」제29조 및 제30조에 따른 대학원에서 교육부령으로 정하는 평생교육과 관련된 과목(이하 "관련과목"이라 한다) 중 필수과목을 15학점 이상 이수하고 석사 또는 박사학위를 취득한 자. 다만,「고등교육법」제2조에 따른 학교(이하 "대학"이라 한다)에서 필수과목을 이수한 경우에는 선택과목으로 필수과목 학점을 대체할 수 있다. 2. 대학 또는 이와 같은 수준 이상의 학력을 인정할 수 있는 기관,「학점인정 등에 관한 법률」에 따라 평가인정을 받은 학습과정을 운영하는 교육훈련기관(이하 "학점은행기관"이라 한다)에서 관련과목을 30학점 이상 이수하고 학위를 취득한 자 3. 대학을 졸업한 자 또는 이와 같은 수준 이상의 학력이 있다고 인정되는 자로서 다음 각 목의 어느 하나에 해당하는 기관에서 관련과목을 30학점 이상 이수한 자 　가. 대학 또는 이와 같은 수준 이상의 학력을 인정할 수 있는 기관 　나. 법 제25조제1항에 따른 평생교육사 양성기관(이하 "지정양성기관"이라 한다. 　다. 학점은행기관 4. 평생교육사 3급 자격증을 보유하고 관련업무에 3년 이상 종사한 경력이 있는 자로서 진흥원이나 지정양성기관이 운영하는 평생교육사 2급 승급과정을 이수한 자
3급	1. 대학 또는 이와 같은 수준 이상의 학력을 인정할 수 있는 기관, 학점은행기관에서 관련과목을 21학점 이상 이수하고 학위를 취득한 자 2. 대학을 졸업한 자 또는 이와 같은 수준 이상의 학력이 있다고 인정되는 자로서 다음 각 목의 어느 하나에 해당하는 기관에서 관련과목을 21학점 이상 이수한 자 　가. 대학 또는 이와 같은 수준 이상의 학력을 인정할 수 있는 기관 　나. 지정양성기관 　다. 학점은행기관 3. 관련업무에 2년 이상 종사한 경력이 있는 자로서 진흥원이나 지정양성기관이 운영하는 평생교육사 3급 양성과정을 이수한 자 4. 관련업무에 1년 이상 종사한 경력이 있는 공무원 및「초 · 중등교육법」제2조제2호부터 제6호까지의 학교 또는 학력인정 평생교육시설의 교원으로서 진흥원이나 지정양성기관이 운영하는 평생교육사 3급 양성과정을 이수한 자

③ 평생교육 관련과목

필수과목과 선택과목으로 운영된다. 평생교육사 2급 자격증은 대학 및 평생교육 양성기관에서 10과목(30학점)을 이수하거나 대학원에서 석사 및 박사 학위를 취득하고 평생교육사 이수 과목 중 필수 5개 과목(15학점)을 이수하면 취득할 수 있다. 평생교육실습은 160시간을 이수해야 하며, 평생교육실습은 필수과목을 이수해야 가능하다. 국가평생교육진흥원에서 인정하는 평생교육 관련과목 유사과목을 이수했을 경우 과목으로 인정받을 수 있다. 평생교육 관련과목은 〈표 5-4〉와 같다.

〈표 5-4〉 평생교육 관련과목

구분		과목명		비고
필수과목(5)		• 평생교육론 • 평생교육방법론 • 평생교육경영론	• 평생교육프로그램개발론 • 평생교육실습(160시간)	• 과목당 3학점 • 평균 80점 이상의 학습 성적
선택과목 (21)	실천영역 (8)	• 아동교육론 • 청소년교육론 • 여성교육론 • 노인교육론	• 시민참여교육론 • 문자해득교육론 • 특수교육론 • 성인학습 및 상담	
		1과목 이상 선택하여야 함		
	방법영역 (13)	• 교육사회학 • 교육공학 • 교육복지론 • 지역사회교육론 • 문화예술교육론 • 인적자원개발론 • 직업·진로설계	• 원격(이러닝, 사이버)교육론 • 기업교육론 • 환경교육론 • 교수설계 • 교육조사방법론 • 상담심리학	
		1과목 이상 선택하여야 함		

출처: 국가평생교육진흥원(www.nile.or.kr).

2) 평생교육사의 직무

평생교육사는 평생학습사업 및 프로그램과 관련하여 조사 · 분석 · 기획 · 설계 · 운영 · 지원 · 교수 · 평가하고, 다양한 학습 주체자에 대한 변화 촉진 과 평생학습 상담 및 컨설팅을 수행하며, 평생학습사회의 실현을 위해 기관 및 시설 간 네트워킹을 촉진하고, 평생학습 성과를 창출하고, 관리하는 직무 이다. 한국교육개발원(김진화 외, 2007)은 「평생교육사의 직무분석과 대학 평 생교육사 양성과정 효율화 방안 연구」에서 평생교육사의 직무를 9가지 책무 와 이에 따른 72가지 과업을 제시하였다. 이후 평생교육사의 직무 중 행정 경 영 업무를 보완하여 10가지 책무와 80가지 업무를 직무로 제시하고 있다(〈표 5-5〉 참조).

〈표 5-5〉 평생교육사의 10가지 책무와 80가지 직무

책무	과업	책무	과업
조사 · 분석	• 학습자 특성 및 요구 조사 분석하기 • 평생학습참여율 조사하기 • 평생학습 자원 조사 분석하기 • 평생학습권역 매핑하기 • 평생학습 SWOT 분석하기 • 프로그램 조사 분석하기 • 평생학습 통계데이터 분석하기 • 학습자원 및 정보 데이터베이스 구축하기	운영 · 지원	• 학습자 관리 및 지원하기 • 강사 관리 및 지원하기 • 프로그램 홍보 및 마케팅하기 • 학습 시설, 매체 관리 및 지원하기 • 프로그램 관리 운영 및 모니터링하기 • 학습결과 인증 및 관리하기 • 예산 관리 및 집행하기 • 기관 및 홈페이지 관리 및 운영하기

기획·계획	• 평생학습 비전과 전략 수립하기 • 평생학습 추진체제 설계하기 • 평생학습 중장기/연간계획 수립하기 • 평생학습 단위사업계획 수립하기 • 평생학습축제 기획하기 • 평생학습 공모사업 기획서 작성하기 • 평생학습 예산 계획 및 편성하기 • 평생학습 실행 계획서 수립하기	교수-학습	• 학습자 학습동기화 촉진하기 • 강의 원고 및 교안 작성하기 • 단위 프로그램 강의하기 • 평생교육사업 설명회 및 교육하기 • 평생교육관계자 직무교육하기 • 평생교육사 실습지도하기 • 평생교육 자료 및 매체 개발하기 • 평생교육사 학습역량 개발하기
네트워킹	• 평생학습 네트워크 체제 만들기 • 인적·물적 자원 네트워크 실행하기 • 사업 파트너십 형성 및 실행하기 • 사이버 네트워크 구축 및 촉진하기 • 조직 내부·외부 커뮤니케이션 촉진하기 • 협의회 및 위원회 활동 촉진하기 • 지원세력 확보 및 설득하기 • 평생교육사 역량 강화 실행하기	변화촉진	• 평생학습 참여 촉진하기 • 평생학습자 인적자원 역량 개발하기 • 학습동아리 발굴 및 지원하기 • 평생학습실천지도자 양성하기 • 평생교육단체 육성 및 개발하기 • 평생교육 자원봉사활동 촉진하기 • 평생학습 관계자 멘토링하기 • 평생학습 공동체 및 문화 조성하기
프로그램개발	• 프로그램 개발 타당성 분석하기 • 프로그램 요구분석 및 우선순위 설정하기 • 프로그램 목적/목표 설정 및 진술하기 • 프로그램 내용 선정 및 조직하기 • 프로그램 매체 및 자료 개발하기 • 프로그램 실행 계획 및 매뉴얼 제작하기 • 프로그램 실행 자원 확보하기 • 프로그램 특성화 및 브랜드화하기	상담·컨설팅	• 학습자 상황 분석하기 • 학습장애 및 수준 진단, 처방하기 • 평생학습 상담사례 정리 및 분석하기 • 생애주기별 커리어 설계 및 상담하기 • 평생학습 온/오프 라인 정보 제공하기 • 평생학습 상담실 운영하기 • 학습자 사후관리 및 추수 지도하기 • 의뢰기관 평생학습 자문 및 컨설팅하기
평가·보고	• 평생학습 성과지표 창출하기 • 목표 대비 실적 평가하기 • 평생학습 영향력 평가하기 • 평생학습 성과관리 및 데이터베이스 구축하기 • 우수사례 분석 및 확산하기 • 공모사업기획서 평가하기 • 평가보고서 작성하기 • 평가 발표 자료 제작 및 발표하기	행정·경영	• 국가 및 지방정부 평생학습 공문 생성 • 평생학습 공문 회람 및 협조 • 평생학습 기관 및 담당 부서 업무 보고 • 광역/기초 단체장 지침 및 반영 • 평생학습 감사 자료 생성과 보관 • 평생학습관 모니터링 및 감사 • 평생학습관 효율적 경영전략 추진 • 평생학습 관련 기관의 경영 수지 개선

출처: 국가평생교육진흥원(2012).

📖 **학습과제**

1. 평생교육자의 유형을 구분하고, 다양한 평생교육자들의 역할에 대해 토의한 후 발표한다.

2. 평생교육 강사의 역량 강화를 위한 자기 계발을 위한 방법에 대해 토의한 후 발표한다.

3. 평생교육자가 리더로서 개발해야 할 리더십에 대해 토의한 후 발표한다.

4. 평생교육사 직무 중 한 가지만 선택하여 현장에서 수행할 수 있는 직무 전략을 수립해 본다.

❑ **참고문헌**

가영희, 성낙돈, 안병환, 임성우(2006). 성인학습 및 상담. 경기: 교육과학사.

국가평생교육진흥원(2012). 2012년 LLL 평생교육사 1급 CLO 심포지엄. 국가평생교육진흥원.

기영화(2012). 성인학습 및 상담. 경기: 교육과학사.

김종표(2016). 평생교육방법론. 경기: 양서원.

김진화(2010). 평생교육방법 및 실천론. 경기: 서현사.

김진화 외(2007). 평생교육사의 직무분석과 대학 평생교육사 양성과정 효율화 방안 연구 CR 2007-14. 한국교육개발원. 177-183.

백수정(2013). 평생교육자의 퍼실리테이션 역량 진단척도 개발. 중앙대학교 대학원 박사학위논문.

서명환, 서보준, 김우호, 송기영(2016). 평생교육방법론. 경기: 공동체.

신용주(2012). 평생교육방법론. 서울: 학지사.

양흥권(2017). 평생교육론. 서울: 신정.

엄미란(2010). 평생교육 교수자로서 와인교육 교수자의 역할에 관한 연구. 숭실대학교 교육대학원 석사학위논문.

차갑부(2002). 성인교육사회학. 경기: 양서원.

최운실, 송성숙, 박수정(2017). 평생교육방법론. 경기: 양서원.

최은수(2006). 성인교육자 리더십과 리더십 개발연구를 위한 이슈의 개념화와 이론
　　적 틀. 안드라고지투데이, 9(3), 107-143.
「평생교육법」시행 2017. 5. 29.

Knowles, M. S. (1980). *The morden parctice of adult education: From Pedagogy
　　to Andragogy.* New York: Cambridge book company.

국가평생교육진흥원. (www.nile.or.kr)

제2부

성인학습자를 위한 평생교육방법

제6장
기업중심 평생교육방법

많은 조직이나 기업에서 평생교육은 조직구성원들의 직무수행 능력을 개발하고, 직무만족도를 높이고, 조직의 성과나 목표를 달성하기 위한 직장 내 인적자원 개발의 교육방법으로 활용되고 있다. 조직 구성원으로서 직무수행 요구에 부응하기 위해서 지속적·체계적·전문적인 교육이 중요해짐에 따라 이를 극복할 수 있는 방법으로 체계적이고 전문적인 기업중심 평생교육방법으로서 개인이 직장 내에서 이루어져야 할 교육훈련은 매우 다양한 방식으로 실시된다. 이런 기업중심 평생교육방법으로서 직장 내 교육훈련은 매우 다양한 방식으로 실시된다. 현재 조직 구성원의 직무능력 개발 및 조직 적응을 돕는 교육훈련 방법으로 주로 활용되고 있는 것으로 멘토링, 코칭, OJT(직장 내 훈련), 액션러닝 등이 있다.

이 장에서는 기업의 차원에서 조직 구성원들에게 실시되는 기업중심 평생교육방법들 중에서 멘토링, 코칭, OJT, 액션러닝의 원리와 실제에 중점을 두고 살펴보고자 한다.

학습목표

1. 멘토링, 코칭, OJT, 액션러닝의 개념과 특징에 대하여 설명할 수 있다.

2. 멘토링, 코칭, OJT, 액션러닝의 절차 및 구체적 활용 방법을 이해하고 설명할 수 있다.

3. 개인학습자가 다양한 집단형태의 활동에 참여함에 있어 상황에 맞는 적합한 학습방법을 설명할 수 있다.

✱ 주요 용어

멘토, 멘티, 멘토링, OJT, 코칭, 액션러닝

1. 멘토링

1) 멘토링의 개념

멘토(Mentor)의 유래는 고대 그리스 시인 호메로스(Homeros)의 작품으로 신화 오디세이(Odyssey)에서 출발한다. 기원전 1200년경 오디세우스 왕이 10년에 걸친 트로이 전쟁에 참여하면서 자신의 아들인 텔레마코스(Telemachus)를 절친인 멘토르(Mentor)에게 맡긴 것에서 유래되었다. 멘토르는 친구인 오디세우스가 전쟁에서 돌아올 때까지 그의 아들 텔레마코스에게 좋은 친구, 아버지, 스승, 신뢰할 수 있는 충고자이자 상담자, 보호자 및 후원자를 포함한 많은 역할을 해 주었다. 이후로 멘토르라는 그의 이름은 지혜와 신뢰로 한 사람의 인생을 이끌어주는 상담자이자 친구를 가리키는 용어로 사용되었다.

이처럼 오랜 역사를 가지고 있는 멘토의 역할은 도움을 주는 사람, 인생을 안내해 주는 사람, 본을 보이는 사람, 양육자, 상담사, 사부와 같은 역할을 한다. 도움을 받는 사람을 멘티(mentee), 멘제(menger), 멘토리(mentoree), 프로테제(protege)라고 부른다. 멘토링(mentoring)이란 멘토가 멘티와 활동하고 있는 상태를 말한다. 즉, 경험과 지식이 많은 사람이 스승 역할을 하여 지도와 조언으로 대상자의 실력과 잠재력을 향상시키는 체계를 '멘토링'이라고 하며, 스승의 역할이 '멘토', 지도 또는 조언을 받는 사람을 '멘티'라고 한다. 인류 역사에서 대부분의 사람들에게 훌륭한 멘토의 역할을 했던 사람은 예수, 석가모니, 소크라테스, 공자 등이다.

멘토링은 일반적으로 더 지혜와 숙련된 경험을 소유한 사람(멘토)이 덜 숙련된 사람(멘티)에게 지혜와 지식을 전해 주는 것이란 의미를 갖는다. 또한 멘토링은 어떤 당면한 문제나 질문에 단순히 대답을 주는 것이 아니라 개인 간의 일대일 대면을 통하여 학습, 대화, 도전의 지속적인 인간관계와 개인능력의 발전을 도모하는 것이다.

멘토링할 때 멘토와 멘티 간의 상호 존경과 신뢰에 기초해 상호작용을 하며, 상호적인 일대일 관계에서 정서적 · 사회적 지지와 격려를 제공하고, 경험과 기술 수준이 높은 전문가와 경험과 기술 수준이 낮은 초보자 사이에 발생하는 역동적인 지원과정이 일어나며, 일방적 지식 전달이 아닌 양방향으로 지식을 전달하여 서로 도움을 주고받는 관계가 일어난다.

멘토의 이미지는 근래 더욱 대중적이 되었다. 기업에서 젊고 야심찬 후배들을 이끄는 멘토의 역할이 많이 알려져 있을 뿐 아니라, 학문 · 교육 · 스포츠 · 예술 분야에서도 제자에게 교육, 훈련 및 지원을 제공하는 멘토링이 많이 제공되고 있다. 최근 우리 사회에서도 여성의 성취를 이끄는 여성 멘토링, 소외 계층 아동 · 청소년 대상 멘토링 등 그 활용 영역이 더욱 확대되는 추세이다.

이러한 멘토링은 실천적 의미에서 현장 훈련을 통한 인재육성 활동이라 할 수 있다. 즉, 조직이나 업무에 대한 풍부한 경험과 전문 지식을 가지고 있는 사람이 후배 또는 같은 조직의 구성원인 멘티를 지도하고 조언하면서 실력과 잠재력을 개발하는 활동이다. 최근에 많은 기업이 도입하고 있는 후견인제도가 바로 멘토링의 전형적인 사례라 할 수 있다. 멘토링은 멘토와 멘티 간의 협력이므로 양자 간에는 권리와 의무가 존재한다. 또한 멘토링 관계의 목표가 바로 멘토와 멘티 모두의 성장과 발전을 통한 성공이라는 사실이 처음부터 이해되어야 한다. 멘토링 관계의 구축을 위해 두 당사자가 최선을 다한다는 필수 조건이 전제되어야 하기 때문이다.

2) 멘토의 기능

경영학자인 크람(Kram)과 노에(Noe)는 멘토의 기능을 크게 '경력 개발'과 '개인적 도움'이라는 두 가지 측면으로 정리하였으며, 경영학자인 알레만(Alleman)은 여기에 '학습 기능'을 포함시켰다. 이 세 가지 기능을 정리하면 다음과 같다(최병권, 2004).

- 경력 개발 기능(career development function): 경력개발을 지원해 주는 기능이다. 도전적 과제 수행을 하게 하고, 상사의 후원·지원 및 추천을 해 주며, 성과 및 업무수행 정도에 대한 피드백을 제공하며, 조직 및 개인적 경력목표 달성에 도움이 되도록 지원해 준다.
- 개인적 도움 기능(personal help function): 심리정신적인 측면에서 개인적인 도움을 제공하는 기능이다. 카운슬링 및 상담을 하고, 정신적 지원과 칭찬·우정·자신감 등의 격려를 제고하며, 상사의 역할 모델을 제공한다.
- 학습 기능(specific learning function): 조직 학습을 도와주는 기능이다. 현재 직무에 대한 학습을 하고, 조직문화나 규율에 대한 학습을 하고 특정 전문지식이나 기술에 대한 학습을 한다.

3) 멘토링의 실천 방법

효과적인 멘토가 되기 위해서는 멘토가 멘토링의 체계를 구축하고 멘티를 지도하는 구체적인 행동 지침이 필요하다. 멘토를 지원하기 위한 멘토링의 실천 지침은 다음과 같다(신용주, 2012).

① 진심으로 멘티의 이야기를 경청한다

멘토의 능력 중 가장 중요한 것은 멘티의 이야기를 주의 깊게 듣는 것이다. 경청은 멘토링을 진행하는 데 필요한 정보를 얻게 되는 동시에 멘티의 의사표현을 돕는 두 가지의 기능을 한다. 좋은 멘토는 오랜 시간을 경청에 투자하며 멘티의 개인적 이야기를 들어주면서 그의 목표에 대해 다시 한 번 생각하도록 해 준다.

② 체계적인 멘토링 관계를 설계한다

멘토는 조직 내부·외부의 상황을 고려하여 멘티의 발달 수준에 적절한 멘토링 체계를 형성한다. 이때 멘토는 멘티의 가치관을 존중하면서 더 복잡하고 다양한 관점을 조망하도록 이끈다.

③ 멘토링에 대한 긍정적인 기대를 표현한다

많은 멘티는 멘토가 "너는 할 수 있어. 난 네가 할 것을 믿어."라고 말해 주었을 때 큰 자신감을 얻는다. 이처럼 긍정적 기대를 표현함으로써 변화를 일으킬 수 있는 멘티의 능력에 대한 확신을 보여 주는 것이다. 현명한 멘토는 멘티가 잘못한 것에 집착하지 않는 대신, 그가 얼마나 더 향상될 수 있는지에 대해 대화를 나눈다. 실제로 대부분의 멘티는 멘토가 자신의 결점을 지적하기보다는 잘한 것을 말해 줄 때 자신의 능력이 훨씬 향상되었다고 말한다.

④ 멘티를 지지하고 옹호한다

평생교육에 참여하는 성인학습자인 멘티는 대부분 학교로부터 떠나 있던 경우가 많으며, 새롭게 시작하는 학습 및 학습 환경에 대한 두려움을 가지고 있다. 멘토는 시간을 가지고 이들에게 필요한 정보를 제공하고, 도움을 얻을 수 있는 자원에 대해 설명해 준다. 특히 멘티의 권익을 지지하고 옹호하는 것은 멘토의 중요한 역할의 하나다.

4) 효과적인 멘토링의 실시 방법

① 과제를 부여한다

효과적인 멘토는 멘티에게 필요한 숙제나 현장 조사 등의 과제를 세심하게 고려하여 부여한다. 과제는 지식 습득을 위한 것뿐 아니라 멘티의 새로운 성찰과 성장을 촉진하는 것이 좋다.

② 비판적 성찰의 기회를 제공한다

멘토는 멘티가 그동안 인습적으로 믿어 왔던 것에 대한 새로운 시각을 제공한다. 멘토링을 통해 자신이 가져왔던 신념과 진리가 사실은 다양한 관점 중의 하나라는 것을 깨닫게 된다.

③ 가상적 사고를 격려한다

'만약에'로 시작되는 가상적 질문을 통해 현실의 제약을 벗어나서 생각하는 훈련을 시도한다. 이처럼 추상적인 사고능력은 매우 소중한 학습도구로서, 실제적 차원을 넘어서는 새로운 세계를 상상할 수 있는 능력을 키워 준다.

④ 구체적이고 긍정적인 피드백을 제공한다

많은 멘토가 알면서도 자주 사용하지 않는 방법이 바로 구체적인 피드백을 제공하는 것이다. 대부분의 경우 멘티가 무엇인가를 잘했을 때, 멘토는 구체적으로 무엇을 잘했다고 칭찬하지는 않는다. 그러나 멘티와 이야기할 때는 어떤 아이디어가 좋았으며, 어떤 아이디어가 더 통찰적이었다고 말해 주는 것이 좋다. 즉, 멘티에게 긍정적인 피드백을 줄 때는 무엇을 어떻게 잘했는지를 정확히 알려 주도록 한다.

⑤ 이성 간 멘토링에서는 특히 문제가 발생하지 않도록 주의한다

이성 간에 형성된 멘토링 관계에서는 멘토가 전문가다운 행동을 보여 주는 것이 특히 중요하다. 이성 간 멘토링에서 멘토가 유의해야 할 행동 지침은 다음과 같다(신용주, 2012).

- 적절한 예절을 유지한다. 학습자의 옷차림에 대한 언급이나 비평, 성적인 행동, 상스러운 이야기나 농담, 불필요한 신체 접촉 등은 하지 않는다.
- 성희롱 및 멘티의 불만 처리 정책에 대해 숙지한다. 멘토링 관계에서도 적용될 수 있는 조직의 성희롱 관련 규칙이나 법규에 대해 미리 알고 이

에 저촉되지 않도록 한다. 대개 상대방이 원치 않는 성적인 친밀함의 표현, 성적 의미를 내포한 언어적ㆍ신체적 행동은 모두 성희롱에 해당되므로 이러한 문제가 발생하지 않도록 특히 유의한다.

- 전문적인 관계와 로맨틱한 관계를 혼돈하지 않는다. 교수자-학습자, 멘토-멘티 간의 로맨틱하거나 성적인 관계는 공식적으로 금지되어 있다. 따라서 전문적인 관계와 개인적인 로맨스는 분리하는 것이 원칙이다.
- 오해의 소지를 미리 방지한다. 멘토의 지나치게 열정적인 태도는 멘티에게 성희롱으로 받아들여질 수 있으며, 멘티에 대한 전문적인 관심이 아닌 개인적인 관심으로 인식되기도 한다. 그러므로 멘토링이 진행되는 시간에는 사무실 문을 열어 놓는 것이 좋고, 외부에서의 멘토링은 1:1로 하지 말고 소집단으로 만나서 하도록 하며, 신체적 접촉은 피한다.

5) 멘토링의 기대효과

조직에서의 멘토링은 신입 직원의 조직에서의 정착과 인재 육성을 돕는다. 멘토링 제도는 조직은 물론 멘토나 멘티에게 많은 유익함과 혜택을 제공한다. 멘토링의 기대효과를 조직 차원과 개인 차원으로 나누어 살펴보면 〈표 6-1〉과 같다.

멘토링은 성인학습자에게 개인적ㆍ학문적ㆍ경력적 개발의 차원에서 가치 있는 기회를 제공한다. 멘토링을 통하여 멘토와 멘티는 각기 독특하고 유익한 학습 경험을 얻는다. 멘티는 멘토와의 관계를 통해 보다 효율적으로 자신의 능력을 탐색하고 확장시켜 나갈 수 있기 때문이다. 한편, 멘토는 멘티와의 상호작용을 통해 새로운 관점을 수용할 수 있게 되며, 자신의 리더십 역량을 발휘할 수 있다. 멘토링은 처음 조직에 입문한 멘티가 실패하거나 좌절하지 않고 순조롭게 적응하여 성공적으로 발전하도록 돕는 실용적 개별 교수방식이다. 특히 1:1 멘토링은 개별 학습자의 발전을 이끄는 평생교육의 이념을 실현하기 위한 효과적인 개별 교육 방법이다.

〈표 6-1〉 조직 및 개인 차원에서의 멘토링 기대효과

조직 차원		① 조직의 비전, 가치관 및 조직 결속력의 강화 ② 성장 잠재력이 높은 핵심 인재의 개발 ③ 구성원의 학습과 자기 계발 촉진 ④ 지식과 노하우의 이전을 통한 경쟁력 향상 ⑤ 신입 직원의 정착과 조직 몰입 유도 ⑥ 조직에 새로운 활기와 유대를 형성
개인 차원	멘토	① 새로운 관점, 지식, 기술, 추세의 이해 및 수용 가능 ② 자신이 축적해 온 지식 및 관점에 대한 비판적 성찰 가능 ③ 리더십 역량의 개발과 발휘 ④ 멘토링 기회가 멘토 자신의 삶의 새로운 활력소가 될 수 있음 ⑤ 멘티의 성공적 경력개발에 대한 자부심 향상 ⑥ 조직으로부터의 인정과 보상
	멘티	① 특정 분야에 대한 전문 지식, 노하우 및 조직의 관례를 습득함 ② 중요한 정보 원천에 대한 접근성이 향상됨 ③ 업무 수행의 완성도가 향상됨 ④ 조직 내에서 인정받기가 상대적으로 용이함 ⑤ 안정된 조직 정착으로 자신감과 리더십이 향상됨 ⑥ 의사결정 능력이 향상됨 ⑦ 멘토와 분리를 통해 새로운 멘토로서의 역할 수행이 가능함

출처: 신용주(2012), p. 228.

2. 코칭

1) 코칭의 개념

(1) 코칭의 정의

코칭(coaching)이라는 용어는 헝가리의 도시 '코치(coach)'에서 만들어진 커다란 사륜마차에서 유래된 것으로, 가리키는 사람을 목적지까지 운반한다는 의미에서 목표점에 다다를 수 있도록 인도한다는 의미를 지니고 있다.

현대적 의미에서의 코칭은 1980년대 초반 미국의 토마스 레너드(Thomas

Leonard)라는 재무 플래너로부터 시작되었다. 그는 부유층 고객의 재무관리를 오랫동안 해 오면서, 단지 재무 문제뿐 아니라 자녀에 대한 교육과 진로, 비즈니스에서의 고민 사항 및 은퇴 후의 노후 대책에 이르기까지 폭넓은 대화를 나누게 되었다. 그러면서 그들이 무엇을 선택할지 망설이고 있을 때 올바른 결정을 하도록 도와주고, 마음이 심하게 괴롭고 힘들 때 친구가 되어 주기도 하였으며, 더욱 즐겁고 행복한 삶을 가꾸어 나갈 수 있도록 조언해 주기도 하였다.

어느 날 한 고객이 래너드와 자신의 관계를 운동선수와 코치의 관계에 비유하면서 고객에 대한 래너드의 활동을 '코칭'이라 부르기 시작하였다. 1992년에 래너드는 최초의 코칭전문 교육기관인 '코치 유(Coach U)를 설립하였고, 이어 1994년에는 '국제코치연맹(International Coach Federation: ICF)'을 설립하였다(유동수, 김현수, 한상진, 2008).

코칭은 멘토링(mentoring), 티칭(teaching), 카운슬링(counseling)과 달리 계약관계로 맺어지고, 개인의 변화와 발전을 지원하는 수평적이고 협력적인 파트너십에 중점을 둔다. 성취를 이루려는 개인과 적극적으로 커뮤니케이션하고, 스스로 동기부여와 문제제기를 하고 해답을 찾아 해결할 수 있도록 도와주는 일이라고 할 수 있다. 즉, 코칭은 개인의 목표를 성취할 수 있도록 자신감과 의욕을 고취하고, 실력과 잠재력을 최대한 발휘할 수 있도록 돕는 일을 의미한다.

(2) 코칭의 유사 개념

코칭과 유사한 개념으로 트레이닝, 카운슬링, 직면, 멘토링 등을 들 수 있다. 이는 많은 부분이 서로 겹치고 혼용되어 사용되는 일이 많은데, 각기 특성, 목적과 과정, 추구하는 내용이 다르다.

① 트레이닝

트레이닝(training)은 교육 참가자에게 특별한 지식과 기술을 전수하는 교육 훈련과정이다. 훈련은 대개 업무에 필요한 기술을 익히게 하고 업무를 수행하는 데 있어서 마땅히 지켜야 할 규칙과 법규를 오리엔테이션하는 것에 초점을 둔다. 훈련은 선택 사항이 아니라 대개는 입사 초기나 새로운 기술을 익혀야 할 필요가 있을 때 실시하는 필수과정이다. 성과가 좋은 기업이나 기관에서는 조직의 가장 큰 자산인 인적자원의 질과 양을 늘리기 위해 훈련을 지속적으로 실시한다. 훈련은 일시적인 과제가 아니라 항구적으로 계속되어야 한다.

② 카운슬링

카운슬링(counseling)은 업무 수행을 방해하는 개인적인 사항이나 인간관계에서의 문제, 업무 안팎의 문제들을 풀어 나갈 수 있도록 돕는 활동이다. 이와 같은 형태의 문제를 해결하기 위해 외부의 전문적인 상담기관이 활용되는 경우가 많은데, 문제의 본질을 확실하게 밝히고 감정적인 문제를 치유하는 데 초점을 둔다. 카운슬링을 필요로 하는 대부분의 조직은 이러한 자신들의 요구사항이 충족될 수 있도록 방법을 찾아야 한다는 책임감을 느낀다. 대개의 경우, 카운슬링은 선택 사항이 아니며, 사람들이 어떤 종류의 도움을 필요로 하고 있는지를 경영진이 인식하고 있을 때는 더욱 그렇다.

③ 직면

직면(confronting)은 부정적이고 파괴적인 행동습관이나 기대보다 낮은 업무성과에 대한 문제를 해결하기 위한 방법이다. 코칭을 활용함에 있어서 코치는 문제를 직접적으로 설명하고, 제대로 이루어지고 있지 않은 점에 대해 관심을 기울인다. 코치는 단기적인 목표와 장기적인 목적을 분명히 설정하고, 현재 어떤 점이 부족한지를 밝힘으로써 코칭 대상자가 변화되도록 돕는다. 각종 문제에 정면으로 대항하여 효과적으로 처리하게 되면, 적극적 해결방안이 나오고, 행동과 성과에 커다란 변화와 증진을 가져온다. 현실을 직시하며 정면으로 대응하는 것은 선택사항이 아니다. 높은 성과를 내고자 하는 개인이나 팀 모두에게 요구되는 필수불가결한 요소이다.

④ 멘토링

멘토링(mentoring)은 성숙하고 경험이 풍부한 경영 관리자가 자신의 지혜나 경험을 직원과 일대일로 자상하게 전수하는 일련의 과정이다. 이는 전형적으로 조직 문화에 대한 적응, 직업적인 성장, 정책에 대한 이해, 조직 내에서의 개인적인 네트워킹 문제를 다룬다. 멘토는 가르침을 받는 이로 하여금 안목을 갖고 방향을 성정하여 조직 내에서 기회를 얻을 수 있도록 도와준다. 멘토링은 개인이든 조직이든 양자 모두에게 매우 바람직한 방법이지만 필수적이라고 강조할 수는 없다.

2) 코칭의 유형 및 특성

(1) 코칭의 유형
코칭에는 크게 비즈니스 코칭과 퍼스널 코칭이 있다.

① 비즈니스 코칭
비즈니스 코칭(business coaching)은 상사가 부하 직원에게 동기를 부여하고 능력을 개발하여 생산성을 높이는 것을 주목적으로 한다. 이는 코치와 피코치가 상호 종속적인 관계가 아닌 협동적인 인간관계를 구축하고, 지속적으로 커뮤니케이션을 하는 과정이라고 말할 수 있다. 코칭을 통하여 피코치의 바람직하지 못한 행동은 개선시켜야 하고, 바람직한 행동은 지속적으로 더욱 발전시켜 나갈 수 있도록 유지·강화시켜야 한다.

② 퍼스널 코칭
퍼스널 코칭(personal coaching)은 개인의 다양한 관심사에 따른 서비스를 제공하는 것을 의미한다. 퍼스널 코칭은 라이프코칭, 커리어코칭, 부모코칭

등으로 구분할 수 있다.

- 라이프코칭: 은퇴, 이혼, 노후 설계 등 인생 전반의 이슈를 다룸
- 커리어코칭: 진학을 고민하는 청소년부터 대학생, 구직자 및 전직 희망 자 등을 대상으로 하여 서비스를 제공
- 부모코칭: 올바른 자녀 교육 및 좋은 부모가 될 수 있도록 지원

(2) 코치의 자질 및 행동 특성

코치는 긍정적이고 열정적이며 상대방을 지지할 줄 알고 피코치를 신뢰해 야 한다. 특히 좋은 코치는 집중할 줄 알며, 성취 지향적이고, 충분한 지식을 갖추고 있으며, 또한 정확한 관찰자이다. 또한 좋은 코치는 상대를 존중할 줄 알고, 인내심이 있으며, 명확하게 말하고, 추진력이 있다. 성공적인 코치 가 가져야 할 자질과 특성은 다음과 같다.

- 명확성을 보여 준다. 즉, 코칭 시 의사소통을 할 때 서로 정확한 정보를 주 고받는다.
- 지지적이다. 즉, 팀 구성원과 함께 그들의 편이 되어 그들을 지원한다.
- 헌신을 통해 신뢰를 쌓는다. 즉, 구성원 각자가 고유의 이미지를 구축하고 유지하기 위한 개인적인 헌신을 보여 준다.
- 공동체 의식을 갖는다. 즉, 팀에서는 모두가 함께 이기고 또 모두 함께 지 는 끈끈한 동반자 관계를 형성한다.
- 균형 잡힌 관점을 갖는다. 즉, 균형 잡힌 시각으로 사업 전반에 접근한다.
- 때로는 위험도 무릅쓴다. 즉, 혁신적이며 행동을 통해 배운 것을 격려하 고, 실패에 대한 처벌은 되도록 줄인다.
- 인내심이 있다. 즉, 단기적 목표보다는 장기적 이익을 위해 참을성 있게 시간과 성과 간의 균형을 찾는다.
- 진심으로 관심을 보인다. 즉, 자신이 제공하는 행동이나 보상 중 어떤 것

이 실제로 상대방을 격려하며 동기를 유발하는지에 대해 진정한 관심
을 갖는다.

• 비밀을 보장한다. 즉, 팀 내에서 발생하는 모든 상호작용에 관한 정보를
보호함으로써 팀 구성원들이 신뢰와 안락감을 갖게 한다.

• 상대방을 존중한다. 개인적으로나 팀 구성원으로서나 다른 팀 구성원들
을 존중하고 또 그들로부터 존경받음으로써 서로 존중하는 분위기를
형성한다.

(3) 보스와 코치의 비교

보스의 특성과 코치의 특성을 비교하면 〈표 6-2〉와 같다.

〈표 6-2〉 보스 vs. 코치의 특징

보스	코치
• 많이 말한다.	• 많이 듣는다.
• 이야기한다.	• 물어본다.
• 방향을 결정한다.	• 잘못된 결정을 막는다.
• 추정한다.	• 조사한다.
• 통제하려 한다.	• 위임하려 한다.
• 명령한다.	• 의욕을 불러일으킨다.
• 부하를 움직인다.	• 부하들과 함께 움직인다.
• 결과물을 우선한다.	• 과정을 우선한다.
• 잘못을 따진다.	• 책임을 나눠진다.
• 거리를 유지한다.	• 접촉을 유지한다.

출처: 서천석(2003).

3) 코칭의 절차

코칭 모델은 [그림 6-1]과 같은 프로세스로 구성되어 있다(유동수, 김현수,
한상진, 2008).

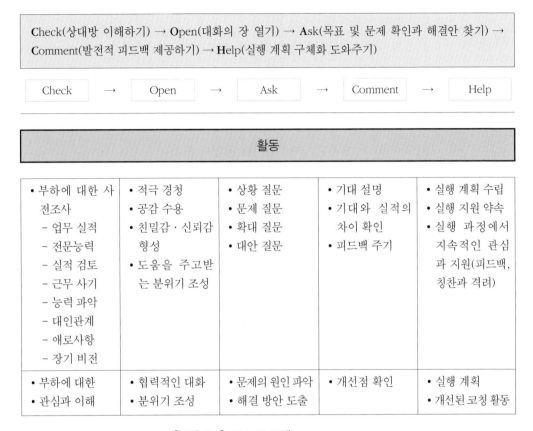

Check(상대방 이해하기) → Open(대화의 장 열기) → Ask(목표 및 문제 확인과 해결안 찾기) → Comment(발전적 피드백 제공하기) → Help(실행 계획 구체화 도와주기)

| Check | → | Open | → | Ask | → | Comment | → | Help |

활동				
• 부하에 대한 사전조사 　- 업무 실적 　- 전문능력 　- 실적 검토 　- 근무 사기 　- 능력 파악 　- 대인관계 　- 애로사항 　- 장기 비전	• 적극 경청 • 공감 수용 • 친밀감·신뢰감 형성 • 도움을 주고받는 분위기 조성	• 상황 질문 • 문제 질문 • 확대 질문 • 대안 질문	• 기대 설명 • 기대와 실적의 차이 확인 • 피드백 주기	• 실행 계획 수립 • 실행 지원 약속 • 실행 과정에서 지속적인 관심과 지원(피드백, 칭찬과 격려)
• 부하에 대한 • 관심과 이해	• 협력적인 대화 • 분위기 조성	• 문제의 원인 파악 • 해결 방안 도출	• 개선점 확인	• 실행 계획 • 개선된 코칭 활동

[그림 6-1] COACH 모델

　코칭 모델은 [그림 6-1]과 같이 모든 프로세스가 같은 자리에서 한 번에 진행되어 문제가 해결되고 코칭을 마무리할 수도 있지만, 코칭의 대상, 피코치와 코치의 관계, 코칭 이슈의 성격 및 외부 환경, 조건 등에 따라 단계를 나누어 중간에 시간을 두고 진행하는 경우도 많다. COACH의 각 단계를 자세히 살펴보면 다음과 같다(김종표, 2018).

(1) Check 단계: 상대방 이해하기

　코치는 피코치에 대한 깊은 애정과 관심을 바탕으로 항상 그들을 연구·관찰하고, 필요에 따라 관찰된 내용을 기록하여 저장 및 관리해 두어야 한다.

(2) Open 단계: 대화의 장 열기

코칭의 시작 단계에서 가장 중요한 것은 터놓고 이야기하기(open mine)이다. 피코치가 안심하고 자기 심정을 터놓고 이야기하도록 만들려면, 코치는 우선 자신의 입장을 버리고 완전히 피코치의 입장에서 들어야 한다.

(3) Ask 단계: 목표 및 문제 확인과 해결안 찾기

코치는 검토(C) 단계에서 입수한 피코치의 기본적 정보들을 기초로 하고, 개방(O)단계에서 파악된 피코치에 대한 단서들을 참고하되, 질문(A) 단계에서는 추가적으로 효과적인 질문들을 던짐으로써 피코치에 대한 목표 및 문제를 확인하고 아울러 해결안을 찾을 수 있도록 피코치에 대한 이해가 깊어지도록 최선의 노력을 다해야 한다.

(4) Comment 단계: 발전적 피드백 제공하기

코칭의 과정 중에 발견된 피코치의 바람직하지 못한 언행 및 사고방식 등이 있다면 그에 대하여 '코치'의 입장에 서서 피코치에게 진심 어린 피드백을 주어야 한다. 발전적 피드백을 제공하는 것은 코칭의 과정에서 반드시 필요하다.

(5) Help 단계: 실행 계획 구체화 도와주기

코치와 의견 일치를 이룬 피코치가 그 문제해결 방안에 대한 실행 계획을 구체적으로 수립할 수 있도록 하는 것이다. 이 단계가 있어야만 코칭의 결과가 실행하게 되어 코칭의 효과가 발생하게 되는 것이다.

코치(COACH)의 프로세스가 잘 되었는가를 확인하는 방법으로 〈표 6-3〉의 코치용 프로세스 체크리스트를 활용할 수 있다.

〈표 6-3〉 코치용 프로세스 체크리스트

Check	• 피코치에 대한 사전 정보를 입수하여 파악하였는가? • 문제의 증상 및 징후들을 포착하였는가?
Open	• 피코치가 터놓고 이야기할 수 있도록 충분히 공감·수용 및 칭찬·인정을 하였는가? • 현 상황을 폭넓게 이해하였는가?
Ask	• 진정 원하는 것/목표/바람직한 모습이나 상태가 무엇인지 확인하였는가? • 문제(들)와 근분 원인을 분명히 파악하였는가? • 또는 현상과 목표와의 차이분석을 명확히 하였는가? • 피코치가 제시할 수 있는 모든 해결 방안을 도출하였는가? • 최적의 해결안을 찾도록 하였는가? • 실행을 위한 장애물을 확인하고 제거 방법을 찾았는가?
Comment	• 장기적 관점에서 피코치의 성장/발전(인간적/전문적)을 위해 꼭 필요한 피드백을 하였는가? • 바람직하나 변화에 대한 실천 의지를 강화시키고 적극 지지해 주었는가?
Help	• 구체적인 해결안의 실행 계획을 수립하도록 하였는가? • 가장 먼저 실천한 결과를 상호 공유하는 방법을 정하였는가? • 이번 미팅의 주요 내용을 요약 정리하도록 하였는가? • (다음 미팅이 필요한 경우) 다음 단계(미팅 일정 및 의제 등)에 대한 합의를 하였는가?

출처: 유동수, 김현수, 한상진(2008).

3. 현장직무교육(OJT)

1) OJT의 정의 및 원리

(1) OJT의 정의와 특성

OJT란 'On the Job Training'의 약자로서 직장에서 구성원의 능력 개발을 위한 직장 내 일을 하면서의 교육·훈련이라고 할 수 있다. 대부분의 조직

구성원은 업무수행과 관련하여 OJT 형식의 교육훈련을 받은 경험이 있을 정도로 OJT는 기업 내 연수의 대표적인 훈련방법이다. 특히 신입사원이 직장의 상사로부터 전문적 지식과 기술을 습득하는 것으로 다양한 조직과 기관에서 조직 구성원을 훈련하는 방법으로 널리 사용해 왔다.

OJT는 현장에서 구체적인 직문에 관련된 모든 계획과 집행의 책임을 지고 관리자가 부하 직원에게 업무를 통해 직무수행에 필요한 능력을 계획적이고 직접적으로 개별 지도하고 교육·훈련시키는 방법이다. 즉, 직무현장에서 직속 상사나 선배 사원이 부하(동료) 직원에 대하여 일상적인 직무현장에서 주어지는 모든 기회와 장소를 이용하여 계획적으로 직무수행에 필요한 지식·기술·태도를 교육시킴으로써 직원의 업무를 향상시키고자 하는 훈련방법을 의미한다.

이와 같이 OJT는 직무수행 능력의 중심인 기능이나 태도교육에는 필수적이나 체계적인 지식교육에는 그다지 효과적이지 않다. OJT의 특성은 다음과 같다.

- 상사가 업무를 수행과정에서 부하의 교육적 요구를 파악하여 그것에 대한 모든 지도를 하는 교육활동이다.
- 상사가 부하에 대해 가르치는 책임과 양성을 통해 수행하는 일이다.
- 상사가 부하의 성장 발전에 대해 영향을 미치는 모든 행위이다.
- 상사가 부하를 바람직하게 만들겠다는 염원에서 우러나오는 모든 행위이다.
- 효과적인 조직관리, 업무관리, 부하관리이다.
- 목표관리이다.

(2) OJT의 원리

OJT의 성공적인 운영을 위한 기본적인 원리와 요인은 다음과 같은 5가지를 들 수 있다.

첫째, OJT는 실제로 작업이 실시되는 현장에서 실행된다. 새 업무를 맡은 조직 구성원은 실제로 업무가 진행되는 작업환경 속에서 직무를 관찰하고 관찰한 직무를 즉시 반복하여 수행하며, 수행한 직무에 대한 피드백을 받음으로써 강조될 수 있다.

둘째, OJT는 훈련목표와 훈련계획안을 작성하여 사용한다. 교육대상자가 특정 직무를 수행하기 위해 갖추어야 할 조건 · 행동 · 기분을 포함한 훈련목표를 작성해야 하며, 또한 교육대상자가 숙달해야 하는 하나의 업무에 포함되는 여러 과제를 파악하여 업무 내용을 작성하는 훈련계획안을 작성하여 사용해야 한다.

셋째, OJT에서 훈련자(trainer)의 적극적인 참여가 요구된다. 효과적인 OJT를 위해서는 OJT를 효과적으로 수행하는 방법, 코칭기술, 질문능력과 같은 지식과 기술을 갖춘 숙련된 조직구성원의 참여가 중요하다.

넷째, OJT는 인쇄된 자료와 업무지침서를 사용한다. 진행 절차가 기술된 목차, 문제해결 사례표, 의사결정 지침서, 운영 일람표와 같은 인쇄된 자료는 많은 양의 정보를 효과적으로 전달하기 위해서, 가르쳐야 할 내용과 수행해야 할 방법의 일치를 위해서, 그리고 훈련 후 업무수행 지침서 및 학습자료로 활용 가능하다는 점에서 중요하다.

다섯째, OJT는 체계적인 접근방법을 사용한다. 설정한 훈련목표를 성취하기 위해서는 문제되는 영역이나 직무의 심도 있는 분석 · 개발 · 실행 · 평가로 이어지는 체계적인 접근방법을 사용함으로써 체계적인 훈련을 실시할 수 있다.

2) OJT의 목적과 필요성

OJT의 기본적인 목적은 일의 성과를 높이는 것, 그리고 부하 한 명 한 명의 성장을 도와주는 것으로 살펴볼 수 있다.

(1) OJT의 목적

① 일의 성과(업적)를 높이는 '사람 키우기'

OJT의 첫째 목적은 부하 한 명 한 명의 능력을 높이고 그것을 충분히 발휘시켜 업적을 향상시키는 것이다. '부하의 능력은 올랐지만 업적은 전혀 오르지 않았다면, 그것은 무엇을 의미하는가?' 지식은 풍부하지만 일을 시키면 못한다는 사람을 자주 보게 된다. 업적을 쌓기 위해서는 지식만이 아니라 일을 수행하는 여러 가지 능력, 바람직한 태도를 갖추는 것, 그리고 문제점을 해결해 가는 문제해결 능력이 요구된다.

이런 능력은 집합연수나 자기 계발만으로는 한계가 있다. 실제 일을 통해서만이 이러한 실천력을 익힐 수 있다. OJT는 한 명 한 명의 특성에 맞춰 능력을 육성하기 위한 가장 적절한 방법이다. 즉, OJT의 첫째 목적은 일의 성과를 높이는 일의 실천력을 지닌 부하를 육성하는 데 있다.

② 부하의 인간적 성장의 지원

OJT의 둘째 목적은 부하 한 명 한 명의 인간적인 성장을 지원하는 것이다. 사람은 각각의 개성과 특성이 다르다. 어떤 사람은 자기중심적이어서 직장의 분위기에 적응하지 못하고 팀워크를 저해하기도 한다. 또 어떤 사람은 자신의 경험을 고집해서 타인의 의견이나 새로운 변화를 받아들이지 않기도 한다. 이런 다양한 성격을 가진 부하들에게 활력 있는 직장생활이 가능하도록 모두가 협력해서 일을 진행하거나 환경의 변화를 받아들여 적응해 가는 태도를 익히는 등의 인간적인 성장을 격려하고 지원하는 것도 OJT의 중요한 목적이다.

(2) OJT의 필요성

오늘날 조직에서는 OJT의 필요성을 중요시 여기고 있다. 그 이유는 다음과 같다.

- 직장의 업무 내용이나 방식이 급변하기 때문에 기존의 지식이나 경험만으로는 불충분하다.
- 급변하는 기술혁신으로 분석ㆍ판단ㆍ창조라는 지적 능력이 보다 강하게 요구되어 이러한 능력의 향상이 필요하다.
- 소수정예화가 추진되어, 조직 구성원 한 명 한 명이 보다 고도의 다양한 일을 이뤄 나갈 수 있는 능력이 요청된다.
- 기존의 집합연수나 자기 계발만으로는 업적으로 직결되는 인재육성이 불충분하다.
- 관리자뿐만 아니라 조직의 업적 향상을 위해서도 구성원의 육성은 중요하다.

3) OJT의 중요성과 장단점

OJT의 중요성과 장단점을 살펴보면 다음과 같다.

(1) OJT의 중요성

- 구성원 각자의 업무수행 능력은 일을 통해서 향상시키는 것이 효과적이다.
- 교육필요점(training need)을 가장 쉽게 파악할 수 있는 사람은 그의 직속 상사이다.
- 부하는 보통 상사를 본받으며, 상사는 팀 분위기 형성에 절대적이다.
- 조직의 존속과 성장에는 후계자 육성이 필요하며, 전적으로 상사의 책임이다.
- 능력 향상, 인재육성에는 본인의 의욕과 상사의 원조가 합쳐져야 한다.

(2) OJT의 장단점
① 장점
- 개인별 교육 필요점을 파악한 후 그에 따른 지도가 가능하다.
- 실제 업무현장에서 구체적 · 실제적 교육훈련을 할 수 있다.
- 시간과 장소에 상관없이 진행할 수 있다.
- 최소의 경비로 가능하다.
- 결과에 대한 평가가 용이하다.
- 후속교육(follow-up)이 용이하다.
- 상사와 부하, 선후배 간의 인간관계가 돈독해진다.
- 상사는 지도자로서 최적임자다.
- 상사와 선배의 자기 계발의 기회가 된다.
- 교재가 풍부하다.

② 단점
- 일상 지도가 중심이 되면 시야가 좁은 지도가 되기 쉽다.
- 유능한 지도자가 부족하다.
- 단순한 현장 경험으로 끝내는 경향이 많다.
- 직제상 장(長)의 능력 이상의 부하 육성이 어렵다.
- 부문 간의 실시 정도가 불균등하게 된다.

4) OJT의 추진 단계 및 지도 방법

(1) OJT의 추진 단계
OJT의 실천 시 추진 단계는 [그림 6-2]와 같다.

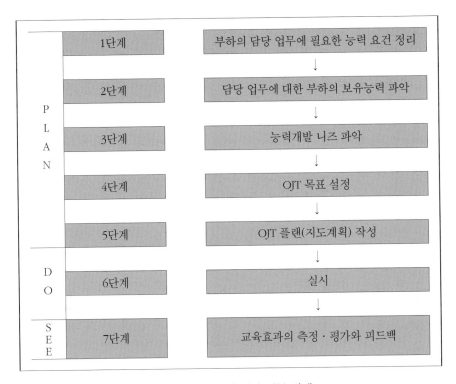

[그림 6-2] OJT 추진의 기본 단계

① 제1단계: 담당업무의 필요능력 파악

OJT 추진 시 가장 먼저 해야 할 일은 부하의 담당 업무에 필요한 능력 요건을 면밀히 파악하는 것이다. 즉, 업무수행에 어떤 능력이 필요한가를 분명히 인식할 수 있도록 구체적으로 적는다. 이것이 부하를 지도하는 데 필요한 기준이 된다.

② 제2단계: 부하의 보유능력 파악

이 단계에서는 부하의 담당 업무에 대한 현재 보유능력을 면밀히 파악한다. 부하의 보유능력을 정확히 파악하기 위해서는 부하의 지식, 기능, 태도의 내용과 수준 모두를 상세히 검토해야 한다. 뿐만 아니라 부하의 현재 처한 상황 가정, 교우관계, 흥미, 취미, 적성, 성격, 욕구 등을 폭넓게 이해하고 있을수록 유리하다.

또한 부하가 현재 갖고 있는 능력을 강점과 약점으로 나누어 기술해 보는 것도 필요하다. 여기서 관리자가 유의할 점은 가능한 한 객관적인 형태로 파악해야 한다는 것이다. 선입견이나 감정이 개입되면 보유능력 파악의 정확성이 결여되기 쉽다.

관리자가 보유능력을 파악하는 방법으로는 관찰 방법과 면담을 통해 본인의 의사나 관심을 확인하는 방법이 가장 일반적이지만, 그 외에 조사하는 의존하는 방법, 다른 사람의 의견을 청취하거나 자기 신고 · 인사고과 · 인사기록부 등 제도적 자료를 이용하는 방법 등도 있다.

③ 제3단계: 능력개발 필요점 파악

이 단계에서는 부하의 능력개발 필요점을 파악한다. 이는 1단계의 직무의 능력 요건과 2단계의 부하의 보유 능력과의 차이를 비교해 보면 파악된다.

만약 부하에게 다른 직무를 더 담당시키거나 의사결정의 폭이 보다 큰 일을 맡기려고 할 때 어떤 능력 육성이 요구되는가를 파악하여 미리 대비할 수도 있다.

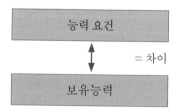

[그림 6-3] 능력개발 필요점 파악

이 단계에서 유의할 점은 다음과 같다. 첫째, 1~3단계는 관리자 혼자서 은밀히 행해야 한다. 왜냐하면 부하는 자신의 상사가 의도적인 관찰 및 면담을 통해 자신의 부족한 능력을 파악하기 위하여 다각적인 활동을 하고 있다고 느끼게 되면 공연한 불안감, 궁금증, 오해 또는 반발심 등 심리적 저항감이 싹트기 쉽기 때문이다.

둘째, 부하의 능력개발 필요점은 부서의 목표, 부하직원의 담당 직무 등 상황이 변하면 이 역시 변한다는 사실을 인식해야 한다. 오늘의 약점이 내일의 장점이 될 수 있고 그 반대의 경우도 성립할 수 있다는 것을 알고, 늘 현재의 가장 적합한 능력육성 필요점을 찾기 위해 노력을 게을리하지 않아야 한다.

④ 제4단계: OJT 목표 설정

이 단계에서는 3단계에서 파악된 능력개발 필요점 가운데서 OJT로 꼭 충족시켜야 할 필요점을 파악하고, 이것을 OJT의 목표로 설정한다. 중요한 점은 그 직무를 수행하는 데 분명히 인과관계가 있는 부족한 능력을 설정해야 한다는 것이다. 이를 위해서는 목표 설정 시 부하를 참여시킴으로써 강요된 목표가 아니라 자기 주체적으로 납득한 후 결정해야 한다. 그래야만 부하의 학습의욕이 높아진다.

⑤ 제5단계: OJT 지도계획서 작성

이 단계에서는 관리자가 파악한 교육 필요점, 그리고 관리자와 부하 양자가 협의 설정한 OJT의 목표를 성취하기 위한 구체적 지도계획을 작성한다. 이 계획안을 수립할 때는 누가, 언제, 어디서, 어떤 방법이나 수단을 사용하여 가르치는가, 또한 그 결과를 어떻게 평가할 것인가를 구체적으로 미리 결정하는 것이다.

OJT의 계획을 막연히 세우게 되면 대부분 일상 업무에 쫓겨 OJT는 뒷전으로 밀리거나 타성에 젖기가 쉽다. 그런 만큼 OJT 계획은 미리 명확히 해 두어야 한다.

OJT 지도계획서는 [그림 6-4]를 이용해서 작성할 수 있다.

OJT 지도계획서

OJT 리더	부서장

소속부서			

업무 내용	OJT 지도 목표	OJT 지도 항목	지도방법	일정/ 소요시간	매뉴얼 작성계획		지도담당자
					문서 종류	담당자	

[그림 6-4] OJT 지도계획서

⑥ 제6단계: 실시

계획이 아무리 훌륭하여도 실제로 행해지지 않으면 소용이 없다. 또한 행해지더라도 계획과는 무관하게 즉흥적으로 행해진다면 효과를 기대할 수 없다. OJT 추진의 효과를 높이기 위하여 수시로 추진 상황을 체크하고, 문제가 있을 경우에는 그 문제를 해결하기 위한 노력과 각오를 새롭게 해야 한다.

일반적으로 부하의 능력 개발은 장시간 소요되고, 귀찮을 뿐 아니라 매우 가변적이며 어려운 일이다. 그러나 상사에겐 결코 포기할 수 없는 중요한 일이므로 끈기와 인내심을 갖고 계획을 꾸준하고 착실하게 추진해야 한다.

(2) OJT의 지도 방법

① 지식교육

- 사실과 내념을 알리고자 할 때
  - 가르치려는 일련의 사실을 무리 없이 순서대로 배열하고, 한 차례 학습하기에 적당한 단위로 구분한다.
  - 교육대상자가 첫 번째 시행(읽기, 기억하기, 쓰기, 실습하기)에서 올바른 반응을 일으키도록 유도한다.
  - 올바른 반응이 생기면 즉시 그것을 강화(동의, 칭찬, 격려)하고, 잘못된 반응이 생기면 즉시 정정한다.
  - 사실을 명확하게 알 때까지 복습시킨다.
  - 교육대상자 스스로 자신의 인지 정도나 진전된 내용을 평가하도록 지도한다.

- 문제해결 능력을 향상시키고자 할 때
  - 문제 상황 전체를 파악하게 하고, 해결 가능한 문제를 부각시킨다.
  - 문제를 한정해서 정확히 기술하도록 지도한다.
  - 문제해결에 필요한 정보와 방법을 발견하도록 지도한다.
  - 정보와 방법을 올바르게 해석·분석해서 적용하도록 지도한다.
  - 문제해결을 위한 가설을 세우고 그것을 정확하게 기술함으로써 그 가설의 진위를 검증하도록 지도한다.
  - 교육대상자가 혼자 힘으로 해결하는 방법을 발견하고, 스스로 그 해결법에 대해 평가하도록 지도한다.

- 창조성을 촉진하는 교육
  - 항상 독창적인 발상과 표현을 장려한다.
  - 무조건 선배 지도자를 추종하고 동조하기보다, 관점을 다각적으로 가지고, 생각을 탄력적으로 갖도록 한다.

– 명확한 목표를 갖도록 지도한다.

② 기능교육

- 기능 지도에 들어가기 전에 가르칠 기능의 내용을 분석한다.
- 올바른 동작을 일러둔다.
- 먼저 기본동작을 설명하게 한 다음 실제로 해 보게 한다.
- 적당한 과제를 부여하고 실습시킨다.
- 집중적으로 가르치지 않고 단계별로 나누어서 가르친다.
- 올바른 동작과 올바른 성과, 잘못된 동작과 잘못된 성과에 대해서는 설명을 통하여 이해시킨다.
- 자신의 동작을 스스로 평가할 수 있도록 지도한다.

③ 태도교육

- 학습시켜야 할 태도 · 가치를 명확히 한다.
- 태도 · 가치에 의미부여를 명확히 한다.
- 태도 · 가치에 깊은 관련을 갖는 경험을 쌓게 한다.
- 교육대상자가 일체감을 가질 수 있는 바람직한 인물을 제시한다.
- 그 태도 · 가치에 관련된 감정 체험을 하게 한다.

4. 액션러닝

1) 액션러닝의 개념

(1) 액션러닝의 정의

액션러닝(action learning)은 'learning by doing(실천, 행위를 통한 학습)'이라고 할 수 있으며, 액션러닝의 창시자인 레반스(Revans, 1980)는 액션러닝이란 문제 상황에서 관찰 가능한 행동을 향상시키는 의도적인 변화를 얻기 위해 현실적으로 복잡한 문제에 책임감을 갖고 관여함으로써 학습이 이루어지는 지적·감정적·신체적 발달 수단이라고 정의하였다. 마쿼트(Marquardt)는 액션러닝이란 소규모로 구성된 한 집단이 기업에 직면하고 있는 실질적인 과제를 해결하는 과정에서 학습이 이루어지며, 그 학습을 통해 각 집단 구성원은 물론 조직 전체에 혜택이 돌아가도록 하는 일련의 과정이자 효과적인 프로그램이라고 정의하였다(김종표, 2018).

박성희 등(2013)은 액션러닝을 "수요자 중심의 학습으로, 내부 구성원 모두가 문제해결 과정에 참여하여 적극적으로 문제를 해결하고 그러한 과정을 통해 이론과 실천을 통합함으로써 높은 성과를 달성할 수 있도록 하는 학습기법"이라고 정의하였다. 봉현철과 유평준(2001)은 액션러닝이란 교육 참가자들이 학습팀을 구성하여 과제를 제시하는 스폰서(sponsor) 또는 자기 자신이 꼭 해결하고자 하는 실존의 과제를 팀 전체 또는 각자가 주체가 되어 러닝코치(learning coach)와 함께 정해진 시점까지 과제를 해결하거나 과제 해결 방안을 도출하는 동시에, 그 과정에서 지식 습득, 질문, 피드백, 성찰을 통하여 과제의 내용 측면과 과제해결의 과정 측면을 하나의 과정이라고 정의하였다.

이와 같은 학자들의 다양한 정의를 종합하면, 액션러닝은 현장의 실제적인 사업 성과에 중대한 영향을 미칠 주요 과제를 선택하여, 문제에 대한 구성원들 간에 경험과 관점을 공유하고, 최종적으로 해결안을 개발하며, 이를 현업에 적용해 보고 모니터링하며 이 과정을 성찰해 봄으로써 학습하는 일련의 학습 사이클을 기본 원리로 하는 학습방법이다.

(2) 액션러닝의 6가지 핵심 구성요소

봉현철(2006)은 액션러닝의 핵심 구성요소를 과제, 학습팀 구성, 러닝코치 (퍼실리테이터), 후원자와 실행 의지, 질문과 성찰, 과제 내용과 해결 과정에 대한 학습으로 구분한다. 〈표 6-4〉는 이 6가지 핵심 구성요소를 자세히 제시하고 있다.

〈표 6-4〉 액션러닝의 6가지 핵심 구성요소

구성요소	관련된 설명
과제	교수자가 학습자에게 부여하는 문제해결 내용의 과제
학습팀	5~6명의 팀원으로 구성
러닝코치 (퍼실리테이터)	문제해결, 의사결정, 의사소통, 갈등관리 과정 등이 잘 진행되도록 도와주는 역할
후원자와 실행 의지	액션러닝을 통해 통합한 과업의 해결 방안에 대해 최종적 의사결정 권한을 행사하는 역할
질문과 성찰	팀원들이 스스로 질문하고 성찰하는 가운데 해결 방안을 찾아내기 위해 거치는 단계
과제 내용과 해결 과정에 대한 학습	과제의 해결 과정에서 일어나는 학습에 대한 지식 습득

2) 액션러닝과 유사 교육 프로그램과의 비교

액션러닝은 기존 교육 프로그램과도 기본 가정 및 패러다임을 달리하고 있는데, 유영만(1995)은 액션러닝과 기존의 전통적인 교육방법과이 차이점을 패러다임, 철학 등 8가지 측면으로 나누어 〈표 6-5〉와 같이 제시하고 있다(임형택 외, 2013).

〈표 6-5〉 액션러닝과 전통적인 교육방법과의 비교

구분	전통적인 교육방법	액션러닝
패러다임	공급자 중심의 교수 (강사의 상대적 우월성)	수요자 중심의 학습 (학습활동의 중요성)
철학	문제 상황에 대한 전문적 지식을 가지고 있는 소수의 외부 전문가	문제 상황에 직면하고 있는 내부구성원 모두가 전문가
이론과 실전의 관계	이론과 실천의 분리	이론과 실천의 통합
교수-학습 전략	주입식	참여식

적합한 영역	전문적 지식 및 기술의 집중적인 단기간의 훈련	일반적 경영관리 능력 개발
교육생의 역할	수동적 지식의 흡수자	적극적 참여자
강조점	현장과 관련성이 적은 전통적인 내용 중시	현장 중심의 비구조적 문제 또는 기회의 해결 및 발견
교육과 경영의 관계	교육을 위한 교육 교육전략≠경영전략	경영성과 기여도의 극대화 교육전략=경영전략

한편, 액션러닝은 교육목표, 교육기간, 교육대상, 참여주체 등에서도 기존의 집합식 교육 프로그램과 비교되는 특성화 · 차별화된 특성을 갖고 있다 (봉현철 외, 2001). 이를 표로 요약하여 제시하면 〈표 6-6〉과 같다.

〈표 6-6〉 액션러닝과 기존 집합식 교육 프로그램과의 비교

구분	액션러닝	집합식 교육
교육목표	현장 문제의 해결, 참가자 간 유대 강화, 학습조직의 구축, 참가자들의 리더십 향상, 전문성 강화 등 개인과 조직의 개발을 돕는 여러 가지 교육목표를 추구	일방향의 특정한 구체적인 교육목표를 추구
교육목적	비즈니스 이슈의 실제적 해결을 통한 학습	지식/태도/행동의 변화
교육기간	비교적 3~4주 이상에서 2년여에 이르기까지 긴 기간	대개의 경우 3~4일에서 일주일로 그 기간이 짧음
교육대상	조직 내의 핵심 인력만을 대상	계층별/부문별 교육
참여주체	팀 구성원, set advisor, CEO를 포함한 현업부서장	학습자, 교수자
교육방법	set meeting을 통한 학습과정	집합식/면대면 교육
교육비용	set meeting 운영비용, set advisor 선임비용, 현업 부서장 참여비용 등 프로그램 운영비용 외의 비용 추가	프로그램 운영비용
교육운영 절차	오리엔테이션, set meeting, 계획, 실행 및 적용, 성찰 프로세스의 복잡한 운영 절차	프로그램 운영/비교적 간단한 절차

3) 액션러닝의 실천 원리

워싱턴대학교의 공중보건센터(Northwest Center for Public Health Practice: NCPHP)는 데일(Dale)의 원뿔 모형에 기초하여 학습의 원뿔을 제안하였다. 학습방법에 따른 성인학습자의 2주일 후 기억은 읽기 10%, 듣기 20%, 보기 30%, 보고듣기 50%, 말하기 70%, 행동하기 90%라는 결과를 보여 주고 있다. 이것으로 액션러닝이 실용성을 갖춘 유용한 학습수단임을 확인할 수 있다.

액션러닝의 특성은 다음과 같다. 첫째, 임파워먼트적이다. 파워를 공유하여 권위가 동등하게 위임된 민주적인 기반과 존경 및 신뢰를 중시하는 액션러닝의 임파워먼트적 특성은 구성원들의 허심탄회하고도 통찰력 있는 질문을 촉진해 주는 가장 기본적이고도 중요한 요소이다. 이 특성을 통해 구성원들은 개개인의 잠재력을 더욱 발휘할 수 있게 된다. 둘째, 지식의 기술적 포장보다 실천을 창출한다. 액션러닝은 형식적·개념적인 지식의 기술적 포장을 중시하는 테크노폴리(technopoly)적인 사고방식에 대한 대안으로서의 특성을 지닌다. 즉, 명시적·기술적 지식을 액션러닝의 실천적 특성으로 보완할 수 있다. 셋째, 액션러닝은 고정관념의 틀을 깨는 개인과 조직의 변형(transformation)적 특성을 가진다. 액션러닝은 맥락이 다양한 참여자들이 통찰력 있는 질문을 하는 가운데 자신의 한계를 직시하게 되어 참여자들의 근본적인 가치도 변화하는 기회를 제공하게 된다(노혜란, 유완영, 2004).

모건과 라미레즈(Morgan & Ramirez)는 액션러닝의 실천원리를 통찰과 혁신적 발상을 위한 다양성의 장려, 학습방법의 학습, 최소한의 결정적 요건이라는 세 가지 측면에서 정리하고 있다(김종표, 2018).

① 통찰과 혁신적 발상을 위한 다양성을 장려한다

액션러닝은 현재 관심의 초점이 되고 있는 이슈들을 정리하고 해결하기 위해서 가능하면 여러 분야에서 참가한 구성원들의 다양한 지식, 신념체계,

가치관, 아이디어, 관심, 경험을 프로젝트 진행 과정에 통합시키려고 한다.

② 학습방법을 학습한다

액션러닝은 사전에 설정된 특정 지식이나 기술을 한정된 시간에 습득하는 소위 '예금식 교육방법'을 지양하고, 새로운 사고양식과 실천방법의 창출능력을 배양할 수 있도록 부단한 탐구활동을 적극 장려한다.

③ 최소한의 결정적 요건만 고려한다

학습이 발생하기 위한 최소한의 절대적 필요조건 이외의 학습과정을 사전에 설계할 필요가 없으며, 이러한 최소한의 결정적 요건은 액션러닝의 실천형태를 다양하게 구성할 수 있는 가능성을 제공한다.

4) 액션러닝의 핵심 절차

액션러닝을 실제 수업에 적용하기 위해서는 시작, 진행, 결과 단계를 거친다(손은주, 추성경, 임희수, 2015). 먼저, 시작 단계에서는 실행팀을 구성하고, 실제 문제를 발굴하여 선정한다. 다음으로, 진행 단계에서는 문제를 정의하고, 정보를 수집·분석하며, 아이디어를 개발한다. 아이디어를 개발하였다면, 실행할 문제에 관해 의사결정을 하고, 해결안을 도출하며, 발표 및 피드백을 한다. 마지막으로, 결과 단계에서는 창의적인 문제해결이 되도록 한다. 이러한 단계별 절차를 자세히 살펴보면 다음과 같다.

(1) 실행팀 구성

실행팀 구성을 팀 빌딩이라고 한다. 이는 팀워크를 다지는 활동으로 팀 활동의 성패가 달려 있는 매우 중요한 단계이다. 실행팀 구성의 세부 내용은 〈표 6-7〉과 같다.

〈표 6-7〉 실행팀 구성

단계	세부 내용
팀원 구성	• 성격유형검사나 학습양식검사의 결과를 이용하여 다양하고 이질적 구성원 6~7명으로 집단을 구성한다.
팀 명, 팀 구호, 팀 규칙 정하기	• 팀원이 정해져 집단이 구성되면, 팀 결속력을 다지기 위해 팀원들끼리 자기소개 및 친목 다지기 활동을 한다. • 팀 명, 팀 구호, 팀 규칙을 정하여 전체 학습자 앞에서 발표한다. • 팀 규칙은 앞으로 활동 수행에 대한 서로의 약속이며, 서로 격려하고 활발한 참여를 도모하기 위한 수단이다.

(2) 실제 문제 발굴 및 선정

주변을 둘러보며 관심을 갖고 실제 문제를 찾아본다. 실제 문제 발굴 및 선정의 세부 내용은 〈표 6-8〉과 같다.

〈표 6-8〉 실제 문제 발굴 및 선정

단계	세부 내용
실제 문제 발굴 및 선정	• 팀원 각자가 실제 문제 한 가지씩을 발굴하고, 팀 회의 시 토의 활동을 통해 해결하고자 하는 문제를 선정한다. • 문제 선정 시 문제 선정 기준을 활용하여 적절성을 토의한다. • 팀원들이 발굴한 문제를 선정할 때는 의사결정 그리드(grid; [그림 6-5] 참조)나 매트릭스, PMI 기법[1] 등의 학습도구를 사용할 수 있다.

---

1) PMI 기법: 드 보노(De Bono, 1973)가 고안한 기법으로 특정한 대상의 긍정적인 면과 부정적인 면을 각각 기록한 다음 이들 각각에 대한 문제해결자 나름대로의 판단에 의해 이익이 되는 점을 찾는 기법이다. 제안된 아이디어의 장점(Plus), 단점(Minus), 흥미로운 점을 따져 본 후 그 아이디어를 평가하는 아주 간단하면서도 매우 효과적인 기법이다. 주의할 점은 아이디어를 산출할 때, P, M, I를 철저히 분리해야 한다는 것이다. 이 기법은 동시에 여러 가지 요인들이 혼합되어 작용하는 사고의 상황에서 하나하나씩의 단계를 거쳐 보다 냉철한 판단하에 사고를 전개시킬 수 있는 이점을 가지고 있다.

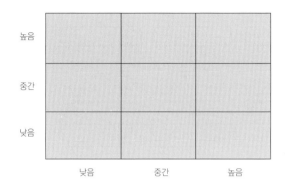

[그림 6-5] 의사결정 그리드

(3) 문제 정의

해결해야 하는 문제를 구체적으로 정의하는 단계이다. 문제 정의의 세부
내용은 〈표 6-9〉와 같다.

〈표 6-9〉 문제 정의

단계	세부 내용
문제 정의	• 팀에서 선정된 문제의 근본 원인과 구조를 파악하며, 문제를 명료하게 정의한다. • 근본 원인 파악 시 가설 설정, 자료조사 결과물 활용, 조사 활동이 수행된다. • 어골도(fishbone diagram, [그림 6-6] 참조)를 통해 나타난 문제의 근본 원인에 따라 해결해야 할 문제가 무엇인지 목록화한다.

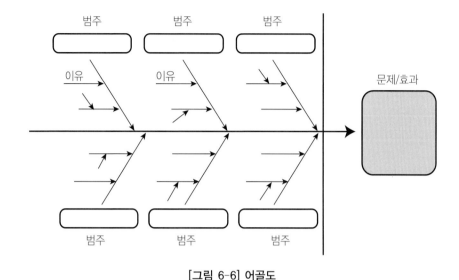

[그림 6-6] 어골도

(4) 정보 수집 및 분석

문제를 해결하기 위한 다양한 정보를 수집하고 분석하는 단계이다. 정보 수집 및 분석의 세부 내용은 〈표 6-10〉과 같다.

〈표 6-10〉 정보수집 및 분석

단계	세부 내용
정보 수집 및 분석	• 정보수집은 문제와 관련된 문헌조사, 연구조사, 인터뷰, 현장조사 등을 통해 이루어진다. • 역할분담표나 자료 수집 계획서, 방문조사 및 연구조사 계획서를 활용한다. • 수집된 정보를 다각적인 관점에서 분석하여 문제해결의 실마리를 찾는다.

(5) 아이디어 개발과 의사결정

아이디어 개발과 의사결정은 활동이 진행될 때마다 필요한 단계이다. 아이디어 개발과 의사결정의 세부 내용은 〈표 6-11〉과 같다.

〈표 6-11〉 아이디어 개발

단계	세부 내용
아이디어 개발	• 아이디어 개발 시 브레인스토밍, 브레인라이팅, 디딤돌 등의 학습 도구를 사용한다. • 의사결정 시 의사결정 그리드나 매트릭스, PMI 기법, 어골도 등의 학습도구를 사용한다. • 도출된 아이디어를 해결안 탐색안에 기술해 둔다. • 해결안 탐색 안에서 선정된 아이디어를 수정·보완·추가할 수 있다.

(6) 해결안 도출

문제해결을 위한 다양한 해결방법을 찾아 선택하는 단계이다. 해결안 도출의 세부 내용은 〈표 6-12〉와 같다.

〈표 6-12〉 해결안 도출

단계	세부 내용
해결안 도출	• 해결안 탐색안에서 실천 가능하거나 타당한 것을 재선정한다. • 선정된 아이디어 중에서 우선 순위를 정한다. • 실천 가능한 아이디어가 도출되면 '문제 개요'를 작성하여 문제의 유형과 학습목표, 대략적인 문제해결 과정, 기대하는 결과물 및 효과를 간략히 기술하여 문제해결 방향과 결과에 대해 예측해 본다.

(7) 실행 계획 및 실행하기

문제해결을 위한 다양한 해결방법을 현장에 적용하기 위해 계획을 세우고, 계획에 따라 직접 현장에서 실천하는 단계이다. 실행 계획 및 실행하기의 세부 내용은 〈표 6-13〉과 같다.

〈표 6-13〉 실행 계획 및 실행하기

단계	세부 내용
실행 계획	• 실제 현장에서 실행하기 전에 6하원칙에 의해서 미리 계획해 본다. • 실행 계획서를 작성할 때 필요한 것과 유의해야 할 것들을 기술하여 팀원과 역할을 분담한다.
실행하기	• 해결안을 현장에서 직접 실천하는 단계이다. • '실행하기 활동지'를 통해 문제해결안 실행과정을 기술하고, 느낌점, 시사점, 실행 중 영상이나 사진 또는 증빙자료를 준비해 둔다.

(8) 발표 및 피드백

문제해결을 위한 전 과정을 전체적으로 볼 수 있도록 발표 자료 및 보고서를 제작하여 피드백을 주고받는 단계이다. 발표 및 피드백의 세부 내용은 〈표 6-14〉와 같다.

〈표 6-14〉 발표 및 피드백

단계	세부 내용
발표 및 피드백	• 문제 발굴부터 실행까지 일련의 과정을 발표하며, 새로 알게 된 사실, 느낀 점, 실천할 점 등의 성찰 과정을 거친다. • 피드백 시 액션러닝의 과정 평가, 내용 및 결과 평가, 발표 평가, 팀원 평가 등이 이루어진다.

이와 같이 액션러닝을 위한 단계를 8단계로 나누어 그 세부 내용을 살펴보았다. 액션러닝은 주로 기업에서 현장의 문제해결을 위해 도입되었지만, 교육현장에서도 다양한 맥락에서 교수방법으로 이용되고 있다. 기존의 학습방법과 동일하게 '실천' 없는 이론 중심 학습이 아니라 실천 중심의 학습이 되어야 한다. 즉, 액션러닝 팀원들이 현장을 조사하기 위해 인터뷰를 실시하고 설문 분석을 실시하고 최종 발표물만 잘 만드는 것을 넘어서, 액션러닝을 무엇 때문에 하며, 과제는 왜 선정되었으며, 과제가 조직에 미치는 영향을 지속적으로 성찰하고 실천하도록 해야 한다.

📖 **학습과제**

1. OJT 지도방법의 장점과 단점에 대하여 기술하고 발표한다.

2. 성인학습에 있어서 멘토링의 중요성에 대하여 서술하고 토론한다.

3. 코칭과 상담의 차이점에 대하여 비교하고 발표한다.

4. 학생 자신의 삶에 영향을 미친 멘토에 대하여 생각하고 그 이유를 발표한다.

❏ 참고문헌

김종표(2018). 평생교육방법론. 경기: 양서원.

노혜란, 유완영(2004). 실천학습에서의 전이 수준과 전이 촉진 요인 규명에 관한 연구. 교육공학연구, 20(3), 137-174.

박성희, 송영선, 나항진, 황치석, 문정수, 박미숙(2013). 평생교육방법론. 서울: 학지사.

봉현철(2006). 액션러닝 Workbook. 서울: 다산서고.

봉현철, 유평준(2001). 액션러닝의 기본구조와 핵심구성요소. 산업교육연구, 57-82.

서천석(2003). 코칭의 기술. 원저: 마샬 쿡(1992). 서울: 지식공작소.

손은주, 추성경, 임희수(2015). 교육방법 및 교육공학. 경기: 교육과학사.

신용주(2012). 평생교육방법론. 서울: 학지사.

유동수, 김현수, 한상진(2008). 한국형 코칭. 서울: 학지사.

임형택, 권재환, 권충훈, 김경열, 김두열, 김인숙, 박찬원, 박희석, 신준영, 오상봉, 오선아, 오정란, 유승우, 윤은종, 전희정, 정경희(2013). 평생교육방법론. 경기: 공동체.

최병권(2004). 미래기업의 인재코드. 서울: 새로운제안.

Cook, M. (2003). 코칭의 기술[*Effective Coaching*]. (서천석 역). 서울: 지식공작소. (원전은 1992년에 출판).

Marquardt, M. J. (1999). *Action learning in action: Transforming problems and people for world-class organizational learning*. Palo Alto, CA: Davies-Black Publishing.

Northwest Center for Public Health Practice (2012). *Effective Adult Learning A Toolkit for Teaching Adults*. University of Washington. accessed on May 3rd, 2018 to http://www.nwcphp.org/training/opportunities/toolkits-guides/effective -adult-learning-a-toolkit-for-teaching-adults

PCB Technical Center. 어골도 적용사례. (http://cuplating.tistory.com/7).

제7장

집단중심 평생교육방법

사람들은 대부분 공부를 많이 하여 유명한 학자나 큰 성취를 이룬 기업인, 연봉을 많이 받는 운동선수, 혹은 멋진 작품을 만들어 낸 예술가 등을 부러워한다. 그런데 그들의 성취를 부러워하면서도 선뜻 자신이 원하는 일을 시작하지 못한다. 수많은 독자를 감동시키는 책을 출판하거나 거대한 사업을 일으킬 아이디어, 세계를 재패할 만한 출중한 능력이 자기 자신에게는 없다고 그저 바라보고 부러워할 수만은 없다.

생활하면서 공부를 하겠다는 꿈을 실현하기 위해서는 열정적인 노력이 수반된다. 이러한 노력을 하는 성인학습자에게 공부하는 방법을 알려주는 것은 무엇보다 중요하다. 이 장에서는 성인학습자를 위한 집단중심 평생교육방법을 살펴보고자 한다.

📑 학습목표

1. 집단중심 평생교육방법 중 강의법의 장단점을 정리하여 발표할 수 있다.

2. 토의법에서 회의법을 학습하고, 직장에서의 회의 문화에 대해 토론할 수 있다.

3. 토의법 중 하나인 브레인스토밍에 기술한 내용을 학습한 후, 브레인스토밍의 종류와 장단점을 비교하여 발표할 수 있다.

✱ 주요용어

강의법, 토의법, 회의법, 브레인스토밍, KJ법, 미쓰비시 브레인스토밍, 트리거 브레인스토밍

1. 집단중심 교육방법의 선정 기준

집단중심 평생교육방법은 활용 목적, 집단 규모에 따라 다르게 적용하는 것이 바람직하다. 구체적으로 어떤 기법을 활용할 것인가는 평생교육방법의 기본원리, 프로그램이 추구하는 학습 목표와 내용, 학습자 요구와 특성, 집단의 규모, 그리고 활용 가능성 등에 따라 융통성 있게 결정해야 한다.

1) 학습 목표 및 내용에 따른 교육방법

집단중심 교육방법의 학습 목표 및 내용에 따른 고려사항은 다음과 같다.

첫째, 구체적인 기법의 선정과 활용을 위해서는 우선 평생교육방법의 원리가 고려되어야 한다. 자발학습의 원리, 상호학습의 원리, 실용성의 원리, 다양성의 원리, 능률성의 원리, 참여성의 원리, 유희와 오락성의 원리 등이다. 수행될 프로그램과 관련하여 활용하고자 하는 방법이 이러한 원리를 제대로 반영할 수 있을 것인지를 우선 검토해야 한다.

둘째, 학습 목표와 내용이 고려되어야 한다. 프로그램마다 다양하고 독특한 학습 목표와 내용이 있는데, 이 둘은 불가분의 관계이다. 평생교육의 내용은 일상생활에 필요한 기초교육부터 일반교양교육, 직업기술교육, 건강교육, 지역평생교육, 여가교육, 시민참여교육, 문화예술교육 등에 이르기까지 다양하며, 이들의 교육목적 역시 다양하다. 그리고 이들은 대체로 지식 획득, 기능 개발, 태도 변화라는 세 가지의 목표 및 내용으로 재분류될 수 있다. 비슷한 맥락에서 캐퍼렐라(Caffarella)는 지식 습득, 사고력 신장, 신체운동적 능력 배양, 태도와 가치 및 감정 변화 등에 따라 각각 적합한 교수기법을 〈표 7-1〉과 같이 제안하고 있다.

〈표 7-1〉 학습 목표 및 내용에 따른 교수기법

학습목표	교수기법
지식 습득	강의, 패널, 집단토론, 반응 패널, 선별강연, 심포지엄, 청취 집단
사고능력 신장	사례연구, 게임, 미결 서류법(in-basket exercise), 중요한 사건법, 토론, 반성적 실천, 관찰, 명상법
신체운동 능력 함양	시범, 시뮬레이션, 시행착오, 기술실습, 행동 모델
태도, 가치 및 감정의 변화	역할극, 시뮬레이션, 집단토론, 대화, 은유분석, 연습, 반성적 실천

출처: 차갑부(1999), p. 285.

셋째, 구체적인 교수-학습 방법의 선정을 위해서는 학습자의 요구와 특성이 반영되어야 한다. 한국교육개발원(1986)의 연구에 따르면, 조사대상자의 대부분(94.6%)이 집단중심 방법에 의해서 학습하고 있으며, 그중에서도 강의법이 주종을 이루고 있음이 나타났다. 그러나 학습자들은 현장견학이나 조사 및 실험, 실습, 토의, 방송이나 통신 교육을 선호하고 있는 것으로 나타났다.

넷째, 학습자의 특성과 관련하여 성, 연령, 지위 등이 고려되어야 한다. 집단중심 교육방법을 활용하는 경우 개개인의 특성을 모두 반영하는 것은 현실적으로 어려움이 따르기 때문에 학습자들의 집단적 특성만큼은 반드시 고려되어야 한다. 예를 들어, 아동, 청소년, 노인, 부모, 직장인 등에 따라 적절한 기법이 활용되어야 한다. 학습자의 교육수준, 직업, 때로는 사회경제적 지위 등도 고려하여야 한다.

2) 집단 규모에 따른 적절한 교수기법

학습자 집단의 규모가 고려되어야 한다. 집단의 규모를 구분하는 준거가 있는 것은 아니지만, 대체로 〈표 7-2〉의 교수기법을 참조할 수 있다. 또한 사용할 구체적인 기법 선정을 위해 활용 가능성을 검토해야 할 것이다.

〈표 7-2〉 집단규모에 따른 교수기법

학자	집단 규모	교수 기법
Knox(1986)	소규모 집단	토론, 세미나, 사례분석, 시뮬레이션, 시범
	대규모 집단	강의, 패널, 토론(debate), 하위집단 토의(subgroup discussion), 포럼
Waldron & Moore (1991)	소규모 집단 (5~35명)	강의, 브레인스토밍, 사례연구, 질의, 현장견학, 버즈그룹, 패널 토의, 역할극, 세미나, 워크숍
	대규모 집단 (35~200명)	강의, 패널 토의, 회의, 심포지엄, 집단토의, 워크숍

이와 같은 고려사항을 모두 충족시키는 교수기법이 있다 할지라도 실제로 사용할 여건이 되어 있는지는 또 다른 문제이다. 기법 선정을 위해서는 참여자, 시설, 장비 또는 도구 등 구비되어야 할 여건을 고려해야 한다.

2. 집단중심 교육방법

성인학습자는 아동·청소년 학습자와는 달리 다양한 경험을 통해 삶의 방식을 체득하여 왔다. 학습에 있어 다양한 개인의 경험은 곧 학습 상황이 여러 형태로 나타날 것이라는 것을 의미한다. 이는 곧 성인의 학습활동을 지원·조장·촉진·자극하는 교수자에게 있어서는 이들의 다양한 특성을 이해해야만 보다 효과적인 강의가 될 수 있다는 것을 뜻한다. 이 절에서는 성인학습자를 위한 평생교육방법 중 집단적으로 실시할 수 있는 교수 방법으로 강의법, 프로젝트법, 토의법 등을 살펴보고자 한다.

1) 강의법

성인은 좋든 싫든 사회적인 존재로 사회적 필요에 따라 혹은 개인의 목표에 따라 학습활동에 참여하기 때문에 그들이 현재 지니고 있는 학습능력과 관계없이 그들이 추구하는 목표가 무엇이냐에 따라 학습활동이 결정되는 경우가 많다. 성인의 지적 배경은 물론 그 학습 참여 이면에 자리하고 있는 학습 참여 동기까지도 파악하고 있어야만 효과적으로 강의를 진행할 수 있다.

성인을 대상으로 하는 강의의 경우, 성인이 처해 있는 상황이나 개인적 문제로 인하여 학습활동이 방해받을 수도 있으며, 교실 내에서 특정 성향을 지닌 학습자의 행동이 거슬려서 강의를 제대로 할 수 없는 상황이 나타날 수도 있다는 것을 실제 강의에 감안하고 있어야 한다(권두승, 2000). 〈표 7-3〉은 성인학습자의 학습방해 요인과 해결방법 및 대책을 정리하였다.

〈표 7-3〉 성인학습자의 학습방해 요인과 해결방법 및 대책

학습방해 요인	해결방법 및 대책
• 너무 많이 가르치고자 한다.	• 교육 내용을 분석해서 학습자의 습득능력에 맞추도록 한다.
• 학습 진도가 너무 빠르다.	• 교육방법을 분석해서 학습자가 어떻게 하면 잘 알 수 있는가를 연구한다.
• 새로운 일에 대한 공포감이 있다.	• 보다 편안한 마음을 가지게 하고, 자신감을 갖도록 하며, 하나씩 여러 차례에 걸쳐서 가르친다.
• 복잡한 문제나 어려운 내용을 포함하고 있다.	• 내용을 몇 개의 단계로 구분하여 보다 상사하게 점진적으로 나누어서 가르친다.
• 전문 용어가 많다.	• 관련된 용어를 미리 알 수 있는 기회를 주고, 관련 용어를 체계적으로 모아서 가르친다.
• 정신이 산만하다.	• 마음을 안정시키고 집중하도록 한다.
• 자신감이 결여되어 있다.	• 격려하고 자극을 준다. 학습의 결과 나타날 수 있는 보상을 개인에게 알려 준다.

• 마음을 열지 않는다.	• 교수자가 먼저 마음을 연다.
• 산만하여 집중할 수 없다.	• 학습자들에게 질문을 하고, 의견 및 질문을 잘 들어 준다.
• 주의력이 부족하다.	• 주의력 부족의 결과를 알려 주고 몇 번이고 반복해 보도록 한다.
• 학습에 관심이 없다.	• 효과적인 학습을 위하여 학습자가 그들의 학습방법을 향상시킬 수 있도록 노력하고 격려한다.
• 신체적 부자유로 인하여 습득이 늦다.	• 장애가 어디에 있는지에 대해 사전에 정보를 습득하고, 시간이 걸리더라도 천천히 할 수 있도록 한다.

　강의법의 장점은 다음과 같다(김종표, 이복희, 2010). 첫째, 경제성이다. 짧은 시간 안에 많은 내용의 지식을 전달하고, 대단위 학습을 할 경우 경비가 절감되는 효과가 있다. 둘째, 강의의 효과성이다. 낮은 수준의 인지적 목표를 달성하기 쉽다. 셋째, 친밀성이다. 누구나 많이 사용하는 방법으로 교수자와 학습자에게 익숙한 방법이다.

　강의법의 단점은 다음과 같다. 첫째, 강의 자체가 교수자의 능력에 전적으로 의존할 수밖에 없다. 둘째, 교수자가 일방적으로 강의를 전달하기 때문에 학습자가 수동적이고 상호작용이 어렵다. 셋째, 교수자와 학습자 간의 교류가 쉽지 않다.

　강의법의 절차는 도입, 전개, 종결의 3단계로 나누어지며, 각각의 내용에 대해서는 교안 작성법에서 자세하게 설명하고 있다. 효과적인 강의법을 위해서는 먼저 교수자의 열정이 필요하고, 강의를 통해 학습자의 동기유발과 참여를 유도한다. 이를 위해 다양한 교수매체를 활용하는 것이 중요하며, 강의를 전달하는 과정에서도 적시에 필요한 여러 가지 교수법을 활용해야 한다.

　효과적인 강의가 되기 위해서는 강의 전개 과정에서 각 단계별로 다음과 같은 전략이 필요하다(이미나, 이해주, 김진화, 2013). 첫째, 강의를 준비하는 단계에서는 목표 설정, 내용 선정 및 조직화, 유용한 자료 준비, 강의실의 물리적 · 심리적 환경 구성 등이 고려되어야 한다. 특히 강의 목표가 분명하게 정해져야 한다. 왜 그것을 강의하려 하는지, 그리고 그것을 가르치기에 강의법이 적절한지 등을 검토해야 한다. 목표가 설정되면 학습자의 욕구와 특성, 강의 시간 등을 고려하면서 강의하고자 하는 내용을 선정하고 조직화하는 등 철저한 준비와 연구가 뒤따라야 한다. 내용에 대한 연구와 준비가 끝나면 교수-학습 자료를 마련해야 한다.

둘째, 강의를 실제로 전개할 때에는 친화관계, 주의집중, 화술 등에 유의해야 한다. 우선 강의 시작 전 5~10분은 본 강의에 들어가기 위한 심리적 준비를 하는 것이 바람직하다. 즉, 학습자들과 친화관계를 형성하고 주의를 집중시키는 것이 무엇보다 중요하다. 출석을 부르거나 안부를 물으면서 인사를 교환하고 가벼운 유머를 구사하는 방법을 생각할 수 있다. 그리고 선행조직자(advance organizer), 시청각 매체 등을 활용하면서 호기심을 유발하고, 학습에 주의집중을 유도할 수 있다.

셋째, 본격적인 강의 진행에서는 이와 같은 친화관계와 주의집중을 지속적으로 유지하기 위한 노력이 있어야 한다. 우선 교수자와 학습자 간의 친화관계는 서로를 신뢰하고 존중하는 심리적 · 사회적 분위기를 형성하는 데에서 이루어진다. 그러므로 학습자들의 이름을 외우고, 친절한 자세를 유지하고, 유머 감각을 발휘하고, 학습자의 의견과 경험을 존중하는 등 감정이입적이고 민주적인 분위기를 조성해야 한다.

넷째, 강의가 마무리 단계에 이르렀을 때는, 교수자는 대체로 중요사항을 복습하고 요약하거나 결론을 맺고, 또는 새로 학습한 정보와 지식을 기존의 것과 연관시키거나 활용방법을 제시하며 차시 학습 내용을 예고하는 것 등이 필요하다. 이와 관련된 내용을 도식화하면 [그림 7-1]과 같다.

강의법을 이용할 때 유의사항은 다음과 같다(손은주, 추성경, 임희수, 2015). 첫째, 수업의 목표를 명확히 설정해야 한다. 그렇지 않으면, 수업 목표와 관계없는 강의를 진행할 수도 있다. 둘째, 강의 내용은 사실에 근거해야 한다.

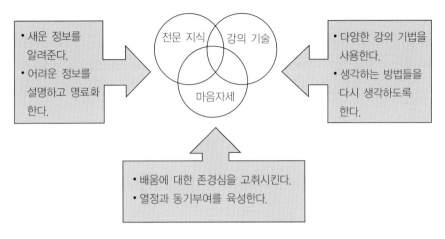

[그림 7-1] 훌륭한 강의를 위한 핵심 요소

출처: 조벽(2005), p. 61에서 재구성.

경우에 따라서 사실을 과장하거나 축소하는 등 교수자의 주관이 개입되지 않도록 유의해야 한다. 셋째, 학습자가 주어진 정보, 사실에 대해 동기를 유발할 수 있도록 진행해야 한다. 넷째, 구체적인 실례나 도표, 혹은 시청각 보조자료 등 학습자료를 사용하는 것이 효과적이다. 다섯째, 학습자들에게 질문의 기회를 주고, 강의 내용을 요점 정리해 주는 것이 필요하다. 여섯째, 교수자의 강의 능력은 학습자의 이해에 중요하게 작용하므로 강의 속도나 음성, 음량 등에 주의를 기울여야 한다.

2) 토의법

토의란 의견 교환을 통해 최선의 방안을 모색하고, 상호 협력적 의견교환의 과정을 거치는 방법을 말한다(박성희 외, 2013). 토의법(discussion method)의 장점은 학습자들의 자발적 참여를 유도할 수 있으며, 집단에 대한 긍정적인 태도를 가질 수 있다. 반면에 시간이 많이 필요하며, 주제가 흥미롭지 않은 경우 소극적인 학습자들은 무관심하며 직접적인 참여가 부족할 수 있다는 단점이 있다. 토의법은 기본적으로 참가자의 인지적·정의적 발달을 도모하고, 적극적으로 활동에 참여하도록 하는 데 학습의 목적이 있다. 토의법은 경험의 상호 교류에 의하여 실제 생활에 도움이 되는 지식과 기술을 습득할 수 있고, 참가자들의 인간관계의 향상 및 연대의식의 고양에 유리하다. 대화를 통하여 협력과 사고하는 방법 등 민주적 태도가 양성되는 장점이 있다. 그러나 참가자의 수준에 한정되며, 경험중심 이기 때문에 본질적이고 계통적으로 내용 파악이 어려우며, 참가자가 많을 경우 전개하기에 어려움이 있다는 단점도 있다.

이러한 토의 학습과정을 통해 얻을 수 있는 태도는 다음과 같다.

- 자기의 사고력을 높이고 스스로 판단하는 태도
- 자기 의견을 명확하게 발표하고 상대방에게 전달하는 태도
- 타인의 의견을 존중하고 관대하게 수용하는 태도
- 자기 발언의 중요성을 이해하고 타인의 의견을 논리적으로 비판하는 태도
- 자기 주장이 부당한 경우, 집단의 의견에 따르고 협력하는 태도
- 회의를 민주적으로 운영하는 태도
- 타인의 의견을 듣고 자기 의식을 확대시키며 심화하려는 탐구적인 태도

한편, 회의법은 의사결정을 할 사안에 대해 이해 당사자가 모여 결론을 도출하는 방식이다. 자신의 주장을 나누는 자리이므로 사전 준비가 잘 되어 있어야 한다. 자료 조사를 통한 자신의 생각을 정리하여 문서로 작성한다. 준비가 되어 있지 않으면 다른 사람과의 견해 차이로 인해 상호 비난과 이해가 어려울 수 있다. 회의에서는 의사결정 할 사안에 대해 회의 참가자의 상호 이해와 다름을 인정하고, 상대를 설득할 수 있어야 하며, 상대를 비난해서는 안 된다. 회의는 진행의 형식에 의해서 크게 의회식 회의(議會式會議)와 원탁회의(圓卓會議)로 구분한다. 의회식 회의는 의장이 회의법에 의해서 회

의를 진행시키는 방법으로 표결에 의하여 가결과 부결이 결정된다. 이에 비해 원탁회의는 회의 지도자가 회의를 주관하며, 자유스럽게 동등한 입장에서 의견을 교환하면서 전체의 합의점을 찾아 나가는 회의 방식이다. 또한 회의 주제와 목표에 집중하고 자신의 의견을 발표하고, 회의 참가자 모두가 수평하게 소통하면서 결과를 도출하는 30분 회의법, 그리고 삼성의 회의기법인 337법이 있다.

삼성의 337기법은 3가지 사고, 3가지 원칙, 7가지 지침을 말하는데, 이를 자세히 살펴보면 다음과 같다.

(1) 3가지 사고 방법(3 ways of thinking)

① 회의의 필요성 자문: 꼭 필요한 회의인가, 스스로 결정하면 안 되는가, 더 좋은 방법이 있을 수 있는가

② 회의의 간소화: 참석자를 줄일 수 있는가, 빈도·시간·배포 자료를 줄일 수 있는가, 좀 더 원활한 운영을 할 수 있는가

③ 다른 회의와 통합 또는 위임 여부: 다른 회의와 겸해서 할 수 있는가, 권한 위임으로 해결할 수 있는가, 다른 회의에 맡겨도 좋은 내용인가

(2) 3가지 원칙(3 principles)

① 회의 없는 날 운영

② 회의 시간은 1시간, 길어질 경우 1시간 30분 원칙

③ 회의 기록은 한 장으로 정리

(3) 7가지 규칙(7 rules)

① 시간 엄수

② 회의에 들어가는 경비를 회의 자료에 명시해서 불필요한 낭비 방지

③ 회의 참석자를 꼭 필요한 적임자나 담당자로 제한해 최소화

④ 회의 목적을 명확히, 다른 주제나 쓸 데 없는 방담이나 토론 금지

⑤ 회의 자료를 사전에 배포, 회의 참석 전 의제를 검토하여 원활한 회의를 진행

⑥ 특정인이 주도적으로 발언하는 것을 막기 위해 참석자 전원이 발표, 발표된 의견은 서로 존중하기

⑦ 회의록 작성을 최소화하기 위해 결정된 사항만 기록해 보관함

대한상공회의소(2017)는 「국내기업의 회의문화실태와 개선해법」 보고서에서 상장사 직장인 1천 명이 바라본 국내기업 회의의 문제점과 원인 등을 제시하고 있다. 첫째, 직장인의 회의 만족도는 매우 낮은 편이었는데, 창의와 혁신의 시대임에도 산업화 시대 유효했던 일방적 지시와 이행 점검식 회의가 많기 때문이었다. 또한 전근대적 회의 방식이 기업의 혁신과 효율을 떨어뜨려 경쟁력의 걸림돌로 작용하였다. 둘째, 습관적 회의는 회의를 비효율적으로 만들고 있다. 직장인들은 1주에 평균 3번 이상, 매번 평균 50분 이상 회의하는데, 절반인 2회 정도는 불필요한 회의로 나타났다. 회의 중에는 잡담이나 스마트폰 보기 등으로 허비하고 있어 회의의 효율성이 낮은 것으로 나타나고 있다. 셋째, 회의 시 상호 불통의 문제가 있었다. '답은 정해졌다. 너는 대답만 해라.'는 상사의 발언 독점, 상사의 의견대로 결론이 정해지는 편이라서 참석자들은 자유로운 의견을 제시하지 못하는 편이었다. 회의 시 상하관계뿐 아니라 동료 간 수평적 소통도 원활치 않으며, 이는 회의 참석자 간 신뢰 부족을 나타낸다. 특히 반대 의견을 내면 개인에 대한 반감으로 인식하거나 업무 떠넘기기로 오해받을까 봐 발언을 자제하는 경향이 나타나서 조직 구성원 간의 낮은 신뢰도 역시 침묵의 회의를 부채질하는 것이다.

이러한 일상적인 직장의 회의에 강영수(2017)는 다음과 같은 스마트 회의를 제안하였다.

첫째, 회의 시작 전에 필요 없는 참석자는 제외시켜라. 회의를 준비하는 과정도 중요하다. 회의의 목적과 회의를 통해 얻고자 하는 결과물이 명확해야 한다. 주제에 맞는 직원만 선별해서 자신의 업무와 상관없는 회의 때문에 시

간을 낭비하는 직원이 생기지 않도록 해야 한다. 어떤 내용을 다룰지 사전에 공유하면 참석자들이 미리 준비해 올 수 있어 회의 시간을 줄일 수도 있다.

둘째, 시작할 때는 확실한 '회의 태세'를 갖추고 시작하라. 회의를 시작할 때는 모든 참석자가 '회의 자세'를 갖추게 해야 한다. 토론할 주제를 화이트보드에 적거나 큰 화면에 띄워 모든 참석자가 볼 수 있게 만들고, 스마트폰이나 태블릿 PC 같은 전자기기 사용을 금지하는 것도 좋은 방법이다. 토론을 시작할 때는 이미 알고 있는 상황이나 정보를 말하기보다, '최근 1년 동안 A지역의 판매량이 급감한 원인은 무엇이라고 생각하십니까?'와 같이 구체적인 질문을 던져야 한다. 정기적으로 진행하는 회의일수록 정시에 시작해 정시에 끝내고 가급적 1시간 이내에 마치도록 하고, 회의 주최자가 다른 동료 직원들의 시간을 존중한다는 점을 간접적으로 알릴 수 있고, 직원들이 회의에 더 집중하게 만드는 효과가 있다고 한다.

셋째, 회의 중에는 토론 방해꾼 옆에 고위 직급을 앉혀라. 회의 진행자는 주제에서 벗어나는 '토론 방해꾼'을 매끄럽게 처리하고 모든 참석자가 의견을 내도록 유도하는 역할을 맡아야 한다. 몇몇 참석자가 중언부언하거나 혼자서 너무 길게 이야기하면 회의가 길어지고 산만해진다. 다른 참석자의 말을 직접적으로 끊기보다, "지금 그 발언이 이번 회의 주제와 어떤 관련이 있는지 설명해 주세요. 만약 관련 없는 내용이라면 다른 자리에서 의논할 수 있도록 일정을 잡아 봅시다."와 같이 해당 직원을 존중하는 화법을 구사하는 편이 좋다. 상습적인 토론 방해꾼 옆자리에 고위 직급을 앉혀 "좋은 지적이네요. 다음번에 논의해 봅시다."라며 회의를 정리하는 역할을 맡기는 것도 좋은 방법이다.

넷째, 끝낼 때는 회의결과를 확실히 정리하라. 마무리할 때는 회의 결과에 대해 간단히 요약해 주는 것이 좋다. 이는 당일 회의에서 결정된 사항과 담당할 책임자, 다음 회의에서 점검해야 할 사안 등을 모든 참석자가 동일하게 이해하도록 돕는 과정이다. 이렇게 요약·정리하는 과정을 통해 참석자들이 회의 결과를 잘못 이해할 가능성을 줄일 수도 있다.

다섯째, 회의 후에는 참석하지 않은 사람도 회의결과를 공지해서 공유하라. 전자우편(e-mail) 등으로 정확한 회의 결과를 참석자들에게 공지하고, 회의에 참석하지 않은 직원들도 어떤 내용을 다뤘고 어떤 결정이 내려졌는지 알 수 있도록 전달해야 한다. 조직의 특성과 문화에 맞게끔 회의 방식을 수정하려는 노력도 뒷받침돼야 한다. 정기적으로 진행하는 회의일수록 참석자들이 아직 회의 내용을 잘 기억하고 있을 때 피드백을 받도록 하고, 잘된 점보다 부족한 점이나 문제점에 대해 먼저 묻고, 회의 진행 방식을 개선할 아이디어를 구하는 것이 바람직할 것이다.

지금까지 살펴본 토의법과 회의법의 특징을 정리하면 〈표 7-5〉와 같다.

〈표 7-5〉 토의법과 회의법의 특징

토의법	회의법
• 집단 구성원 간의 의견 교환이 활발히 진행되어 정보 수집, 시야 확대, 생각할 수 있는 기반이 되는 요소 및 배경의 이해를 심화할 수 있다. • 중요한 사안은 토의과정을 통하여 결론을 내릴 수 있다. • 미경험자도 충분히 참가할 수 있다.	• 회의에 참가하는 구성원은 그 주제에 관하여 어느 정도 지식과 경험을 지니고 있다. • 회의를 통하여 그 집단의 결론이 도출된다.

토의법의 진행 순서는 먼저 토의를 시작하기 전에 구체적인 목표가 필요하며, 토의 진행방법에 대해서도 계획이 필요하다. 예를 들면, 참여자는 누구인지, 주제를 설명하는 방식은 무엇인지, 예상되는 질문과 결론은 무엇인지에 대해서도 생각해야 한다. 토의를 위해 또한, 주제에 대한 지식과 정보가 필요하다. 그리고 토의장을 준비해야 한다.

강의실의 경우 책상의 배열이 중요하다. 책상 배열에 따라 원탁식, 대좌식, 패널 토의 등이 있다. [그림 7-2]는 토의 인원과 토의장 책상과 좌석 배치 구성의 사례이다.

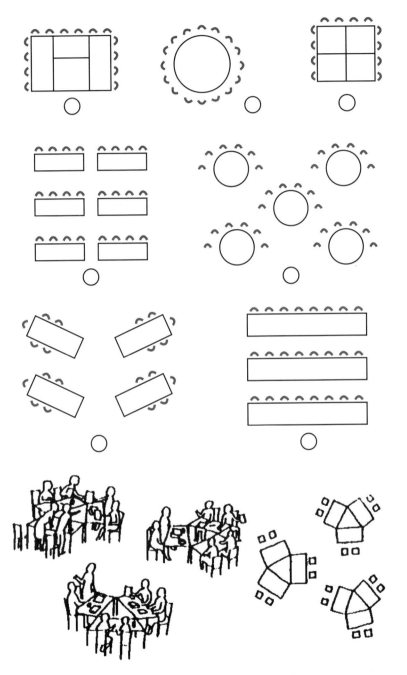

[그림 7-2] 버즈그룹 공간 구성의 예

출처: http://new.fatare.com/round-table-seating-arrangement- in-a-typical-conference-room-facilitates/; Makokha & Ongwae (1997).

토의의 종류는 다양한데, 집단 규모나 공식성 여부로 대별하기도 한다. 일반적으로 소규모일 경우에는 세미나, 버즈그룹, 브레인스토밍이 적절하며, 대규모일 때는 심포지엄, 워크숍, 포럼 등이 사용될 수 있다. 또한 공식적 토의는 한두 명의 발제자가 10~20분 정도 공개 발표를 하고, 발표한 내용을 중심으로 발제자와 청중 간에 질의응답을 통해 토론을 전개한다. 사회자는 발제자의 발제 시간이 너무 길지 않도록 통제하고, 청중의 질문을 유발시키는 역할을 한다. 이러한 공개 토의에는 세미나, 패널, 청중반응 팀, 대담토론 등이 있으며, 비공식적인 자유토의형으로는 포럼, 버즈그룹, 브레인스토밍이 사용된다.

토론에 많이 사용되는 버즈 토의와 브레인스토밍에 대해 좀 더 살펴보면 다음과 같다.

우선, 버즈(buzz) 토의는 벌이 날아다니며 내는 소리처럼 요란하다고 하여 '6·6법'이라고도 하며, 한 주제에 대해 대체적으로 6명씩 구성된 각 집단이 6분간 토의한다. 소수 인원으로 집단을 만들어서 친근감을 갖게 하고, 각자 자유로이 발언할 기회가 있어 집단 구성원 전체가 다같이 적극적으로 토론에 참가한다. 버즈 토의법은 강연회, 패널 토의, 심포지엄, 영화 등이 끝난 뒤에 문제 발견과 정리를 위하여 하는 경우, 그리고 일반적 토의나 강연회 등의 예비 토의로 사용된다. 그 진행방법은 다음과 같다(권두승, 2000).

- 전체 사회자로부터 토의할 의제에 대한 설명을 듣는다.
- 그 자리에서 참가자를 5~8명의 소집단을 만든다.
- 각 집단에서 자기소개를 한 후 사회자와 기록자를 정한다.
- 주어진 의제에 대해 일정한 시간(10~15분) 동안 토의한다.
- 각 집단의 사회자 또는 기록자가 토론된 내용을 발표한다.
- 전체 사회자는 발표 내용을 순차적으로 정리하여 일반 토의를 유도한다.

브레인스토밍(brainstorming)은 광고회사의 부사장이었던 알렉스 오스본

(Alex Faickney Osborn)이 개발하였다. 처음에는 광고회사와 같이 아이디어를 내야 하는 곳에서 '조직적인 아이디어 창출기법'으로 사용했으나, 그 이후 교육계에도 널리 활용되고 있다. 브레인스토밍은 특정한 문제나 주제에 대해 두뇌에서 마치 폭풍이 휘몰아치는 듯이 생각나는 아이디어를 모두 내놓는다는 의미이다. 일반적인 사고방법이 아니라, 거침없이 떠오르는 생각을 제출하여 좀 더 다양하고 폭넓은 사고를 유도한다. 개인의 특정한 아이디어는 개인 뿐만 아니라 집단의 다른 사람들에게도 연합 작용 및 연쇄 반응을 가져와 산출이 증대된다고 보았다.

브레인스토밍에서 가장 중요한 원리는 '판단 유보'와 '양의 추구'이다. 이 두 원리를 기본으로 하여, 우스꽝스럽고 재미있는 아이디어를 만드는 4가지 규칙은 〈표 7-6〉과 같다(전경원, 1997).

〈표 7-6〉 브레인스토밍 규칙과 내용

규칙	내용
평가 및 비판의 유보	브레인스토밍을 진행하는 동안 다른 구성원들이 제시하는 아이디어에 대해 평가나 비판을 하지 않는다.
자유분방하고 폭넓은 아이디어	폭넓게 발생되는 아이디어는 더 나은 질의 아이디어를 자극한다.
가능한 한 많은 양의 아이디어	아이디어 수가 많을수록 유용한 아이디어가 나올 가능성이 더 많다.
결합과 개선의 추구	이미 제안된 아이디어로부터 다른 아이디어를 이끌어 낼 수 있다.

이러한 브레인스토밍의 교육적 기능을 살펴보면 다음과 같다(박정옥, 2001). 첫째, 모든 참가자가 다 같이 동일한 입장에서 하고 싶은 말을 다할 수 있도록 보장되기 때문에 정서적 안정감이 길러진다. 둘째, 성취감을 맛볼 수 있는 기회가 많기 때문에 열등감이 줄어들고, 긍정적 자아 개념이 형성되어 적극적인 생활을 할 수 있다. 셋째, 다른 사람의 의견을 경청하는 태도가

길러짐으로써 원만한 인간관계가 형성된다. 넷째, 항상 새로운 문제를 탐구하며, 새로운 사상, 지식, 경험을 얻기 위해 노력하는 태도가 길러진다.

앞서 언급하였듯이, 브레인스토밍은 처음 광고회사의 획기적인 아이디어 발굴에서 시작된 이래, 산업체에서 특히 많이 활용되고 있다. 루디(Rudy, 2016)는 브레인스토밍 방법을 마인드 맵(mind map), 역 브레인스토밍(reverse brainstorming), 차이 메우기(gap filling) 등 19가지로 정리하였다. 일본 산업계에서 활용되고 있는 브레인스토밍 방법으로는 KJ(Kawakita Jiro), 미쓰비시(Mitsubishi), NHK(Hiroshi Takahashi), Lotus Blossom(Matsumura Yasuo) 등의 방법이 있다(four Japanese Brainstorming techniques, 2018. 5. 28. 인출). 여기서는 KJ법과 미쓰비시 브레인스토밍, 그리고 마스페레(Masferrer)가 고안한 트리거(trigger) 브레인스토밍 방법을 살펴본다.

첫째, KJ법은 창의적 문제 해결을 위한 사고 프로세스로 일반적으로 분기 사고, 수렴 사고, 아이디어 결정화 및 아이디어 검증의 4가지 하위 프로세스로 구성된다. 다른 창의적인 문제해결 방법론은 하향식이지만, KJ법은 실용화를 위한 상향식 창의적 문제해결 방법이다. KJ법은 [그림 7-3]과 같이 라벨에 적기, 라벨 분류하기, 이름붙이기, 공간 배열하기, 구두 혹은 글로 정리하기의 절차로 이루어진다.

① 라벨에 적기: 브레인스토밍이나, 브레인 라이팅(brain writing) 혹은 아이디어 마라톤 등의 방법으로 제안한 아이디어와 현장 조사 등에서 수집한 데이터를 문제와 관련된 상황을 관찰하며 라벨에 적는다. 사실, 생각 또는 관심 있는 문제와 관련된 개념을 한 가지만 각 라벨에 표기해야 한다. 라벨의 수에는 제한이 없다.

② 라벨 분류하기: 모든 생각이나 자료 등을 적어 놓은 후에는 라벨을 모아서 테이블이나 바닥에 붙인다. 라벨에 적힌 내용을 신중하게 분류한다. 같은 곳에 속하는 것으로 보이는 라벨은 서로 가까이 배치해야 하며, 서로 다른 라벨과는 거리를 두어 분류해야 한다. 라벨은 단순히 비

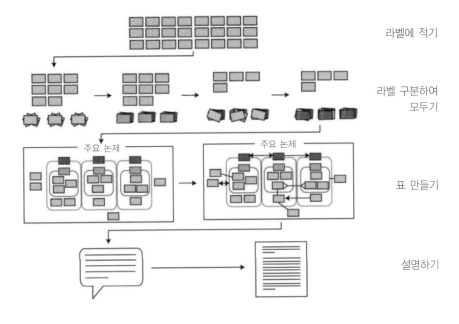

라벨에 적기

라벨 구분하여
모두기

표 만들기

설명하기

[그림 7-3] KJ법의 기본 절차

숫한 것끼리 분류되어서는 안 되며, 서로 연관된 것끼리 분류해야 한
다. 아이디어가 다른 라벨과 관련이 없는 라벨은 주요 개념이 되거나
상위 수준의 라벨 모둠으로 분류될 수도 있다.

③ 이름 붙이기: 라벨의 약 2/3가 분류된 후에는 모아진 라벨을 요약하여
각 모둠의 제목으로 한 줄짜리 문장을 만든다. 모둠의 모든 라벨을 다
시 읽은 다음, 해당 모둠의 모든 라벨을 잘 설명하기에 적합한 말을 생
각해야 한다. 너무 추상적이거나 너무 구체적이어서는 안 된다. 모둠
이름이 정해지면 새 라벨에 쓰고 모든 모둠이 완료될 때까지 이 과정을
수행한다. 한 줄로 명칭을 만드는 것은 새로운 말을 만들거나 혹은 줄
임말이어도 되는데, 모둠에 있는 모든 라벨의 의미를 담아내야 한다.
이 라벨 모두기 및 이름 붙이기는 모둠 수가 10개 이하가 될 때까지 계
속한다.

④ 공간 배열하기: 라벨 모두기 단계가 끝나면, 최종적으로 여러 모둠이

생기게 되므로, 큰 종이 위에 펼쳐져 배열한다. 흩어지지 않게 모든 라벨 모둠을 잘 정리해야 한다. 이 과정은 모든 라벨과 모둠에 동일하게 진행돼야 한다.

⑤ 관계: 라벨, 모둠, 팀 등을 각각 객체라고 한다. 일반적으로, 다음 관계 기호는 KJ 표에서 객체 간의 관계를 표현하는 데 사용된다. 표에서 객체 간 관계는 쉽고 명확하게 표현되어야 한다.

(a) 원인과 결과: 이전에 있었거나 어떤 것의 원인이다.　　　　→

(b) 반대: 각각 객체는 서로 반대이다.　　　　〉——〈

(c) 상호 의존성: 객체들은 서로 연결되어 있다.　　　　◀——▶

(d) 상관관계 : 두 객체 어떤 식으로든 서로 관련되어 있다.　　——

⑥ 구두 또는 글로 설명하기: 마지막 단계는 표를 명확하게 설명하는 것이다. 설명은 해결해야 할 문제의 시나리오로 시작해야 하며, 보다 구체적으로 설명해야 한다. 일반적으로 구두 설명이 먼저 주어지며, 표의 어느 한 곳에서 시작하여 모든 부분을 다룰 때까지 인접한 부분으로 진행할 수 있다. 그런 다음 서면 설명이 이루어진다. 구두 설명을 명확하고 매끄럽고 간결하게 작성해야 한다. 이 단계는 토의에 참석한 사람들이 문제의 구성 요소들 간의 상호 관계를 철저하게 이해할 수 있도록 도와준다.

둘째, 미쓰비시 브레인스토밍은 미쓰비시 합성수지 회사의 사다미 아코키(Sadami Aoki)가 전통적인 서구의 브레인스토밍에 대한 일본식 대안으로 개발한 것이다. 이 기법은 아이디어를 시각화하고 체계화함으로써 새로운 아이디어를 도출할 필요가 있을 때 사용하는 것이 좋다. 미쓰비시 브레인스토밍은 다음과 같은 절차를 따른다(Higgins, 1994).

① 문제를 확인한다.

② 참가자들이 자신의 해결책을 적는다.

③ 참가자들이 자신의 아이디어를 소리 내어 읽는다.

④ 자신만의 독창적인 아이디어가 없거나 적은 사람들은 자기 자신의 아이디어뿐만 아니라 남의 아이디어에 편승한 아이디어도 같이 발표할 수 있다.

⑤ 아이디어를 소리 내어 자세하게 설명한다.

⑥ 리더가 그림 및 도표로 아이디어를 정리한다.

⑦ 아이디어에 대하여 토론하고 평가를 한다.

셋째, 브레인스토밍의 트리거법은 종종 고전적인 브레인스토밍과 함께 사용되는 기법이다(Masferrer, 2016). 이 기법이 확실히 효과를 발휘하도록 하려면 몇 가지 지침을 따르는 것이 중요하다. 트리거법은 참가자가 각자 적어놓은 아이디어에 대한 토론이 필요할 때 사용하는 것이 좋다. 트리거법의 실행 절차는 다음과 같다.

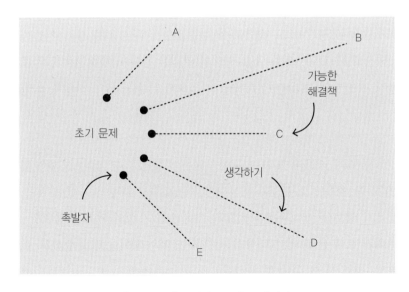

[그림 7-4] 브레인스토밍 트리거법

① 먼저 문제 기술서를 참가자들에게 읽어 준다.

② 각 참가자들은 말없이 약 5분 동안 아이디어를 적는다.

③ 한 참가자가 자기 아이디어를 다른 참가자들에게 읽어 주고 간략하게 설명한다.

④ 나머지 참가자들은 읽은 아이디어에 대하여 약 10분 동안 토론을 한다. 토론을 하는 동안 원래 아이디어의 변형이나 전혀 다른 새로운 아이디어를 개발하고, 자신이 쓴 아이디어 목록 중에 중복된 것이 있으면 지운다.

⑤ 모든 아이디어에 대한 토론을 마칠 때까지 계속한다.

지금까지 살펴본 브레인스토밍의 장점은 다음과 같다. 첫째, 주제의 다양성(variety of subject)이다. 무엇이 옳은지, 어떠한 대안을 선택해야 하는 것이 좋을지 같은 판단을 필요로 하는 주제가 아니라면, 어떠한 주제를 가지고도 브레인스토밍을 할 수 있다. 집단의 작은 의사결정부터 중요한 의사결정까지 복잡하지 않은 절차를 통해 팀의 구성원들과 아이디어를 공유할 수 있다. 둘째, 시너지 효과(synergy effect)이다. 브레인스토밍은 아이디어의 질보다 양에 초점을 맞춘 것으로 집단의 구성원들은 즉각적으로 생각나는 아이디어를 제시할 수 있다. 서로 다른 사람의 의견을 참고하여 창의적으로 조합할 수 있기 때문에, 무심코 제시하였을지 모르는 의견도 다른 사람들에게는 우수한 아이디어를 도출해 내는 데 좋은 참고가 될 수 있다. 셋째, 표현의 자유(freedom of speech)이다. 브레인스토밍은 비판과 비난을 자제하는 것을 원칙으로 삼고 있기 때문에 집단의 구성원들이 비교적 부담 없이 의견을 표출할 수 있다. 즉, 브레인스토밍은 아이디어를 표출하고 확장하는 데 초점을 맞추는 것이기 때문에 참여자들은 비교적 자유롭게 자신의 의견을 제시할 수 있는 분위기와 환경 속에서 다양하고 독특한 아이디어들을 도출하고 표현할 수 있게 된다. 넷째, 효율적 시간관리(time management)이다. 브레인스토밍은 발상 시간 조정이 가능하다. 회의마다 임의로 발상 시간을 늘리거나 줄일 수 있기 때문에 시간 관리가 효율적으로 이루어진다. 주어진 발상 시간 내에 아이디어를 생각해 보고, 모든 참여자가 자유롭게 말할 수 있다. 뿐만 아니라 브레인스토밍은 혼자서도 얼마든지 할 수 있다. 타이머 등을 준비하여 발상의 시간을 정하고, 생각나는 아이디어를 정리할 수 있다.

참여자 모두의 자유로운 발상을 추구하는 브레인스토밍에는 단점도 있다. 첫째, 산출 방해(production blocking)이다. 브레인스토밍은 타인의 이야기를 경청하도록 되어 있기 때문에, 타인의 이야기를 들으면 자신의 생각을 방해하여 개인이 제대로 된 아이디어를 내는 데 방해될 수도 있다. 또한 제한된 시간 내에서 아이디어를 내야 하기 때문에 창의적인 아이디어를 충분히 설명할 시간을 갖지 못해 좋은 아이디어가 사장될 가능성도 있다. 집단 내에 강력한 성향을 가진 사람이 많은 경우에는 일치를 강요하는 압력이 있을 수도 있어 자신의 의견을 왜곡하여 발언하기도 한다.

둘째, 평가 불안(evaluation apprehension)이다. 브레인스토밍 집단 내에 권위 인물이 존재하거나 집단 구성원들이 사회적 상호작용에 대해 불안을 느낄 때 훨씬 적은 아이디어가 생성된다. 이는 권위적 인물 또는 상급자가 자신의 아이디어에 대하여 부정적 평가를 내릴 것에 대한 두려움에서 파생된다. 어떠한 아이디어를 말할 때 상급자 혹은 동급자 내에서 자신의 역량에 대한 부정적 평가받기를 꺼리기 때문에 아이디어를 낼 때 자기 검열을 하는 사람이 생기기도 한다. 또한 대다수의 의견과 유사한 아이디어를 제안하는 '강화 현상'이 나타나기도 한다.

셋째, 무임승차/태만(free riding/social loafing)이다. 대부분의 집단토론에서 이러한 현상이 나타나지만, 브레인스토밍에서는 아이디어들이 집단 수준에서 합해지기 때문에 다른 구성원들의 노력에 단순히 무임승차하는 링겔만 효과가 나타날 가능성이 크다. 링겔만 효과(Ringelmann effect)란 집단 속에 참여하는 개인의 수가 늘어갈수록 성과에 대한 1인당 공헌도가 오히려 떨어지는 현상, 즉 집단 속에 참여하는 개인의 수가 늘어날수록 1인당 공헌도가 오히려 떨어지는 현상이 발생한 것이다. 이는 혼자서 일할 때보다 집단 속에서 함께 일할 때 노력을 덜 기울이기 때문에 나타나는 현상이다.

넷째, 시간이 낭비(wasting time)된다. 브레인스토밍은 보통 사람들이 빡빡한 마감시한이나 높은 중압감에서는 제대로 일을 하지 못한다고 생각하기 때문에 넉넉한 시간을 보장해 준다. 하지만 브레인스토밍 시 아이디어에 대한 기준이나 목적이 불확실하거나, 목표에 대한 성취 동기가 없는 구성원이 브레인스토밍을 할 경우 과도한 시간이 투자되어 오히려 작업 효율성이 떨어질 수 있다. 또한 너무 많은 인원이 브레인스토밍에 참여할 경우 주제에 벗어나거나 혼란스러워질 우려도 있으며, 그렇게 될 경우 오히려 시간의 낭비가 일어날 가능성이 있다.

집단교육방법으로 가장 널리 사용되고 있는 강의법과 토론법의 특징을 비교하면 〈표 7-7〉과 같다.

〈표 7-7〉 강의법과 토론법의 특징 비교

구분	강의법	토론법
학습 목표	• 교수자가 결정 • 지적 행동의 변화를 강조 • 집단 응집력이 약함 • 정보의 전달 속도가 빠름 • 전달하는 정보의 양과 정확성이 큼	• 집단에 의한 결정 • 정의적 행동의 변화를 강조 • 집단 응집력이 강함 • 정보의 전달 속도가 느림 • 전달하는 정보의 양과 정확성이 적음
학습 활동	• 교수자의 참여 기회가 큼 • 교수자와 학습자의 상호작용이 주된 것임 • 교수자는 학습자의 잘못된 반응, 부적절한 반응을 교정, 비판함 • 교수자가 활동을 주도하고 결정함 • 화제는 학습 내용에 관련된 것에 한정되는 경향 • 성적 평가나 검사를 강조 • 교수자는 학습자 집단의 감정을 덜 고려함	• 학습자의 적극적 참여 기회가 큼 • 학습자와 학습자 간의 상호작용이 주된 것임 • 교수자는 학습자의 잘못된 반응, 부적절한 반응을 간과함 • 학습자 집단이 활동을 주도하고 결정함 • 학습자의 개인적 경험에 관한 토론을 격려함 • 성적 평가나 검사를 덜 강조함 • 교수자는 학습의 진행에 필요하다고 생각되면 학습자 집단의 아이디어나 감정을 고려함

| 학급
풍토 | • 권위적 분위기 형성
• 지적 경쟁의식 형성
• 비판과 반론의 제한
• 타율적 · 수동적 분위기 형성
• 집단 구성원 사이의 수직적인 질서 관계 구축 | • 민주적 분위기 형성
• 정의적 · 협동적 인간관계 형성
• 자유로운 비판의 수용과 허용
• 자율적 · 자생적 분위기 형성
• 집단 구성원 사이의 평등 관계 질서 |

토의법이 학습효과를 거두기 위해서는 기본적으로 이를 전개하는 데 필요한 몇 가지 사항을 준비해야 한다. 토의 진행자가 염두해야 할 사전 준비 점검 사항은 〈표 7-8〉과 같다.

〈표 7-8〉 토의 사전 준비를 위한 점검 사항

1. 준비	2. 계획
• 토의의 개요를 정한다. 　- 목표를 확실히 정한다. 　- 토의사항, 요점을 적어 두고 검토한다. 　- 어느 사항을 강조해야 할 것인가를 생각해 둔다. 　- 이와 같은 사항에 대해서 재차 검토를 하고, 동료나 타인으로부터 조언을 구하고 필요하다면 상담을 해 둔다.	• 토의의 진행 방향에 대해 계획을 세운다. 다음 사항을 확실히 고려하여 검토한다. 　- 무엇을 어떻게 설명할 것인가? 　- 학습자들에게 토의사항 및 요점을 어떻게 설명할 것인가? 　- 토의를 운영하고 통제해 가는 데에는 어떤 방법이 필요한가? • 소요 시간, 각각의 의제를 토의하는 데 소요되는 시간을 사전에 결정해 두고 예정표를 만든다. • 기록자를 미리 정해 둔다.
3. 자료	4. 장소
• 필요한 자료를 점검하고 장소를 결정해 둔다. 　- 학습자에게 배포하는 인쇄물과 자료를 정리하고, 필요하다면 사전에 배포한다. 　- 학습자들이 지참해야 할 자료가 있으면 사전에 이를 알려 준다.	• 토론 장소를 정리해 둔다. 　- 학습자 전원이 설명 및 제시 등을 잘 들을 수 있고, 볼 수 있는가를 점검한다. 　- 학습자 수에 따라 충분한 정도의 의자, 분필 등을 마련하고, 조명, 습도, 환기 등이 적절한가를 점검한다. 　- 그 외의 환경에 대해 좋은 상태를 유지하도록 정리해 둔다.

이와 함께 진행자는 토의 진행에 알맞은 태도를 견지해야 한다. 토의 진행자가 토의 학습에서 학습자들의 자발적인 활동 존중을 핑계로 방관적인 태도를 갖거나 지나치게 간섭하는 것도 바람직한 태도가 아니다. 뿐만 아니라 토의가 그릇된 방향으로 나아가도록 내버려 둘 수도 없는 것이므로 토의 진행자는 토의학습을 진행하는 학습자들과 동등한 입장에서 함께 토의하는 사람으로서 지도적 역할을 담당해야 한다. 토의학습 시 진행자의 행동을 정리하면 〈표 7-9〉와 같다.

〈표 7-9〉 토의학습 시 진행자의 행동

진행자가 수행해야 할 과제	진행자가 해서는 안 될 사항
• 학습자들이 의견을 교환하고 서로 적절한 결론을 얻을 수 있도록 도와준다. • 질문을 보다 잘함으로써 문제 해결책을 쉽게 도출할 수 있도록 학습자들의 사고를 촉진시킨다. • 차트, 칠판, 그 외이 보조기구를 활용한다.	• 전문가임을 자랑하고 강조하는 것 • 자신의 견해를 학습자들에게 무리하게 강요하는 일 • 학습자가 이해할 수 없는 전문적인 용어나 단어를 사용하는 일 • 신뢰를 저버리는 일 • 말과 다르게 행동하는 일과 말을 함부로 바꾸는 것

지금까지 성인학습자를 위한 집단중심 평생교육방법으로 강의법과 토의법을 살펴보았다. 강의법과 토의법 외에도 하브루타 방법을 이용하는 토론법이나 프로젝트를 기반으로 하는 프로젝트 방법, 현장에 해결해야 하는 문제를 중심으로 해법을 찾아가는 문제중심방법 등 다양한 방법이 있다.

많은 사람을 대상으로 강의를 하는 교수자의 역량과 강의를 듣는 학습자의 호응에 따라 강의에 대한 평가가 달라질 수 있다. 그러므로 교수자의 일방적인 강의보다는 다양한 토의 방법을 이용하여 학습자가 적극적으로 참여할 수 있도록 하는 것이 중요하다.

📖 학습과제

1. 집단중심 평생교육방법 중 강의법의 장단점을 정리하여 발표하고, 그 사례를 찾아 토론한다.

2. 현재 학습하고 있는 강의실에서 해결해야 할 문제를 하나 정한 후, 해결방법 찾기 회의를 실행하고, 그 결과를 논의한다.

3. 토의방법 중 하나인 브레인스토밍에 기술한 내용을 학습한 후, 한 가지 브레인스토밍 방법을 정하여 실습하고, 장단점을 비교하여 발표한다.

❑ 참고문헌

권두승(2000). 성인학습 지도방법의 이론과 실제. 경기: 교육과학사.

김용현, 정기수(2013). 평생교육방법론. 경기: 양서원.

김종표, 이복희(2010). 평생교육방법론(제3판). 경기: 양서원.

대한상공회의소(2017). 국내기업의 회의문화 실태와 개선해법 보고서. (http://www.korcham.net/nCham/Service/Economy/appl/KcciReportDetail.asp?SEQ_NO_C010=20120931410&CHAM_CD=B001) (2018. 5. 17. 인출)

박성희, 송영선, 나항진, 황치석, 문정수, 박미숙(2013). 평생교육방법론. 서울: 학지사.

박정옥(2001). 브레인스토밍 적용 방안에 관한 문헌고찰. 성결대학교 대학원 석사학위논문.

손은주, 추성경, 임희수(2015). 교육방법 및 교육공학. 경기: 교육과학사.

이미나, 이해주, 김진화(2013). 평생교육방법론. 서울: 한국방송대학교 출판부.

전경원(1997). 브레인스토밍에 관한 문헌 고찰. 창의력교육연구, 1(1), 29-64.

조벽(2004). 명강의 노하우 & 노와이. 서울: 해냄.

차갑부(1999). 사회교육방법의 탐구: 성인교육방법의 새로운 지평. 경기: 양서원.

Higgins, E. T. (1997). Beyond pleasure and pain. *American Psychologist*, *52*, 1280-1300.

Makokha, A, & Ongwae, M. (1997). *Trainer's Handbook-A 14 days Teaching Methodology Course.* Kenya, DED: German development service.

Masferrer, A. (2016). Trigger method. (http://www.trytriggers.com/creative-methods/) (2018. 5. 28. 인출)

Northwest Center for Public Health Practice (2012). *Effective Adult Learning A Toolkit for Teaching Adults.* University of Washington. (http://www.nwcphp.org/training/opportunities/toolkits-guides/effective-adult-learning-a-toolkit-for-teaching-adults) (2018. 5. 3. 인출)

Rudy, R. J. (2016). 19 Top brainstorming techniques to generate ideas for every situation. (https://business.tutsplus.com/articles/top-brainstorming-techniques—cms-27181) (2018. 5. 26. 인출)

Susumu, K. (2013). A Japanese problem solving approach: the KJ-Ho method. Proceedings Of Kicss. (https://pdfs.semanticscholar.org/f052/dd8a2944799690ac6176b94b2c7b4b036b81.pdf) (2018. 5. 30. 인출)

four Japanese Brainstorming techniques (http://www.a-small-lab.com/content/four_japanese_brainstorming_techniques_a_small_lab.pdf) (2018. 5. 28. 인출)

제8장
경험·체험중심 평생교육방법

 성인학습자의 평생교육은 다양한 경험을 활용하는 것이 효과적이다. 다양한 경험은 성인학습자의 자연스러운 참여를 유도하게 하고 몰입을 하게 하는 활동 근원이 된다. 또한 성인학습자의 다양한 경험은 새로운 경험을 하게 하는 활동에 활용된다. 그런 의미에서 경험·체험중심 평생교육방법은 여러 성인학습자들과의 상호관계를 통해 성인학습자의 경험으로부터 유용한 기법을 배우는 데 활용된다.

 이 장에서는 경험·체험중심 평생교육방법으로 성인학습자의 직접적인 참여를 유도하는 사례연구, 역할극, 감수성 훈련, 게임법, 시범실습식을 제시하고자 한다. 각 교육방법과 관련된 유래와 정의 및 특징, 목적, 실제 진행 방법 등을 상세하게 살펴봄으로써 현장에서 쉽게 활용할 수 있도록 한다.

학습목표

1. 사례연구의 진행 방법을 설명할 수 있다.

2. 역할극과 감수성 훈련 진행 방법을 정리하여 이야기할 수 있다.

3. 게임법의 진행 방법을 설명할 수 있다.

4. 시범실습식 방법의 전개 방법과 지도 기법을 학습하고 이를 정리할 수 있다.

✳ 주요 용어

사례연구, 역할극, 감수성 훈련, 게임법, 시범실습식

1. 사례연구

1) 사례연구의 정의 및 특성

사례연구(case study)는 1900년대 초 하버드 경영대학원(Harvard Business School)에서 포드 재단의 지원을 받아서 교수와 훈련을 위해 개발된 것이다. 기영화(2004)는 사례연구란 특성 개체를 대상으로 하여, 그 대상의 특성이나 문제를 종합적이며 심층적으로 기술·분석하는 연구를 말하는데, 사례연구법은 분석력, 판단력, 의사결정능력, 협상력 등의 문제해결 능력이나 직무수행 능력을 체험적으로 함양시키는 교육기법이라고 정의하였다. 다시 말해, 실제 상황을 반영하여 만든 사례(문서, 영화, 비디오 형태의 사례연구)를 이용하여 교육생의 문제해결 능력을 함양시키는 교수법이다.

사례연구는 어떤 학습자 또는 조직이 어려운 상황에 직면했을 때 그것을 어떻게 극복했는지에 대한 사례를 바탕으로 학습자가 사례 속에서 취해진 행동들을 분석하고 비판해 보는 것이다. 이 활동을 통해서 적절하게 취해진 행동은 무엇이었고, 다르게 행해질 수 있었던 행동은 무엇이었는지 등을 판단해 냄으로써 문제해결 능력을 기를 수 있다(박성희 외, 2013). 다시 말해, 실제 상황을 반영하여 만든 사례(문서, 영화, 비디오 형태의 사례연구)를 이용하여 교육생들의 문제해결 능력을 함양시키는 교수법이다.

사례연구를 이용하여 강의를 할 때에는 다음과 같은 기본적 조건이 요구된다. 첫째, 실제 문제를 다루는 것이 학습자의 학습동기를 효과적으로 유발할 수 있다고 판단된다. 둘째, 교육생이 사례문제를 다룰 수 있는 분석능력, 토론능력, 평가능력 및 피드백 능력을 구비하고 있어야 한다. 셋째, 교육생이 수업 전에 사례를 읽거나 보고 충분히 이해가 되어야 한다. 넷째, 한 가지 사례에 대하여 다양한 해결방안이 논의될 수 있도록 충분한 시간이 있어야 한다(권대봉, 1999).

사례연구는 집단에 관련된 어떤 문제를 상세하게 제시할 필요가 있을 때, 집단이 직면하게 될 문제와 유사한 어떤 문제의 해결책을 연구하고 제시할 때, 단기간의 실무에서 발생하는 여러 가지 문제를 접하면서 그 해결을 위한 고도의 판단력을 배양하고자 할 때, 그리고 개인 간의 관점 및 견해의 차이를 교환하는 폭넓은 안목 배양의 기회를 제공하고자 할 때 효과적이다.

2) 사례연구의 목적

사례연구법은 다양한 교수 목적을 위해 활용될 수 있다(박성희 외, 2013).

- 분위기 조성과 집중: 분위기 조성과 집중과 관련된 사례는 특정한 과정이나 프로그램에 학습자를 적극적으로 참여시키기 위해 활용된다. 학습을 위한 효과보다는 학습자의 주의집중을 목적으로 한다.
- 태도의 변화: 조직에서 발생하는 주요 문제에 대해 학습자의 태도나 마음을 변화시킬 목적으로 활용된다. 사례연구를 통해 새로운 기술이나 지식을 얻으려고 하기보다는 새로운 기술을 학습해야겠다는 마음가짐이나 새로운 시각에서 일상적인 상황을 바라보는 기회를 제공한다.
- 문제해결 기술과 전략학습: 학습자는 사례를 통해 새로운 정보나 능력을 얻을 수 있다. 교수자가 단계별 절차를 직접적으로 제시하지 않는다고 하더라도 사례에 대한 토론을 통해 비슷한 문제 상황에 직면했을 때 이를 극복할 수 있는 기술이나 전략을 학습하게 된다.
- 실제 적용 기회 제공: 학습자는 사례연구를 통해 최근 교육과정에서 습득한 능력 및 자질을 적용해 보는 기회를 가질 수 있다.
- 학습자 평가: 사례는 학습자의 지식을 평가하기 위해서도 활용될 수 있다. 교수자는 주어진 사례에 대한 학습자들의 평가를 점검해 보고, 그 평가의 질에 대해 판단함으로써 학습자의 지식을 평가할 수 있다.

3) 사례연구의 진행 방법

사례연구를 이용한 수업 진행 과정은 우선 학습자들에게 수업 전에 사례 내용을 전달하여 사전에 충분히 이해하도록 해야 한다. 문서로 만든 사례의 경우는 사전에 배부하도록 하고, 영화나 비디오로 만든 사례의 경우는 사전에 상영하도록 한다. 그런 다음 교수자가 학습자들로 하여금 사례를 분석 · 종합하게 하고 사례에서 제시된 문제해결을 강구하도록 이끌어 나가는데, 개인별 활동과 소집단 활동을 이용할 수 있다. 개인별 활동을 한 후에 구두 발표나 문서 작성을 하도록 하고, 소집단 활동(4~6명)을 하도록 한다. 소집단 활동은 토론으로 이루어지기 때문에 사회자, 기록자, 발표자(사회자와 동일인물일 수도 있음)을 미리 선정하여 토론에 임하도록 한다.

사례연구의 진행 방법은 다음과 같다.

(1) 사례 준비

좋은 교육용 사례를 개발하기 위해서 처음으로 해야 하는 일은 사례가 될 적절한 이야기를 찾아내는 일이다. 사례는 10~12장이 넘고 많은 근거 자료에 기초한 자세한 묘사로 구성된 것도 있으며, 어떤 문제에 대한 간단한 한두 문단의 설명이 전부인 것도 있다. 이를 위해서 신문, 잡지, 소설, 조사 결과, 교수자, 전문가나 실무자의 경험 등의 다양한 자료들이 활용될 수 있다. 긴 사례는 토론 수업 전에 미리 배부하여 준비해 오도록 하는 것이 좋으며, 짧은 사례는 수업이 시작하는 도입부에 나누어 준 후 몇 분 동안 읽고 준비하도록 하는 것이 효과적이다.

(2) 정보 수집

사례를 준비하는 것은 시간이 많이 요구되는 작업이다. 사례로 활용될 적절한 이야기를 선정한 후에는 이를 정교화하기 위한 정보를 수집해야 한다. 사례연구의 정보를 수집하는 과정은 실제 그 사건에 참여한 사람을 인터뷰

하고 그로부터 이야기를 보다 정교하게 해 줄 샘플 자료와 문서 자료를 취합한다. 인터뷰와 정보 수집 과정은 더 이상 새로운 정보가 나오지 않을 때까지 반복한다.

(3) 사례 개요 준비

사례 개요를 준비하는 단계는 정보를 수집하는 단계와 동시적으로 이루어진다. 좋은 사례 연구는 다음과 같은 특징을 갖는다(신용주, 2012).

- 비교적 간결하다.
- 진실된 이야기를 바탕으로 한다.
- 생각을 유도하는 쟁점을 창출한다.
- 갈등의 요소가 포함되어 있다.
- 주인공에게 공감이 간다.
- 명료하거나 딱 떨어지는 정답이 없다.
- 학습자가 어느 한쪽의 입장을 취할 수 있다.
- 의사결정을 필요로 한다.

사실과 실화에 기초한 사례는 흥미를 유발하고 상황의 종료를 가능케 한다. 정보를 수집하면서 발견한 새로운 사실이나 중요 사건을 연대기 순으로 기록한다. 또한 가정법에 의해 만들어진 가상적 사례들은 학습자의 상상력과 관심을 자극한다. 따라서 교수자는 수업에서 다루게 될 사례를 개발할 때 학습자의 의견도 반영하는 것이 좋다.

(4) 사례연구 매체 활용 결정

이 단계에서는 사례연구를 어떻게 제시할 것인지를 두 가지 측면에서 결정한다. 첫째, 어떤 매체를 활용하여 전달할 것인가를 결정해야 한다. 인쇄 매체, 비디오, 강의, 컴퓨터 등에 대한 결정은 이용 가능한 매체와 활용되는 사례의 성격에 달려 있다.

둘째, 사례에 대한 실습을 어떻게 조직화하고 조화시킬 것인가를 결정해야 한다. 사례에 관한 요약 정보는 어떻게 전달할 것인가, 개별적으로 활동하게 할 것인가 혹은 팀별로 활동하게 할 것인가, 학습자들이 분석활동을 행할 장소는 어디로 할 것인가, 학습자들이 사례를 통해 발견한 사항들은 어떻게 보고하게 할 것인가 등에 대해 결정해야 한다. 이에 대한 결정은 활용되는 매체와 이용 가능한 장소와 시간, 사례의 복잡성에 달려 있다.

(5) 사례연구 실전

교수자는 학습자가 사례연구의 내용을 파악한 후 토론을 통해 핵심 요점을 확인하는 질문을 하도록 권장하는 것이 좋다. 사례연구의 숙달된 교수자는 토론을 이끌어 내기 위해 다음과 같은 절차로 사례연구를 진행한다(신용주, 2012).

① 사례에 대해 미리 예고하지 않았다면 수업 시간에 사례를 나누어 주고 학습자에게 읽게 한다.

② 교수자가 직접 혹은 학습자 중 한 사람이 사례를 요약해 발표하게 하고, 주인공의 딜레마에 대해 다시 상기시킨다. 이 시점에서는 사례를 분석하거나 제시된 사실 이상을 유추하지 않는다.

③ 학습자의 분석 활동을 안내해 줄 주요 질문을 준비한다. 질문의 예로, '주요 등장인물은 누구인가?' '그들이 어떻게 관련되어 있는가?' '그들이 직면한 문제는 무엇인가?' 등을 들 수 있다. 학습자들이 의견을 말하기 시작하면 다른 학습자들로 하여금 이에 대해 피드백해 줄 것을 요청한다. 이때, 제시된 이슈들을 모두 칠판에 적어 놓아 추후 심층 토론에서 이용할 수 있도록 한다.

④ 토론이 소극적일 때에는 '이 상황에서 취할 수 있는 행동에는 어떤 것이 있는가?' '각 사례의 결과는 어떤 것인가?' '○○는 첫 의사결정 단계에

서 무엇을 할 수 있는가?' '○○는 어쩌다 이러한 곤경에 처하게 된 것
인가?' '당신이 ○○의 친구라면 어떤 조언을 해 줄 것인가?' '○○는 어
떤 행동을 취해야 하는가?' '이러한 분석에는 어떠한 개념, 원리, 이론이
관련되어 있는가?'와 같은 질문을 계속 한다.

⑤ 학습자들을 여러 집단으로 나누어 각 집단이 서로 다른 입장을 대변해
보도록 한다.

⑥ 참여자가 사례연구 대상인 다양한 인물 중 하나를 맡아 역할 놀이를 해
보게 한다.

⑦ 토론이 진행되는 동안 제시된 주요 내용을 칠판에 기록해 놓는다.

⑧ 사례연구에서 결론에 도달했을 때는 참여자들에게 알려 주고, 이에 대
해 토론하도록 한다. 그 사례연구의 원 자료가 있을 경우에는 참여자
들에게 제공하여 어떤 결론이 도출되었는지를 알아보게 한다. 그런 다
음 그 사례의 실제적 결론과 수업 중 토론에서 얻게 된 결론을 비교해
본다.

⑨ 토론의 결론과 함께 주요 사항들을 요약하고, 이 사례연구 수업이 해당
교과목과 어떻게 관련되는지에 대해 참여자들이 토론하도록 한다.

교수자는 토론 시 학습자들에게 질문을 하거나 토론을 핵심 요점으로 이
끌 수도 있으나, 학습자에게 강의를 하거나 '옳은' 답을 제시해 주는 것은 피
한다. 학습자가 조사를 한 후, 질문과 도전을 통해 각자의 방식으로 사례를
분석하도록 도와주는 것이 좋다. 일반적인 토론에서와 마찬가지로 사례연구
수업에서도 참여자가 자유롭게 의견을 나눌 수 있도록 편안한 분위기를 조
성한다.

2. 역할극

1) 역할극의 정의 및 특성

역할극은 타인의 역할을 경험해 봄으로써 자신과 타인을 이해하는 데 도움을 주고자 극화하는 놀이다. 역할연기는 인간관계의 일반적 영역에서 어떤 상황이나 문제를 극화한 것으로서 소집단에게 개인별로 서로 다른 역할을 주고 가상 상황에서 서로 협의하여 어떤 결정을 하게 함으로써 다른 역할을 맡은 사람들과 원만한 타협을 보도록 하는 기법이다.

이 기법이 평생교육에 처음으로 사용된 것은 1900년대 초에 미국의 정신과 의사들이 환자의 정신건강 회복을 위해서 심리극(psychodrama)을 활용한 것으로 알려져 있다. 심리극에서 가장 강조되는 것은 특정 개인의 문제이며, 그들 개인에게 맡겨진 역할은 개인적 특성에 대한 것들로 이는 훈련된 교수자의 지도하에 실시되어야 한다.

역할극은 보통 두 명 이상의 인원이 참여하게 되는데, 이들은 대부분의 집단 구성원이 공통적으로 가지고 있는 문제와 관련된 역할을 연기하게 된다. 그러나 어떤 학습자는 전체 학습 집단 앞에서 역할극을 수행하는 것을 당황스럽거나 어색하게 여겨서 참여를 꺼리기도 하므로 이런 경우에는 교수자가 미리 다른 몇 가지의 대안적 역할을 준비하여 상황에 맞게 진행함으로써 차질 없이 역할극을 실시할 수 있다. 또한 관찰자를 두지 않고 진행하는 역할극이나 두 사람씩 짝을 이루어 하는 역할극 등을 시도하여 역할극에 부담을 느끼는 학습자의 참여를 격려할 수 있다.

역할극은 다른 교육 기법보다 학습자의 적극적 참여를 요구하고, 집단 구성원 간의 친근감을 증대시킬 수 있다. 또한 역할극을 위한 토의를 운영하는 데 있어서 융통성이 있고 연습이 가능하며, 연습 자체가 교육의 효과를 내기도 한다. 반면, 역할극은 다른 기법에 비해 그것을 준비하는 시간이 많이 필요하다. 역할극의 긍정적인 학습효과를 거두기 위해서는 반드시 심사숙고해서 개발한 시나리오가 준비되어야 한다. 또한 역할극을 이끄는 교수자는 역할극에 작용하는 매개 변수들에 대해 명확하게 안내하고 역할극에 포함될 시뮬레이션에 대해서도 정확하게 알려 주어야 한다.

2) 역할극의 목적

역할극을 활용하는 목적은 다음과 같다(박성희 외, 2013).

첫째, 참여자의 태도 변화 측면이다. '상대방의 입장' '상대방 행동의 배경', 그리고 '상대방으로부터 기대되는 자기의 역'에 대해 실제로 느껴 봄으로써 상호 이해 촉진에 큰 효과를 가져와 태도의 변화를 유도한다. 또한 조직 속의 현실적인 상황에 대한 예를 들면, 상사와 부하라는 관계를 떠나서 자유롭게 행동할 수 있으므로 자발적이고 창조적인 상황을 스스로 만들어 내는 효과를 가져와 참가자의 태도 변화를 가져올 수 있다.

둘째, 참가자의 기술 습득 및 연마 측면이다. 역할연기에는 동작, 표정, 음성에 의한 표현이 필요하기 때문에 연기를 통해 창의력이 길러질 수 있고, 세일즈 기법, 인터뷰 기법 등과 같은 기술들을 실제 체험을 통해 습득할 수 있다.

셋째, 문제해결 능력의 함양 측면이다. 역할연기는 궁극적으로 다른 사람의 행동 심리에 대한 통찰력을 양성하고 자기의 행동이 상대방에게 어떻게 작용할 것인가를 이해하는 의사소통 기능의 성장을 가져와 문제해결의 힘을 길러 줄 수 있다.

넷째, 코칭이나 상담, 고객과의 관계 등과 같은 원리를 학습하기 위한 측면이 있다. 역할연기는 코칭이나 상담 등의 다양한 기법을 종합적으로 활용하여 만들어진 기법이기 때문에 다양한 기법들의 원리를 학습할 수 있다.

다섯째, 다른 사람이 어떻게 생각하고 느끼는지를 배우기 위한 측면이 있다. 역할연기를 통해 다른 참가자들이 지적해 준 장점과 단점을 확인할 수 있으며, 이는 단점을 개선할 수 있는 계기가 된다.

3) 역할극의 진행 방법

(1) 준비

역할극은 어떤 것에 목적을 두고 전개하는지가 명확해야 하며, 최초의 상황이나 장면 설정, 또는 역할연기의 주된 테마가 무엇인지 사전에 결정해야 한다. 역할극은 주로 다음과 같은 목적이 주를 이루고 있다.

- 다루고자 하는 주체는 현실적인 문제인가?
- 주요 인물들 사이에 두드러진 갈등의 요소가 존재하는가?
- 간단명료하게 쓰일 수 있는 내용인가?
- 두세 명의 등장인물만을 필요로 하는 것인가?
- 관찰자를 위한 역할이 존재하는가?

(2) 역할극의 실전
① 도입 단계

우선 역할연기를 하는 사람을 결정하고 타인은 관찰자가 된다. 연기자는 어떠한 목적으로 이 역할연기를 하는지, 어떠한 장면 설정이나 상황 설정으로, 어떠한 역할을 연출하는지를 설명한다. 또한 관찰자에게도 어떤 면에 주안점을 두고 관찰하는 것이 바람직한지를 전달해야 한다.

② 실연 단계

역할연기 시간은 보통 30분 정도가 적당하다. 감독은 단지 그 역할을 취하는 것(역할취득)으로부터 더욱 자발적으로 개성을 발휘해서 역할을 연출하는 것(역할연기)을 촉진하고, 또한 새로운 역할행동을 취해 보는 것(역할창조)을 촉진하도록 지도해야 한다.

역할연기에서 이야기의 교환이 두절되거나 막히게 되면 이 이상은 진전되지 않을 것이라고 생각하게 되며, 여기서 일단 정지하고 다음 단계인 '분석'으로 진입하여 다시 한 번 처음으로 되돌아가 역할연기를 계속하거나, 서로 역할을 교대해서(역할교대) 역할연기를 계속하는 것도 바람직하다.

역할연기의 과정은 되도록 비디오로 녹화하였다가 중요한 과정의 포인트를 연기자 자신이 자신의 눈으로 확인할 수 있어야 한다.

③ 피드백 단계

역할연기의 효과는 역할을 연출해 봄으로써 생겨나지만, 그 과정을 뒤돌아보고, 분석하고, 문제점을 명백히 파악함으로써 더욱 그 효과를 얻어낼 수 있다.

되돌아보거나 분석하는 과정에서는 역할연기의 좋았던 점과 문제점은 무엇인가, 또한 서로 간의 어떠한 발언이나 태도가 상대방에게 어떠한 영향을 미쳤는가, 어떤 발언이나 태도 밑바탕에는 어떠한 기분이나 감정이 숨어 있는가, 그것에 대해 어떠한 조치를 취하는 것을 좋았는가 등에 관해 깊이 생각해 보는 것이 바람직하다. 이러한 이야기의 상호 교환을 피드백이라고 한다.

피드백 시 유의사항은 다음과 같다.

- 그 사람 개인의 특성(personality)을 비판하지 않는다.
- 교수자는 세심하게 연기자의 입장을 보호해 주어야 한다.
- 연기를 잘한다 또는 못한다에만 집중하지 않도록 지도한다.

3. 감수성 훈련

1) 감수성 훈련의 정의 및 특성

감수성 훈련(sensitivity training)은 자신과 타인과의 만남에서 관계를 개선하고 이해를 도모하기 위하여 탄생하였다. 감수성 훈련을 통해서 과거의 이야기가 아니라 지금-여기에서의 나와 타인의 이야기를 서로 주고받게 된다. 또한 생각이나 책에서 읽었던 이야기, 바람직한 이야기가 아니라 생생하게 느끼는 기분을 솔직하게 주고받는 것이다. 따라서 감수성 훈련은 이론이나 지식을 배우는 것이 아니라 직접 체험을 통해 학습을 촉진하는 기법이다. 또한 감수성 훈련은 소집단으로 상호작용을 하면서 인간관계에 대한 이해와 기술을 향상시키고자 하는 사회성 훈련이다. 가상적인 상황을 실제로 경험하는 것처럼 만들어서 이에 대한 집단 구성원의 반응을 통해 상대방의 심리적 상태와 감정을 이해하는 방법이다.

감수성 훈련은 1946년 미국 매사추세츠 공과 대학의 르윈(Lewin)에 의하여 개발된 기법으로 체험학습을 통해 자신 및 타인에 대한 이해를 증진하고, 집단의 성장과정을 경험함으로써 허용적 · 수용적 태도로 변화되는 것을 목적으로 한다. 우리나라에는 1972년에 처음 도입되어 다양한 영역에서 활용되고 있다.

감수성 훈련의 내용은 훈련집단인 T-집단(training group)과 실험집단 E-집단(experiment group) 그리고 일반화 시간으로 이루어지며, 그 내용은 다음과 같다(김종표, 이복희, 2007).

(1) T-집단(훈련집단)

T-집단은 실험적 집단 분위기에서 상호작용적 관계를 통해 자기 인식과 타인 행동에 대한 감수성을 증가시키는 집단훈련이다. 또한 T-집단은 인간

성의 회복을 통하여 소외와 불안을 타개하는 방안을 모색하기 위해 등장한 것으로 감수성 훈련의 가장 큰 특징은 'learning by doing'으로서 실제로 행함으로써 배운다는 뜻이다.

⟨표 8-1⟩ T-집단의 요소들

지금-여기	바로 지금-여기에서 경험하고 있는 것이 학습의 교재가 된다.
피드백	구성원들 간의 의사소통의 수준 및 발언자의 의도를 이해하는 정도를 확인하는 현장검증 방법이다.
해빙	해빙(unfreezing) 과정에서 구성원들이 불안해하거나 위협적인 분위기를 조성하지 않고, 보다 적극적인 학습욕구가 유발될 수 있도록 심리적으로 안정된 분위기가 형성되는 것이 무엇보다 중요하다.
심리적 안정감	구성원들이 고조된 불안과 위협의 감정에 이끌리지 않고 보다 나은 학습에의 욕망으로 발전하도록 하기 위해 집단에는 최대한 심리적 안정과 분위기가 요구된다.
참여를 통한 관찰	구성원이 진행에 깊이 참여하여 전 과정을 주의 깊게 관찰할 때 가장 알차게 학습할 수 있다.
인지적 구조화	훈련을 통해 경험한 것들에 관해 사고하는 과정이다. 이 과정을 통해 경험과 관념을 연결함과 동시에 문화적 수준과 현실 속의 행동도 연계할 수 있다.

출처: 김종표(2018), p. 297.

(2) E-집단(실험집단)

체험학습을 통한 인간관계에 관한 경험을 분석 · 요약하고, 인간관계에서 발생하는 문제해결에 필요한 기술을 훈련하는 과정이다. E-집단에서는 10명 내외로 새로운 집단을 편성하여 역할극이나 집단토의 등의 방법을 통해 토론한다.

(3) 일반화 시간

T-집단과 E-집단의 소집단 훈련 외에 참가자 전원이 참여하는 집단생활

시간을 일반화 시간(session for generalization)이라 한다. 이는 학습자들로 하여금 체험학습을 통해 겪은 심리적인 충격과 독특한 경험을 일반화 시간을 거치면서 정리하고 안정을 꾀하려는 것이다.

2) 감수성 훈련의 목적과 유의사항

감수성 훈련의 목적과 유의 사항을 살펴보면 다음과 같다(신용주, 2004).

① 감수성 훈련의 목적
- 자신을 더욱 깊이 이해한다.
- 유능한 리더십을 갖추기 위하여 자신 및 타인을 이해하는 경험을 한다.
- 인간관계에서의 공감을 체험한다.
- 체험학습 및 통찰과 관련된 이론을 학습하고 그 실천방식에 대하여 실험해 본다.

② 감수성 훈련 시 유의사항
- 철저한 예비 진단이 필요하다.
- 학습자는 반드시 훈련에 자발적으로 참여해야 한다.
- 학습자는 훈련의 목적, 내용 및 절차에 대한 자세한 설명을 들은 후에 참여하도록 한다.
- 훈련의 진행은 숙련된 전문가가 담당한다.

3) 감수성 훈련의 방법

감수성 훈련은 대개 2~3주 정도 소요되며, 최소한 1주일 정도의 훈련 기간이 필요하지만, 최근에는 좀 더 단기간으로 3박 4일 과정도 많이 개설된다. 훈련 장소는 주로 사회생활에 영향을 받지 않도록 지리적·심리적으로 차단된 장소를 택한다. 그 이유는 인간이 심리사회적으로 고립될 때 비로소 자신의 가면을 벗고 본연의 모습으로 돌아와 있는 그대로 토로하게 되기 때문이다.

　감수성 훈련의 방법은 주로 대화 형식을 취하되, 훈련 참여자들은 자신과 다른 참여자에 대한 관심을 표현하고 서로 반응한다. 가능한 한 '지금-여기'에서 '나와 당신' 그리고 '나와 당신의 관계에 대한 느낌'에 반응하도록 한다. 그리고 자신의 표현과 반응의 의미를 정리하고, 이전보다 더 정확하고 적절한 표현과 반응으로 자신과 타인에 대한 탐색을 시도하며, 체험적으로 검증하도록 하는 것이다. 즉, 감수성 훈련이 방법은 소집단이라는 학습 형태와 정서적 영역과 현재의 문제라는 학습 내용, 그리고 학습방법이 체험학습으로서 참가자가 자발적·능동적인 형태를 가진다. 이로써 자신과 타인에 대한 감정을 탐색하고 표현하는 과정을 통해 집단원들 상호 간의 정서적 상호 교류가 이루어지도록 하는 데 초점을 두고 있다.

　감수성 훈련의 학습방법과 일반학습 방법을 비교하면 〈표 8-2〉와 같다(유동수, 2007).

〈표 8-2〉 감수성 훈련과 일반학습의 방법 비교

구분	감수성 훈련	일반학습
목표	인간적인 성장	전문 지식 및 기술 습득
주제	제시된 교재나 주제가 없음	제시된 교재와 주제가 확고함
학습형태	소집단 중심	대집단 중심
학습내용	정서적 영역과 현재의 문제	객관적 사실, 과거나 미래의 문제
학습방법	체험학습, 모든 참가자 중심, 자발적, 능동적	강의식, 주입식, 교사 중심, 수동적
학습효과	실생활에 적용하는 전이능력 향상	행동화하려면 많은 노력이 필요
분위기	허용적, 안전함	억압적, 규제적

출처: 박성희 외(2013), p. 240.

4. 게임법

1) 게임법의 정의 및 특성

게임법(game)은 게임의 속성을 이용한 학습법이라고 할 수 있다. 게임법은 가르치는 동시에 재미를 유발할 수 있는 교수 방법으로 학습을 촉진하는 데 매우 유용하다. 또한 게임법은 학습자가 소극적 관찰자가 아닌 능동적 참여자라는 점에서 매우 역동적인 방법이다. 또한 게임법은 체험학습의 한 형태로 모의적 상황을 만들어 놓고 그 상황을 체험함으로써 학습의 계기를 만들어 주고자 하는 것이다. 이는 모의적 상황하에서 개인 또는 집단의 사고·행동·태도 등을 비롯하여 결론이나 결과에 이르는 전 과정을, 그리고 결론이나 결과를 분석하여 해결책을 모색해 나가는 상호 학습 방법이다.

게임은 정해진 규칙이 있는데, 학습 내용과 관련이 있어야 하고 노력하면 목적을 달성하는 경쟁적이고 도전적 요소를 첨가하여 학습의 효과와 활용도를 높일 수 있다. 게임은 아동의 사회화 훈련, 청소년의 가치관 교육에 유용하며, 또한 성인들에게 흥미로운 학습과정을 제공함으로써 다양한 학습의 효과를 볼 수 있다. 게임을 통해 학습자는 타인과의 의사소통, 기술, 참을성과 경쟁심, 호기심, 탐구력, 규율에 대한 존중감 등을 익힐 수 있다.

대부분의 경우 게임법은 시뮬레이션의 모의적 상황에서 발생하며, 흥미를 증가시키는 놀이의 형태로 실시된다. 예를 들면, 개혁을 추구하는 국회에서의 의안 발의와 관련된 게임, 피난민 수용소에서 탈출하기 게임, 전쟁 지역에서 붙잡힌 포로에게 생필품을 제공하기와 같은 게임 등도 많이 실시된다. 이렇듯 게임법은 장소에 따라, 인원에 따라, 대상에 따라, 목적에 따라, 기술에 따라 다양한 방법을 활용할 수 있다.

2) 게임법의 목적 및 종류

(1) 게임의 목적

게임법을 처음 실시할 때 흔히 사용되는 보드 게임이나 컴퓨터 게임은 학습자에게 다양한 주제에 대해 가르치려는 목적으로 개발되었다. 이러한 게임은 학습 목적에 적합하도록 조금씩 변형될 수 있으며, 동기 유발에 효과적인 것으로 알려져 있다. 컴퓨터 게임에서 동기 유발적 요소들에 대해 연구한 레퍼와 말론(Lepper & Malone)은 동기 유발의 핵심 요소로 도전, 자신감, 호기심, 개인적 통제력 그리고 환상을 갖게 되는 것 등을 제시하였다(신용주, 2012).

근래에는 정교하게 개발된 게임법이 많이 소개되어 있으며, 여러 가지 지시와 명령에 따라 복잡한 상호작용을 실시하는 컴퓨터의 사용으로 시뮬레이션 게임법도 증가하였다.

게임은 학습자로 하여금 게임법에 다루는 다양한 쟁점에 대한 여러 가지 관점 및 해결책을 함께 고려할 수 있도록 해 준다는 점에서 의의가 있다.

(2) 게임의 종류

게임법의 종류에는 여러 가지가 있으며, 같은 게임이라도 중심이 되는 소재나 게임의 사용방법, 피드백의 진행 방법에 따라 전혀 다른 게임이 될 수 있으므로 게임을 일괄적으로 분류하기는 쉽지 않다. 김종표(2018)는 게임의 종류를 다음과 같이 분류하였다.

① 도입을 위한 게임

초대면의 사람들로 구성된 집단은 처음에는 아무래도 경직된 분위기에 휩싸인다. 이러한 경직된 분위기를 누그러뜨리고 서로가 약간이라도 알고 지내는 계기를 마련하고자 하는 동시에 앞으로 바람직한 학습 태세를 갖추게 하고, 학습의 전체 방향을 제시하는 것으로서 2인 대화, 참가자 서로 바꾸어 소개하기 등이 있다.

② 교육훈련 목표를 명확히 하는 게임

교육훈련에 참가한 사람들 사이에 또는 참가자와 운영진(staff) 간에 교육훈련에 대한 기대나 요망 사항, 기본 방향 등은 아무래도 약간의 격차가 있기 마련이다. 이러한 격차를 축소시켜 교육훈련의 목표를 명확히 하고, 그 목표를 공유화하고, 더 나아가서 집단 내에서의 '이해도 테스트' 등이 여기에 속하는 대표적인 것이다.

③ 커뮤니케이션에 관해 학습하는 게임

커뮤니케이션 활동에 있어서의 문제점을 학습하기 위한 것이다. 대표적인 것으로는 '전달 게임' '일방통행과 쌍방통행' 등의 게임이 많이 사용되고 있다.

④ 집단 구성원으로서의 역할, 리더십에 대해 학습하는 게임

집단 내에서 필요하고 바람직한 구성원 역할이나 기능에는 어떠한 것이 있는지, 또한 자신은 어떠한 역할행동을 취하고자 하는 경향이 있는지, 그것은 어떠한 리더십(leadership) 양상으로 나타나는지 등에 관해 깨닫거나 학습하기 위한 것이 있다. 여기에 관한 대표적인 것으로는 '그리드 이론에 의한 리더십의 분석' 등이 있다.

⑤ 피드백에 관해 학습하고 그것을 촉진하는 게임

피드백이나 과정은 체험학습 방식 중에서 중요한 의미를 갖는다. 이러한 개념을 명확히 하거나, 체험을 통해 그 필요성을 경험하거나 효과적인 과정에 피드백이 실시되는 것을 촉진하기 위한 게임이며, 대표적인 것으로는 '금붕어 어항 회합' 등이 있다.

⑥ 경쟁, 협력, 의견 일치 등에 관해 학습하는 게임

집단 내에서 구성원 상호 간에 경쟁이 일어나면 어떠한 결과를 가져다주는가, 어떠한 경쟁이 바람직하고, 어떠한 경쟁이 문제가 되는가, 또한 집단 구성원 간에 협력하고 의견일치를 보기 위해서는 무엇이 중요한가, 그 결과는 어떠한 것인가에 관해 학습하는 것이다.

⑦ 자기표현을 촉진하고 새로운 자기 표출을 시도하는 게임

이 게임은 집단 구성원 상호 간의 이해를 돈독히 하기 위해서 또는 새로운 자기를 표현해 보기 위한 것이다. 자기표현에는 말을 사용하지 않고, 자신의 신체, 크레파스나 도화지 등의 재료나 도구, 여러 소재 등을 사용해서 시도하는 것이 많다. 말을 사용하지 않고 자신의 몸을 사용해서 일련의 자기표현을 시도하는 '비언어적 게임'이나 '블라인드 게임' 등이 있다. 그 외 조직 개발을 위한 게임, 비즈니스 게임 등이 있다.

3) 게임법의 진행 방법

게임법에서 활용되는 다양한 게임에서 전개되는 바람직한 단계는 다음과 같다.

① 1단계: 게임 목적 제시

우선 무엇 때문에 이 게임을 실시하는지를 설명하고 구성원들이 그 목적을 이해하게 한다. 그리고 나서 게임의 과제, 룰(rule), 사용하는 재료의 설명, 집단 활동을 위한 시간, 기타 주의 사항 등을 전달한다.

② 2단계: 게임 실시와 진행 과정 관찰

먼저 구성원은 과제가 무엇인지 이해한 다음 게임을 시작하게 된다. 구성원들은 게임에 참여하면서 한편에서는 진행 과정을 관찰하고 있으나, 자칫

잘못하게 되면 초기 단계에서 게임에 너무 열중한 나머지 진행 과정 관찰이 소홀해지기 쉽다.

진행자는 다음 단계인 피드백 토의 시 데이터 제공을 위해 진행과정을 확실히 관찰하는 것을 잊어서는 안 된다.

③ 3단계: 피드백 토의

게임법에서 가장 중요한 것이 피드백 토의이다. 피드백 토의가 불충분하면 놀이 본위나 흥미 본위로 흘러 교육으로서 그 의미를 찾아볼 수 없게 된다. 피드백 토의는 게임과 같은 정도의 충분한 시간을 할애하여 열띤 토의를 전개해야 한다.

피드백 토의에서 논의되어야 할 사항은 다음과 같다.

- 과제를 수행하는 가운데 얻어낸 결론이나 그 결과는 어떠한 것이었는가?
- 과제를 수행하는 과정에서 일어났던, 자신이나 상대방 또는 구성원 상호 간의 문제는 무엇인가? 그 배경, 원인, 문제점 등은 무엇인가?

④ 4단계: 종합 토의

마지막으로 이 게임에서 무엇을 배웠는지를 정리한다. 또한 집단 활동 과정에서 일어난 구성원 상호 간 사고방식의 차이, 감정적인 앙금, 상호 간에 이해하기 곤란한 점이 있다면 격의 없는 대화를 통하여 해결하는 것이 바람직하다.

게임법 활용 시 유의사항은 다음과 같다.

- 게임법에서 중요한 점은 게임의 '목적 달성 가능성'이라고 할 수 있다.
- 게임법은 흥미에 지나치게 치우쳐서 정작 학습목표 달성에서 피드백을 받을 수 없는 경우가 발생한다. 따라서 교수자는 학습자가 게임을 하면

서 학습목표 달성 시점에서 즉각 피드백을 받을 수 있도록 조치하여야한다.

- 교수자는 학습자가 게임을 시작하기 전 게임을 위한 준비를 시켜야 하는데, 먼저 학습목표를 명확하게 설정하고, 학습자들에게 알려 주고, 게임의 규칙을 설명해 주어야 한다.
- 게임을 실행할 때에는 한 가지 역할을 2명 이상이 돌아가면서 하도록 배려한다.
- 게임은 적절할 때, 보통 재미가 한참 절정에 달할 때 끝을 내는 것이 좋다.
- 반드시 피드백 과정을 거쳐야 한다.

5. 시범실습식 방법

1) 시범실습식 방법의 정의 및 특성

'백문이 불여일견'이라는 말은 경험을 통한 학습의 중요성을 대변하기에 충분하다. 학습은 지식과 정보의 습득이 아니라, 경험에 의한 행동의 변화를 요구하고 있기에 직접 경험을 위한 시범은 경험학습에 기초한 평생교육방법이다.

시범실습식 방법은 어떤 생각이나 아이디어를 시연해 보이면서 그 내용을 습득하거나 강조하는 기법으로 학습자에게 말과 행위를 함께 보여 주는 활동이다. 시범은 과정, 기법 또는 작동의 정확한 묘사로 정의된다. 대부분의 학습은 새로운 지식과 기술이 결합되는 과정을 이해하는 것과 관련된다. 강의법이나 토의법은 주로 지식과 정보의 전달에 중점을 두는 반면, 시범은 그 방식이 어떻게 작동하며 또 후속 과정은 어떻게 진행되는지를 학습자에게 직접 보여 주는 것이다. 시범은 학습한 이론과 기술의 내용을 보완하면서 이와 관련된 서술적 자료를 현실에서의 실습으로 해석해 준다는 점에서 효과적이다. 기술의 시범을 통해 학습자는 새로운 지식과 능력, 기술, 개념 등을 충분히 이해하고 적용해 보는 기회를 얻는다.

시범실습식 방법은 단순히 문자나 서적을 통하여 개별적으로 학습하는 간접적 방법이 아니라 학습자의 생활경험 영역에서 교재를 선정하고 배열하는 일이 요망되는 지도법이다. 즉, 직접 사물을 접하여 관찰·실험하고 사실을 모집·검증·정리하는 직접적인 경험에 의한 지도법으로 교육방법의 원리 중 직접경험(direct experience)의 원리에 기초를 두고 있는 교육방법이다.

시범실습식 방법은 대화를 통한 학습 형태로 진행되기 때문에 학습의 종류와는 관계없이 토의법, 강의법, 관찰법, 세미나와 같은 학습 형태에서도 보조적인 방법으로 잘 어울려 사용될 수 있다. 시범실습식 방법의 장점은 행동적 요소를 포함하는 기술교육의 학습에 적합하고, 학습자의 적극적인 참여를 가져온다. 경험을 통한 산지식의 습득으로 균형화된 교육성과를 기대할 수 있다. 또한 학습자가 교수자의 시범을 모방하여 실습에 임할 대 교수자는 감독하면서 평가하게 되어 각 개인의 교육성과를 측정할 수 있다. 그리고 개인차를 쉽게 발견할 수 있어 정확한 평가뿐만 아니라 교육목표에 도달하지 못한 학습자를 별도로 지도하여 완전 학습을 이룰 수 있다.

반면, 단점이라 하면 사고학습에 부적당하고, 제한된 학습자 수, 시간 조절이 어렵다. 만일 시청각 교구 작동 연습이라는 과목을 30명의 학습자를 상대로 교육한다면, 영사기, 환등기, 녹음기 등이 각각 최소한 5~6대는 있어야 완전한 교육을 할 수 있으므로 비경제적이다.

2) 시범실습식 방법의 목적

시범실습식 방법은 학습해야 할 기능이나 절차의 실제적인 사례를 제시하고, 학습자가 이를 관찰하는 것이며, 실습은 시범을 통하여 익힌 것을 교수자의 통제하에 직접 연습하고 적용해 보는 방법이다. 시범으로 제시되는 내용은 교사에 의하여 직접 수행되거나, 슬라이드·비디오·영화와 같은 시청각 매체를 통하여 학습자에게 재현된다. 일반적으로 시범실습식 방법은 학습자의 신체적인 수행을 요구하거나, 태도와 가치의 변용을 위하여 특정인의 행동을 일종의 모델로 제시하기 위하여 활용된다. 신체적 수행을 요구하는 학습 내용의 경우에는 시범에 반드시 학습자의 직접 수행과 연습이 연결되어야 한다. 따라서 시범과 실습은 운동 기능을 포함하는 신체적 영역 학습에서 가장 효과적으로 활용될 수 있는 방법이다.

시범실습식 방법은 두 가지 목적으로 사용된다. 우선, 특정 기술을 보여 주는 모델로서 사용된다. 다음으로, 어떤 생각이나 이론, 신념, 개념 또는 기술에 대한 설명을 뒷받침하기 위해 사용된다. 레어드(Laird, 1986)는 시범을 예시적 강의나 프레젠테이션이라고 정의하였으나, 시범은 규칙의 사용이나 문제해결 기술을 보여 주기 위한 상황에서도 사용될 수 있다(신용주, 2012).

3) 시범실습식 방법의 전개 및 지도 기법

시범실습식 교육도 다른 교육방법과 마찬가지로 도입, 전개, 종결 단계를 밟아야 하며, 도입 단계와 종결 단계는 타 교육방법과 같으므로 여기서는 전개 방법과 지도 기법에 대하여 설명하고자 한다.

(1) 전개 방법 5단계
① 설명(explanation) 단계
- 먼저 본 강의의 중요성을 설명해야 한다.
- 학습자가 할 일을 명백하고 질서 정연하게 설명해야 한다.
- 학습자 자신이 실제 행함으로써 얻게 되는 성과에 대해 명백한 설명을 해 주어야 한다.
- 설명과 시범을 동시에 할 수 있다.
- 설명을 끝낸 후에 질문을 받아야 한다.

- 설명의 순서가 일관성이 있어야 하고, 각 단계 간에 전이가 자연스러워야 한다.

② 시범(demonstration) 단계
- 시범자의 위치를 고려해야 한다.
- 행동반경을 명확하게 시범 보이도록 한다.
- 점차적인 시범을 보여야 한다.
- 보조 자료를 적절히 사용하여 학습자의 이해도를 증진시킨다.

③ 실습(performance) 단계
- 학습자로 하여금 설명과 시범 단계에서 얻은 지식을 실습하게 한다.
- 사전에 적절한 분단 조직을 계획해야 한다.
- 가장 많은 시간을 배정하여야 한다.
- 실습과 감독은 병행되어야 한다.

④ 감독(supervision) 단계
- 미비점을 시정해 준다.
- 질의응답을 할 수 있다.
- 평가 자료를 수집하여야 한다.
- 감독에 의한 원활한 분위기를 조성해야 한다.

⑤ 평가(evaluation) 단계
- 전반적인 평가를 해야 한다.
- 구체적인 평가를 해야 한다.
- 학습상의 문제점을 말해 주어야 한다.
- 평가 태도는 진지하고 성실하며 객관적인 태도로 임해야 한다.
- 학습자에게 생소한 내용, 또는 학습시간에 언급하지 않았던 새로운

내용을 제시하지 말아야 한다.

시범실습식 방법 전개 시 유의할 사항은 다음과 같다.

- 교수자는 시범 전에 시범 사실, 활동, 자료에 대해 분명한 이해를 갖고 있어야 한다.
- 교수자는 시범 전에 필요한 기구나 자료가 잘 작동하는지, 안전한지, 학습자의 실습이나 연습에 충분한 질과 양을 갖추고 있는지 확인한다.
- 시범 시작 전에 학습자에게 시범의 목적과 내용을 명확하게 인식시킨다.
- 시범은 학습자 모두 정확히 관찰할 수 있는 조건하에서 한다.
- 시범 도중에는 학습자의 반응, 문제점, 개선점을 관찰한다.
- 시범 후에는 학습자가 연습하게 하고 피드백을 주어야 한다.
- 학습자가 충분한 피드백을 받은 후에는 스스로 충분히 연습할 수 있는 시간과 여건을 만들어 준다.

(2) 지도 기법 4단계
① 1단계: 학습할 준비를 시킨다.
- 마음을 안정시킨다.
- 무슨 실습을 할 것인가 말해 준다.
- 그 실습에 대해 알고 있는 정도를 확인한다.
- 실습 내용을 배우고 싶은 의욕을 갖게 한다.
- 정확한 위치에 자리 잡게 한다.

② 2단계: 내용을 설명한다.
- 주요 단계를 하나씩 설명해 주고 시범도 보이고 그림을 그려 보인다.
- 포인트를 강조한다.

- 확실하게, 빠짐없이, 끈기 있게 지도한다.
- 이해할 수 있는 능력 이상으로 강요하지 않는다.

③ 3단계: 실습을 시켜 본다.
- 실습을 시켜 보고 잘못을 고쳐 준다.
- 실습을 시키면서 설명하게 한다.
- 다시 한 번 시키면서 포인트를 말하게 한다.
- 확실히 알았다고 할 때까지 확인한다.

④ 4단계: 가르친 뒤를 살펴본다.
- 일에 임하도록 한다.
- 모르는 것이 있을 때는 물어 볼 사람을 정해 준다.
- 자주 살피고 확인한다.
- 질문을 하도록 분위기를 조성한다.
- 점차 지도 횟수를 줄여 간다.
- 상대방이 모르는 것은 자신이 가르치지 않았기 때문이다.

학습과제

1. 당신이 죽은 후 후손이 당신의 일대기에 대하여 영화를 제작하였다. 영화의 제목을 무엇으로 하면 좋을지 생각해 본다.

2. 역할극과 사례연구 교육방법의 특징에 대하여 설명하고, 각각의 교육방법을 활용에 대한 사례를 토론한다.

3. 시범실습식 교육방법 전개 단계를 적용하여 실습한다.

❑ 참고문헌

권대봉(1999). 성인교육방법론. 서울: 학지사.

기영화(2004). 평생교육방법론. 서울: 학지사.

김종표(2018). 평생교육방법론. 경기: 양서원.

김종표, 이복희(2007). 평생교육방법론. 경기: 양서원.

박성희, 송영선, 나항진, 황치석, 문정수, 박미숙(2013). 평생교육방법론. 서울: 학지사.

신용주(2004). 평생교육의 이론과 방법. 경기: 형설출판사.

신용주(2012). 평생교육방법론. 서울: 학지사.

유동수(2007). 감수성훈련: 진정한 나를 찾아서. 서울: 학지사.

제9장

학습동아리 평생교육방법

학습동아리는 같은 분야에서 활동하는 학습자들이 모여 결성하는 경우도 있지만, 최근 평생학습사회가 되면서 평생교육 프로그램을 수료한 이후에도 지속적으로 학습하고자 하는 수료자들이 학습동아리를 결성하는 현상이 확산되고 있다. 이렇게 증가하는 학습동아리가 지속되기 위해서는 운영 전략이 필요하다. 특히 신생 학습동아리의 경우 구성원들이 모임의 의미를 잃어버리면 지속되기가 어렵다. 구성원들이 의미와 재미를 찾을 수 있는 학습동아리 운영이 중요하다고 볼 수 있다. 신생의 단계를 넘어 자발적인 학습을 지속하고 있는 학습동아리는 전문탐구형으로 성장해 가는 양상이 나타낸다. 이러한 학습동아리의 전문성을 지역사회에서 활용하게 된다면 평생교육이 더욱 확산될 수 있으며, 전문성이 더욱 강화될 것이다. 즉, 학습동아리의 배움력과 실천력이 함께 병행되어야 학습동아리의 지속력도 강화된다고 할 수 있다.

이 장에서는 학습동아리의 개념, 학습동아리의 유형, 학습동아리 운영 방법, 학습동아리 실천 방법, 학습동아리 학습 방법 등에 대해 살펴보고자 한다.

학습목표

1. 학습동아리의 어원 및 개념을 설명할 수 있다.

2. 학습동아리 유형을 분류하고, 학습동아리 활성화를 위한 운영 방법을 습득할 수 있다.

3. 학습동아리 활동 실천 방법을 단계적으로 탐색하고, 학습 방법을 분석할 수 있다.

✱ 주요 용어

학습동아리, 학습공동체, 심화학습형, 전문탐구형, 문제해결형, 배움 나누기, 자기주도학습, 경험학습, 공동체학습, 문제해결학습

1. 학습동아리 개념

1) 학습동아리 형성의 배경

(1) 국내 학습동아리 근원

'학습동아리'에 대한 주목은 평생학습 사회에 평생학습에 관심있는 학습자들이 자발적으로 학습 모임을 구성하면서 나타났다고 볼 수 있다. '학습동아리'에 대한 그 이론적 토대 역시 서구에서 찾는 것이 일반적이나, 우리나라의 역사 속에서도 찾아볼 수 있다. 몇몇 사람이 화롯불 앞에 한데 모여 같은 관심사를 놓고 토론하고 정보를 교환하던 것, 겨울날 사랑방에 둘러앉아 보고 들은 도시 사정을 주고받거나 마을 일을 함께 의논하던 모습에서 엿볼 수 있다. 우리나라에서 학습동아리의 정신적 근원은 전통적으로 지역사회 안에서 공동 노동과 놀이를 통해 지역공동체를 만들어 왔던 '두레' 정신에서 찾을 수 있다. 다양한 목적에 의해 결사체를 이루고, 규약을 정해 상호 이익을 도모했던 '계' 역시 자발적인 민주적 학습동아리 형성 과정에 주는 시사점이 크다.

그러나 농업 노동의 형태가 바뀌고 일제강점기를 겪으면서, 지역 기반 공동체의 역사적 전통은 차츰 자취를 감추게 되었다. 1960년대에 마을문고 보급을 주도했던 독서회운동, 1970년대와 1980년대의 민중교육 역시 소모임 학습을 주된 학습방법으로 활용했다. 1990년대 이후 사회변화를 겪으면서, 학습동아리 운동 역시 새로운 변화의 계기를 맞이하게 되었다. 이 시기의 주요한 특징은 비영리민간단체 중심, 즉 시민 영역에서의 학습동아리 운동이 활성화하기 시작했다는 점이다. 특히 YMCA의 학습공동체 운동과 지역사회교육협의회 그리고 생활협동조합에서의 동아리 활동 등은 매우 주목할 만하다. 2000년대에는 학습동아리 운동을 평생교육 관점에서 본격적으로 접근하기 시작하였다. 2001년부터 평생학습도시 사업이 시작되면서 평생교육 기관 및 단체의 소모임과 후속 모임, 평생교육자와 관련 활동가들의 네트워킹을 위한 조직 활동, 재능기부 활동, 지역사회 변화촉진 활동 그리고 온라인과 오프라인상의 동호회 활동 등의 형태로 학습동아리 운동이 활발해졌다.

(2) 외국의 학습동아리 근원

학습동아리 운동의 기원은 스웨덴의 스터디 서클 운동에서 찾을 수 있다. 19세기 후반 스웨덴은 빈곤과 불평등, 신대륙 이주에 따른 인구 대폭 감소 등 사회불안에 시달리는 상황 속에서 스웨덴 절제 운동의 지도자였던 오스카 올슨(Oscar Olsen)이 1902년에 스터디 서클을 절제운동에 도입한 이후, 스터디 서클은 스웨덴에서 가장 중요한 성인 시민참여교육 형태로 성장하였다. 2000년대 스웨덴에서는 11개의 협회(study association)에서 매년 약 300만 명이 참여하는 35만 개의 스터디 서클을 조직 · 관리하고 있으며, 정부는 협회를 통해 스터디 서클에 대한 재정지원을 실시하고 있다.

미국에서는 1874년 뉴욕의 셔터퀴(Chautauqua) 호수 모임에서 시작된 성인하계대학을 중심으로 사회적 · 경제적 · 정치적 문제에 대한 학습과 토론에 참여하는 1만 5천여 개의 스터디 서클이 형성되는 성과를 가져왔다. 1989년 처음 설립된 스터디 서클지원센터(Study Circles Resource Center)의 적극적인 활동에 힘입어 최근 들어 급격한 증가세를 보이고 있다.

호주에서는 학습서클협회(Learning Circles Australia)를 중심으로, 일본에서는 공민관 교육프로그램의 후속 모임을 중심으로 학습동아리 운동이 활발히 일어나고 있다. 일본은 생애교육센터나 비영리기구(NPO)의 성인교육활동은 국가 차원의 적극적인 지원 정책을 바탕으로 지역사회 교육 활동의 활성화에 관한 일을 적극적으로 추진하고 있다. 주로 공민관을 거점으로 하는 자주그룹 활동이 활발히 일어나고 있는 상황이다.

2) 학습동아리 개념 이해

(1) 학습동아리 정의

학습동아리의 정의를 살펴보면 다음과 같다(이지혜 외, 2003).

일정한 인원의 성인학습자들이 … [주체]
자발적으로 모임을 구성하여 … [과정]
정기적으로 만나서 … [형식]
정해진 주제에 대한 학습과 토론을 하여 … [목적]
공동의 관심사를 함께 생각하고 실천하는 공동체를 지향한다. … [비전]

학습동아리란 스웨덴이나 미국에서의 스터디 서클 또는 호주의 학습 서클 또는 일본의 자주그룹과 유사어로, 같은 주제에 관심 있는 성인들이 함께 모여 공부하는 소모임을 뜻한다. 보통 5~15명 내외의 성인들이 둥근 테이블에 둘러앉아 관심 주제를 놓고 열띤 토론을 벌이는 모습이 가장 쉽게 떠올릴 수 있는 장면이다. 나라마다, 상황에 따라 조금씩 다르지만, 본래는 같은 지역사회에 살고 있는 시민들이 함께 부딪치는 문제에 대하여 공동의 해결 방안을 찾거나 생각해 보는 이슈 중심 토의가 중심이다.

우리나라에서 현재 활발히 일어나고 있는 학습동아리활동은 서구의 스터디서클보다는 폭넓은 개념으로 쓰여, 주제 특성의 제한 없이 성인들이 스스로의 뜻에 따라 함께 배우는 소모임 일반을 가리킨다.

(2) 학습동아리 준거

학습동아리는 단순히 친목 위주로 모이는 소모임과는 구분된다. 학습동아리를 규정하는 준거는 다음과 같다.

첫째, '학습동아리'는 '일정한 인원의 성인들'을 운영 주체로 한다. 즉, 청소년의 모임은 배제되며, 구성원이 4~5명 이내로 지나치게 적거나 30~40

명 이상으로 지나치게 많다면 소모임의 성격을 살리기 어려우므로 이 역시 제외하는 것이 좋다. 둘째, 학습동아리는 결성 과정에서의 '자발성'을 기초로 한다. 일정 조직이나 기관의 직간접적 강제 혹은 강요에 의한 것이라면, 학습동아리의 가장 중요한 속성인 민주적 자발적 결사의 원칙에 어긋나는 것으로 본다. 셋째, '학습동아리'는 사교나 친목을 위한 모임이 아니며, '정해진 주제에 대한 학습과 토론'이라는 뚜렷한 목적을 지닌다. 즉, 구성원들 사이에 합의된 주제를 중심으로 함께 모여 지식과 정보를 교류하며 개인과 집단의 성장을 도모하는 것을 목적으로 한다. 넷째, '학습동아리'는 '정기적인' 만남을 원칙으로 한다. 학습동아리는 일정한 규칙에 따른 지속성을 원칙으로 하는 소모임이다. 모임 주기는 한 주에 한 번 또는 한 달에 한 번 등으로 다양할 수 있지만, 일정 기간 동안 꾸준히 이루어지는 점이 중요하다.

(3) 학습동아리 개념 이해

최근에 평생학습 차원에서 사회적 학습욕구가 향상되면서 이를 해소하기 위한 학습동아리가 생성되고 있다. 이러한 학습욕구를 해소하기 위해 모인 집단, 즉 자신들의 삶을 집단적 학습을 통해 구성하고 모색해 나가고자 하는 경향을 학습공동체라고 규정하고, 구성원들이 자신의 관심과 가치관에 따라 집단을 구성하여 실체를 이루고 있는 학습 집단을 학습동아리로 규정하였다 (이지혜 외, 2002).

학습동아리에 대한 개념이 점점 진화되어 가고 있는데, 일반적으로 학습동아리는 일정한 인원의 성인학습자들이 자발적으로 모임을 구성하여 정기적으로 만나서 정해진 주제에 대한 학습과 토론을 통하여 공동의 관심사를 함께 생각하고 실천하는 공동체를 지향하는 것으로 본다(이지혜 외, 2004). 그러나 학습동아리 의미는 함께 책을 읽고 토론하는 것 외에 다른 무언가를 배우며, 함께 생각하고 실천하는 과정에서 경험하게 되는 학습 가능성까지 포괄하는 수준으로 확장된다(박상옥, 2009). 어떠한 수준에서건 학습동아리는 동아리 구성원이 자발적으로 학습목표, 학습내용, 학습방법, 학습평가에 이르기까지의 일련의 과정을 협력적으로 전개해 가는 것으로 일종의 집단적 형태의 자기주도적 학습의 과정(김한별, 2010)로 파악할 수 있다. 결국 학습동아리란 자료를 읽으며 토론하는 학습활동에만 국한하지 않고 참여자들의 자율적이고 협력적인 관계를 매개로 다양한 문제를 다루는 실천 과정, 즉 구성원들의 지식과 재능을 펼치는 활동으로 전개되는 것으로 이해할 수 있다 (김영옥, 2013).

　학습동아리는 전체적인 진행을 조율할 수 있는 리더는 있지만, 그 누구도 지식의 제공을 일방적으로 독점하지 않는다. 학습동아리에서는 구성원 누구든지 자신이 알고 생각하는 바를 얘기할 수 있고, 다른 구성원이 전해 주는 지식의 경청을 원칙으로 한다. 지식은 물이 높은 곳에서 낮은 곳으로 흐르듯이 일방적으로 전달되는 것이 아니라, 사방으로 부딪쳐 흐르는 가운데 새로운 지식으로 한 단계 업그레이드된다. 학습동아리의 학습 커뮤니케이션은 일방적이거나 불균형하지 않다. 그동안의 학습 커뮤니케이션 양식은 지식과 정보 전달의 양과 질에 있어서 대체로 일방적이었다. 교과와 교사로 대표되는 '발신자'가 사전에 정해져 있고, 학습자는 '수신자'의 역할로 한정되어 있으나, 학습동아리에서는 모든 학습자는 지식의 '수신자'인 동시에 '발신자'가 된다.

　학자는 개별화된 학습기획을 세워 자신의 학습활동을 추진해 간다. 학자들은 듣고 배우는 것이 아니라 하면서 배우는데, 특히 집단 속에서 서로서로에게 배운다. 가장 효과적인 학습환경을 조성하기 위해서는 충분한 사회적 상호작용을 통해 배울 수 있는 학습 커뮤니티를 만들어 가는 것이 중요하다.

3) 학습동아리와 다른 모임과의 차이 이해

학습동아리는 다른 소모임이나 동아리와 달리 다음과 같은 차이를 보인다.

- 다른 소모임과의 차이: 소모임(예, 동문회, 향우회, 조기축구회)은 목적이나

활동 내용의 제한 없이 주로 친목과 상호 교류를 위한 모임 모두를 지칭
한다. 학습동아리는 '학습'과 '토론'을 목적으로 모여 개인의 성찰과 집
단의 성장을 추구한다.

- 소모임이 학습동아리로 전환 가능: 예를 들어, 학부모들의 친목모임이 학교
  혹은 지역 내 교육문제를 걱정하고 개선 방안을 생각하는 모임으로 전
  환하는 경우를 말한다.
- 동아리와의 차이: 공통의 문화활동, 취미생활 등을 공유하는 동아리는 보
  통 인원의 제한이 없으며, 활동 자체를 즐기고 친목을 도모하려는 목적
  이 크지만, 학습동아리는 '학습활동'을 중심으로 한다(이지혜 외, 2003).

4) 학습공동체로서의 학습동아리

오혁진(2012)은 학습공동체는 '학습'과 '공동체'가 결합된 의미로 공동체의
개념을 "지역 또는 특정 집단에 대한 소속감과 공동의 목적을 가진 정신적
공동체를 지향하는 집단이나 조직체"라고 정의하고, 다양한 영역과 차원에
서 학습공동체를 언급하였다. 그 규모와 범위에 따라 개인들의 자발적인 모
임을 통해 구성된 집단 차원, 구성원이 속해 일하는 조직 차원, 그리고 사람
들이 거주하며 생활하고 있는 지역사회 차원으로 대별할 수 있다. 이러한 맥
락에서 오혁진(2012)은 학습동아리, 학습조직, 지역학습공동체 등의 3가지
차원으로 학습공동체의 다차원성을 정리하였다([그림 9-1] 참조).

첫째, 소집단 차원의 학습공동체라고 할 수 있는 학습동아리(learning
circle)이다. 학습동아리는 학습 의향을 가지고 있는 개인들의 자발적 학습모
임으로서 구성원 상호 간의 공동체성을 근간으로 한다. 둘째, 조직 차원의
학습공동체라고 할 수 있는 학습조직(learning organization)이다. 학습조직
은 조직의 성과 증진을 염두에 두고 보다 효율적이고 자생적인 조직의 운영
을 위한 조직 차원의 학습역량에 주목한다. 셋째, 지역사회 차원의 학습공동
체인 지역학습공동체(local learning community)이다. 지역학습공동체는 일정

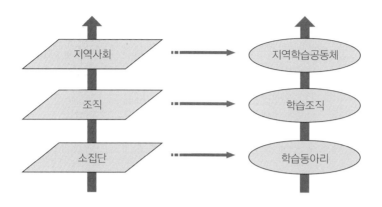

[그림 9-1] 학습공동체의 3차원

출처: 오혁진(2012), p. 319.

한 제도에 의하여 범위가 규정되는 조직을 넘어서 공통적 삶의 문화와 양식을 공유하는 지역주민의 집단적·협력적 상호작용 가운데 배태된 학습 양상에 주목한다. 학습공동체는 이와 같이 학습동아리 수준의 작은 학습 집단부터 학습을 지향하는 지역학습공동체에 이르기까지 개념의 적용 범위가 매우 광범위하고 다차원적인 양상을 나타내고 있다(오혁진, 2012; 김영옥, 2013).

5) 학습동아리의 특징

개념적 정의를 넘어서 학습동아리가 갖는 일반적인 특징은 다음과 같다(박주희, 노명래, 2010).

첫째, 학습동아리에서의 학습은 정규교육에서의 강의나 강연과는 달리 참가자가 스스로 학습할 주제를 정하고 함께 토론하면서 학습한다. 이 점은 김한별(2010)이 지적한 것처럼, 학습동아리 차원에서 이루어지는 학습활동이 자기주도적 학습의 형태를 보인다는 점을 부각하는 것이다.

둘째, 학습동아리는 장소나 시간의 구애를 받지 않고 쉽게 모일 수 있다. 참가자의 수가 5~10명 정도이므로 동아리방, 회의실, 식당, 자취방 등에서도 쉽게 모일 수 있고, 학습시간 역시 탄력적으로 운영할 수 있다.

셋째, 학습동아리는 지식이나 경험의 수준이 비슷하고 학습을 하고 싶어 하는 사람끼리 모이게 되므로 학습의 효과가 높다. 학습집단을 구성하는 동료들과의 동질성과 일치성을 확보할 수 있기 때문에 지속적인 참여와 만족도 유지가 가능할 수 있다.

넷째, 학습동아리에 모이는 참가자들 간의 유대가 강화된다. 학습동아리에는 적은 인원이 참가하여 지속적으로 만나므로 서로가 친해질 수 있는 기회를 갖기 용이하며, 인간적인 교류를 통하여 인격을 발전시켜 갈 수 있다. 이러한 인간적인 유대는 조직력을 강화시키는 기반이 된다.

다섯째, 학습동아리를 통해 구성원들은 민주적으로 조직을 운영하는 경험을 가질 수 있게 된다. 학습동아리에서 구성원들은 민주적으로 토론하고 결정하고 실천하며, 상호 비판하는 올바른 집단 활동의 원칙을 체득하게 된다. 이것은 학습동아리에서 학습하는 내용 못지않게 중요하다.

2. 학습동아리 유형 및 분류

1) 학습동아리 유형

학습동아리는 학습의 목적 및 그 학습의 특성과 의미에 따라 심화학습형, 전문탐구형, 문제해결형 등 세 유형으로 나누어 볼 수 있다. 이 세 유형은 학습동아리의 발전 단계가 될 수도 있으나 직접 문제해결형의 학습동아리로 출발하는 경우도 있어서, 학습동아리의 전개과정은 상황에 따라 다양하다. 학습동아리의 유형을 정리하면 다음의 〈표 9-1〉과 같이 정리할 수 있다.

〈표 9-1〉 학습동아리의 유형별 특징

구분	심화학습형	전문탐구형	문제해결형
학습목적	심층지식 및 기술 습득	전문영역별 선택주제에 대한 공동토의와 탐구	지역 사회의 당면문제 혹은 장기과제 해결
주제특성	개인능력신장	전문가로서 전문능력 함양과 생산적 전문능력 재생산	사회문제
운영방식	리더,강사중심	참여자 중심	리더 또는 참여자 중심
학습유형	초빙 강의 및 독서토론 중심	내부자 강의 및 정보교류, 연구토론	지역 사회 문제중심 토론과 성찰
학습이념	개개인의 특정주제 영역의 심층지식과 기술 습득	전문지식 습득, 지식 생성, 전문지식 보급	사회적 실천을 통한 문제해결 및 대안제시
리더의 역할	운영실무 총괄(강사섭외, 자료준비, 참여자 동원 및 독려)	집단경험 학습의 담지자, 성원간의 역할분담 주도, 프로그램기획 및 토론 촉진자 역할 수행	실천적 전략가, 조직가, 토론 및 성찰의 촉진자

출처: 한국교육개발원(2007).

(1) 심화학습형

대체로 성인학습과정 수료 후 참여자들이 배운 지식의 심층학습과 기술을 습득하기 위한 목적으로 만들어진다. 학습의 초점을 개인에 맞추고, 개인 능력의 신장을 위한 학습을 하 는 특성이 있다. 운영방식 또한 리더나 강사를 중심으로 이루어지며, 리더와 강사, 참 여자 간의 상호 작용을 통해 학습이 이루어진다. 대부분 초빙 강의와 독서토론을 중심으로 개개인의 관심사나 특정한 주제에 관련된 심층지식과 기술을 습득한다.

학습동아리 리더는 전체적인 실무를 담당하여 강사를 섭외하고, 자료를 준비하고, 참여자를 동원하고 독려하는 역할을 수행하게 된다. 오카리나 교실에서 오카리나를 배운 학습자들이 강좌가 끝난 후에도 계속 모여 새로운 오카리나 연주법과 지도법을 익히고, 함께 오카리나를 가르쳐주는 재능기부 활동 다니는 경우를 예로 들 수 있다.

(2) 전문탐구형

일정한 수준의 지적능력을 공유한 학습자들이 전문영역별로 스스로 선택한 주제를 가지고 공동 토의와 탐구를 위해 만들어진다. 학습의 초점은 개인과 공동학습에 맞춰지며 전문가로서 전문능력을 함양하고 전문지식을 재생산하여 보급하는 형태로 학습이 진행된다. 운영방식 또한 참여자 중심으로 이루어진다. 학습유형은 내부참여자의 강의와 정보 교류와 연구 토론을 중심으로 하는 학습으로 나타난다. 대부분 전문영역별 지도자들의 모임으로 구성되는 경우가 대부분이다. 전문지식 습득, 지식 생성, 전문지식 보급 위주 활동을 한다. 리더의 역할은 집단학습 경험의 담지자로서 구성원 간의 역할 분담을 주도하며 프로그램 기획 및 토론 촉진자의 역할을 수행한다. 동화구연이나 역사지도 강사들이 모여서 경험과 정보를 서로 나누고, 최신 자료를 함께 공부하는 것에서 예를 찾을 수 있다.

(3) 문제해결형

자신이 살고 있는 지역사회의 당면과제나 장기과제를 찾아내고 그 해결을 위한 목적으로 만들어진다. 시민운동 단체에 속해있는 학습동아리들이 이 문제해결형의 특성을 지니고 이슈 중 심의 관심을 가지고 선호하는 주제로 학습을 한다. 운영방식은 리더와 참여자 중심으로 이루어지며, 조직의 특성상 리더와 참여자 간의 공유를 통해 학습이 이루어진다.

문제상황에 적합한 의제를 선택하고 다양한 토론 촉진 자료로 TV, 신문, 국내와 사례자료 등을 활용하다. 지역사회 문제 중심 토론과 성찰을 통해 학습하고 실천한다. 사회적 실천을 위한 문제해결방안을 모색하고 대안을 제시하는 과정을 통해 학습을 하게 된다. 학습자는 임파워먼트된 해결사로서의 위상을 지니며, 지역사회의 구성원으로서 그 책임을 다하는 모습으로 나타난다.

리더는 실천적 전략가이자 조직가, 토론 및 성찰의 촉진자 역할을 담당한다. 예를 들어 지역 내 소외계층 문제, 지역 환경 개선 문제 등에 대처하기 위한 모임을 들 수 있다(이지혜 외, 2001에서 재구성) 이처럼 개념적 차원에서는 세 가지 유형으로 학습동아리를 분류하지만 실제에서는 특정한 학습동아리가 각 유형별 고유한 특성을 뚜렷하게 나타내기 보다는 복합적인 특성을 보이는 경우가 일반적이다(김한별, 김영옥, 2012).

2) 학습동아리 분류

증가하는 학습동아리를 평생교육 프로그램 6진 분류에 따라 나누어 보면 학습동아리의 특성을 이해하고 관리하는 데 도움이 될 수 있다. 평생교육 프로그램의 6진 분류에 따른 분류는 다음과 같다.

- 기초문해교육 학습동아리: 문자해독프로그램, 기초생활기술프로그램, 문해학습계좌프로그램
- 학력보완교육 학습동아리: 초등학력보완프로그램, 중등학력보완프로그램, 고등학력보완프로그램
- 직업능력교육 학습동아리: 직업준비프로그램, 자격인증프로그램, 현직직무역량프로그램
- 문화예술교육 학습동아리: 레저생활스포츠프로그램, 생활문화예술프로그램, 문화예술향상프로그램
- 인문교양교육 학습동아리: 건강심성프로그램, 기능적소양프로그램, 인문학적교양프로그램
- 시민참여교육 학습동아리: 시민책무성프로그램, 시민리더역량프로그램, 시민참여활동프로그램

3. 학습동아리 운영 방법

1) 학습동아리 학습역동의 중요성

학습동아리에서 학습역동을 일으키는 또 다른 힘은 스스로의 정체성을 유지 · 발전시켜가는 '구심적 역동'이다. [그림 9-2]는 학습동아리의 학습역동 구조를 보여 주고 있다.

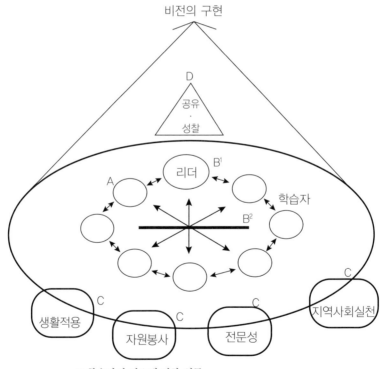

A: 학습자의 필요에 의한 역동
B: 구성원들 차이에 의한 역동
C: 실천활동에 의한 역동
D: 비전의 '공유'와 '성찰'의 과정

[그림 9-2] 학습동아리의 학습역동 구조

출처: 이지혜 외(2003).

학습동아리 내의 구성원들과 집단으로서 학습동아리는 머물러 있지 않고 끊임없이 변화·발전하려는 경향을 갖고 있으며, 이는 학습동아리의 성장을 추동하는 근본적 힘으로 작용한다. 그러나 동시에 학습동아리는 그 자체를 그대로 유지하고자 하는 양면적 속성을 지닌다. '구심적 역동'은 '원심적 역동'과의 길항작용 속에서 학습동아리의 고유한 생명력을 유지하는 역할을 한다. 학습동아리 운영 사례에 비추어볼 때, 구심적 역동을 이루는 핵심은 '성찰'과 '비전'의 두 요소인 것으로 보인다.

성찰과 비전은 불가분의 관계로, '집단적 성찰은 무엇을 배울 것인가?' '왜 배우는가?'에 대한 의문의 제기와 자기 확인의 과정이다. 비전은 바로 성찰의 근본 준거를 제시해 준다. 성찰은 학습동아리에서 원심적 역동의 축을 이루는 실천 활동에 견줄 수 있는 것으로, 학습활동의 집단적 '내화(內化)' 과정의 핵이라 할 수 있다. 다양한 실천 활동과 학습 과정에서의 '외화(外化)'를 집단 상호작용 속에서 돌이켜보고 반성하면서 집단적 학습경험을 동아리 안에 누적해 가는 핵심 요소이기 때문이다. 내적 응집력이 강한 동아리일수록 확실한 비전 공유 과정을 거치고 있는 것으로 나타난다. 새로운 구성원이 학습동아리에 들어올 때 일정한 가치관의 합의를 이룰 수 있는 '세례'를 받은 동아리일수록 구성원 상호 간의 신뢰와 유대, 목적의식에 대한 동의가 강하게 보인다. 공동의 지향점, 즉 비전을 공유할 수 있다면 학습동아리는 지속적인 변화 가운데서도 일정한 방향 의식을 잃지 않고 앞으로 전진할 수 있는 것이다. 비전의 공유는 협력학습의 근간이라 할 수 있는 상호 신뢰와 유대감을 갖게 함으로써 학습동아리의 정체성을 강화하는 작용을 한다.

2) 학습동아리 운영 원리

학습동아리 구성원들의 관점에서 어떠한 요소가 효과적인 동아리 운영 원리로 인식되고 있는지 살펴보는 것이다. 김한별과 김영옥(2012)은 이러한 목적에 따라서 청주시 평생학습동아리에 참여하는 구성원들을 대상으로 면담을 실시하였다. 이 면담을 통해서 동아리 활동에 관하여 주목하고 있는 요소들을 정리하면 다음과 같다(김한별, 김영옥, 2012).

① 구성원들의 소속감과 상호 연대감 증진이 중요한 요소이다

새로운 회원에 대한 오리엔테이션 차원의 학습이건 동아리 운영에 관한 회원들과의 의사소통이건 동아리 구성원 상호 간의 지원과 협력은 학습동아리의 효과적인 운영에 중요한 요소이다. 동아리 구성원들의 유대감 증진을 위해서 구성원들의 자율적인 참여와 소통이 원활하게 이루어질 수 있는 이벤트나 일감을 마련하고 그로부터 상호 유대감을 증진 · 유지하는 것은 학습동아리가 그 호명에 걸맞게 효과적으로 운영되는 데 핵심적인 DNA와 같은 요소가 된다. 학습동아리는 '학습'과 '동아리'가 결합된 실체이다. 따라서 '학습'의 요소도 결코 놓쳐서 안 되겠지만, '동아리'요소, 즉 구성원의 소속감과 상호 유대감 요소 역시 학습동아리의 정체성을 발현하는 데 필수적인 요소로 부각될 수밖에 없다.

② 동아리 리더의 전문성과 역량개발이 학습동아리의 구심력 배가 역할을 한다

학습동아리의 구성원이 아무리 훌륭하고, 또는 동아리의 취지가 우수하다고 하더라도, 참여자들의 전문적 역량 수준이 뒷받침되지 않는다면 동아리 활동 성과는 향상되기 어렵다. 따라서 학습동아리의 활동 주제에 대한 동아리 회원들, 특히 리더들의 전문적 식견과 경험을 개발할 수 있는 교육연수 프로그램의 지원이 필요하다.

학습동아리가 일정한 구심점을 가지고 지속적으로 성장 · 변화할 수 있는 가능성을 가지기 위해서는 동아리 회원들의 개인적 자질을 높이는 연수와 교육도 필요하다. 회원에 대한 교육은 단순히 개별 회원의 성장 기회로서 의미에 국한하지 않으며, 잠재적 동아리 리더의 전문적인 역량을 개발할 수 있는 기회로서 의미를 갖는다.

③ 역동적인 학습동아리 활동의 기반 마련을 위해 동아리 활동에 필요한 제반 경비, 예산 지원이 필요하다

학습동아리에 대한 지방자치단체 차원의 예산 지원이 실효성을 가지기 위해서는 예산을 사용하는 동아리 회원들의 실제 사용 실태를 파악하고 동아리 활동에 예산을 사용하는 과정이 보다 수월할 수 있도록 제약을 좀 더 완화할 필요가 있다. 학습동아리 활동에 대한 예산집행 항목을 보다 유연하게 개선하는 노력이 필요하며, 비용의 집행 과정에 대한 검증보다 집행된 비용의 적절성 및 타당성 여부를 점검하는 것이 의미가 있을 것이다.

④ 학습동아리의 지속적 성장 자극을 위해 학습동아리 상호 간의 정기적 교류와 활동 결과에 대한 피드백 기회를 제공해야 한다

학습동아리 활동을 통해서 학습한 내용과 경험을 사회에 환원하는 노력은 그 자체로 동아리 구성원들의 무형식적 학습의 기회가 되며, 개인 차원의 학습이 지역사회 차원의 성과로 변환되는 지점이 될 수 있으므로 체계적인 활동 기회를 가져야 한다. 봉사활동에 대해서 포인트를 부여하고 마일리지 형태로 적립할 수 있도록 한다. 봉사활동 마일리지의 사용 범위를 확대하여 지방자치단체 차원의 탁아, 보육 등의 복지 서비스 이용에도 활용될 수 있도록 한다면, 학습동아리 지속적 성장에 자극이 될 것이다.

⑤ 동아리 구성원과 지역사회의 변화를 가져올 수 있는 동아리 활동이 필요하다

지역주민으로 하여금 평생학습 및 학습동아리 활동에 대한 긍정적인 인식을 갖도록 하는 것도 필수적으로 요구된다. 학습동아리 활동에 대한 지역주민의 우호적인 인식과 평생학습에 대한 긍정적 마인드 제고는 원활한 학습동아리 활동을 가능하게 하는 토대가 되기 때문이다. 학습동아리의 활성화를 위해서는 평생학습에 참여하는 것에 대한 지역사회 차원의 인정과 이해, 또한 학습동아리 활동에 대해서 인정할 수 있는 지역사회 차원의 문화적 변

화가 수반되어야 한다. 학습동아리 활동을 통해서 습득하는 학습경험이 참여자들의 사회적 역동성으로 이어지기 위해서는 지역사회 차원의 인정과 인식의 제고가 중요하다.

3) 학습동아리 운영 점검

학습동아리가 목적에 맞게 효과적으로 운영되는지를 점검할 필요가 있다. 진행 과정 중에 질문을 통해 부족한 점을 보완해야 지속 가능한 학습동아리가 될 수 있다.

(1) 학습동아리 진행 과정 점검
다음 척도에 따라 학습동아리가 어떻게 진행되고 있는지 점검해 본다.

〈학습동아리 진행 과정 질문지〉

_____ 나는 생산적으로 참여하고 있다.
_____ 다른 사람들은 생산적으로 참여하고 있다.
_____ 우리는 협력하여 작업하고 있다.
_____ 모임의 시간 계획이나 속도는 적합하다.
_____ 적합한 방법과 절차에 따르고 있다.
_____ 우리의 목적은 명확하다.
_____ 우리는 목적을 위해 집중하고 있다.
_____ 우리는 나아지고 있다.
☞ 네= 3점, 개선이 필요함 = 2점, 아니오 = 1점

출처: 이지혜 외(2003).

(2) 학습동아리 지도자의 역할 점검
상황에 따라 지도자의 바람직한 역할이 어떠한지 살펴보고 점검해 본다(〈표 9-2〉 참조).

〈표 9-2〉 상황별 지도자의 역할

단계	지도자의 역할	바람직한 역할
일대 일 만남	• 면대면 의사소통을 생산적으로 진행하기 위한 촉진 기술과 방법의 활용	양측이 대화 내용과 다음 단계에 대해 분명히 이해하고 헤어진다. 바람직한 작업 관계(working relationship)가 시작되거나 지속된다.
토론	• 집단이 생산적으로 토론하고, 토론의 목표를 명확히 하고, 다음 단계를 결정하도록 돕기 위한 촉진 기술의 활용	집단이 생산적인 논의를 하며, 이는 기록된다. 결정을 내리고 행동을 취한다. 집단이 결론이나 합의에 도달하지 못할 경우, 최소한 숙지해야 할 이슈에 관해서는 합의를 도출한다.
모임의 활성화	• 모임을 계획하고, 촉진하고, 평가하도록 돕기 위한 촉진 기술의 활용	성공적인 모임을 계획하고, 실천하고, 평가한다. 사람들은 분명한 행동 항목과 결론, 분명한 이슈를 가지고 헤어진다. 집단의 구성원들은 계속되는 모임에 대한 소속감을 갖는다.
팀 또는 지속되는 집단	• 지속적인 촉진자와 지도자로서의 역할 • 효율적으로 모임을 촉진하고, 팀을 지도하기 • 장기적으로는 팀과 집단이 자체적으로 활성화할 수 있도록 훈련하기	팀 또는 집단은 유능한 촉진과 함께 일하는 데 효율성이 증가하여 목표와 임무를 성공적으로 달성한다.
조직 전체의 촉진	• 다기능적인(Cross-functional), 팀 간의, 조직 전반의 모임에 의해 조직의 전반적인 효율성을 제고하기 • 다양한 조직 상황에서 촉진 기술을 활용하기: 다른 사람에게 촉진 기술을 훈련하고, 조직이 효율적인 목표를 설정하고, 문제를 해결하고, 목표를 달성하는 데 도움이 되는 자문을 제공하기	조직 전반에 걸친 촉진 기술과 방법의 적용으로 조직의 효율성이 증가한다.

출처: 이지혜 외(2003).

4. 학습동아리 활성화 방법

1) 학습동아리 활성화 과제

　　김한별과 김영옥(2012)은 학습동아리 활성화를 위한 연구를 통해 활성화 과제를 13가지로 제안하였다(〈표 9-3〉 참조).

〈표 9-3〉 학습동아리 활성화 과제

번호	과제명
1	학습동아리 봉사활동 경험의 인정체계 마련
2	학습동아리 봉사활동에 대한 인센티브 마련
3	시설, 공간 네트워킹을 통한 동아리 활동 공간 지원
4	우수 학습동아리 운영 사례 발굴 및 보급
5	학습동아리 활동 결과 발표 기회 제공
6	동아리 운영에 관한 임원진 연수교육 프로그램 강화
7	학습동아리 연합회 일감 마련을 통한 활성화 촉진
8	학습동아리 취업 · 창업 기회 지원
9	학습중심 동아리와 봉사중심 동아리의 이원적 지원 시도
10	학습동아리 전담 평생교육사 배치
11	학습동아리 활동을 위한 전용 공간 건립
12	학습동아리 참여 촉진을 위한 체계적 홍보 방법 강구
13	학습동아리 심화교육 기회 제공

출처: 청주시(2010).

2) 학습동아리 활성화 방법

학습동아리를 활성화하는 방법은 다음과 같다.

첫째, 비록 학습동아리 활동의 단위가 집단으로 고려되기는 하지만, 집단적 차원의 학습활동으로서 동아리 활동이 일정한 효과를 보이기 위해서는 참여 개인들의 개인적 숙련과 역량개발이 중요하다.

둘째, 학습동아리의 다양한 특성과 요구에 반응하여 현실적인 지원이 이루어지는 것이 필요하다. 출발 배경, 학습주제, 동아리 회원들의 성격, 그리고 동아리 활동의 궁극적 목적 등에 따라서 서로 다른 배경과 요구를 가지고 있는 동아리들의 차이를 감안한 동아리 지원의 다각화가 필요할 것으로 보인다.

셋째, 학습동아리 활동의 의미는 단순히 동아리 활동의 주제, 즉 콘텐츠 측면에서의 가치뿐만 아니라 동아리 활동의 과정에서 기대되는 효과들에 대해서도 주목할 필요가 있다. 학습동아리가 지역 평생학습공동체 구축에 핵심적인 역할을 할 수 있으며, 소규모 조직화된 학습을 통한 지역공동체 형성, 토론문화 정착을 통한 민주시민사회 형성 등에 기여할 수 있는 방향도 모색해야 한다.

넷째, 동아리 구성원들의 협력적 학습활동이 이루어지기 위해서는 구성원들이 안정적으로 모일 수 있는 물리적 공간이 마련되어야 한다. 그러므로 평생학습관, 주민자치센터, 그 밖의 민간 시설 및 단체들 간의 공간 네트워킹을 통해서 지역의 다양한 학습동아리가 정기적으로 모일 수 있는 시설, 공간을 확보하는 것이 동아리 활성화에 중요한 요소라고 할 수 있을 것이다(청주시, 2010에서 재구성).

5. 학습동아리 활동 방법 사례

1) 학습동아리 '배움 나누기' 활동

'배움 나누기'는 배움이 필요한 곳으로 찾아가 학습동아리의 재능과 역량을 자원봉사로 나누어 주는 활동이다. 학습동아리 배움 나누기 활동은 학습

기회가 부족하거나 배울 여건이 어려운 이들에게 배움을 제공할 수 있고, 학습동아리는 재능 기부를 통해 지역사회에 환원함으로써 지속적인 배움과 나눔의 의미를 찾을 수 있다. 여기서는 2008년부터 학습동아리를 발굴 육성하여 배움 나누기 활동을 추진해 온 청주시 사례를 살펴보고자 한다. 청주시에서는 학습동아리 배움 나누기 활동은 2008년부터 10년째 이어지고 있으며, 2017년 35개 학습동아리 회원들이 100여 곳으로 찾아가 재능기부로 매년 2만여 명에게 평생학습 기회를 제공하고 있다.

청주시 배움 나누기 학습동아리들은 대부분 자발적으로 결성하고 학습하는 시간을 갖은 후 활동을 시작하는 경향이 있다. 탄생된 지 얼마 안 된 학습동아리부터 10년이 넘도록 재능기부 활동에 참여하는 동아리까지 있다.

〈평생발관리〉

〈하나메〉

2) '평생학습 징검다리 체험장' 운영

'평생학습 징검다리 체험장'은 학습동아리의 재능과 역량, 삶의 지혜를 활용할 수 있는 체험학습 프로그램을 개발하여 시민에게 다양한 평생학습 체험의 기회를 제공하는 활동이다. 평생학습관 2개관에 체험장을 마련하여 각각 주 1회씩 운영한다. 학습동아리는 재능을 활용한 다양한 체험 프로그램을 개발할 수 있는 기회가 되며, 학습자에게는 평생학습 맛보기 프로그램을 통해 자연스럽게 평생학습 프로그램을 탐색할 수 있는 기회가 된다.

〈맛자랑 요리〉　　　　　　　　　　〈프랑스자수〉

3) 열린학습공간 '무엇이든 배움터' 운영

'무엇이든 배움터'는 학습동아리 지식, 재능, 삶의 지혜를 나눌 수 있는 강의를 개발하여 배움의 기회를 갖고 싶은 누구나 참여할 수 있는 활동이다. 학습동아리들이 참여할 수도 있고, 개인 누구나 자신의 재능을 나눌 수 있는 재능 나눔의 장이라고 할 수 있다. 무엇이든 배움터에서는 아직 공개되지 않은 새로운 프로그램을 선보이기도 하여 신규 프로그램을 개발하는 기회가 되기도 하고, 본인만의 노하우를 공개하는 장이기도 하다.

4) 학습동아리 역량강화 워크숍

학습동아리 워크숍은 외부 연수원에서 숙박을 하며 학습동아리 활성화를 위한 강의, 사례 발표, 협동 프로젝트 등의 일정을 통해 다양한 학습동아리들이 서로 정보를 공유하고 협력 사업을 발굴하며 네트워크를 강화하는 과정이다. 워크숍을 통해 학습동아리는 유사한 학습동아리, 분야가 다른 다양한 학습동아리와의 만남을 통해 다양한 내용과 활동을 공유하며 성장 발전해갈 수 있는 기회를 갖는다. 학습동아리 구성원들은 이러한 과정을 통해 지역사회 평생교육 발전을 위한 봉사의식을 함양하고, 학습동아리의 가치를 찾아가며, 학습동아리 회원으로서 자긍심과 사명감을 느낄 수 있다.

6. 학습동아리 학습 방법

학습동아리는 성인학습이론에 근거하여 다양한 방법으로 학습을 한다. 학습동아리는 앞에서 다루었던 성인학습이론(제2장 참조) 중에서 자기주도학습, 경험학습 그리고 구성원들이 함께 모여 공동체학습, 문제해결학습을 하고 있는 것을 알 수 있다.

1) 자기주도학습

제2장 성인학습이론에서 살펴본 그로우(Grow)의 단계적 자기주도학습모델의 1단계(의존적 학습자), 2단계(관심 있는 학습자)의 단계는 지났고, 3단계(참여적 학습자), 4단계(자기주도적 학습자)에 걸쳐 있다고 볼 수 있다.

3단계 참여적 학습자는 지식과 기술을 갖고 능동적으로 학습에 참여한 사람들로서 학습경험의 공동 참여자가 될 준비가 되어 있는 것을 말한다. 가장 유용한 교수방법은 안내하고 촉진하는 것으로 학습동아리 회원들이 순번을 정해 모두가 리더가 되며, 리더 역할을 맡은 회원은 모든 회원의 참여를 이끌어 내야 한다. 이때 리더는 의사소통에 초점을 두면서 학습자들을 지원해 주는 역할을 해야 한다. 이렇게 하다 보면 4단계인 자기주도학습이 가능한 지점에 도달하게 된다. 자기주도학습이 익숙해진 학습동아리 회원들은 심화학습을 통해 전문가로 성장하게 된다.

2) 경험학습

인간의 학습은 '경험(experience)'을 통해 이루어진다. 따라서 경험은 학습의 자원이고 과정이며, 결과라고 보는 것이 경험학습이다.

학습동아리 구성원들이 갖고 있는 경험은 배움력을 강화시키는 학습 자원이 된다. 콜브(Kolb)의 경험학습 4단계에 입각하여 살펴보면, 1단계 구체적 경험을 하는 단계로 학습자는 새로운 경험을 하고자 하는 개방성과 동기를 바탕으로 구체적인 경험을 하게 된다. 즉, 학습동아리 구성원들은 학습동아리 활동을 통해 배우며 실천하는 다양한 경험을 하게 된다. 그리고 2단계 성찰적 관찰 단계에서는 기존의 사고방식이나 이론보다는 새로운 관점을 도입하려 하고 자신의 경험을 다양한 관점에서 성찰하게 된다. 3단계 추상적 개념화 단계에서는 학습동아리 구성원들은 새로운 교육 방법, 새로운 아이디어 등의 적용 가능성을 타진하면서 상황이나 환경이 주는 의미를 살펴본 결과를 분석적·추론적인 방법을 사용하여 새로운 학습 내용, 개념을 만들어 간다. 4단계 능동적 실험 단계에서는 3단계의 추상적 개념화를 기반으로 새로운 아이디어와 개념을 새로운 현장에서 실제로 적용하고자 한다. 다시 말해 학습동아리 회원들은 실천을 통해 그 타당성을 검증해 보려 하며, 주변 환경을 변화시키려 노력한다.

3) 공동체 학습

학습동아리는 개인 학습이 아니라 구성원들 여럿이 함께 모여 자발적으로 학습하게 된다. 사전에 교육 주제를 정하고 구성원들이 함께 자료를 찾고 주로 토의 중심으로 이루어진다. 학습을 준비하는 학습자나 참여하는 학습자 모두 배우고 가르치는 공동체 학습의 장이 된다. 즉, 교학상장(敎學相長)의 모습을 엿볼 수가 있다.

4) 문제해결학습

학습동아리 양상을 보면 지속적으로 학습하는 학습동아리들은 배운 내용을 자연스럽게 실천하려는 경향을 보인다. 주로 학습동아리 회원들의 지식과 역량을 나누는 재능기부 활동을 한다. 이러한 재능기부 활동은 지역사회 문제해결에 영향을 미치게 된다. 학습동아리 구성원들은 그들의 지식과 재능이 지역사회 문제해결에 어떻게 도움을 줄 수 있는지를 토의하게 되고, 누구를 대상으로 어떤 방법으로 나누어야 할 것인지를 구체화한다. 이처럼 재능기부를 하는 학습동아리는 지역사회에 관심을 갖게 되고, 문제해결 등 지역 발전을 위해 문제해결학습을 사용하는 사례를 볼 수 있다.

📖 학습과제

1. 학습동아리의 어원을 살펴보고, 소집단, 조직, 지역사회로 구분하여 학습공동체 사례를 들어 설명한다.

2. 학습동아리 사례를 들어 유형을 분류해 보고, 학습동아리 활성화를 위한 운영 방법에 대해 토의한 후 발표한다.

3. 학습동아리 활동 실천 방법 사례를 단계적으로 들어 토의한 후 발표한다.

4. 학습동아리 예시를 들어 학습 방법을 구체적으로 분석한 후 발표한다.

□ 참고문헌

김영옥(2013). 실천학습공동체에 나타난 사회적자본과 학습문화. 아주대학교 대학원 박사학위논문.

김진화(2009). 평생교육 프로그램 분류체계 연구. 서울: 평생교육진흥원.

김한별(2010). 평생교육론. 서울: 학지사.

김한별, 김영옥(2012). 구성원 관점에서 본 평생학습 동아리의 운영 원리-C시 학습 동아리 구성원의 경험을 중심으로. 고려대학교 교육 문제연구, 42, 73-96.

박상옥(2009). 지역사회 실천조직으로서 학습동아리에서의 학습과정. 평생교육학연구, 15(1), 225-259.

박주희, 노명래(2010). 학습조직 & 학습동아리가이드. 서울: 이담.

오혁진(2005). 학습공동체의 다차원적 성격과 구현 원리에 관한 연구. 평생교육학연구, 11(1), 23-41.

오혁진(2012). 신사회교육론. 서울: 학지사.

이지혜, 홍숙희, 박상옥(2001). 성인여성의 학습동아리 활동 시범지원방안에 관한 연구. 교육인적자원부.

이지혜, 홍숙희(2002). 학습동아리활동에 나타난 학습역동. 평생교육학연구, 8(1), 177-200.

이지혜, 홍숙희, 이숙원, 박상옥, 박현규(2004). 학습동아리 지도자 가이드북. 한국교육개발원 연구자료.

이혜숙(2007). 원격대학 성인학습자의 학습동아리 활동과 그 의미. 교육인류학연구, 10(1), 187-215.

청주시(2010). 청주시학습동아리 육성 지원방안 연구. 청주시.

청주시(2018). 2017 청주시평생학습성과집. 청주시.

한국교육개발원(2007). 학습동아리 지도자 가이드북. 평생교육센터.

Cranton, P. (1996). Types of Group Learning. edited by Imel, S. (1996). *Learning in Groups: Exploring Fundamental Principles*, *New Uses,and Emerging Opportunities*. New Directions for Adult Continuing Education. 71. San Francisco: Jossey-Bass Pub.

Stein, D. S. (2002). Creating local knowledge through learning incommunity: A case study. In D. S. Stein & S. Imel (Eds.), *Adult learning in community* (pp. 27-40). New Directions for Adult and Continuing Education No. 95. San Francisco: Jossey-Bass.

청주시평생학습관. (http://lll.cheongju.go.kr)

제10장

4차 산업혁명시대의 평생교육방법

　　각기 능력이 다른 학생이 교실에 모여 책 속에 존재하는 지식을 공부하느라 교사의 가르침을 받고, 그 내용을 평가하고 순위를 매기던 방식에 대한 통렬한 비판이 가해진 지 오래이다. 요즈음에는 다양한 학습자들이 모여 이루어 낸 집단지성의 결정체라 할 수 있는 스마트폰이 학습자 손에 들려 있다. 자신이 궁금한 것을 검색어로 입력하면 원하는 답을 금방 찾아낼 수 있다. 영국 이코노미스트 정보원(Economist Intelligence Unit)의 2018년도 「자동화 물결 준비」 보고서에 따르면, 우리나라 국가 혁신과 연구 환경, 교육 및 노동 시장 정책 등의 자동화 지수에서 선두에 있다. 미국의 '교육미래재단'에서 발표한 「교육의 미래 2020 보고서-미래 학습의 창조」에 따르면, 2020년에는 경제나 사회의 변화로 인해 전통적인 교육이 소멸하게 된다. 이 보고서에서 전망하는 변화는 교육이 전통적인 교육기관 밖에서 이루어진다는 것이다.

　　잠 든 사이에 신기술이 등장한다고 하는 지금, 눈에 보이는 세상이 아니라 향후 변화하게 될 세상을 예측하며 스스로 바뀌는 세상에 적응하려는 노력, 즉 학습이 필요하다. 이 장에서는 평생교육에서 이러한 4차 산업혁명시대에 성인학습자는 어떻게 학습을 지속해야 하는지, 4차 산업혁명시대에 필요한 평생교육방법을 살펴보고자 한다.

학습목표

1. 산업혁명을 정리하여 평생교육과의 연계점을 발표할 수 있다.

2. 이러닝(e-learning)과 블렌디드 러닝(blended learning) 교육방법을 학습하고, 이에 대해 토론할 수 있다.

3. 소셜 러닝과 스마트 러닝을 학습하고 내용을 정리하여 발표할 수 있다.

✱ 주요 용어

산업혁명, 4차 산업혁명, 이러닝, 블렌디드 러닝, 소셜 러닝, 스마트 러닝, 집단 지성, 지식 공유

1. 4차 산업혁명시대의 교육

현재 세계는 4차 산업혁명이 진행 중이다. 1차 산업혁명은 주로 농경 사회에서 농촌 사회로의 전환, 기계 산업과 도시로 바뀌는 시기였다. 1776년 제임스 와트(James Watt)가 증기기관을 내놓으면서 인류는 농업 사회에서 산업 자본주의 시대로 변화하였다. 석탄과 철을 주원료로 삼았고, 면직물 공업과 제철 공업 분야의 혁신을 핵심 과제로 삼았다. 토마스 에디슨(Thomas Edison)은 전기를 산업화하였고, 1870년대 이후 유럽과 미국에 걸쳐 2차 산업혁명이 이루어졌다. 석유와 철강을 주원료로 삼았고, 화학 공업과 전기 공업 등 새로운 공업 분야를 중심으로 산업이 재편되었다. 3차 산업혁명 또는 디지털 혁명은 1980년대 아날로그 전자 및 기계 장치에서 현재 이용 가능한 디지털 기술에 이르는 기술의 발전을 가리킨다. 3차 산업혁명의 발전에는 개인용 컴퓨터, 인터넷 및 정보 통신 기술(ICT)로 정보공유시대를 맞았다.

현재는 4차 산업혁명의 시대로, 인공지능(Artificial Intelligence: AI), 빅 데이터(big data), 자율주행차, 사물인터넷(Internet of Things: IoT), 클라우드 컴퓨팅, 모바일 등 지능정보기술이 기존 산업과 서비스에 융합되거나 3D 프린팅, 로봇공학, 생명공학, 나노기술 등 여러 분야의 신기술과 결합되어 실세계 모든 제품과 서비스를 네트워크로 연결하고 사물을 지능화한다. 즉, 4차 산업혁명은 생산 공장에 컴퓨터와 인터넷이 들어가 생산성을 향상시키는 것이라고 할 수 있다. 2016년 1월 스위스 다보스포럼에서 이 용어를 처음 사용한 클라우스 슈밥(Klaus Schuwab) 세계경제포럼(World Economy Forum: WEF) 창시자는 기존 산업 분류[콜린 클라크(Colin Clark) 방식]에서 정의되지 않는 모든 산업이 가져올 세계 경제 변화를 4차 산업혁명이라고 불렀다. 슈밥은 기존에 진행됐던 산업혁명과 4차 산업혁명을 비교하여 설명하며, 4차 산업은 물리학과 디지털 그리고 생물학의 경계를 허물어 기술을 융합시키는 특징이 있음을 주장하였다. 4차 산업혁명은 속도와 범위 그리고 시스템에 있어 기하급수적인 변화이며, 변화의 폭과 깊이는 생산, 관리, 제어 전반에 걸쳐 전체적인 시스템의 변화를 예고하였다.

〈표 10-1〉 산업혁명과 내용

산업혁명 구분	시기	내용
1차 산업혁명	1776년	물과 증기의 힘으로 생산 기계화
2차 산업혁명	1870년	전기의 힘으로 대량 생산, 노동 분업
3차 산업혁명	1980년	전자 및 정보기술로 자동 생산
4차 산업혁명	현재	물리학과 디지털, 생물학 경계 허무는 기술 융합

지능정보기술에 기반한 4차 산업혁명은 기업과 경제 변화뿐만 아니라, 교육에도 획기적인 변화를 예고하고 있다. 여기서는 평생교육에서의 4차 산업혁명의 영향과 관련한 교육방법을 살펴본다.

1) 4차 산업혁명시대의 특징

4차 산업혁명에 관한 보고서나 관련 자료를 보면, 4차 산업혁명의 특징은 한마디로 자동화와 인공지능의 등장이라고 할 수 있다. 이러한 자동화 기술과 인공지능의 등장으로 그동안 사람이 하던 일을 자동화 기계화 인공지능이 대신 하게 될 것이라는 전망이 가장 많다.

첫째, 4차 산업혁명시대는 그 어느 때보다 직업 변화가 많을 것이 전망된다. WEF(2016)의 보고서에 따르면, 현재 7세 이하 아동이 사회에 나가 직업을 선택할 때가 되면, 이들의 65%는 지금은 없는 직업을 갖게 될 것이다. 맥킨지글로벌연구소(Mckinsey Global Institute: MGI)는 「일자리 전망 보고서 2017」에서 '2030년이 되면 약 8억 명의 일자리가 사라질 것이며, 상상할 수 없을 만큼 새로운 직업이 생겨날 것'이라고 예측했다. MGI는 2030년까지 새로운 일자리를 만들 6가지 트렌드로 임금 및 소비 상승, 고령화, 신기술 도입, 인프라와 건설투자, 에너지 투자 그리고 무급 업무의 상품화를 꼽았다. 인공지능(AI)·로봇 기술의 발전에 따른 자동화가 확산하면서 2030년까지 세계 4~8억 명이 일자리를 잃을 것으로 분석됐다. 세계 근로자의 15~30% 가 자동화로 직업을 잃고 다른 일자리를 찾아야 한다는 것이다. 구체적으로 는 단순 반복적인 작업을 하는 직업군이 '직격탄'을 맞는다. 기계 작동, 패스 트푸드 조리, 대금 수금 같은 업무의 81%가 자동화된다. 단순하게 데이터를 처리(자동화율 69%)하고 수집(61%)하는 업무도 기계가 대체하게 된다. 모기 지 대출, 법률 사무 보조 업무, 회계, 백오피스 거래 처리 등도 일자리를 위협 받는 직업군으로 꼽혔다. 다만 경험을 필요로 하고, 이해관계자들과 소통하 며, 감정적 대응을 해야 하는 직업은 기계가 대체하기 힘든 직업군으로 분류 됐다. 또한 경제 구조가 바뀌면서 기존 일자리 15~30% 사라지지만, 2030년 까지 없어지는 일자리를 채우고도 남을 만한 더 많은 일자리가 새로 생겨날 수도 있다. 결과적으로 2030년까지 7,500만~3억 7,500만 명(세계 근로자의 3 ~14%)이 직업을 바꾸고 새로운 기술을 익혀야 하기 때문에 직업 영역에서 의 평생학습은 필수적이다. 즉, 변화를 예측하고 잘 대비할 수 있다면 이는 분명 새로운 도약의 기회가 된다.

둘째, 4차 산업혁명시대의 특징으로는 평생직장의 개념 변화를 들 수 있 다. 개인이 평생 다니고 싶어도 그의 역량을 대신할 인공지능이나 로봇으로 대체된다면, 더 이상 직장에서 일을 할 수 없게 될 수도 있다. 또한 글로벌 역량을 가진 인재의 등장은 기성 직장인에게 위기감을 느끼게 하여 4차 산업 혁명시대, 개인의 경력개발을 위한 지속적인 평생학습이 필요하다. '1만 시 간의 법칙' '한 우물만 파라' '평생직장 대신 평생직업을 가져라' 등등의 금언 이 통용되던 시대가 저물어 가고 있다.

〈표 10-2〉 유형별 N잡러 사례

유형	N잡러	내용
투잡으로 시작해 자아실현까지	정○○	일러스트 외 부업으로 영어 강사를 시작했지만, 영어 공연이 더 적성에 맞아 배우와 영어 노래 강사 겸업
덕업일치 (퇴근 후 취미활동이 본업으로)	남○○	낮에는 홍보 업무를 하고 밤에는 작곡하다가 대기업 CM송 채택 후 겸업
	대도서관	낮에는 SK플래닛 직원, 밤에는 유튜버 활동, 본업과 부업의 연봉 역전 후 전업
본업 집중하니 부업 기회	민○○	미스터리쇼핑 조사 용역 전문가에서 관련 서적 1인 출판, 창업 컨설팅 강사, 대학 겸임교수로 확장

출처: 매경이코노미(2018. 6. 8.)

　수십 년간 한 가지 분야에 몰두해 전문가가 되기보다 여러 일과 취미를 병행하며 자아실현을 추구하는 'N잡러'라는 신조어도 생겼다. 생계 유지를 위해 부업에 나섰던 투잡족과 달리 자발적으로 하고 싶은 여러 개의 일자리를 가진 사람을 지칭한다. 특히, 기술의 발전과 함께 서비스마켓이라는 플랫폼이 등장하면서 누구든지 N잡러로 활동할 수 있는 환경이 조성되어 점차 늘어나는 추세이다.

　'긱(gig)'은 1920년대 미국 재즈클럽에서 연주자들과 단기로 계약을 맺던 것에서 유래한 말로, '임시직'을 뜻한다. 빠른 시대 변화, 기업의 영속성 약화, 산업 간 경계가 흐려지는 '빅 블러(big blur)' 현상, 융합형 인재 요구, 고용 없는 성장, 정규직의 종말을 의미하는 고용의 유연화, 스마트 워크 등의 특징을 가진 4차 산업혁명 시대가 도래하며, 창작자·창업가 등 자기고용(self-employment) 형태의 직업인이 각광받게 됐다. 세상의 변화 속도가 느릴 때는 한 가지 직업만으로도 평생 먹고살 수 있었지만, 요즘은 시대 변화가 빨라지고 직무도 융합, 세분화, 다변화되어 한 가지 직업으로는 충분하지 않다. 구직자는 물론, 취업에 성공한 직장인도 직무 변화를 따라잡기 위해 노력해야만 한다.

2) 교육변화

4차 산업혁명시대의 교육은 유비쿼터스의 u-러닝을 기반으로 한다고 할 수 있다. u-러닝은 누구나 언제, 어디서나, 어떠한 단말기를 이용해서도 정보를 주고받을 수 있는 환경을 기제로 한다. 유비쿼터스 시대는 사람을 중심으로 컴퓨터가 인간의 생태환경에 통합되어 인간의 활용을 지원하고 촉진하게 된다. 유비쿼터스 러닝은 휴대 기기 간의 네트워크를 기반으로 단말기와 사물에 이식된 각종 센서, 칩, 태그, 라벨 등을 통하여 학습자의 상황 정보는 물론 해당 사물의 정보를 실시간으로 인식할 수 있다(변영계, 김영환, 송미, 2010).

4차 산업혁명을 이끄는 인공지능 같은 기술이 진화함에 따라 이러한 기술을 사용하여 일하는 인간의 역할도 바뀔 것이다. 기술의 진화로 인한 지속적인 변화에 적응하기 위해서 사람들은 직장 생활 내내 학습을 계속해야 한다. 교육 및 훈련 시스템은 이러한 요구를 효과적으로 충족시켜야 한다. '서울포럼 2018' 참석자들은 4차 산업혁명이라는 거대한 물결에 대비하기 위해 우리나라의 교육 시스템부터 파괴적으로 혁신해야 함을 밝혔다. 교육현장을 개선하지 않고서는 혁신인재 육성이나 창의적 기술 개발, 기업가 정신 및 벤처 활성화 등을 통한 성장잠재력 확충이 요원하기 때문이다. 특히 교육계는 물론 정부·기업·가정 등 사회의 각 주체가 교육혁신을 위한 5개 키워드를 다음과 같이 조언했다.

첫째, 새로운 아이디어를 만들어 낼 수 있는 호기심(curiosity)이다. 인간 본연의 호기심을 가로막지 않는 것만으로도 4차 산업혁명시대의 기본 토대를 마련할 수 있다는 것이다. 예를 들어, 스타트업을 창업하려 할 경우, 호기심이 많고 다양한 아이디어를 가진 인재 채용부터 시작해야 한다. 미네르바스쿨의 켄 로스 아시아 총괄디렉터는 "아동이 갖고 있는 본연의 호기심을 유지하도록 하는 것이 교육목표"라고 꼽기도 했다.

둘째, 인간성(humanity)이라는 핵심 가치이다. 로봇과 인공지능(AI) 등이 인간 일자리를 잠식할 것으로 우려되는 상황에서 미래의 기술을 개발할 때 꼭 이를 고려해야만 한다. 자동화·기계화 시대가 될수록 인간성이 오히려 더 강조해야 할 핵심 덕목이다.

셋째, '개인맞춤형 교육'이 선행되어야 한다. 미래 환경에 적응할 수 있는 인재를 육성하려면, 기존의 주입식·일률적 교육이 아닌 개인 맞춤형 (customized) 교육으로 패러다임 전환이 필요하다. 새로운 자신이 원하는 방식에 따라 배울 수 있는 시스템을 갖춰야 인간이 기계를 뛰어넘는 역량을 발휘할 수 있다.

넷째, 인문학, 과학 등의 지식을 두루 융합한(convergence) 창의융합형 인재가 필요하다. 우리나라 교육 분야는 학교 안팎, 학문별 칸막이에 둘러싸여 혁신을 가로막고 있다. 코헨 대표는 "가정교육, 교실 안에서의 수업, 인터넷 등 교실 밖에서의 지식 체득이 유기적으로 결합하도록 국가와 사회가 노력해야 한다."라고 하였다.

끝으로, 실패를 두려워하지 않는 새로운 실험(novel experiment) 정신이 필요하다. 교육 분야의 창조적 파괴를 위해서는 실패를 두려워하지 않는 도전정신을 적극 권장해야 한다는 것이 이들의 조언이다. 로스 총괄디렉터는 "현상의 문제를 파악하고 해결 방법을 찾았다면 마지막으로 해야 할 일은 바로 완전히 혁신적이고 새로운 시작을 하는 것"이라고 조언했다.

또한 이러한 4차 산업혁명시대를 대비하여 교육의 미래를 예측한 김영식 (2018)의 주장 중 평생교육과 관련된 것을 정리하면 다음과 같다.

첫째, 기존 전통적인 학교 시스템의 평생학습 체제로의 변화이다. 전통적인 교육 시스템은 교육의 장소를 학교라는 특정 물리적 공간으로 제한하고, 교육 시간이 한정되어 있고 교육 대상을 능력주의에 따라 엄격히 선발하며, 교육 내용도 매우 제한적이다. 학교교육은 삶과 유리된 인지적 작용인 '지식교육'에 치중해 있다고 볼 수 있다. 하지만 미래 사회는 언제 어디서나 누구에게나 새로운 교육을 받을 수 있는 열린 교육체제여야 한다. 학교와 직장의 경계가 무너질 것이며, 교육은 더 이상 학교의 전유물이 아니다.

[그림 10-1] '42' 대학

한 예로, 2016년 10월 미국 캘리포니아에서는 교수자가 단 한 명도 없는 '42' 대학이 개설되었다. 프랑스 교육기관 미국 지부인 이 대학은 코딩과 소프트웨어 분야에서 학생들 스스로 서로서로 프로젝트를 도와주는 방식으로 한 해에 수천 명씩 교육시키고 있다. 이는 마치 맹인이 맹인을 이끄는 격이다. 개강일에 대학에 출석하지 않는다는 것은 학부모로서는 상상하기도 어려운 일이다. '학습자 대 학습자(peer to peer: 교육학에서는 동료학습이라고 하며, 인터넷에서는 개인과 개인이 직접 연결하여 파일을 공유하는 방법)' 방법을 프로젝트 기반 학습에 조합하여 실행하는 방식이다. 이 두 방법은 교육 연구가들에게 잘 알려졌지만, 대개 교사의 감독하에 이루어진다. '42' 대학에서 학생들은 웹 사이트나 컴퓨터 게임을 디자인하는 소프트웨어 엔지니어 분야에 근무한다는 가정하에 프로젝트를 선택할 수 있다. 학생들은 인터넷을 사용하여 자유로이 자원을 찾고 칸막이 없는 대형 컴퓨터실에 있는 동료 학생들에게서 도움을 구해서 프로젝트를 완성한다. 또 다른 학생은 무작위로 학생들의 프로젝트에 대해 평가자로 배정된다. '42'의 학생들은 문제해결을 위해 같이 노력하고 다른 학생의 연구에 평을 해 준다.

또 다른 예로, 교육 플랫폼으로 고등교육을 받고 심은 전 세계 학습자들은 양질의 교육 콘텐츠로 공부할 수 있다. 이러한 방법은 현재 대규모 공개 온라인 강좌(Massive Open On-Line courses: MOOC)로 시행되고 있으며, 수업 전에 강의를 들은 후 대학 강의실에서 토론하는 플립드 러닝(flipped learning)의 강의도 진행되고 있다. 우리나라에서는 고등교육 교수-학습자료 공동활용 체제, KOCW(Korea Open Course Ware)가 그 대표적이다. KOCW 는 국내외 대학 및 기관에서 자발적으로 공개한 강의 동영상, 강의자료를 무료로 제공하는 서비스로, 대학생, 교수자는 물론 배움을 필요로 하는 누구든지 언제 어디서나 이용 가능하다. 공개적으로 제공되는 무료 교수-학습자료, OCW(Open Course Ware)는 학습자가 교육 및 학습 등에 활용할 수 있도록 공개적으로 제공되는 무료 교수/학습자료를 뜻하며, 대표적인 OER 기관으로는 MIT, UNESCO, GLOBE 등이 있으며, OER의 취지는 CCL에 의한 정보에 따라 무료 개방 조건으로 사용 가능하다. KOCW는 우리나라 OER 운동의 일환으로 만들어진 국내 고등교육 이러닝 강의 최다 보유 서비스로, 고등교육 및 평생교육의 기회를 확대하고 있다. 한편, 국가평생교육진흥원에서 진행하는 K-MOOC도 있다. 한국형 온라인 공개강좌(K-MOOC)는 남녀노소 누구에게나 열려 있는 고등교육 기반 공개강좌 운영 서비스로서 우리 국민의 평생학습 기회 확대를 통해 다양한 학습 요구에 부응하는 것은 물론 고등교육의 혁신을 위한 것이다. K-MOOC는 수강 인원의 제한 없이(Massive), 모든 사람이 수강 가능하며(Open), 웹 기반으로(Online) 미리 정의된 학습목표를 위해 구성된 강좌(Course)로, 교수-학생 간 질의·응답, 토론, 퀴즈, 과제 피드백 등의 학습관리, 학습 커뮤니티 운영 등 교수-학습자 간, 학습자-학습자 간 양방향 학습이 가능하다. 2015년 10월, 서울대학교, KAIST 등 10개 국내 유수대학의 총 27개 강좌를 시작으로, '2016년에는 140개 강좌를 서비스하고 있으며, '2018년까지 총 500개 이상의 강좌 운영을 목표로 하고 있다.

둘째, 교실에는 다양한 첨단 매체가 등장한다. 현실보다 더 실감나는 가상교육 매체가 등장할 수 있다. 증강현실(Augmented Reality: AR)과 가상현실, 그리고 혼합현실은 이미 사용되고 있기 때문에, 이러한 기술이 교실 수업에서도 채택될 것이다. AR은 가상현실 기술 중 하나의 분야에서 파생된 것으로, 실제 환경 또는 상황에 가상 사물이나 정보를 합성해 실제 존재하는 것처럼 보이도록 하는 것을 말한다. AR은 기본적으로 현실 시야가 주가 되고, 가상 사물이나 정보는 이를 보조하는 수단으로 활용된다. 가상현실은 컴퓨터 그래픽 등을 사용해 실제가 아닌 인위적으로 만들어낸 특정한 환경 또는 상황에서 그것을 사용하는 사람이 실제인 것처럼 느끼며 상호작용할 수 있도록 하는 인간과 컴퓨터 간의 인터페이스다. 몰입감과 현실감 등으로 인해 사용자가 얻는 경험이 가상현실의 핵심요소라 할 수 있다. 혼합현실은 현실 배경 위에 현실과 가상의 정보를 혼합해 기존보다 진화된 가상 세계를 구현하는 기술이다. 가상현실과 AR을 합쳤다는 의미로, 증강현실처럼 현실과 가상이 이어져있는 동시에 가상현실처럼 그 2개의 세계가 하나로 작용하면서 가상 세계가 상호작용 방식으로 실제 세계와 합쳐지는 것이다. [그림 10-2]는 백남준 아트센터에서 관객이 작품의 일부가 되면서, 특수 고글을 착용하고 자전거 페달을 직접 밟으며 여행하고 싶은 유명 도시 골목골목을 누비는 체험을 할 수 있음을 보여 준다.

[그림 10-2] 백남준 아트센터의 가상현실 체험

가상현실 및 AR은 사용자와의 접점에 있는 기술로, 시간과 공간의 제약을 극복해서 언제 어디서나 현실적 경험의 제공이 가능하고 사용자에게 초융합적 가치 제공이 가능하다. 가상현실 및 AR을 통해 온라인과 오프라인의 경계를 허물고 글로벌 학습자들과의 상호 디지털 공감과 소통을 하게 된다. 이렇듯 경계가 사라지는 O2O(Online 2 Offline) 세상에서 가상현실 및 AR의 융합을 통해 교육과 여행, 운동, 그리고 놀이 등 인간 삶 대부분의 영역을 결정적으로 바꾸어 놓을 것이다(이상현, 2018).

셋째, 소셜 러닝(social learning)이 주된 학습 방식이 된다. 수천 개의 온라인 커뮤니티에서 발생하는 네티즌의 정보 교류로 새로운 가치가 생산되고 있다. 즉, 네티즌이 궁금증을 해결하는 각종 검색 사이트에서는 천재 한 명이 낼 수 없는 수많은 견해가 쏟아지면서 부가가치가 높은 지식이 쉴 새 없이 창조되고 있다. 소수의 천재가 아닌 평범한 다수가 너무나 잘 갖추어진 네트워크를 통해 서로 소통하고 교류하며 집단지성으로 그 안에서 다양한 창의성을 발휘하고 있다. 소수의 천재가 세상을 바꾸는 것이 아니라, 이제는 느리지만 평범한 다수가 세상을 변화시키고 있다. 이를 롱테일의 법칙[1]이라고도 한다.

예전에는 무엇인가 궁금한 것이 있으면 교수자에게 질문을 하거나 도서관에서 종이로 된 백과사전과 참고문헌을 뒤적거리며 답을 찾았다. 그러므로 답을 알고 있는 교수자가 권위 있었고, 자료를 가지고 있는 도서관의 자료 열람을 위해서는 비용이 들기도 했다. 하지만 현재만 하더라도 인터넷이 발달하면서 '위키피디아' 같은 온라인 백과사전은 평범한 다수가 바꾸는 세

---

1) 롱테일(long tail) 법칙: 다품종 소량 생산된 비주류 상품이 대중적인 주류 상품을 밀어내고 시장 점유율을 높여 가는 현상으로, 인터넷이 가져다준 유통 혁명과 관련지어 미국의 인터넷 IT 전문지 「와이어드(Wired)」의 크리스 앤더슨(Chris Anderson) 편집장이 만든 개념이다. 1년에 단 몇 권밖에 팔리지 않는 '흥행성 없는 책'들의 판매량을 모두 합하면, 놀랍게도 '잘 팔리는 책'의 매상을 추월한다는 온라인 판매의 특성을 일컫는다. 롱테일 법칙은 다수의 소액구매자의 매출이 상위 20퍼센트의 매출을 능가할 수도 있다는 것을 의미하기 때문에 '역 파레토의 법칙(Pareto principle)'이라고도 한다(파레토의 법칙은 상위 20퍼센트가 매출액의 80퍼센트를 점한다는 법칙임).

상의 사례가 될 수 있다. 어떤 사람이 자신이 알고 있는 지식을 제공하면, 또 다른 사람이나 전문가가 지식을 보완해서 점점 더 발전하는 백과사전을 만들어 가고 있다. 즉, 과거 소수 엘리트의 전유물이었던 지식은 이제 다수 대중의 집단지성을 활용하는 시대로 변화한 것이다. 또한 인공지능을 이용하여 자신이 원하는 문장을 외국어로 번역하기도 한다. '네이버'나 '구글'의 번역은 우리나라 문장을 영어로 번역할 때, 초기에는 '제육볶음'이 'stir the sixth'라는 이상한 영어가 되기도 하였다. 현재도 우리말을 영어로 완벽하게 번역한다고 할 수는 없지만, 인공지능과 네티즌의 번역 오류 교정으로 'stir-fried spicy pork'로 훨씬 다듬어진 문구로 번역해 내고 있다. 이렇게 소셜 러닝은 집단지성을 활용하여 새로운 지식을 창출하면서 미래 교육에 중요한 평생교육방법이 되고 있다.

　자동화되고 인공지능이 주도하는 장래에 어떤 교육방법이 더 효과적일 것이라고 단언하기는 어렵다. 하지만 한 가지 분명한 것은 기계화될수록, 기계를 가르치고 상호작용을 하는 것은 역시 사람이라는 것이다. 항공산업에서 자동항법 장치를 사용하지만, 항공사 직업이 사라지지는 않았다. 또 다른 예로, 자동화의 선두인 도요타는 기계가 아니라 직원들이 개선을 위한 많은 아이디어를 제안할 수 있기 때문에 오히려 제조공장에서 로봇을 없애고 있다. 기계 스스로 혁신을 할 수 없기 때문이다. 또한 기계는 명민할 수 없다. 칵테일을 만드는 파리쟝(Parisian)을 로봇이 대신하기는 어려울 것이다. 여기에는 공감, 창의성, 지도력, 직관과 사회적 지능이 있어야 하기 때문이다. 젊은이들이 필요로 하는 기술을 가르치려면, 어떻게 기계가 작동하는지에 집중하고 생각하라고 조언하는 만큼 이러한 감성도 가르쳐야 한다. 4차 산업혁명시대에는 사람과 기계가 복잡한 일에서 상호 협력하는 것이 예견되며, 이러한 기술을 이용한 평생교육 방법이 증가할 것이다.

2. 4차 산업혁명시대의 평생교육방법

1) 이러닝

이러닝은 정보통신 기술을 활용하여 언제 어디서 누구나 수준별 맞춤형 학습을 할 수 있는 체제로서 학습자 상호작용을 극대화하면서 분산형의 열린 학습 공간을 추구하는 교육을 의미한다 할 수 있다. 이러닝은 "컴퓨터 네트워크 기술을 사용하여 주로 인터넷을 통하여 정보와 교수(instruction)을 학습자에게 전달하는 것"(Wang, Ran, Liao, & Yang, 2010)이다. 또한 실무적으로 사이버 교육센터 등에서는 이러닝을 "구성원들의 교육을 위해 인터넷과 디지털 기술을 활용하여 새로운 학습 활동을 창조하는 것"으로 간단히 정의하기도 한다. 여기에서 의미하는 'e'는 그 분류 기준에 따라 다음과 같이 다양한 의미를 내포하고 있는데, '목적으로서의 e'는 학습 기회의 확대(expending opportunities)를, '목표로서의 e'는 학습 선택과 경험의 확장(expending experience)를 의미한다. 그리고 '수단적 의미의 e'는 전자 테크놀로지(electronic)이다(현대인재개발원 사이버 교육센터, 2003).

이러닝의 유형으로는 수업전체가 이러닝 형태로 운영되는 유형과 수업 운영의 중심은 이러닝이나 오프라인 교육을 병행하는 유형이 있다. 백영균 등(2010)은 이러닝의 유형을 교수방법, 면대면 활동의 유무, 활용되는 콘텐츠, 콘텐츠의 유형, 실시간 여부 등으로 분류하고 있다(〈표 10-3〉 참조).

〈표 10-3〉 이러닝 유형

기준	유형
교수방법	반복연습형, 개인교수형, 게임형 시뮬레이션형, 문제해결형, 자료제시형
면대면 활동의 유무	온라인 학습, 혼합학습

활용되는 기술	가상현실 기반 학습, AR 기반 학습
콘텐츠의 유형	동영상 강의 기반 학습, 화상 시스템 기반 학습, 애니메이션 기반 학습
실시간 여부	실시간 학습, 비실시간 학습

출처: 백영균 외(2010), p. 348.

이러닝의 강의 유형은 〈표 10-4〉와 같이 전통적 교실수업과는 달리 새로운 기술에 기반한 다양한 강의 유형으로 구분된다(권양이, 2012).

〈표 10-4〉 이러닝 강의유형

강의 유형	기술 기반 및 특성
VOD (Video on Demand) 강의형	각종 저작도구(Presto, Active tutor Wincam) 등 동영상 캡처 도구를 활용하여 교수자의 강의 장면을 녹화. 학습자가 다운로드 혹은 스트리밍(streaming) 기술을 활용하여 보는 방식
AOD (Audio on Demand) 강의형	각종 저작도구 혹은 일반 음성 저장 소프트웨어를 활용하여 교수자의 강의 음성을 녹음한 후 학습자가 다운로드하여 볼 수 있는 방식. HTML 텍스트 등이 보통 병행하여 제시됨
FLASH형	웹상의 전문적인 애니메이션 저작 도구인 FLASH를 기반으로 하여 많은 멀티미디어적인 요소가 추가된 강의 형태
TEXT형	HTML 텍스트를 기본으로 FLASH를 활용하여 간단한 애니메이션, 그래픽이 추가된 강의 형태

출처: 임철일(2003), p. 297.

이러닝은 기존 수업을 인터넷을 비롯한 여러 첨단 기술의 자원을 받아 보다 다양하고 효과적으로 실시하는 것을 의미하기도 하고, 전통적인 면대면 수업이 아닌 교실 밖에서 기술과 교육자료에 의존해 학습자 스스로 학습하는 것도 의미한다.

이러한 이러닝의 특성은 다음과 같다. 첫째, 최신 정보를 제한된 장소에서 벗어나 어느 장소에서나 효과적·효율적으로 주고받을 수 있다. 둘째, 동시적이면서 비동시적인 상호작용을 통해 협력학습 체제를 가능하게 한다. 셋째, 직접적 대면의 단점을 극복하고, 사회심리적 부담없이 활발하게 상호작용할 수 있는 기회를 제공한다. 넷째, 다른 매체들의 활용보다 교육비용 효과에서 경제적이다. 다섯째, 자기주도학습이 가능하며, 익명으로 접근할 수 있기 때문에 자신의 생각을 적극적으로 표현할 수 있다(손은주, 추성경, 임희수, 2015). 또한 키어슬리(Kearsley, 2000)는 이러닝의 특성을 연결성, 학습자 중심, 무제한성, 공동체, 탐구, 공유된 지식, 다감각 경험, 실제성으로 요약하기도 하였다.

이러한 이러닝은 스마트 기기의 발달로 소셜 러닝, 모바일 러닝, 스마트 러닝으로 발전하고 있다.

2) 블렌디드 러닝

블렌디드 러닝은 '블렌디드(blended)'와 '러닝(learning)'의 합성어로 '혼방된' '혼합된'의 뜻과 '학습' '교육'의 뜻으로 '혼합된 학습', 즉 '혼합 학습'으로 해석된다. 무엇인가 섞어 조합하여 만든 학습의 의미를 가진 블렌디드 러닝은 사회 전반적으로 융합적 특성을 가진 시대에 적용이 적합한 학습방법 중 하나로 설명할 수 있다. 정보화사회가 되면서 컴퓨터 기반, 웹 기반 등과 같은 정보통신을 활용한 교육으로 인해 교육 분야에서도 정보화를 선도하게 되었다. 인터넷의 발달과 확산으로 교육환경은 이러닝의 학습방식으로 변하며 빠르게 발전하여 네트워크를 이용한 교육방식으로 기존 교실 수업의 시간적·공간적 한계를 뛰어 넘을 수 있는 장점을 가진 교육 형태이다(조경희, 2010). 그러나 초기 비용이 높고 학습자의 중도 탈락률과 운영 및 관리의 어려움 등 여러 가지 문제점들이 나타나기 시작하면서 이를 극복하기 위한 새로운 교육 방법으로 기존의 오프라인의 교육의 장점을 혼합하는 블렌디드 러닝을 도입하게 된다.

블렌디드 러닝은 면대면 교실수업과 인터넷 기반의 수업인 이러닝의 장점을 통합하여 수업을 운영하는 것이다. 블랜디드 러닝은 하이브리드 학습(hybrid learning)이라고도 불리는데, 이는 동일한 코스나 프로그램 내에서 면대면 학습과 온라인 학습을 결합한 것이기 때문이다(Rudestam & Schoenholtz-Read, 2010).

블렌디드 러닝의 유형(Bielawski & Metcalf, 2003)은 다음과 같다. 첫째, 교실수업과 비실시간 이러닝을 통합한 블렌디드 러닝이다. 비실시간 이러닝이란 생방송 화상강의와 달리 사이버 공간에서 가르치고 배우는 것이 동시에 이루어지는 것이 아니라 비동시적으로 이루어지는 것을 말한다. 이는 덜 구조화된 문제를 학습할 때 적합하다.

둘째, 교실수업과 실시간 이러닝을 통합한 블랜디드 러닝이다. 실시간 이러닝을 병행한 교실수업에서는 반드시 선행학습으로 개념에 대한 학습이 이루어져야 한다. 교수-학습 과정에서 강의와 함께 인쇄자료, 오디오, 비디오, 시뮬레이션, 오디어 컨퍼런싱, 텔레컨퍼런싱 등의 다양한 매체와 기술을 적절히 활용해야 한다.

(1) 블렌디드 러닝의 특성

블렌디드 러닝의 장점으로, 교수자들은 블렌디드 러닝이 학습자의 학습 성취도를 향상시킬 뿐만 아니라 학습자 만족도까지 증가시킨다 믿으며 블렌디드 러닝의 사용이 증가하고 있다. 면대면 학습 없이 오직 기술 기반의 학습에 의존할 경우 학습자는 피드백의 지연, 인간적 상호작용을 할 기회가 결여되며 학습 지체 현상을 경험할 수 있다(권양이, 2012).

그러나 일각에서는 블렌디드 러닝이 교수자와 학습자에게 부담스러운 교수학습 모형으로 인식되고 있다(정종원, 송봉란, 2014). 왜냐하면 블렌디드 러닝은 단순히 면대면 강의실 수업과 이러닝 수업의 물리적 결합에 그치는 것이 아니라, 두 개의 다른 수업 환경을 유기적으로 연계하여야 학습의 효과를 도출할 수 있기 때문이다. 즉, 교수자는 면대면 강의실 수업과 온라인 수업의 장점을 적절히 혼합한 수업 운영으로 학습자의 다양한 학습활동을 이끌며 진정한 학습이 있는 교수 활동을 해야 하고, 학습자는 자신의 학습 흐름

에 맞게 자기주도적학습을 진행해야 한다. 그러므로 블렌디드 러닝에서 교
수자와 학습자의 역할과 능력은 교육의 효율성 제고 및 수업성과의 핵심 관
건이라고 볼 수 있다. 특히, 대학에서 활용되는 블렌디드 러닝은 교수자 주
도하에 온라인 활동과 오프라인 활동에 대한 설계 및 운영이 이루어지기 때
문에, 교수자의 교수(teaching) 행위 능력은 블렌디드 러닝 수업의 성패에 큰
영향을 미친다고 할 수 있다. 그 일환으로 최근에는 수업에서 교수자의 역할
이 강조되면서 블렌디드 러닝에서 교수자의 역할에 관련한 연구에도 관심을
두기 시작하였다(채경희, 2015).

또한, 대학교육 현장에서도 블렌디드 러닝을 운영하기 위한 학습관리시스
템(Learning Management System: LMS) 구축 및 시스템 활용에 관련된 교수지
원 프로그램이 다수 운영되고 있다. 이는 효과적인 블렌디드 러닝을 위한 교
수설계와 교수자의 현장 적용성을 강조한 교수자의 역할이 중요시 되며, 교
수자 역할에 관련한 연구를 확장하고 있음을 보여 주고 있다. 그러나 교수자
가 블렌디드 러닝을 적용한 수업을 운영하기 위해 어떤 사항을 고려하여 수
업을 설계해야 하는지, 그리고 블렌디드 러닝의 성격이 반영된 교수자 역할
또는 교수역량 증진에 따른 지원은 미흡하다. 블렌디드 러닝 과정 운영 시
교수자는 다음의 사항을 충분히 고려하여 블렌디드 러닝의 장점을 최대한
살려야 한다(이정기, 2014).

- 자기 수업을 듣는 학생들 특성이 블렌디드 러닝에 적합한지 고려한다.
- 수업의 목표와 내용이 블렌디드 러닝에 적합한지 고려한다.
- 온라인에서 수행할 학습 활동과 강의실에서 수행할 학습 활동을 명확히
  구분한다.
- 온라인과 면대면 강의실 수업의 효율적 연계 방안이 무엇인지 확인한다.
- 학생들 사이의 상호작용이 온라인과 오프라인 모두 가능하도록 설계했
  는지 고민한다.
- 타 교수자가 이미 개발한 온라인 강의를 활용하려 할 때, 교수자는 해당

온라인 강의 내용을 충분히 숙지한다.

- 강의실 수업은 실습, 조별 학습 활동, 과제물 발표 등을 중심으로 운영되고 있는지 확인한다.
- 온라인을 이용한 활동들을 전체 학기 일정에 맞추어 재정리했는지 확인한다.
- 온라인 강의실에서 강의 계획서, 강의 보조 자료, 강의실 수업활동 자료를 충분히 제공했는지 확인한다.
- 학습 활동 평가 방법과 출석 평가 방법이 합리적인지 확인한다.
- 피드백 방법과 일정을 합리적으로 결정한다.
- 글쓰기와 토론에 대한 기본적 활용과 평가 규칙을 정한다.

(2) 블렌디드 러닝의 효과

최근 연구 조사들은 블렌디드 러닝이 가장 나은 학습결과를 나타낼 수 있다는 결론들을 제시하고 있다. 즉, 면대면 오프라인 수업과 온라인 수업을 함께 병행하는 것이다. 학습자의 원격교육 경험, 전달 매체에 대한 기호, 기관적·동기적 요인들이 블렌디드 러닝의 학습 성취에 미치는 요인들로 나타났으므로(Lim & Moris, 2009), 교수자는 블렌디드 러닝의 장점을 극대화하기 위해서 이러한 요인을 고려해야 한다. 블렌디드 러닝 효과는 다음과 같다(김진희, 2018).

첫째, 효율성과 편리성이다. 학습 활동을 위한 시공간적 자유로움은 학습의 효율적인 과정 및 결과를 이끌어 낼 수 있다. 더불어 학습활동을 도와주는 다양한 기술을 간단하게 이용할 수 있다면 학습의 유연성과 그 효과는 더욱 증가한다. 특히 스마트폰, 태블릿 등과 같은 이동이 가능한 기기를 활용해 시간을 자유롭게 부여할 수 있어 그 접근이 용이함으로 편리함을 더욱 증대시킬 수 있다.

둘째, 다양한 방면으로 학습적인 향상을 도모할 수 있다. 풍부한 학습 환경 속에서 각 단계마다 목적을 확실히 제공하며 학습 자료나 활동, 평가 등을 통해 학습 방향을 명확하게 제시함으로써 학습동기의 확실한 부여가 이루어진다. 더불어 온라인과 기술을 이용한 손쉬운 접근으로 학습의 참여도를 고조시키며, 또한 학습자-교수자, 학습자-학습자 간의 활발한 상호작용을 통한 참여도 더욱 증가한다. 개인의 특성을 존중할 수 있는 맞춤식 학습 기회를 제공할 수 있어 학습의 능동적인 참여가 가능하므로 자기주도적 학습욕구를 충족시킬 수 있다. 이러한 자기주도적 학습으로 학습자의 학습적 고취와 교수자와의 피드백의 활성화로 결과물의 성취도가 증가한다.

셋째, 비용 절감 및 조정이 가능하다. 수업의 보충 방식이 온라인으로 진행되므로 추가 비용이 없으며, 학습자의 활동 범위와 시간에 맞게 조정할 수 있다. 실습이 위주로 진행되는 경우 교실 내에 학습을 통해 부과된 과제물과 실습을 연습하고 표현하기 위해 온라인을 통해 장소나 시간을 구애받지 않고 사용할 수 있으며, 오프라인과 달리 실행에 드는 비용과 시간이 절감되어 시간과 비용의 최적화가 가능하다.

한편, 홍효정과 이재경(2016)은 블렌디드 러닝을 이용한 교수방법에서의 유의사항을 다음과 같이 정리하였다. 첫째, 블렌디드 러닝은 교수자와 학습자가 항상 면대면으로 접촉하지 않기 때문에 교수자와 학습자가 교수-학습 과정에 참여하고 있다는 인식이 학습자의 몰입에 영향을 미친다. 이런 이유에서 다수의 연구자는 교수자와 학습자가 같은 시간과 공간에 존재하면서 느낄 수 있는 실재감(presence)에 대한 개념에 주목하였다. 실재감은 학습자가 학습 활동을 위해 필요한 환경과 상호작용하며 실제 그곳에 존재하는 것처럼 느끼게 하는 것으로, 학습자의 의미 있는 학습경험을 결정하게 하는 중요한 요인이다. 학습 몰입, 학습 만족도, 학습 지속 의향은 실재감과 정적인 상관관계이고, 특히 사회적 실재감은 블렌디드 러닝의 온라인 수업에서 교수자의 역할을 어떻게 규명할 수 있는지를 설명하는 유의미한 개념이다. 그러므로 학습자가 학습하는 수업을 위해서는 비판적 사고, 고차원적 사고와 유의미한 학습을 위한 실재감을 중요하게 고려해야 할 필요가 있다.

둘째, 블렌디드 러닝은 온라인과 오프라인 교수-학습 환경을 활용하고 있으므로 학습자가 교수-학습 환경에 적응하지 못하면 수업에서 이탈될 수도 있다. 예를 들어, 교수-학습 환경의 변화는 학습자가 수업의 연속성과 지속성을 인식하지 못하게 할 수 있고, 교수자-학습자, 동료 학습자들과의 상호작용에서도 어려움을 느낄 수 있게 한다. 따라서 앞서 언급한 바와 같이, 학습 몰입과 더불어 학습 과정의 모니터링 및 통제의 역할이 필요하다. 또한 블렌디드 러닝의 교수-학습 활동에서 교수자의 기본적인 역할은 내용 전문가이다. 교수자는 내용 전문가로서 교과 내용과 관련된 다양한 교수-학습 자료를 찾아 학습자에게 제공해야 하며, 학습자가 학습 내용을 재구성할 수 있도록 도와야 한다. 또한 학습 내용과 연계되는 실제 사례를 통해 사례와 이론을 연계하여 학습할 수 있도록 해야 한다.

셋째, 학습자와 관련해서 교수자는 학습자의 수준 차이도 고려해야 한다. 그 이유는 학습자 나이와 경험 수준에 따라 온라인 학습에 대한 부담감의 편차가 크기 때문이다. 온라인 학습에서 학습자가 학습에 적극적으로 참여하려는 학습태도를 가지면 효과적인 학습경험으로 연결된다고 하였다. 예를 들어, 블렌디드 러닝의 온라인 학습은 스스로 학습 자료를 검토하고, 게시판에 의견을 게시하며, 자신의 학습 일정 관리를 조절하는 등의 학습자 역할을 해야 효과적인 온라인 학습을 수행할 수 있다. 그러므로 교수자는 학습자가 자기조절 학습을 할 수 있도록 지도할 필요가 있다.

넷째, 수업전략으로는 교수자-학습자, 학습자-학습자 간의 상호작용 촉진의 역할도 필요하다. 온 · 오프라인 강의실 수업에서 적극적인 참여와 구성원들과의 상호작용의 결과로 학습정보와 학습결과의 공유 범위가 다르고, 그 결과는 학습 성과에 영향을 미치기 때문이다. 학습자-학습자, 학습자-교수자 간의 상호작용 촉진을 위해 교수자 역할을 튜터로 지정하였다. 내용이해와 학습 과정의 촉진자, 학습방법 등에 대한 조언자 및 상담자, 학습과정 및 결과에 대한 평가자, 학습자원의 제공자, 관리자, 행정가, 교수설계자, 나아가 학습자들과 함께 학습하는 동료 학습자로 제시하고 있으며, 튜터의 이러한 능력이 향상될 수 있게 훈련시킬 것을 제안하고 있다.

다섯째, 블렌디드 러닝은 감성적인 상호작용적 교류가 모자라 인간적 소통이 부족할 수 있다. 그 결과 학습자가 학습 상황에 완전 몰입이 어려울 수 있고, 낮은 학습 동기로 이어지게 된다. 그러므로 교수자는 블렌디드 러닝에서 학습자가 수업 구성원으로 중요한 역할을 담당하고 있다는 것을 학습자가 인식하게 해야 한다. 이때, 면대면 학습에서는 감성적 상호작용의 유용성을 활용하고, 온라인에서는 비동시적이지만 온라인의 장점을 활용하여 학습의 효율성을 추구하는 수업설계 전략을 세워야 한다.

성공적인 블렌디드 러닝을 위해서는 온라인 강의와 면대면 강의실 수업이 유기적으로 연결될 수 있도록 하는 교수법을 개발하고, 교수자를 대상으로 한 교육 프로그램을 운영해야 한다. 또한 블렌디드 러닝이 상호작용적 교수법이라는 측면에 착안해 학습자-학습자 간 상호작용을 극대화하기 위한 교수자의 노력이 필요하고, 수업의 전 과정에서 학습자를 중심에 세우는 전략이 필요하다. 이 과정에서 교수자는 단순히 교육 콘텐츠를 전달하는 전달자가 아니라 학습자가 능동적으로 공부할 수 있도록 하는 촉진자 역할을 수행해야 한다. 또한 학습자가 온라인 교육 시 흥미와 집중도를 유지할 수 있도록 15분 이내의 모듈 콘텐츠를 활용하는 전략도 필요하다(이정기, 2014).

이와 같이 블렌디드 러닝은 학습자의 학습 욕구에 맞추기 위해 다양한 매체와 방법을 혼합하여 학습 효과를 향상시키기 위한 전략적 특성을 가지고 있어 교수자나 학습자에게 효율적 · 합리적인 교육방법을 제공할 수 있다.

3) 플립드 러닝

플립드 러닝(flipped learning)은 온라인 학습과 오프라인 수업을 결합한 것으로, 넓게 보면 블렌디드 러닝의 또 다른 형태로도 볼 수 있다. 기존의 모형보다 온 · 오프라인 학습의 유기적인 연계를 강조하여 보다 심화 · 발전된 통합적 블렌디드 러닝 모형이라 할 수 있다.

(1) 플립드 러닝의 적용

플립드 러닝은 수업 내용에 관한 교수자의 강의를 온라인상에서 미리 학습하도록 하여 제한된 수업시간을 좀 더 의미 있게 활용하고 개별화된 피드백과 상호작용에 집중하고자 하는 새로운 수업모형이다(이승민, 이지연, 2017). 기존의 전통적인 수업 과정과 활동 내용을 '거꾸로 뒤집은' 새로운 수업방식이라 하여 '거꾸로 교실(flipped classroom)' '역전학습(inverted learning)' 등 다양한 명칭으로 일컬어지고 있다. 즉, 교실에서 이루어지던 교수자의 강의를 사전에 온라인으로 학습하고 수업 중에는 학습자의 활동을 중심으로 기존 수업에서 개별 숙제로 주어지던 학습과제를 함께 해결하거나 집단으로 프로젝트를 수행하는 등 교수자-학습자, 학습자-학습자 간의 상호작용을 늘리고 학습효과를 높이기 위한 수업설계로 정의할 수 있다.

평생교육방법으로 가장 널리 사용되고 있는 강의식 수업과 플립드 러닝 적용 수업을 비교해 보면 〈표 10-5〉와 같다(손은주, 추성경, 임희수, 2015).

〈표 10-5〉 강의식 수업과 플립드 러닝 적용 수업

구분		전통 강의식 수업	플립드 러닝 적용 수업
학습자		• 수동적 강의 청취 • 수렴적 학습	• 능동적 문제 탐구 • 자기주도적 학습
교수자		• 가르치는 자 • 내용 전달자	• 코치, 조력자, 촉진자, 상담자, 안내자
수업	성격	• 교수자 중심 • 수렴적 학습	• 학습자 중심 • 수렴 및 확산적 학습
	목표	• 기본 지식과 개념 학습	• 기본 지식 및 개념 학습 • 지식의 체득화, 완전 학습
	학습 방법	• 교수자 중심의 활동 • 지식 확인, 획득, 반복 연습 • 정형화된 지식 습득	• 학습자 중심의 활동 • 학습자 간 교수, 토의, 토론, 협동, 의사소통, 문제해결
교육과정		• 정형화된 학습 • 순차적 접근 • 1:다수 학습	• 융통적 학습 • 상호작용 방법 • 1:1 학습

(2) 플립드 러닝의 특징

플립드 러닝은 강의 동영상을 보고 오는 단순한 수업이 아니며, 이를 통해 얻을 수 있는 학습효과를 고려한 활동 설계에 초점을 두어야 한다. 플립드 러닝의 특징은 다음과 같다(McKnight & Arfstrom, 2013).

첫째, 플립드 러닝은 융통성 있는 환경을 요구한다. 즉, 수업시간에 교사는 때로는 매우 혼동되고 소란스러운 학습 환경이 되어도 그 환경을 수용해야 한다. 그리고 교사는 객관적으로 학생 및 교사를 위한 의미 있는 방식으로 이해를 측정하는 적절한 평가 체계를 구축해야 한다.

둘째, 플립드 러닝은 학습 문화의 변화를 요구한다. 이 수업에서는 학생들이 수업시간에 더 깊이 있게 주제를 탐구하고 풍부한 학습 기회를 제공하는 것을 목적으로 한다. 그래서 교사 중심의 수업에서 학생 중심의 수업으로 의도적인 변화를 모색한다. 학생들이 적극적으로 활동에 참여하고 개인적으로 의미 있는 방법으로 자신의 학습을 평가하는 기회를 통해 지식이 형성된다. 또한 이 수업방법은 학생들이 너무 많은 것을 도전하는 것이 아니라 자신의 근접발달영역(Zone of Proximal Development: ZPD), 즉 자신의 준비 수준이나 영역을 목표로 잠재적 발달수준에 도달하도록 깊이 있게 주제를 탐구하도록 지원한다.

셋째, 플립드 러닝은 의도적인 콘텐츠를 요구한다. 교사는 학년 수준과 주제에 따라 능동적 학습 전략, 동료교수법, 문제 기반 학습 또는 소크라테스식 대화의 방법으로 교육의 다양한 방법을 채택해야 한다. 이런 다양한 방법으로 학습을 극대화하기 위해 의도적 콘텐츠를 사용한다. 교사 중심의 접근 방식을 사용하여 계속해서 가르치게 된다면 아무것도 얻어지는 것이 없다는 것을 깨달아야 한다.

넷째, 플립드 러닝은 전문적인 교사를 요구한다. 이 수업에서 일부 비평가들은 모델에 사용된 교육용 동영상이 결국 교육을 대체할 것이라고 말한다. 하지만 그건 잘못된 생각이다. 이 수업에서는 교사는 기존의 일방적인 수업 전달 때보다 더 중요한 역할을 하며, 더 자주 학생들과 집단별·개인별로 소통을 하게 된다. 이 수업에서 교사는 학생들의 개인별·그룹별 활동에서 수준별로 학생들과 대면하는 시간을 최대화해야 한다. 단순히 학생들의 활동을 지켜보는 교사가 아니라 각 집단별·개인별로 학생들을 촉진하고 수준별로 문제 상황을 제시하는 역할을 해야 한다. 수업 시간 동안 교사는 지속적으로 학생들을 관찰하는 순간에 관련된 피드백을 제공해야 한다. 또한 영상 강의를 공유할 때에는 자신의 학급에 국한하지 않고 오픈하여 다른 학습자들 간의 풍부한 상호작용이 일어날 수 있도록 코멘트해야 한다.

플립드 러닝은 수업에서 소외되는 대다수의 학생들에게 보다 활력적으로 수업에 참여할 수 있는 학습동기를 부여하고, 자의든 타의든 학습활동에 참여할 수 있는 기회를 제공한다는 점에서 효과적이다. 하지만 지금까지 플립드 러닝의 장점에도 불구하고, 현장에서 쉽게 도입하지 못했던 이유는 다음과 같다(김상홍, 2015). 첫째, 동영상 제작 등 교사의 전문적 능력과 시간적 여건 등의 제약이 있었기 때문이다. 동영상을 통해 학습 자료를 마련하기 위해서는 그에 따른 기술적 능력 및 동영상자료를 만들기 위한 시간 확보가 마련되어야 한다. 한 과목을 지도하는 중학교 교사에 비해 초등교사의 경우 많은 부담을 갖게 되기 때문이다. 둘째, 교과목에 따른 동영상을 통해 사전 학습이 효과적이지 않은 경우가 있기 때문이다. 사전 학습을 통해 학습내용에 대해 이해를 하고 이를 바탕으로 개별 및 모둠토의를 할 때 효과적일 경우도 있지만, 교사의 주도하에 생각의 폭을 넓혀 탐구활동을 해야 하는 경우가 효율적일 경우도 있기 때문이다. 셋째, 교육물리적 환경에 대한 제약이 있었기 때문이다. 아무래도 동영상을 통해 사전 학습을 하기 위해서는 가정에서도 동영상을 통해 학습할 여건이 필요하다. 하지만 모든 학생에게 동일한 조건을 기대하기 어렵기 때문에 학습환경적 측면에서 학생들이 가정에서 또는 언제 어디서나 영상 강의에 쉽게 접속하고 상호작용할 수 있어야 한다.

3) 소셜 러닝

소셜 러닝(social learning)은 인간의 사회적 행동뿐만 아니라 개인의 성격 같은 심리적 특성도 사회적 과정, 특히 대인관계를 통해 학습된다는 이론이다. 대표적인 사회학습이론으로 강화이론, 관찰학습이나 모방이론, 사회적 상호작용 관계 이론, 인지 이론 등이 있다.

- 강화이론: 사회적으로 보상받는 행동은 강화되고 그렇지 못한 행동은 약화된다는 행동주의와 심리학적 강화의 원리로 사회적 행동을 설명함
- 관찰학습 또는 모방이론: 대부분의 학습은 대인관계를 통해 이루어지며, 타인의 행동을 모방하고 관찰함으로써 사회적 행동이 학습됨
- 사회적 상호작용 관계의 이론: 사회적 상호작용 관계의 상황에서 서로 주고받는 상과 벌, 보상과 희생의 이해관계로서 사회적 행동을 설명함
- 인지이론: 개념형성, 지각, 인지조직, 태도, 신념 및 기대 같은 인간의 내적·심리적 과정, 즉 인지과정을 강조함

미국의 심리학자 반두라(Albert Bandura)는 1977년 『사회학습이론』을 통해 학문적 발판을 마련한 심리학자로, 초기에는 행동주의 학습이론에서 출발해 나중에는 인지적 측면을 중시하는 사회학습이론을 발전시켰다. 파블로프(I. Pavlov)의 고전적 조건화이론, 손다이크(E. L. horndike)의 시행착오설, 스키너(B. F. Skinner)의 조작적 조건화 등의 세 가지 행동주의 학습이론들은 반두라 사회학습이론의 기초가 되었다.

(1) 소셜 러닝의 특징

소셜 러닝은 앞에서 기술한 것처럼 인간의 사회적 행동뿐만 아니라 개인의 성격 같은 심리적 특성도 사회적 과정, 특히 대인관계를 통해 학습되는 사회학습이다. 즉, '다른 사람으로부터' '다른 사람과 함께' 행하는 학습이다.

이미 블로그, 트위터, 페이스북과 같은 소셜 네트워크 서비스(Social Network Service: SNS) 등의 소셜 미디어를 통해 친구들 또는 만난 적이 없는 온라인 사람들 사이에 자연스럽게 발생한다. 소셜 러닝을 통해 학습자는 사이버 공간에서의 소통 및 흥미를 통한 정서적인 소속감으로 극복하는 것이 가능하며, 자기표현의 욕구나 공유, 개방형 학습과정을 경험한다.

소셜 러닝은 넓은 의미로는 "소셜 네트워크와 이러닝이 결합하여 사회적 상호작용이 강화된 비형식 학습" 또는 "소셜 미디어를 기반으로 한 참여적 학습"으로 정의된다. 좁은 의미로는 "소셜 미디어나 소셜 네트워킹 도구를 수업 활동에 보조적으로 활용하는 혼합형 학습"을 말한다. 소셜 러닝은 여럿이 함께 수행하는 활동을 통해 정보를 생산·소비·검색·공유하는 과정이다. 여기서 소셜 미디어는 정보의 생산·소비·검색·공유를 가능하게 하는 기본 토대가 된다. 소셜 러닝을 이해하는 주요 키워드로는 맥락, 연결, 협업이 가장 주요한 요소이다(조병호, 2012).

첫째, 맥락은 사물을 전체적으로 파악하고 구성요소 간의 상호 관련성을 분석하여 최적의 문제해결을 추구하는 사고능력의 핵심으로 소셜 러닝은 맥락을 기반으로 학습함으로써 창의적이고 유연한 사고의 발현을 돕는 학습모델이다. 맥락의 사전적 의미는 "사물 따위가 서로 이어져 있는 관계나 연관"이며, 문학, 심리학, 건축학 등 다양한 분야에서 '문맥' '정황' 등의 의미로 사용된다. 소셜 러닝은 학습자의 경험과 인식을 바탕으로 한 종합적 사고, 즉 맥락을 기반으로 학습함으로써 창의적이고 유연한 사고의 발현을 돕는 학습모델로서 학습자는 자신의 필요와 목적에 따라 학습을 설계하고 주도할 수 있으며, 지식의 의미와 가치를 스스로 부여하고 변형하고 적용함으로써 자신의 것으로 만들 수 있다. 공식적인 커리큘럼 중심 학습(교수자 주도, 구조화된 지식)은 모든 학습자가 하나의 동일한 결론에 도달하도록 하는 것이 목표로서 이러한 학습모델은 이미 해법이 알려진 문제에 관해 검증된 답만을 제시할 수 있으며, 개개인에게 맞춤화된 지식 제공에는 한계가 있다. 미래에는 상황인식 컴퓨팅(context-aware computing), 시멘틱 웹(semantic web) 등 문맥과 의미를 파악하는 기술이 중점적으로 발전하는 등 맥락적 사고의 중요성이 날로 증대될 것이다.

둘째, 연결은 네트워크를 통한 활동이다. 스마트폰, 스마트패드 같은 스마트 기기의 확산과 무선인터넷의 발달은 모바일 라이프를 현실화하여 소셜 미디어를 활용한 언제 어디서나의 소셜 학습이 가능함에 따라 소셜 러닝은 학습에 네트워크 파워를 도입하여 학습 성과를 높일 수 있게 되었다. 소셜 미디어는 다양한 콘텐츠의 활용, 실시간 상호작용 등 네트워크 파워를 접목시킨 학습플랫폼의 역할을 한다. 소셜 미디어의 특징인 참여, 개방, 대화, 커뮤니티 등은 연결이라는 키워드로서 표현할 수 있고, 교수자-학습자 간의 경계 소멸, 학습 콘텐츠에 대한 자유로운 접근과 사용 등과 같은 소셜 러닝의 강점으로 연결될 수 있다. 소셜 미디어 특징으로 살펴본 소셜 러닝의 특성을 요약하면 〈표 10-6〉과 같다.

〈표 10-6〉 소셜 미디어 특징으로 살펴본 소셜 러닝의 특성

소셜 미디어의 특징	소셜 러닝의 특성
참여	교수자와 학습자의 경계 소멸
개방	학습 콘텐츠에 대한 자유로운 접근과 사용
대화	참여자 간의 활발한 상호작용
커뮤니티	공통의 학습욕구를 지닌 참여자 간의 커뮤니티 구성
연결	참여자의 수 및 참여자가 소유한 지식 · 정보의 무한한 확장

출처: 조병호(2012).

셋째, 협업의 사회적 확산을 들 수 있다. 지식정보사회의 진전과 함께 온라인을 통한 협업은 최근 몇 년간 계속해서 사회적 화두로서 참여, 개방, 공유의 웹 2.0 정신, 개방적 혁신을 위한 오픈 이노베이션 등의 협업 개념은 명칭을 달리하여 꾸준히 등장하여 왔다. 협업은 다수의 능력을 활용하여 성과의 양적 · 질적 성장을 추구하는 것으로, 성과의 공유를 제로 섬(zero sum)이 아닌 플러스 섬(plus sum)으로 이해한다. 위키(wiki) 기반의 문서 작성, 다

중 커뮤니케이션 지원 등 다양한 협업 도구의 등장으로 온라인을 통한 협업의 실천과 활용은 더욱 편리하고 손쉬워질 것이고, 소셜 러닝은 온라인을 통해 이루어지는 지적 협업의 성과, 즉 집단지성에 공감하는 지식 프로슈머(prosumer)의 확산과 맞물려 지속적으로 발전하게 될 것이다.

　소셜 미디어는 소셜 러닝이 일어나는 세 명 이상의 사람들을 참여시키는데 사용되는 기술이며, 소셜 러닝은 다른 사람들과 함께 새로운 아이디어를 공유하는 행위이다. 소셜 미디어의 가장 큰 특징은 '함께 한다'는 것이다. 소셜 미디어는 지식과 정보의 민주화를 지원하며 사람들을 콘텐츠 소비자에서 콘텐츠 생산자로 변화시킨다. 소셜 미디어는 소셜 커뮤니케이션을 넘어서는 확대 집합으로서의 사회적 상호작용을 위한 매체이고 웹 2.0의 사상과 기술을 기반으로 구성된 인터넷 기반 어플리케이션 모음으로, 소셜 미디어를 통해 사용자 제작 콘텐츠의 창작과 교환이 가능하고, 조직, 커뮤니티, 개인 간의 커뮤니케이션에 상당히 큰 변화의 시작이 된다. 즉, 소셜 미디어는 기존의 미디어와 달리 단순하게 일대 다수 방식의 발신자-수신자 혹은 공급자-수용자라는 정보 전달의 비대칭형 구조가 무너지고, 누구나 정보의 생산자이면서 소비자가 되는 구조라고 할 수 있다(최운실 외, 2018).

　소셜 미디어는 SNS를 제공하는 카페(cafe), 블로그(blog), 위키피디아(Wiki), 사용자제작물(UCC), 트위터(twitter), 링크(linked), 카카오톡, 밴드(band) 등 사람과 정보를 연결하고 상호작용할 수 있는 웹 기반의 서비스 애플리케이션들이다.

　소셜 미디어는 사람들의 활동 사항을 기록하기 때문에 학습을 문서화할 수 있고, 다른 사람들이 뒤를 이어 학습할 수 있는 경로를 남기는 것이다. 또한 팀 구성원끼리 시공간의 차이도 소셜 미디어 도구를 활용하면 극복할 수 있다. 즉, 소셜 러닝은 소셜 미디어를 이용하여 자연스럽게 상호작용함으로써 사람과 사람을 연결시키고 지식의 이동을 촉진한다. 소셜 미디어는 다양한 콘텐츠의 활용, 실시간 상호작용 등 네트워크 파워를 접목시킨 학습 플랫폼의 역할을 한다.

[그림 10-3] 소셜 미디어

출처: https://fredcavazza.net/2017/04/19/social-media-landscape-2017/

(2) 집단지성

소셜 러닝에서의 가장 중요한 단어는 집단지성이다. 집단지성은 미국의
곤충학자 휠러(William Morton Wheeler)가 1910년 출간한 『개미: 그들의 구
조·발달·행동』에서 처음 제시한 개념이다. 휠러는 미미한 개체인 개미가
공동체로서 협업(協業)하여 거대한 개미집을 만들어내는 것을 관찰하였고,
이를 근거로 개미는 개체로서는 미미하지만 군집(群集)하여 높은 지능체계
를 형성한다고 설명하였다.

이후, 피터 러셀(Peter Russell)의 저작에서 사회학적 정의가 이뤄졌고, 사회학자 피에르 레비(Pierre Levy)가 사이버 공간에서의 집단지성 개념을 정리하였다. 존중을 바탕으로 한 다른 사람의 세계와의 불가해하고 비환원적인 만남에 대해 피에르 레비는 오늘날 기업, 학교, 대학, 지역에서 자라고 있는 '지식의 나무'라고 설명하면서, 집단지성에 대해 "그것은 어디에나 분포하며, 지속적으로 가치가 부여되고, 실시간으로 조정되며, 역량의 실제적 동원에 이르는 지성"이라고 정의하였다.

서로위키(James Surowiecki)는 『군중의 지혜(Wisdom of Crowds)』에서 구슬 수 실험을 소개하였다. 교수가 유리병에 850개의 유리구슬을 넣고 학생들에게 보여 준 다음 구슬의 총 개수를 맞춰 보라고 했다. 학생들 답변의 평균값은 871개였다. 그러나 전체 학생의 답변 중 이보다 정확하게 맞춘 답변은 없었다고 한다. 서로위키는 집단지성을 발휘하기 위한 조건으로 ① 다양성(성별, 나이, 직업, 취미, 가치관 등), ② 독립성(타인의 의견에 동조하지 않는 자신만의 생각), ③ 분산화(문제해결 방식이 한 곳에 집중되어서는 안 됨), ④ 통합(분산된 지식이나 경험이 공유될 수 있는 시스템)을 제시하였다.

그러므로 집단지성은 다수의 개체들이 서로 협력하거나 경쟁하는 과정을 통하여 얻게 된 집단의 지적 능력을 의미하며, 이는 개체의 지적 능력을 넘어서는 힘을 발휘한다. 레비(1997)는 자발적으로 참여하는 구성원들이 협력 방식을 통해 지식을 공동 생산하고, 호혜적으로 공유하는 새로운 지식 공간이 등장할 것으로 보고, 이러한 이상적 사회의 도래를 집단지성의 개념으로 설명하였다. 개미나 꿀벌들은 한마리로 따지면 지능이 형편없지만, 보잘것없는 곤충도 수천, 수만 마리가 모이면 꽤 지능 높은 동물처럼 조직적으로 활동이 가능해진다. 하워드 라인골드(Howard Rheingold)는 이렇게 스스로 자기 조직화하여 특정한 이슈나 사건을 만들고 집단적으로 행동하는 탈중심화된 대중을 '똑똑한 무리(smart mob)'라고 명명하기도 했다. 즉, 다수의 개체들이 서로 협력 혹은 경쟁을 통하여 얻게 되는 지적 능력에 의한 결과로 얻어진 집단적 능력. 소수의 우수한 개체나 전문가의 능력보다 다양성과 독립성을 가진 집단의 통합된 지성이 올바른 결론에 가깝다는 것이다. 특히, 온라인에서 집단지성은 다수의 컴퓨터 이용자 간의 상호 협동적인 참여와 소통이 만들어 내는 결과물, 집합적 행위의 결과물, 판단과 지식의 축적물 혹은 그 과정이다. 수많은 개인들의 협동과 집단적 노력으로 생성되고 공유되는 집합적인 지성이다. 집단지성은 컴퓨터 이용자들의 인지와 협동, 협업이 이루어지는 과정에서 만들어진다. 컴퓨터 이용자들은 인터넷이라는 미디어를 활용하여 서로 생각을 나누고 그 결과물을 공유한다. 인터넷은 컴퓨터 네트워크의 네트워크, 집단지성은 여러 사람들의 협력과 협동을 통해서 이루어지는 지능의 네트워크. 집단지성은 협동과 조정, 그리고 상호 인정으로—오픈 소스나 P2P, 위키피디아(Wikipedia) 등—서로 생각들을 나누고, 협동으로 집합적인 지식을 창출한다. 위키피디아는 대중 지성이 만들어 놓은 새로운 결과물의 좋은 사례이다. 여러 사람이 참여하여 위키피디아의 사전 항목을 만들고 수정하고 확대한다. 누구나 항목 작성에 공동으로 참여할 수 있고 수정이 가능하며, 실시간으로 확장되고 오류를 수정해 나가는 방식이다. 집단지성은 가장 빠른 시간에 최적의 결과물에 도달할 수 있는 새로운 인간 활동 유형으로 주목하면, 초기 아마존의 도서 구입자들이 아마존 홈페이지에 남긴 간략한 서평이나 평가글, 이베이의 물품 판매자나 구매자가 거래 대상자들에게 주는 평점 등도 인터넷이란 매체를 통해 이루어지는 집단지성의 사례가 된다. 인터넷을 통해 서로의 생각을 나누고 공유하는 데서 한 걸음 더 나아가 현실에서의 집합행동으로 연결되기도 한다.

  의지와 감정의 교류를 바탕으로 결국 행동으로까지 이어지는 집단지성의 최근 사례는 우리나라의 2017년의 촛불시위를 들 수 있다. 또 한 예로, 외국어로 영어를 공부하는 사람들은 전공을 한다고 해도 여전히 어려움을 느낀다. 인공지능을 이용한 구글이나 네이버 번역기의 도움을 받는다 해도 어색하고 애매하고 명쾌하지가 않다. 하지만 2017년 2월, 국제통역번역협회 주관으로 세종대학교에서 진행되었던 '인간 번역사 대 기계번역기의 대결'에서는 번역 전문가들이 승리하였다. 아무리 인공지능이 고도화되었다고 해

도 인간의 다양한 감정이 녹아 있는 언어로 된 섬세한 문장의 맥락과 실생활
에서의 표현력까지 담는다는 것은 불가능하다는 것을 보여주었다. 집단지성
을 이용한 번역 사이트 '플리토(fillito)'는 이를 이용하는 120만 명의 집단지성
번역가 및 3천 명 이상의 전문번역가들이 번역 요청에 대한 답변을 제공하는
통합 번역 플랫폼이다. 미묘한 어감을 잡아내는 것이 중요한 번역 부분에서
는 인공지능이 완벽하게 해결할 수 없는데, 플리토는 이런 번역의 맹점을 노
렸고, 전 세계 수많은 번역가의 실시간으로 직접 번역하는 덕분에 자연스러
우면서 정확한 번역이 가능하다. 영어는 물론이고, 프랑스, 러시아어, 스페
인어 등 다양한 언어로 번역이 가능하고, 중국어 간체, 번체 등 유럽이나 베
트남 등 여러 언어를 지원하고 있다는 점에서 자주 이용하는 언어들의 번역
들을 유용하게 이용할 수 있다

　이러한 집단지성의 개념이 갖는 공통점을 요약하면 다음과 같다. 첫째, 네
트워크화된 테크놀로지를 통해서 상호 연결되어 있다. 둘째, 분산된 인지 자
원들을 공유한다. 셋째, 각 개인들 간에 협력과 참여를 통한 역동적인 상호
작용이 일어난다. 넷째, 공유된 마음이나 비전을 가지고 있다. 다섯째, 구성
원들에 의해 생성된 맥락 내에서 하나의 살아있는 유기체처럼 움직인다. 여
섯째, 분산된 모든 인지들의 합 이상의 긍정적인 시너지를 발휘한다. 결국
집단지성이 갖는 포괄적인 의미는 개인의 다양한 지식과 경험을 서로 공유
하면서 자유롭게 지식을 창출할 수 있는 집단의 능력과 문제해결 과정에 있
다(이영태, 2013).

4) 스마트 러닝

　스마트 러닝은 학습자들의 다양한 학습 형태와 능력을 고려하고 학습자
의 사고력 소통능력, 문제해결 능력 등의 개발을 높이며, 협력학습과 개별
학습을 위한 기회를 창출하여 학습을 보다 즐겁게 만드는 학습으로서 장
치보다 사람과 콘텐츠에 기반을 둔 발전된 정보통신기술(Information and

Communications Technologies: ICT) 기반의 효과적인 학습자 중심의 지능형 맞춤학습이다(백영균 외, 2010).

또한 스마트 러닝은 스마트 인프라(smart infra)와 스마트한 교육방식(smart way)로 이루어지며, 스마트 인프라는 클라우딩, 네트워크, 서버, 스마트 디바이스, 임베디드 기기 등을 의미하며, 스마트웨이는 맞춤형, 지능형, 융합형, 소셜러닝, 집단지성 등을 의미한다(김천식, 2012).

학습자-학습자, 학습자-교수자, 학습자-콘텐츠 간의 소통, 협력 , 참여, 개방, 공유가 가능하도록 하는 ICT를 활용하여 수직적 · 일방적인 전통적인 교수, 학습 방식을 수평적 · 쌍방향적 · 참여적 · 지능적 · 상호작용적인 방식으로 전환하여 학습의 효과를 높이고자 하는 총체적인 접근을 의미하기도 한다(백영균 외, 2010).

〈표 10-7〉 스마트 교육 개념

자기주도적 (Self-directed)	학생 스스로 학습을 계획하고 수행하는 '자기주도적 학습' 지향
학습흥미 (Motivated)	다양한 콘텐츠를 활용한 '체험 기반의 창의적 학습' 지향
수준과 적성 (Adaptive)	학생 개별의 수준과 적성을 고려한 '유연하고 개별화된 학습' 지향
풍부한 자료 (Resource enriched)	디디털 콘텐츠 및 온라인 학습과정을 활용한 '풍부한 교육 콘텐츠를 활용한 학습' 지향
정보기술 활용 (Technology embedded)	언제 어디서나 동일한 학습환경 조성의 '기술 기반의 학습' 지향

출처: 교육과학기술부(2011).

또한 스마트 교육 추진전략(국가정보화 전략위원회, 2011)에서는 스마트 러닝을 "스마트 교육은 21세기 학습자 역량 강화를 위한 지능형 맞춤 학습 체제로 교육환경, 교육 내용, 교육방법 및 평가 등 교육체제를 혁신하는 동력"이라고 하였다. 스마트 러닝은 〈표 10-5〉와 같은 개념을 포함해야 한다.

(1) 스마트 러닝을 위한 구성

현재 스마트 러닝을 위해 학계 및 실무적으로 다양한 이론과 자료를 검토해 보면 다음 사항의 준비가 요구되고 있는 것이 최근 상황이다.

첫째, 다양한 교육용 콘텐츠 개발이 스마트 러닝 확장의 시발점이다. 다양한 학습자료가 우선 되어야 한다. 스마트 장비도 학습자료 없이는 효과적일 수 없다. 따라서 콘텐츠 개발이 우선되어야 하며, 이에 따라 학교, 업체, 그리고 국가 차원에서 많은 관심과 노력을 투입하여 다양한 콘텐츠 개발에 박차를 가해야 한다. 학생들이 학습에 몰입할 수 있는 스토리텔링과 게임 등의 형태가 다시 3D나 VR 형태로 발전되도록 창의적인 아이디어도 필요하다. 딱딱한 자료 중심의 교실 수업이 아닌 학습자의 흥미를 불러일으키는 내용이 중요하다.

둘째, 교육용 콘텐츠의 생산 및 공유를 위한 법제도 정비가 선행되어야 한다. 지금까지의 저작물이 교과서나 참고서 형태와 달리 앞으로는 멀티미디어 자료의 생산과 재조합 등이 발생하게 될 것이다. 이러한 현상은 향후 멀티미디어 저작권 분쟁의 요인이 될 수 있음을 예고하는 것으로 법적인 부분의 정비가 시급하다. 2011년 12월 신설된「저작권법」개정안에는 포괄적 공정이용(fair-use) 조항(제35조 3항)이 포함되어 FTA 협약의 발효와 함께 시행되고 있다. 공정이용은 저작권자의 합리적인 이익을 침해하지 않는 범위에서 교육·연구·보도 목적으로 저작물인 콘텐츠를 사용할 수 있도록 한 것이다.

셋째, 지능형 교수-학습 모델 개발로 자기주도 및 수준별 학습 시스템을 개발해야 한다. 각 학습자에 대한 학습 성향을 학습 초기에 진단하여 관심에 맞는 다양한 학습모델 중에서 선택하게 하는 것이 중요하다. 이를 통하여 학습 흥미를 높이고, 학습자가 스스로 학습 진도를 결정하고 학습 중 의문 사항이 있으면 언제든 도움을 받을 수 있는 시스템을 제공할 필요가 있다. 대부분의 자료는 인터넷에서 검색을 통해 가능하지만 설명이 요구되는 문제가 있으므로 이를 위해서 지능적인 자동 답변 시스템, 토론 공간 그리고 튜터의 조언 등을 받을 수 있는 방법의 개발이 필요하다.

넷째, 맞춤형 평가방법의 도입으로 개인별 수업의 이해도·성취도를 측정해야 한다. 평가는 학습자 개개인이 교육적 경험을 통해 인지적 성장과정을 관리하기 위한 핵심 활동이다. 스마트 교육에서는 학습자 맞춤형 평가가 필수적이다. 스마트 러닝을 통해 다양한 학업성취 수준을 지닌 학습자들이 개개인의 수준에 맞는 맞춤교육을 받게 된다. 따라서 스마트 러닝에서는 평가자와 평가 방법의 다양화가 필요하다.

다섯째, SNS를 이용한 지식의 공유 및 사회학습 시스템에 도입이 필요하다. SNS는 기존의 학습방식과 달리 개인의 능동성, 그리고 타인과의 관계 형성을 강조한다. SNS는 블로그나 소셜 미디어를 학습 플랫폼으로 활용해 소셜 미디어의 효과가 학습으로 연결될 수 있도록 설계한다.

스마트 러닝을 실현하는 국내 사례로는 스마트러닝코리아(smart learning korea)가 있다. 콘텐츠 분류 및 추천에 관한 특허, 공공기관 맞춤형 교육 플랫폼 개발, 다문화 구성원을 위한 스마트러닝, 글로벌 언어교육을 위한 O2O 서비스 플랫폼, 글로벌 컨설팅 등 때와 장소를 넘어선 교육 플랫폼이다.

(2) 스마트 러닝 모델 개발의 미래

스마트 러닝 모델 개발은 스마트 러닝의 개념과 방향성, 특징에 부합하는 체계적이고 실천적인 접근의 필요하다(강인애, 2012). 스마트 러닝이 기존의 모바일폰이 갖고 있던 한계를 넘어서 화면의 크기, 소프트웨어의 사용 및 개발 면에서 스마트폰이 기존의 개인용 컴퓨터가 갖고 있는 기능으로 확장하고 있다. 따라서 이들의 장점을 활용하여 스마트 러닝 모델을 개발하는 것은 의미가 있을 것이다. 스마트 러닝은 학생을 위한 개인 튜터와 같이 학습자의 학습 상황, 학습능력, 학습 성향 등에 따라 지능적으로 대응할 수 있는 맞춤형 모델이어야 한다.

이를 위해서 학습자의 데이터를 수집하고 인공지능 기법으로 분석하며, 학습자를 위한 평가 모델을 통해서 정확한 피드백을 제공하고 학습자가 학습하는 동안 학습이 지루하지 않게 몰입할 수 있는 콘텐츠를 개발해야 한다. 학습 콘텐츠를 3D 형태로 만들거나 VR 형태로 개발하는 등 현재 주로 사이버대학교의 강의 자료의 형태를 뛰어넘는 전환이 필요하다. 특히, 스마트러닝이 진화를 거듭하면서 로봇과 스마트 트레이닝 도구, 3D 기술, 증강현실 등 다양한 도구와 기술들이 활용될 것이다(노규성, 2011). 장기적으로 보면, 그 연장선상에 뇌 과학과 신체학 기반의 지능형 러닝 도구들도 등장할 것이다. 오늘날 뇌 과학이 그 어느 때보다 다양한 분야의 관심을 받고 있다. 정부에서도 이러한 추세에 발맞추어 뉴로 툴(neuro tool)을 개발하여 정신건강과 관련된 신산업화를 모색하고 있다. 뉴로 툴은 일반인이 스스로 뇌파를 측정하고 프로그램 등을 통해 뇌파를 다스려서 인지 및 정신 건강을 향상시킬 수 있도록 하는 도구로서 뇌 과학과 심리학, 컴퓨터학 및 교육학 등이 융합되어 생성되는 신기술을 기반으로 한다. 이러한 뉴로 툴 기술이 보다 진화되면 사용자 뇌신호와 기타 생체신호, 정서·행동정보, 환경정보를 종합적으로 측정할 수 있는 기기와 시스템이 등장할 것이다. 스마트러닝 관점에서 보면, 이러한 시스템이 제공하는 신체의 제반 정보에 의해 개개인의 역량과 재능 확인, 해당 분야의 지식 수준 파악, 학습에의 집중력 정도, 학습 상태 등 학습과 관련된 제반 여건을 학습자 중심으로 맞추어 제공할 수 있다. 신체신호를 기반으로 최적화된 스마트러닝을 할 수 있는 지능형 러닝이 실현되는 때가 그때일 것이다.

📖 학습과제

1. 각각의 산업혁명이 일어나면서 성인교육과 관련된 부분은 무엇인지 설명하고, 기존의 산업혁명과 4차 산업혁명의 근본적인 차이점을 정리한다.

2. 이러닝(e-learning)과 블렌디드 러닝(blended learning) 방법을 이용한 강좌를 수강

하였던 사례를 발표한다.

3. 소셜 미디어를 통한 소셜 러닝에서 가장 핵심이라고 할 수 있는 집단지성에 대해 토론한다.

4. 사물인터넷이나 클라우딩 등의 스마트 기기는 스마트 러닝을 이끄는 대표적인 도구이다. 이러한 기술의 진화에 따른 장단점을 설명한다.

❏ 참고문헌

강인애(2012). 스마트 러닝을 통한교양기초교육 콘텐츠 확산 방안. 한국교양기초연구원.

교육과학기술부(2011). 스마트교육추진전략. 서울: 교육과학기술부.

권양이(2012). 평생교육방법론. 서울: 원미사.

김상홍(2015). 스마트교육 기반 플립드 러닝 수업모형 개발. 인천대학교대학원 박사학위 논문.

김영식(2018). 4차 산업혁명시대 교육의 미래. 서울: 학지사.

김진희(2018). 블렌디드러닝을 활용한 뷰티스타일링 수업설계 및 효과 연구. 건국대학교대학원 박사학위 논문.

김천식(2012). 스마트 러닝의 개념 및 방향. KTOA, 2112 Spring, 60, 26-29.

노규성(2011). 스마트러닝의 의의와 발전방향. 대학교육, 173권, 26-33. (http://magazine.kcue.or.kr/last/popup.html?no=4067) (2018. 6. 3. 인출)

백영균, 박주성, 한승록, 김정겸, 최명숙, 변호승, 박정환, 강신천, 김보경(2010). 유비쿼터스 시대의 교육방법 및 교육 공학. 서울: 학지사.

변영계, 김영환, 손미(2010). 교육방법 및 교육공학. 서울: 학지사.

손은주, 추성경, 임희수(2015). 교육방법 및 교육공학. 경기: 교육과학사.

이상현(2018). 4차 산업혁명의 미래. 서울: 메이트북스.

이승민, 이지연(2017). 퀴즈를 활용한 이공계열의 플립드 러닝 수업 사례연구. 교육정보미디어연구, 23(3), 397-432.

이영태(2013). 집단지성 기반의 학습환경 설계원리 및 모형개발. 서울대학교 대학원 박사학위 논문.

이정기(2014). 온라인 대학 교육. 서울: 커뮤니케이션북스.

임철일(2003). 원격교육과 사이버교육 활용의 이해. 경기: 교육과학사.

정종원, 송봉란(2014). 블렌디드 창업교육 프로그램의 교수학습경험에 대한 사례연구. 교육방법연구, 26(4), 871-898.

조경희(2010). 블렌디드 러닝 토론학습이 직업기초 능력에 미치는 효과. 공주대학교 대학원 박사학위 논문.

조병호(2012). 소셜 미디어를 학습플랫폼으로 활용한 소셜 러닝. 한국정보전자통신기술학회논문지, 5(4), 180-185.

채경희(2015). 블렌디드 일본어교육현장에서의 교수자의 역할. 일본어교육연구, 32(32), 227-239.

최운실, 송성숙, 최라영, 조미경, 이주석(2018). 평생교육론. 경기: 공동체.

현대인재개발원 사이버교육원(2003). Leading e-Learning. 사이버교육센터.

홍효정, 이재경(2016). 블렌디드 러닝(Blended Learning)을 위한 대학 교수자의 교수역량 도출. 교육공학연구, 32(2), 391-425.

Bielawski, L., & Metcalf, D. (2003). *Blended Learning*. Amherst, MA: HRD Press.

Kearsley, G. (2000). *Online education: Learning and teaching in cyberspace*. Canada: Wadsworth.

Lim, D. H., & Morris, M. L. (2009). Learner and instructional factors influencing learning outcomes within a blended learning environment. *Educational Technology & Society*, *12*(4), 282-293.

McKnight, H., McKnight, P., & Arfstrom, K., M. (2013). *A review of flipped learning*. (https://flippedlearning.org/wp-content/uploads/2016/07/LitReview_FlippedLearning.pdf) (2018. 6. 5. 인출)

Rudestam, K. E., & Schoenholtz-Read, J.(2010). *Handbook of Online Learning*. LA: SAGE Publications, Inc.

Schwab, K.(2016). The Fourth Industrial Revolution: what it means, how to respond. (https://www.weforum.org/agenda/2016/01/the-fourth-industrial-revolution-what-it-means-and-how-to-respond/) (2018. 5. 30. 인출)

Wang, M., Ran, W., Liao, J., & Yang, S. J. H.(2010). A performance-oriented approach to E-learning in the workplace. *Educational Technology & Society*, *13*(4), 167-179.

World Economy Forum(2016). The future job: Employment, Skills and Workforce

Strategy for the Fourth Industrial Revolution. (http://www3.weforum.org/docs/WEF_Future_of_Jobs.pdf) (2018. 6. 15. 인출)

42대학. (https://www.bbc.com/news/business-37694248)
매경이코노미. (http://news.mk.co.kr/v2/economy/view.php?year=2018&no=362561)
서울포럼. (http://www.sedaily.com/NewsView/1RZHQ6TACA)
소셜 미디어. (https://fredcavazza.net/2017/04/19/social-media-landscape-2017/)

제3부

평생교육방법 실전

제11장

평생교육 자료개발 및 활용

우리가 어떤 일을 시작할 때 '사전에 계획을 세우지 않고 일을 하는 것은 실패를 계획하는 것과 마찬가지이다.'라는 이야기가 있는 것처럼, 교수활동도 사전에 그 계획을 신중히 검토하는 것이 목표 달성을 위해서 꼭 필요한 과정일 뿐만 아니라 일을 성공시키는 데 있어서도 좋은 방안이 될 것이다. 특히 교육활동이 실제로 전개되기 이전에 구체적인 학습 목표나 내용이 결정되어야 하며, 이와 함께 세부적인 교수-학습 방법도 계획되어야 한다. 여기서 무엇보다 중요한 것은 교육계획이 실제로 교수활동으로 실행되기 위해서는 주 교재적 역할을 하는 교육 자료가 개발되어야 한다. 교육 자료는 교육계획에 있는 대로 개발되어야 한다.

이 장에서는 평생교육 자료의 개념 및 유형과 평생교육 자료개발의 이해, 평생교육 자료개발의 매체 선택과 원리, 평생교육 자료 모형의 개발 과정, 평생교육 자료개발의 방법 및 활용, 웹 기반 교육 자료개발의 방법 및 활용을 살펴보도록 한다.

학습목표

1. 평생교육 자료의 개념과 평생교육 자료개발의 중요성을 설명할 수 있다.

2. 평생교육 자료개발의 선택과 원리를 설명할 수 있다.

3. 평생교육 자료 모형의 개발 과정 및 활용에 대하여 설명할 수 있다.

4. 웹 기반 교육 자료개발의 방법 및 활용에 대하여 설명할 수 있다.

✱ 주요 용어

교육매체, 교육모듈, 인쇄매체, OHP, 교육솔루션, WBI, ASSURE 모형, ACTIONS 모델

1. 평생교육 자료의 개념 및 유형

평생교육의 실천현장에서 교육 자료는 다양한 형태들이 있다. 평생교육 자료는 학교교육의 현장에서 활용되는 것과는 그 중요성이 각별하다. 평생교육 자료의 개념은 사전에 개발되어 표준화된 정규 교과서가 이미 존재하고 있는 학교교육에서 주로 활용되고 있는 교육자료라는 용어와는 다르게 해석할 필요가 있다. 여기서는 평생교육 자료의 가치와 중요성에 대하여 살펴보도록 한다.

1) 평생교육 자료의 개념

학교교육에서 교육자료란 주 교재인 교과서를 지칭하기보다는 오히려 교과서의 내용을 보충하기 위한 다양한 보조적 자료를 가리킨다. 반면 평생교육에서는 아직까지 표준화된 정규 교과서가 개발된 것이 없고 존재하지 않는 경우가 대부분이기 때문에, 교육운영 담당자가 제작한 교재가 바로 교육자료이고 주 교재이다.

다시 말해, 학습자와 직접적으로 대면하고 있는 교육운영 담당자가 구성하고 개발한다. 이렇게 개발된 교육자료는 평생교육의 실천 현장에서 교수자와 학습자가 만나는 통로이며 공통 주제이다. 또한 평생교육기관과 학습자가 만나는 접점이다. 평생교육에서 교육 자료의 중요성이 여기에 있다.

〈표 11-1〉 학교교육과 평생교육에서 의미하는 교육자료

구분	학교교육	평생교육
기능	보조적 수단	교수-학습 과정의 필수
성격	주 교재의 부가적 구안물	핵심적 교육자료
사례	해설집	강의 원고/활동지

출처: 김진화, 김소현, 전은선(2012), p. 184.

　　구체적으로 평생교육 자료가 무엇을 의미하는지 살펴보면, 평생교육 자료
란 교육내용과 교육매체가 통합된 교육적 실체를 의미한다(김진화, 김소현,
전은선, 2012). 교육내용이란 학습자와 교수자가 교수-학습 과정에서 상호작
용하는 체계화된 지식과 정보를 의미한다. 교육매체란 체계화된 교육내용을
매체의 특성에 맞게 문서화, 시각화, 청각화, 영상화시킬 수 있는 물리적 실
체를 말한다.

　　먼저, 교육내용이란 학습자에게 교육적 가치가 있는 지식, 정보, 기술 등
을 의미한다. 이러한 교육내용은 다음과 같이 세 가지의 형태로 표현된다.
첫째, 학습자에게 유익하고 유용한 지식·정보·기술이 체계화된 교재(텍스
트), 둘째, 교수행위와 학습행위의 기본 지침이 되며, 지식·정보·기술의 핵
심적인 요소만으로 선별하여 체계화시켜 놓은 교수-학습 요목, 셋째, 특정
교육내용을 구체화시켜 놓은 교육 모듈(module) 및 단원(lesson) 등이다.

　　다음으로, 교육매체란 교육내용이 매체의 성격에 맞게 표현된 물리적 상
태를 말한다. 교육내용이 담겨 있지 않은 교육매체는 의미가 없고, 매체가
특성에 맞게 구체화되지 않은 교육내용은 그 활용이 불가능하다. 교육내용
은 일정한 형식의 매체로 표현되어야 그 가치를 인정받을 수 있다. 이처럼
교육매체와 교육내용은 분리할 수 없는 불가분의 관계를 가지고 있다. 교육
매체는 인쇄매체, 영상매체, 컴퓨터 및 웹 등이 있다.

　　그러므로 평생교육 자료란 [그림 11-1]과 같이 교육내용과 교육매체를 분

[그림 11-1] 평생교육 자료의 개념

출처: 이미나, 이해주, 김진화(2009), p. 245.

리해서는 결코 생각할 수 없고, 양자를 통합시켜 그 개념을 이해해야 한다.

2) 평생교육 자료의 유형

평생교육 담당자라면 누구나 평생교육의 실천 현장에서 다양한 교육자료를 쉽게 발견할 수 있고, 실제로 접할 수 있다. 평생교육 자료의 유형에는 인쇄자료, 청각자료, 시각화 자료, 동영상 자료, 컴퓨터 및 인터넷 자료 등이 있다. 〈표 11-2〉에서 보는 바와 같이 교육 자료들은 교육내용으로써 체계화된 지식과 정보가 매체의 특성에 맞게 제작되고 개발된 상태로 존재한다.

〈표 11-2〉 평생교육 자료의 유형

매체	유형
인쇄자료	교수-학습 요목, 강의 자료집, 행사 자료집, 교육 워크북, 워크숍 자료집, 교육 매뉴얼, 차트, 교육마스터 플랜
청각자료	해설 및 설명 내레이션과 강사의 음성이 수록된 CD
시각화자료	필름, 사진, 모형물, OHP TP용지, 파워포인트 자료
동영상자료	비디오 테이프, 캠코더 테이프, 원격 동영상
컴퓨터/인터넷 자료	CAI, 파워포인트, 워드, 전자서적, 웹서적, 웹자료 등

출처: 김진화, 김소현, 전은선(2012), p. 185.

2. 평생교육 자료개발의 이해

1) 평생교육 자료개발의 개념

평생교육 자료개발이란 한마디로 교수-학습 과정의 전개가 가능하도록하는 교육적 실체를 만드는 것이라 할 수 있다. 구체적으로 평생교육의 현장에서 교수자와 학습자 간의 교수-학습 과정이 원활하게 전개될 수 있도록 하기 위해 특정 주제에 대해 체계화된 지식과 정보를 교육방법과 매체의 특성을 고려하여 설계하고 제작하는 것을 말한다. 그러므로 평생교육 자료개발은 교육내용의 선정 및 조직과 교육매체 제작이라는 두 개의 영역을 통합하여 전개되는 것이 보통이다.

- **교육내용의 선정 및 조직**: 교육요구 및 필요분석을 통해 학습자에게 교육적 가치가 있다고 판단된 주제에 대한 구체적인 교육내용을 선정하고, 학습자의 학습특성과 교육방법을 고려하여 교육내용을 체계화시키는 과정을 의미한다.
- **교육매체 제작**: 교수자와 학습자가 보다 효과적으로 교수-학습에 참여할 수 있도록 교육내용의 선정 및 조직을 통한 체계화된 지식과 정보 혹은 교육내용을 매체가 지니고 있는 속성에 맞게 재구성하고 매체로 제작하는 것이다. 다시 말해, 인쇄매체, 시청각 매체, 컴퓨터 및 인터넷 등 교육매체의 성질에 맞에 교육내용을 재구성하고 매체로 제작하는 것이다.

2) 평생교육 자료개발의 유용성

평생교육 자료개발이란 평생교육의 현장에서 교수자와 학습자 간의 교수-학습 과정이 원활하게 전개될 수 있도록 하기 위해 특정 주제에 대한 체계화된 지식과 정보를 교육방법과 매체의 특성을 고려하여 설계하고 제작하는 것을 말한다.

이렇게 평생교육의 현장에서 잘 개발된 교육자료는 교수-학습 과정의 표준화, 효과성, 효율성, 매력성 차원에서 유용성을 가지고 있다.

① 교수-학습과정이 표준화 된다
평생교육의 현장에서 양질의 교육자료를 사용하면 모든 학습자가 같은 교육 자료 및 매체를 통하여 동일한 메시지를 전달받게 된다. 즉, 체계화된 교육내용에 의해 표준화된 교수-학습 과정이 전개될 수 있다. 교수자의 개인적인 특성에 의해 생길 수 있는 교수-학습 활동의 차이를 최소화할 수 있다.

② 교수-학습의 효과성을 높일 수 있다

교육자료를 제작할 때 학습내용을 의미 있게 잘 조직하고, 학습자의 참여를 유도할 수 있고, 다양한 사례·피드백·강화를 제공하여 교육자료와 학습자 간의 상호작용이 일어날 수 있도록 하여 학습효과를 높일 수 있다.

③ 교수-학습의 효율성을 높일 수 있다

교육자료는 교수자 중심의 강의나 설명에 비해 다양한 감각기관을 자극할 수 있으며, 보다 구체적이고 다양한 형태의 정보를 빠른 시간에 제시할 수 있다.

④ 교수-학습의 매력성을 높일 수 있다

다양한 형태의 교육자료를 활용한 교육은 학습자의 동기를 부여하고, 주의를 집중시키는 데 긍정적인 효과가 있다.

3) 평생교육 자료개발의 기여도

교수-학습 과정에서 효율적인 의사소통의 촉진을 위한 목적을 가진 교수 매체의 기여도는 비교적 높게 평가되고 있다. 구체적인 기여도는 다음과 같다.

① 교수활동이 보다 표준화될 수 있다

교수의 과정에서 교사의 경험이나 지식의 차이에 따라 교수활동의 양과 질이 영향을 받을 수 있다. 그러나 표준화된 교육자료는 이러한 문제점을 해소시킬 수 있다. 모든 학습자가 같은 교육자료를 보고 듣게 되므로 동일한 메시지를 전달받게 된다.

② 가르치는 것을 보다 재미있게 해 준다

교육자료는 학습자의 주의력을 끄는 특성이 있다. 명료한 메시지, 변화있는 전개, 특수효과의 사용 등은 학습자를 즐겁게 해주며, 깊이 생각하게 만들고 동기를 유발한다.

③ 교수이론의 적용을 통하여 학습을 보다 상호작용적으로 만들어 준다

교육자료에 담긴 내용이 잘 조직되어 있으면 학습자를 잘 가르칠 수 있다. 교육자료를 계획할 때 학습자의 참여 · 피드백 · 강화 등을 고려하여 학습 시 계속적인 상호작용을 유발한다.

④ 교수에 소요되는 시간을 줄여준다

교육자료를 사용하면 메시지를 전달하는 데 소용되는 시간을 줄여 준다. 그러므로 많은 양의 정보를 짧은 시간 안에 학습자에게 전달할 수 있다.

⑤ 학습의 질을 높여 준다

교육자료는 지식의 요인들을 분명하게 전달할 수 있기 때문에 학습자를 적절한 학습활동과 사후학습을 하게 하여 기대되는 수준까지의 학습이 가능하다.

⑥ 필요한 장소에서 교수활동이 일어날 수 있게 한다

교육자료의 개발에 의한 교수매체가 개별 사용을 위해 설계되었다면 학습자는 자기가 편리한 시간과 장소에서 학습을 할 수 있다. 이와 같은 융통성은 개별적으로 기술훈련을 하거나 학습 완료에 대한 책임을 자신이 져야 할 때 특히 중요하게 요구된다.

⑦ 학습자는 배우는 것과 학습 과정 자체에 대해 긍정적인 태도를 갖게 된다

교육자료가 동기유발적이라는 점과 교육매체가 학습을 성공적으로 이끌어 갈 수 있다는 사실 때문에 학습자는 학습에 호감을 갖는다.

⑧ 교수자의 역할이 긍정적인 방향으로 바뀔 수 있다

교육자료의 개발은 교수자에게 많은 이점을 가져다준다. 교수자는 수준별 개인지도나 보충·심화 학습, 또는 학습자의 상담자로서 역할의 기회가 증가된다.

3. 평생교육 자료개발의 매체 선택과 원리

1) 평생교육 자료개발의 매체 유형

평생교육 자료를 개발하기 위해서는 학습자의 특성이나 내용에 맞추어서 자료를 개발하는 것이 중요하다. 인쇄매체부터 복잡한 하이퍼텍스트 컴퓨터 프로그램에 이르기까지 너무나 다양하다. 학습자의 특성과 교육주제에 따라 교육자료의 매체를 다르게 하는 것이 효과적이다. 이를 위해 평생교육 자료 개발 매체에는 어떤 유형이 있는지 탐색해 보고자 한다(김진화, 김소현, 전은선, 2012).

평생교육 현장에서 활용되고 있는 매체는 인쇄매체, OHP, 컴퓨터 프로젝션, 비디오(캠코더), 교육솔루션, WBI 등이 있다.

- 인쇄매체: 평생교육 현장에서 가장 많이 쉽게 활용되고 있는 매체로 제작이 용이하고 별도의 장치나 작동이 필요하지 않다. 여기에는 주로 차트, 워크북, 매뉴얼, 자료집, 지침서 등이 포함된다.
- OHP(Over head project): 투시물 환등기인 OHP에 TP용지를 투사시켜 학

습자에게 제시하는 매체이다. TP용지에 교육내용을 요약·정리하여 간
략히 제시하는 방법으로 현재 활용 빈도는 낮다.

- **컴퓨터 프로젝션**: 하드웨어인 컴퓨터와 소프트웨어인 파워포인트, 그리
고 빔프로젝트를 통합시켜 교육자료를 개발하는 방법으로 최근 급속히
평생교육 현장에서 흔히 사용되고 있다.
- **비디오**: 교육장면을 실시간 촬영하여 동영상 자료로 제작한 교육자료를
말하며, 최근 디지털 캠코더와 같은 새로운 매체가 일반화되면서 평생
교육의 현장에서 과거와는 달리 훨씬 손쉽게 활용되고 있는 매체이다.
- **교육솔루션**: 교육을 위한 전문 소프트웨어와 이를 작동하는 데 필요한
기구와 장치를 통해 전개되는 교육 상황을 시각적·청각적·공간적으
로 통합시켜 동시에 촬영시켜 교육자료로 개발하는 것을 말한다. 최근
소프트웨어의 기술개발로 급속히 확산되고 있다.
- **WBI(Web Bassed Instruction)**: 하이퍼텍스트의 발달과 인터넷의 급속한
확산으로 사이버상에서 교수-학습의 상황을 전개하기 위해 적용되는
교육매체개발의 유형으로 최근 사이버 교육 혹은 이러닝으로 각광받고
있다.

2) 평생교육 자료개발 매체의 선택

교수자들은 상당히 오랫동안 교육현장에서 교육내용을 전달할 적절한 매
체를 선택하는 문제에 직면해 왔다. 실제로 교육현장에서 교육내용은 반드
시 매체를 활용하여 개발되고 있으며, 이를 위해 교수자들은 많은 시간과 노
력을 기울이고 있다. 이 과정에서 라이서(Reiser)와 가네(Gagne)는 고안한 매
체를 선정할 때 고려해야 할 요소들에 대해 다음과 같이 제시하였다(김진화,
김소현, 전은선, 2012).

(1) 교육적 요소

교수-학습이 전개되는 과정과 관련된 요소로 학습자, 학습목표, 학습 상황, 교육 장면 등이 있다.

- 학습자: 매체는 학습자 유형에 따라서 효과에 차이가 있을 수 있으므로 그 학습자의 특성에 적합한 매체를 확인해야만 한다.
- 학습목표: 흔히 학습목표는 언어적 정보, 저적 기능, 인지전략, 태도, 운동기능 등으로 분류하여 설정되는데, 이처럼 학습의 유형을 고려하여 매체를 선택하는 것이 바람직하다.
- 학습 상황: 학습 상황은 학습자에게 정보 알리기, 자료 제시하기, 성취행동 유발하기, 피드백 부여하기, 성취행동 평가하기로 요약된다. 각각의 상황에 맞게 매체를 선택하는 지혜가 필요하다.
- 교육 장면: 교수-학습이 전개되는 장소와 인원을 고려하여 매체를 선택하는 것을 말한다. 실제 평생교육 현장에서 매체의 선택은 교육 장소 혹은 교육 인원에 의해 많은 영향을 받는다.

(2) 물리적 요소

매체가 지니고 있는 물리적 속성을 의미한다. 어느 매체는 청각적인 요소가 강조될 수 있고, 또 다른 매체는 시청각적인 요소가 강조될 수 있다. 매체마다 특성이 있어 교육내용과 학습 상황에 적절하게 매체의 물리적 속성을 고려하여 매체를 선택하는 것이 필요하다.

(3) 실용적 요소

매체를 구입하거나 제작하는 데 소요되는 비용과 기자재의 활용과 같은 실용적인 요인을 매체 선정 과정에서 고려해야 한다. 그러나 이러한 실용적인 요인이 매체 선정과정을 지배한다면 이로 인해 여러 형태의 교육은 인쇄 매체 혹은 청각적 녹음물과 같은 가장 값싸고 작동하기 편한 것만으로 전개

될 소지가 많아 문제가 될 수도 있다.

3) 평생교육 자료개발의 원리

교육자료를 개발하는 데 필요한 기본 원리는 내용, 표현, 설계 세 가지의 구성요소를 고려하는 것이다(김진화, 김소현, 전은선, 2012).

(1) 교육내용

교육자료로서의 가치를 판단하는 출발점이다. 내용으로서 가치가 없다는 것은 아무리 좋은 매체로 담아낸다 하더라도 교육자료로서의 효용성이 떨어진다. 이때 내용과 관련된 원리에는 적절성, 정확성, 완전성이 있다.

(2) 교육내용의 표현

학습자에게 교육내용을 언어적 · 시각적으로 보다 잘 전달되도록 구성하는 것이다. 어떤 어휘를 사용할 것이며, 어떻게 배열할 것인가를 결정하는 것은 중요하다. 표현과 관련된 원리에는 단순한 표현, 적극적 표현, 일관된 표현이 요구된다.

(3) 교육설계

교육내용을 학습자에게 전달하기 위해 학습방법을 구상하여 연계시키는 방식을 말한다. 설계와 관련된 원리는 다음 열 가지를 고려하는 것이 좋다.

- 매체를 혼잡스럽게 만들지 말라.
- 일관된 형식, 레이아웃, 규정을 사용하라.
- 적합한 활자체와 크기를 사용하라.
- 강조하는 굵은체와 이탤릭체를 사용하되, 지나치게 사용하지 말라.
- 내용을 명확히 알고 안내하기 위해 제목, 표제, 소표제를 사용하라.

- 순서에 따라 진행하기 위해 숫자를 사용하라.
- 기호와 아이콘을 사용하여 확인하고 표시를 하라.
- 아이디어를 강화하기 위해 그래픽과 삽화를 사용하라.
- 감각을 자극하기 위해 색채, 오디오, 음악을 사용하되, 지나치게 사용하지는 말라.
- 뛰어난 기술, 즉 양질의 인쇄, 음질이 좋은 오디오, 깨끗한 복사 등을 사용하여 교육자료를 제작하라.

4) 평생교육 자료 매체의 특성 및 장점

평생교육 자료 매체의 특성은 수업적 특성과 기능적 특성으로 나눌 수 있다(신용주, 2017).

(1) 수업적 특성
- 매체는 교수활동의 전 과정에서 교사의 대리자적인 역할을 한다.
- 매체는 수업의 보조물이며, 교수자는 학습자의 수업활동을 총괄하고, 매체는 교수활동을 돕는다.

(2) 기능적 특성
- 고정성: 어떤 사물이나 상황을 포착하여 보존하고 재구성시키는 특성 (예, 동영상 파일, 비디오테이프, 음성녹음 테이프, 사진 필름 등)
- 조작성: 어떤 사물이나 상황을 여러 방법으로 시간적인 상황을 고려하여 변형시키는 특성(예, 식물이 자라는 모습을 저속 촬영하여 고속으로 재생시키는 방법 등)
- 확장성: 공간적인 확대로서 하나의 사건에 대해 유사한 경험을 다수에게 제공하는 특성(예, TV, 라디오, 인터넷을 통해 동시에 다수의 학습자에게 교수하는 방법)

(3) 매체의 장점

평생교육의 실천에 있어서 교육매체를 활용할 때는 반드시 교육내용을 전달하는 데 효과적인 것으로 신중히 선정하여 사용해야 한다. 학습목표와 직접적인 관계가 없는 자료를 제공한다거나 정확하지 못한 내용을 소개하는 것을 오히려 교수활동의 효과를 감소시킨다.

적절한 매체를 적극적으로 활용하면 다음과 같은 장점이 있다.

- 수업 기능을 강화한다.
- 직접 학습 및 즉시 학습을 가능하게 한다.
- 수업 시간을 보다 효과적으로 사용할 수 있다.
- 학습 경험을 흥미롭고, 풍부하게 만들어 준다.
- 교수-학습 과정을 더 재미있게 만들어 준다.
- 학습을 더 상호작용적으로 진행하도록 해 준다.
- 학습의 질을 높여 준다.
- 학습자로 하여금 학습에 대하여 긍정적인 태도를 갖게 한다.

4. 평생교육 자료 모형의 개발과정

1) ASSURE 모형

평생교육 현장에서 교육자료를 개발하기 위해서는 철저한 계획이 필요하다. 더욱이 교육매체의 특성에 맞게 교육내용을 교육자료화하는 것은 무척 어려운 과제이다. 교육내용과 교육매체를 통합시켜 교육매체로 개발하는 데 일반적으로 적용할 수 있는 모델은 ASSURE 모델이다. 이 모델은 하이니히(Heinich, 1996) 등이 고안한 것으로 학습자 분석(A), 목표 설정과 진술(S), 교육방법, 매체 및 자료의 선정(S), 매체와 자료의 활용(U), 학습자 참여 촉진

(R), 평가와 수정(E) 등으로 전개되는 단계의 첫 글자를 따서 ASSURE 모델이라 한 것이다. 이것은 효과적인 교수-학습 과정을 보증(assure)한다는 의미도 내포되어 있다.

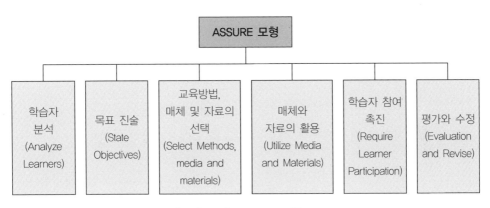

[그림 11-2] ASSURE 모형

(1) 학습자 분석(Analyze leaners)

학습자의 특성과 교재의 내용 및 제시 방법은 교수매체의 효과에 지대한 영향을 미친다. 그러므로 교육자료를 활용한 교수-활동을 계획하는 첫 번째 단계는 학습자를 분석하는 일이라 볼 수 있다. 학습자 특성의 요인에는 학습자의 연령, 학력, 지위, 지적인 적성, 문화적·사회적·경제적인 요인 등과 같은 일반적인 특성, 그리고 학습자의 부족한 지식과 기능을 확인하는 출발점 행동, 학습자의 불안 수준·적성·동기 등의 심리적 요소를 고려하는 학습자의 학습양식이 있다.

(2) 목표 진술(State objectives)

교육자료의 체계적인 활용을 위한 두 번째 단계에서는 가능한 한 자세하게 학습자가 학습을 마친 후의 행동을 진술해야 한다. 학습자가 도달해야 하는 목표지점은 어디이며, 어떠한 새로운 능력을 발휘할 수 있어야 하는지를 진술하는 일이다.

(3) 교수방법, 매체 및 자료의 선택(Select methods, media, & materials)

일단 학습자가 파악되고 학습목표가 진술되었으면, 교수자는 학습자의 현재 수준의 지식·기술 및 태도 등을 파악하였고, 도달해야 할 학습목표를 파악하고 있으므로, 교수-학습 과정의 처음과 끝의 계획이 끝난 것이라고 볼 수 있다. 그러므로 교수자는 이제부터 이 두 과정을 연결하는 다리를 놓아야 한다. 즉, 어떤 수업방법을 실행하며, 어떠한 매체와 교재들을 활용할 것인지를 결정해야 한다.

매체와 자료를 선정할 때에는 바로 이용이 가능한 자료를 선정하거나, 기존의 자료를 수정하거나, 새로운 자료를 설계·개발하는 방법 중에서 선택할 수 있다.

(4) 매체와 자료의 활용(Utilize media & materials)

매체와 자료를 효율적으로 활용하기 위해서는 다음과 같은 사항을 주의해야 한다.

- 교수매체의 효과적인 제시는 지정된 장소에서 리허설을 해 봄으로써 시작된다. 이 과정은 학생들의 수준과 목표에 적합한지를 결정하고, 자료의 상태를 조사할 수 있으며, 목적과 진행 단계에 맞추어 자료의 제시 순서를 결정할 수 있게 한다. 예를 들어, 예기치 않은 폭력적인 내용이나 조잡한 화면의 질 때문에 당황할 수 있기 때문이다.
- 수업을 전개할 주변 환경을 정비해야 한다. 교수매체를 어디에서 사용하든 학습자에게 안락한 의자, 적절한 환기, 온도, 밝기 등이 제공되어야 한다. 매체에 따라 암막 시설, 충분한 전원 공급, 다양한 조명 조절 장치 등이 요구될 수도 있다.
- 학습자를 사전 준비시킨다. 학습자의 주의를 집중시키기 위하여, 제시할 내용의 소개, 학습할 주제와의 관련성, 사용할 교수매체에 대한 정보나 특별한 용어에 대해 미리 설명해 줌으로써 동기유발을 제공해야 한다.

- 교육자료를 제시하여 학습경험의 기회를 주어야 한다. 교수매체를 제시 할 때, 교수자는 프레젠테이션 기술(presentation skills)을 발휘하여 능숙하게 대처해 나가야 한다.

(5) 학습자 참여 촉진(Require learners participation)

학습은 내용의 일방적인 전달로만 이루어지는 것이 아니라 학습자가 학습과정에 능동적으로 참여할 때 더욱 효과적으로 이루어질 수 있다. 학습자들에게 학습한 내용을 연습할 수 있는 실제 활동의 기회를 주고, 적절한 피드백을 주는 것이 요구된다.

학습 과정에 학습자의 능동적 참여를 이끌 수 있는 방법은 다음과 같다.

- 즉각적인 필기나 구두의 반응을 요구하는 질문을 제시한다.
- 필기 활동을 지시한다.
- 보거나 들은 것으로부터 선택 · 판단 · 결정을 하도록 요구한다.
- 보거나 들은 활동이나 기술과 관련된 수행을 요구한다.

(6) 평가와 수정(Evaluation & revise)

교수활동이 끝나면 전체적인 윤곽을 잡고 이에 대한 효과를 평가해야 한다. 평가는 ASSURE 모형의 마지막 단계이기도 하지만, 지속적인 매체 활동을 위한 시발점이기도 하다. 그러나 학습자의 학습목표 달성 외에도 평가되어야 할 사항이 두 가지 더 있다. 한 가지는 사용한 교수매체와 교수방법에 대한 평가로, 다음 교수의 교수매체 사용 시 참고하기 위해서도 필요하다. 또 다른 한 가지는 교수-학습 과정에 대한 평가이다. 이는 교수과정을 진행시키는 동안 수시로 할 수 있다.

2) ACTIONS 모형

원격교육에서는 교수자와 학습자가 한 장소에 있지 않아도 교수매체를 이용하여 언제 어디서나 교수-학습이 가능하다. 이것을 가능하게 해 주는 것이 바로 교육자료 개발 과정에서부터 계획되어야 한다. 그러므로 원격교육을 위한 교육자료의 개발에서 어떠한 매체를 사용할 것이냐를 결정하는 것은 매우 중요하다.

원격교육을 실시할 것이냐를 결정하는 과정과 일단 실시하기로 결정한 다음의 매체 선정에 있어서 지침이 될 수 있는 ACTIONS 모델은 다음과 같다 ([그림 11-3] 참조).

[그림 11-3] ACTIONS 모형

① A(Access: 접근, 수신, 접속)
• 특정한 테크놀로지가 학습자에게 얼마나 접근 가능한 것인가?
• 그것이 특정한 목표집단에 얼마나 융통성이 있는가?

② C(Costs: 비용)
• 각 테크놀로지의 비용 구성은 어떠한가?
• 학습자당 단위 비용은 얼마인가?

③ T(Teaching and learning: 교수와 학습)
• 어떤 유형의 학습이 필요한가?
• 어떠한 교수적 접근이 이 요구에 가장 부합할 것인가?

- 이러한 교수와 학습을 지원해 주는 최상의 테크놀로지는 무엇인가?

④ I(Interactivity and user-friendliness: 상호작용과 학습자 친화)
- 이 테크놀로지는 어떤 유형의 상호작용을 가능하게 하는가?
- 그것을 사용하기가 얼마나 용이한가?

⑤ O(Organizational issue: 조직의 문제)
- 이 테크놀로지가 성공적으로 사용되려면 사전에 조직이 갖추어야 할 필요조건은 무엇이며, 제거해야 할 장애물은 무엇인가?
- 조직 내에 어떠한 변화가 이루어져야 하는가?

⑥ N(Novelty: 참신성)
- 얼마나 새로운 테크놀로지인가?

⑦ S(Speed: 신속성)
- 이 테크놀로지가 얼마나 빨리 교과에 부합될 수 있는가?
- 얼마나 빨리 자료들이 수행될 수 있는가?

5. 평생교육 자료개발의 방법 및 활용

1) 인쇄자료 개발의 방법 및 활용

평생교육 현장에서 문서화된 인쇄자료는 교재 혹은 자료집이라 하며, 여기에는 교육 워크북, 교육 매뉴얼, 차트, 강의 자료집, 교수-학습 요목 등이 있다. 교재란 인쇄매체를 통해 학습자와 교수자가 상호 의사소통할 수 있는 교육내용을 단원별로 체계화하여 구체적으로 서술해 놓은 것이라 할 수 있다.

(1) 인쇄자료 개발의 지침

좋은 인쇄자료를 개발하기 위해 자료 수집, 글꼴 및 크기 정하기, 배경과 중심 패턴 정하기, 정렬하기, 확인 및 수정하기 등의 단계를 고려해야 한다.

① 자료 수집

자료를 개발하기 위해서 제일 먼저 해야 할 것은 특정 주제에 맞는 의미 있는 자료를 수집하는 것이다. 흔히 평생교육의 현장에서 자료 수집은 강사나 워크숍 진행자로부터 원고를 요청하여 수집하는 것만으로 이해할 수 있는데, 수집된 원고를 교육 의도에 맞게 조절하는 것도 포함된다.

② 글꼴 및 크기 정하기

같은 내용이라 할지라도 어떤 글꼴로 하는지에 따라 자료의 가치와 효용성이 달라진다. 그러므로 이 부분에도 세심한 주의가 필요하다. 오늘날은 워드프로세서나 프린터의 발달로 선택할 수 있는 글꼴이 너무 많아 오히려 혼란스러울 수도 있다. 일반적으로 그래픽 디자인 전문가는 한 교재를 개발하려고 할 때, 특별한 경우를 제외하고는 문서에 전체적으로 한 가지 글꼴을 선택할 것을 제안한다. 다음은 인쇄 자료 개발하는 데 도움이 되는 몇가지 지침들이다.

- 제목 글꼴은 본문의 내용과 구별되는 간단한 글꼴(고딕)을 사용한다.
- 부제목의 글꼴은 제목과 같은 글꼴의 작은 크기를 사용한다.
- 문자를 강조하기 위하여 기울임이나 진하게 중 한 가지만을 사용한다.
- 본문 글자는 10~12 정도 크기의 글자체로 사용한다. 아동이나 노인을 위해서는 14~18 정도 크기의 글자를 사용한다.

③ 배경과 중심 패턴 정하기

인쇄자료의 배경은 자료의 품격을 높일 수 있고, 깔끔하게 적용된 일관된 패턴은 교수자와 학습자 모두에게 친밀감과 이해력을 높여 준다. 다음의 몇 가지 지침은 인쇄자료의 배경과 중심 패턴을 정하는 데 도움이 될 것이다.

- 페이지 여백을 충분히 준다.
- 만약 페이지 양면에 다 프린트를 할 계획이면 먼저 한 장을 프린트해 보고 양면 모두 글자들이 선명하게 보이는지 확인한다.
- 컬러 종이를 사용하려면 작은 글씨라도 잘 보일 수 있는 무난한 색을 사용한다.
- 복사를 해야 할 경우라면 붉은색 계통 컬러 종이를 사용한다.

④ 정렬하기

인쇄 자료의 배경과 중심 패턴이 결정된 후, 글자를 일정한 패턴으로 정렬시키는 것도 매우 중요하다. 다음의 정렬 방식을 참조하면 도움이 될 것이다.

- 정렬 방식은 양쪽 여백에 맞추어 정렬하는 것이 좋다. 필요한 경우 왼쪽 정렬 방식이 오른쪽이나 중앙 정렬보다 바람직하다.
- 본문의 줄 사이, 제목과 부제목 사이, 부제목과 본문 사이 등의 줄 간격을 적절하게 정한다.
- 제목은 왼쪽이나 중앙 정렬을 한다. 특히 중앙 정렬을 할 경우 문서 중앙에 정확히 정렬되도록 한다.
- 본문의 하위 제목들은 서로 모두 같은 정렬 방식으로 한다.
- 본문 중 특정 목록이나 직접인용을 나타내는 단락은 다른 방법으로 정렬할 수 있다.
- 진하게, 기울임, 밑줄 등의 글자 속성을 바꾸기 전에 글자 간격을 조정한다. 읽는 사람은 글자 속성보다 글자 간격의 변화가 빨리 눈에 보인다.

• 강조 부분은 글자 속성을 이용하여 구분한다. 예를 들면, 제목이나 하위 제목은 본문과 다르게 모두 진하게 만들 수 있다.

⑤ 확인 및 수정하기

인쇄자료가 하나의 문서화된 자료로 완성되었다 할지라도 또 다시 확인하고 수정하는 절차를 거쳐 자료의 신뢰성을 높이는 것이 필요하다. 다음에서 제시한 사항은 반드시 확인하여야 한다.

• 여러 페이지 문서일 경우 문장의 한 줄이나 몇 단어만 떨어져서 다른 페이지에 넘어가지 않도록 줄 간격이나 글자 간격을 조정한다.
• 단락 전체가 한 페이지에 있거나 또는 반 정도로 양쪽 페이지에 나누어지도록 정렬한다.
• 컴퓨터의 맞춤법 검사를 이용하더라도 단어는 맞지만 단어를 잘못 사용한 경우를 대비해 직접 확인해야 한다.
• 주 제목과 하위 제목을 반드시 확인한다.

(2) 인쇄자료 활용

인쇄자료를 사용할 때 교수자가 지켜야 할 중요한 원칙 중 하나는 학습자가 그 자료를 적극적으로 활용하도록 지도해야 한다는 것이다. 이러한 방법 중 하나로 학습자가 'SQ3R'을 하도록 해야 한다.

• 개괄 파악하기(Survey): 학습자가 인쇄자료를 개략적으로 살펴보고 요약하도록 한다.
• 질문하기(Question): 학습자가 인쇄자료를 읽으며 생기는 의문을 적어 보게 한다.
• 읽기(Read): 학습자가 중심 내용을 찾고 자료에 밑줄을 치며 이전 단계, 즉 질문 단계의 질문에 대해 스스로 답을 찾게 한다.

- 낭독하기(Recite): 학습자가 자신의 언어로 읽은 내용을 말해 보고 기억하도록 한다.
- 복습하기(Review): 학습자가 인쇄자료를 다시 한 번 살펴보도록 한다. 어느 정도의 시간을 두고 복습할 수 있도록 지도한다.

2) 시청각 교육 자료개발 방법

(1) 시청각 매체의 교육적 특성

시청각 매체는 단순히 시각매체에 청각이 첨가되어 있는 그 이상의 의미가 있다. 영상비디오 등의 시청각 매체는 청각적 기능 이외에도 사진이나 슬라이드 등의 시각 매체에 비해 상대적으로 높은 수준의 기술을 바탕으로 하고 있다는 점에 기인할 수 있다. 시청각 매체의 교육적 특성은 다음과 같다.

- 녹화와 시청의 즉시성: 시청각 매체를 사용할 수 있는 준비만 되어 있으면 언제라도 제작할 수 있으며, 제작된 내용을 바로 사용할 수 있다는 특성이 있다.
- 내용 표현 방식의 다양성: 처리할 수 있는 정보의 폭이 사진, 동영상, 소리, 만화 등 인간이 평상시에 활용할 수 있는 정보의 전달 방법이나 다양한 형태의 정보를 처리할 수 있다.
- 반복 사용: 비디오, 테이프 등에 녹화된 자료를 적절히 보관하고 운용한다면 거의 반영구적으로 사용될 수 있어서 필요한 경우에는 언제나 반복해서 활용할 수 있다.
- 사실성: 시청각 매체에 의해 녹화된 자료는 시각자료에 비해 사실성이 높다.
- 교수–학습 내용의 표준화: 시청각 자료는 정보를 아주 구체적으로 제시할 수 있기 때문에 교수자에 따른 개인차를 줄일 수 있는 특징이 있다.
- 개별적 학습을 위한 활용: 교수–학습 내용의 표준화와 더불어 구체적으로

제작되는 시청각 매체는 교수자 없이 실시되는 개별적 학습을 위해서도 사용될 수 있다.

(2) 시청각 자료 개발의 절차 및 원리

어떤 교육자료 개발도 그리 쉽지는 않지만, 특히 시청각 교육자료의 개발은 의외로 많은 노력과 경비, 시간이 든다.

① 개발의 필요성 재확인

개발에 착수하기 전에 정말 직접 개발해야 할 필요성이 있는지를 다시 한 번 확인하는 과정이 필요하다.

- 시청각 교육자료를 개발해야 한다는 필요성이 교수설계나 학습지도안을 바탕으로 한 것인지, 아니면 학습지도안을 작성하고 교육 중에 어떻게 활용할 것인지를 결정한다.
- 시청각 교육자료의 학습목표가 명확하게 파악되어 있는지 검토한다.
- 시청각 교육자료를 개발하는 데 필요한 최소한의 시간과 경비, 장비, 그리고 도와줄 인력을 확보한다.

② 사항의 구체화

학습지도안이나 교수설계 내용을 바탕으로 다음 사항을 구체화한다.

- 프로그램에 들어가야 할 교육 내용을 선정한다.
- 프로그램의 유형과 형식을 결정한다.
- 선정된 내용들을 독서 카드나 큰 포스트잇에 써서 칠판에 붙여 가며 대강의 순서를 결정한다.
- 전체 줄거리, 선정된 학습목표, 프로그램의 유형 및 형식에 맞는지 확인한다.

- 내용이 정리된 독서 카드 중에서 꼭 직접 찍어야 할 부분은 어느 것들이고, 다른 영상자료나 사진, 그림 등에서 따오거나 복사할 수 있는 부분은 어느 것인지 확인한다.

③ 스토리 보드 작성

시청각 자료로 개발할 대상과 내용에 대한 해석과 설명을 위한 내레이션을 작성한다. 스토리 보드는 계열화된 내용을 바탕으로 하며, 구체적으로 내용의 순서, 각 화면과 음성 및 음향을 나타내는 청사진이다. 스토리 보드를 작성할 때는 다음과 같은 사항을 유의한다.

- 가능하면 언어적 표현을 줄이고 시각적 표현이 우선되도록 한다.
- 동원 가능한 대상, 인물, 세트, 장비, 기간, 계절 등을 고려하면서 작성한다.
- 중요한 것은 교육적 효과이지, 화려한 화면이 아니다.
- 연속성을 고려하면서 스토리보드를 만든다. 이때, 연속성이란 화면의 논리적 연속성을 말하는 것으로 학습자의 입장에서 내용의 전개를 이해할 수 있도록 화면의 전환이나 전개가 이루어지는 것을 말한다.

④ 촬영준비

촬영하기 위해서는 준비해야 할 것이 많다. 그중에서 비디오테이프 트래킹, 배터리의 준비, 카메라의 조작법은 가장 기본이다.

- 비디오테이프는 트래킹한 상태가 좋다. 트래킹이 안 된 것은 편집 과정에서 연결 부위가 매끄럽지 않아 중간 중간이 끊어지거나 튀는 문제가 발생한다.
- 촬영 시간을 고려하여 배터리를 충분히 충전한다.
- 매뉴얼을 참조하여 촬영 방법을 충분히 숙지하고 직접 작동시켜 본다.

⑤ 촬영과 녹화

촬영과 녹화는 혼자서는 하기 어려운 경우가 많다. 스토리보드를 확인해야 하고, 촬영과 녹화에 필요한 각종 준비물을 세팅하는 일이 많기 때문이다. 최근에는 디지털캠코더와 같은 장비만으로도 좋은 결과를 얻을 수 있기 때문에 작동 원리에 맞게 촬영하면 된다.

⑥ 편집

촬영과 녹화된 자료는 편집 및 더빙과정을 통해 교육자료로서의 가치를 높일 수 있다. 촬영에 대한 보충 설명과 해석을 첨가시키는 더빙이 필요하고, 매끄럽지 않은 부분을 삭제하거나 아니면, 새로운 시청각 자료를 중간에 삽입하는 과정이 필요할 수 있다.

6. 웹 기반 교육자료(WBI) 개발의 방법 및 활용

웹 기반 교육자료(Web Based Instruction: WBI)는 인터넷과 하이퍼텍스트를 통해 교육자료를 개발하여 학습자가 학습할 수 있도록 하는 학습체제를 말한다. 웹을 활용한 교육은 거의 모든 교육현장에서 급속히 확산되고 있다. 평생교육에서도 정부의 평생교육센터를 중심으로 활용되기 시작하고 있으나, 지역 단위에서는 아직까지 활용되지 않는다. 앞으로도 지역 단위 평생교육 현장에서는 소요 비용과 개발을 위한 많은 시간과 전문 인력의 확보에 어려움이 있어 일반화되기에는 상당한 시간이 필요하다. 그러나 웹 기반 교육자료는 이제까지의 여타 매체보다 훨씬 효과적인 쌍방적 교육을 가능하게 한다는 점과 교육 자료개발 측면에 있어서 매우 큰 의의가 있다(김진화 외, 2012).

1) 교육매체로서의 웹의 특징

웹 기반 교육은 인터넷망과 하이퍼텍스트를 통해 교육 내용을 재구조화하고 학습자가 자기주도적으로 학습을 전개하도록 하는 데 유용한 방법이다. 이것이 가능한 것은 웹이 교육매체로서 가지고 있는 다음의 특성 때문이다.

- 웹은 학습내용을 전달하는 강력한 전달매개체의 기능을 발휘할 수 있다.
- 웹은 정보 제공의 기능이 뛰어나 새로운 지식과 정보의 세계로 학습자를 쉽게 이끌 수 있다.
- 교육 내용이 인간의 정보 구성과 유사한 하이퍼텍스트 형태로 조직되어 있어 독립된 특정 주제별로 체계적으로 구성할 수 있다.
- 웹은 교육내용이나 교육자료를 매우 다양한 형태로 제공할 수 있다.
- 실제와 매우 유사한 가상적인 학습환경을 제공하므로 학습자의 현실에 가까운 경험을 제공할 수 있다.
- 웹은 동기적인 형태 및 비동기적인 형태를 통해 시간과 공간을 넘어서 많은 학습자는 물론 교수자와 상호작용할 수 있는 환경을 제공할 수 있다.
- 웹은 학습자료에 대한 접근 기록, 다른 사람과의 상호작용에 대한 기록이 가능하기 때문에 지식을 습득해 가는 추론 과정이 그대로 유지될 수 있다.
- 웹은 디지털화된 자료이므로 학습자료를 쉽게 수정·보완할 수 있다.
- 초기 비용은 많이 들지만, 일단 구축한 후에는 교육자료를 유지하고 보급하는 데 드는 비용이 저렴하다.

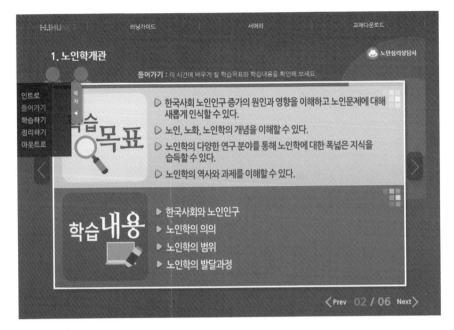

[그림 11-4] 웹 기반 교육 사례

출처: 안산시평생학습관 온라인 학습교실(http://ansan.license.ac/).

2) 웹 기반 교육자료 개발의 원리

웹 기반 교육자료 개발의 원리란 흔히 웹 인터페이스 설계라는 용어로 사용한다. 웹 기반 교육자료를 개발함에 있어서 다음과 원리는 좋은 자료를 만드는 데 중요한 지침이 된다.

- 조화 및 단순화: 학습자가 웹페이지를 보고 즉각적으로 사고하고 학습활동을 할 수 있도록 무의미한 그림이나 복잡한 링크, 강조 등을 자제한다.
- 일관성: 내용 및 구조면에서 일관된 형태를 유지해야 한다.
- 접근 시간 최소화: 다양한 설계도구와 학습 구조도를 제공한다.
- 계획적이고 조직적인 화면 배치: 학습하는 경로가 명확해야 하며, 웹 기반 학습의 구조와 범위가 명확하게 전달되어야 한다.

- 융통성: 학습자가 스스로 학습의 진도나 학습내용의 선정을 통제할 수 있는 여지를 제공한다.
- 화면 스크롤 최소화: 중요한 내용일수록 홈페이지에서 최단 연결 구조를 갖도록 설계하고, 길어질 것 같은 내용은 분기한다.
- 비 연결 문서 지양: 구성된 모든 문서는 연결되어 있어야 하며, 이들은 전체가 개념적으로 하나의 원을 구성하도록 한다.
- 풍부한 상호작용: 학습자의 입력이나 반응에 대하여 시청각적 변화를 줄 수 있어야 하고, 적절한 오류 메시지를 제공한다.
- 웹 기반 학습의 목적에 부합하는 설계: 목적이 교육, 교수, 훈련, 안내 중 어디에 있느냐에 따라 선형, 비선형, 복잡, 단순 및 시간 정도를 달리하여 설계하여야 한다.

3) 웹 기반 교육자료의 효과적인 활용

웹 기반 교육자료를 효과적으로 활용하기 위해서는 다음과 같은 활용 방안들을 통해 더욱더 효과적인 활용을 가능하게 한다.

- 학습자가 웹 기반 수업의 특성에 대해 정확하게 인지하도록 준비한다.
- 학습자가 웹 기반 수업환경에 빠르게 적응할 수 있도록 다양한 형태의 도움을 제공한다.
- 학습자가 가지고 있는 학습 전략을 자극하고 도와주는 수업운영을 한다.
- 융통성 있고 가변적인 수업운영을 한다.
- 학습 과정을 다양한 형태로 그리고 지속적으로 모니터링한다.
- 웹의 '열린' 학습환경의 장점을 최대한 활용하기 위해서는 동등한 학습 참여 촉진을 한다.
- 웹 기반 수업에 요구되는 전문성을 지닌 교수자가 수업을 담당한다.
- 교수자는 적극적으로 중재자의 역할을 수행한다.

- 제공되는 피드백에 대해 학습자가 신뢰감을 가질 수 있는 환경을 유지한다.
- 정확한 의사교환의 가능성을 높이기 위해서 다양한 서비스를 활용한다.
- 학습자의 공동체 의식의 조성을 극대화할 수 있는 전략을 활용한다.
- 학습자의 의무를 명확히 요구하고, 권리를 확실하게 보장한다.
- 학습자가 쉽게 시스템에 접근할 수 있도록 하기 위해 지속적이고 안정적인 지원 및 관리를 확보한다.

4) 웹 기반 교육자료 개발의 과정

① 원시안 작성

웹 기반 교육자료 개발에서 특정 주제에 대한 내용 전문가(SME)가 직접 하이퍼텍스트를 이용하여 교육 자료를 만들 수 없기 때문에, 웹마스터가 이해할 수 있도록 간략하고 명료한 문장으로 체계적으로 다듬어진 원시안 작성이 요청된다.

② 가상적 화면구성 및 스토리보드 작성

원시안 작성이 완료되면, 학습설계 전문가(IDE)와 웹마스터가 웹 기반 교육자료의 가상적 화면을 구성하고 각 화면에 적합한 스토리보드를 작성한다.

③ 검토 및 수정

학습설계 전문가(IDE)가 아무리 유능하다 할지라도 학습주제에 대한 내용 전문가(SME)의 관점과 의도를 정확하게 읽어 낼 수 없기 때문에 구성된 가상적 화면과 스토리보드에 대한 검토와 수정이 반드시 필요하다.

④ 하이퍼텍스트화

검토와 수정을 거친 자료는 앞에서 언급한 바 있는 웹 인터페이스 설계의 원리에 충실하게, 모든 자료를 하이퍼텍스트화한다.

⑤ 재검토 및 수정

하이퍼텍스트화한 자료는 서버에 업로드한 상태가 아닐 뿐 곧바로 이용할 수 있는 상태이기 때문에, 다시 한 번 자료를 검토하고 수정하는 과정이 필요하다.

⑥ 업로드

검토 과정을 거친 하이퍼텍스트화된 자료는, 학습자가 언제 어디서나 자신이 원하는 시간에 인터넷을 이용하여 학습할 수 있도록 하기 위해, 미리 준비된 서버에 업로드한다.

⑦ 시현

업로드된 교육자료는 일정 기간 동안 시범적으로 운영해 보고, 문제점이나 개선할 사항을 수정하여 최종 웹 기반 교육자료를 완성한다.

📖 **학습과제**

1. 평생교육기관이나 평생교육 분야를 선정하여 매체 활용의 실태를 파악하고 교육적 효과를 평가한다.

2. 매체 선정 시 고려해야 할 준거에는 어떤 것들이 있는지 설명한다.

3. 정보사회에서 교육의 방향을 예측하고, 이에 기초하여 평생교육에서의 컴퓨터와 멀티미디어의 활용 방안에 대해 탐구한다.

❏ 참고문헌

김진화, 김소현, 전은선(2012). 평생교육프로그램 운영과 자료개발. 경기: 서현사.
신용주(2017). 평생교육프로그램개발론. 서울: 학지사.
이미나, 이해주, 김진화(2009). 평생교육방법론. 서울: 한국방송통신대학교출판부.

안산시평생학습관 온라인 학습교실. (http://ansan.license.ac/)

제12장

6진 분류 평생교육방법 1

배움을 일상화하고 배움 속에서 삶의 가치를 창조해 가는 평생교육. 국가는
「평생교육법」에 평생교육의 6대 영역(기초문해교육, 학력보완교육, 직업능력교
육, 문화예술교육, 인문교양교육, 시민참여교육)을 명시하고 이에 근거한 한국 평
생교육 프로그램 6진 분류표를 제시하였다.

평생교육 프로그램 6진표는 평생교육 프로그램을 분류하는 국가기준이 되고
있다.

이 장에서는 평생교육 6대 영역 중 기초문해교육, 학력보완교육, 직업능력교육
에서의 평생교육방법을 살펴보고자 한다.

학습목표

1. 기초문해교육의 개념을 이해하고, 기초문해교육방법을 정리하여 발표할 수 있다.

2. 학력보완교육에 대해 학습하고, 검정고시 과정에 대해 토론할 수 있다.

3. 직업능력교육에 대해 학습하고, 해당 내용을 정리하여 발표할 수 있다.

✱ **주요용어**

문해교육, 검정고시, 학점은행, 독학사, 학력보완교육, 직업능력교육

1. 기초문해교육

　문해는 이름 석 자를 읽고 쓸 줄 아는 문자문해, 일상생활을 영위할 수 있는 수준의 기능문해, 그리고 인간의 의식 해방을 지향하고 참다운 인간화를 위한 의식화 문해 등으로 발전해 왔다. 유네스코의 『세계 교육 현황 보고서』 (2016)에서는 문해의 개념이 한층 넓어졌음을 알 수 있다. 문해란 읽고 쓸 수 있는 인지적 능력, 개인이 소속된 집단과 공동체에서 활동에 참여할 수 있으며 공동체 발전을 위해 읽고 쓰고 계산할 수 있는 능력, 개인의 변화 및 사회 변화를 위해 적극적이며 폭넓은 학습을 할 수 있는 능력, 그리고 같은 단어라도 사용되는 맥락에 따라 의미가 달라지는 것 같이 드러난 의미뿐만 아니라 숨겨진 내용을 만들고 사용하는 능력을 포함하고 있다(UNESCO, 2016). 즉, 문해가 되는 것은 문자해득은 물론, 성인기초교육, 시민참여교육, 그리고 언어의 맥락까지 이해하는 일생에 걸친 학습의 과정이라고 볼 수 있다.
　평생교육 6대 영역에서 기초문해교육에는 문자해독, 기초생활기술, 문해학습계좌 등이 들어 있다.

1) 문해의 의미

　'까막눈', 이는 문맹이며, 문맹은 비문해자를 일컫는다. 글을 읽고 쓸 줄 모르면 까막눈, 눈 뜬 소경으로 무시당하고, 눈뜨고 억울한 일을 당해도 자신의 무지함을 비관하며 산다(김종천, 2015). 수많은 비문해자는 글을 읽고 쓸 줄 알게 되어서야 비로소 눈앞에 있던 그 많은 그림이 글자가 되어 읽히고, 이를 통해 세상을 읽으며, 세상과 소통을 하게 된다. 글자로 읽히기 전 이들은 까막눈이며, 눈 뜬 소경으로 자신의 목소리를 낼 수가 없다. 그들은 자신이 살고 있는 사회의 변혁에 창조적으로 참여하지도 못하며, 인도주의적인 문자해득 운동에 의해 '가르침을 받아' 읽고 쓸 수 있게 되었다고 하더라도,

그들은 여전히 그들을 침묵시키는 권력으로부터 소외되어 있다. 자신을 포함한 사실들에 대해 '구조적 인식'을 하지 못하도록 되어 있기 때문에, 자신의 '목소리'를 가질 수 없는 것이다(조미경, 2016).

국가문해센터에서는 문해능력 수준을 〈표 12-1〉과 같이 정의하였다.

〈표 12-1〉 문해능력 수준의 정의

수준	정의
수준 1	일상생활에 필요한 기본적인 읽고, 쓰고, 셈하기가 불가능한 수준
수준 2	기본적인 읽고, 쓰고, 셈하기가 가능하지만 일상생활을 영위하기에는 미흡한 수준
수준 3	가정생활과 여가생활 등 단순한 일상생활의 문제를 해결할 정도의 문해력은 있지만 공공생활과 경제생활 등 복잡한 일상생활의 문제해결에는 미흡한 수준
수준 4 이상	일상 생활을 영위하는 데 충분한 문해력을 갖춘 수준

지금은 4차 산업혁명이 세상의 화두이며, 세상의 판이 뒤집히고 있다고 떠들썩하다. 슈밥(Schwab, 2016)은 4차 산업혁명으로 인해 불평등이 심화될 수 있으며, 권력을 가질 수도 혹은 잃을 수도 있다고 주장하였다. 4차 산업혁명을 주도하는 사람들은 이를 계기로 부와 권력을 가질 수 있겠지만, 인간의 가장 기본적인 권리를 갖지 못한 비문해자는 세상의 판을 바꾸는 4차 산업혁명으로 인해 세상의 주변으로 더 내몰리게 될 수 있다. 국가평생교육원(2014)의 조사에 따르면, 만 18세 이상 성인 중 일상생활에 필요한 문해능력이 부족한 수준 1에 해당자는 6.4%, 수준 2는 6.0%, 수준 3은 16.2.%이다. 이 중 수준 1은 일상생활에 기본적인 읽고, 쓰고, 셈하기가 불가능한 사람으로 약 264만 명 정도 추산한다. 우리나라의 비문해 인구는 [그림 12-1]과 같다.

비문해자는 대개 개인적인 사정에 따라 학교 공부를 할 기회를 놓치게 되었고, 그래서 일생을 살면서 '한(恨)'으로 공부에 대한 생각을 가지고 있

[그림 12-1] 비문해인구 현황

다. 비문해 성인학습자의 문해화 과정에 나타난 인식전환을 연구한 김종천 (2015)에 따르면, 비문해는 인간 삶의 과정에 하나의 커다란 사건이다. 비문해가 처음부터 큰 문제로 다가오지 않는다 하더라도 점차 삶을 사는 동안 다른 상황과 맞물리며 또 다른 '관계 고리'로 연결되어 간다. 연구 참여자들의 사례를 통해 살펴보면 비문해자가 된 중요한 원인은 어린 시절 경험한 '불우한 환경'에서 비롯되었으며, 이것은 부모의 역할과 의식이 자녀에게 미치는 영향이 크다는 것을 잘 드러내고 있는 것이다. 즉, 비문해자의 문제를 '지금' '여기에서' 발생한 현재의 '현상'으로 보는 시각에서 범위를 넓혀 보면 비문해의 원인이 개인과 그의 부모의 삶과 연관성이 있으며, 그 부모의 삶은 사회적 문제와 맞물려 있다.

2) 문해교육 방법

비문해 노인학습자를 가르치는 문해 교사의 교수전략을 기존 선행연구의 예를 중심으로 탐구하였다. 흔히 무엇이나 '아는 만큼 보이고, 아는 만큼 들린다.'고 한다. 이는 자신의 삶의 경험과 지식에 기초하여 겪게 되는 무수한 현상을 해석해 내는 것을 의미한다. 교육을 시행하는 문해 교사는 자신은 다

알고 비문해 노인학습자는 모른다는 생각에서 벗어나야 한다. 비록 비문해 노인 학습자가 글을 읽고 쓸 줄 모르거나 셈을 잘 못한다고는 하지만, 삶의 경험이 많은 비문해 노인의 삶의 맥락을 이해하면 문해 교사는 이들의 학습을 돕기가 훨씬 수월할 것이다.

문해교육과 하위 영역의 정의는 〈표 12-2〉와 같다.

〈표 12-2〉 문해교육과 하위 영역 및 정의

6대 영역	정의	하위 영역	정의
기초문해 교육(언어적 기초와 활용)	한글을 읽고, 쓸 수 있도록 하는 문자해득 능력과 생활 속에서 직면한 문제를 해결하고 주어진 과업을 수행할 수 있는 문해 활용 능력을 개발하는 평생교육	내국인 한글 문해 프로그램	내국인 중 비문해자가 한글을 읽고 쓸 수 있는 문자해득 능력을 갖도록 체계적으로 지도하는 프로그램
		다문화 한글 문해 프로그램	다문화·외국인 중 비문해자가 한글을 읽고 쓸 수 있는 문자해득 능력을 갖도록 체계적으로 지도하는 프로그램
		한글 생활 문해 프로그램	문자해득 후 한글을 응용하여 직면한 문제를 해결하고 주어진 과업을 수행할 수 있는 문해활용 능력을 개발하도록 지원하는 프로그램

비문해율이 높은 비문해 노인학습자를 위한 교수전략(조미경, 2016)은 2016 평생학습 박람회 기간 중에 개최되었던 한국문해교육협회 세미나에서 발표되었다. 여기서는 이를 재구성하여 문해교육 방법을 살펴본다.

(1) 다른 방식으로 읽고 쓰기

비문해 학습자는 글을 읽고 쓰는 배움을 통해 생활에서 직면했던 외로움과 소외, 답답함, 불안, 우울, 자기비하, 세상에 대한 주눅 듦에서 벗어나 '인간답게' 살고 싶어 한다. 이들의 학습참여 1차 목표는 읽기, 쓰기와 같은 문자언어 능력, 수리능력의 기능적 확대일 것이며, 삶에서의 해방, 즉 자유와 같은 '인식전환'이 2차 목표일 것이다(김종천, 2015).

섬진강 시인으로 잘 알려진 김용택 시인 어머니의 글공부 이야기가 『나는 참 늦복 터졌다』(이은영, 2014)의 책으로 출간되었다. 시인의 어머니가 구술하고 며느리가 글을 썼다. 이 책에는 글 읽고 쓰기가 어려웠던 어머니에게 글을 가르치는 장면이 생생하게 묘사되어 있다.

어머니는 "나는 용택이 선생 된 때가 젤로 좋았다. 됐냐?" 하셨다. "그거 쓸게요, 어머니." 어머니 말을 내가 받아쓰고, 어머니는 그걸 공책에 옮기셨다. 이 몇 글자를 쓰는 데 30분도 더 걸렸다. 손에 힘이 없어서 글씨를 쓰는 어머니 손이 덜덜 떨렸다. 그렇게 어머니와 글쓰기를 시작했다. 어머니는 당신이 말하는 내용이 글이 되어 나오는 게 신기한지 나한테 몇 번이고 다시 읽어 보라고 하셨다. 싫다며 어머니가 쓰신 글이니까 어머니가 읽어 보라고 하면 띄엄띄엄 더듬더듬 글자를 읽기 시작했다. 어머니가 살아온 이야기는 끊임없이 이어졌다. 어머니 말씀은 시였다. 어머니 말씀은 다 노래였고 판소리였고 소설이었다(이은영, 2014).

유네스코 세계성인교육회의에서는 비문해 성인의 문해교육 방법이 다양하게 논의되었다. 조미경(2012)의 연구에서 분석했던 내용을 보면, 비문해자를 위한 매우 다양한 문해교육 방법을 찾을 수 있다. 1949년에 개최되었던 제1차 회의에서 분석한 내용만 보더라도 다른 방식으로의 읽기 쓰기 방법을 쉽게 찾아볼 수 있다.

1차 회의에서 언론, 라디오, 영화, 박물관 이용하기, 주제에 관한 토론이나 구성원 스스로 과학적 실험, 휴식으로 노래 부르기, 음악 감상, 영화, 사교, 춤, 게임, 옥외 게임, 공동식사, 여행, 방문, 관광, 국제적 서신, 모든 프로그램에 완벽한 휴식, 침묵, 고독을 통한 반성과 자아교감의 기회 제공에서 다른 방식으로 세상 읽고 쓰기가 나타났다. 또한 교육받지 못한 사람들을 위해 시각 전시, 영화, 슬라이드, 사진, 방송, 대화, 토론 클럽에서 읽기가 포함되지 않도록 하며, 이들이 읽을 수 있을 때까지 기다릴 필요가 없음에 관한 주장에서도 분석되었다. 다양한 성인의 요구와 바라는 바에 따라, 전통적 교육에 비해 역동적이고 기능적, 미리 짜 놓은 프로그램이나 지식을 정해 놓은 대로 각각의 주제에 분배하는 것이 아니며, 구체적 상황, 사람들이 풀어내야 하는 현실의 문제에서 출발하므로, 유연하고, 다양할 필요가 있다. 기존 교수방법인 강의와 강연은 성인의 필요와 요구에 잘 부응하지 못하므로 성인의 문해교육에서 시청각 보조 자료를 이용하거나 교육자원으로 도서관, 박물관 등을 활용하는 방법이 나타났다(조미경, 2012, pp. 67-78).

이렇게 다양한 방법을 이용한 공부의 예를 김종천(2015)의 연구사례에서 하나 더 소개하려고 한다. 사례 속의 문해학습자는 그동안 글을 읽고 쓰지 못했던 창피함을 숨기기 위해 '귀에다 외우기'를 하고 있었다.

> 선생님하고 상담하고 차타고 집에 가면서 그날 그 기분은 내가 말로 다할 수 없어(…), (공부할 수 있는) 학교를 찾아서 기쁨의 눈물을 펑펑 흘렸어. 늦게나마 내가 공부할 장소를 찾았다고(…), 그런데 아무한테도 말도 못했어. 창피해서, 그동안 귀에다 외우기만하고 살았는데(김민숙 10-23: 김종천, 2015).

비문해자 삶의 주변에 실재하고 있는 언어와 시각 자료로 문해교육의 교재와 교육 내용을 구성하는 것이다. 미리 짜놓은 프로그램이나 지식을 정해 놓은 대로 각각의 주제에 분배하는 것이 아니며, 구체적 상황, 사람들이 풀어내야 하는 현실의 문제에서 출발하므로, 학습자에게 거부감이 생기지 않는 것이다. 기존 교수방법인 강의와 강연은 성인의 필요와 요구에 잘 부응하지 못하므로 성인의 문해교육에서 시청각 보조 자료를 이용하거나 교육자원으로 도서관, 박물관 등을 활용하는 방법은 글자에 대한 어려움과 주눅 듦에서 벗어나 비문해 학습자 스스로 비판적 토론과 자신의 목소리 내기 방법을 학습할 수 있게 하는 것이다.

(2) 비문해자 삶의 경험에 기초

노인의 경우는 연령과 경험의 폭 때문에 다른 연령층에 비해 더욱 다양한 학습자이므로 노년기의 교육은 지식이나 정보의 주입식 교육을 설계하는 것보다는 노인이 자신의 살아온 경험을 학습의 자원으로 활용하는 학습활동의 설계가 필요하다. 교육이 실행되기 이에 모든 학습활동을 계획하고 결정하는 선형 구조보다는 개인차가 큰 노인 학습자의 요구와 변화에 따라 실행 도중에도 프로그램이 유연하게 변화할 수 있고, 현장에서 유용하게 실행할 수 있도록 프로그램 시행의 과정과 문제들을 파악하여(이이정, 2006), 비문해 노인학습자들에게 적합한 학습 방법을 적용할 수 있다.

첫째, 비문해 노인 학습자의 자서전 쓰기이다. 자서전이란 개인이 삶의 이력을 회상하는, '자신의 삶에 대한 기술'이다. 자신의 생애사적인 발달과 환경을 회상하고, 고유한 표현능력이 필요하다. 주로 노인이 가족과 친구들과의 유대를 공고히 하고, 지금은 없는 사랑하는 사람들과의 관계를 되새기는 형태로 수행되며, 때때로 지식을 기반으로 하여 겪었던 경험에 한 깨달음을 드러내는 형태로 이루어지기도 한다(태선경, 민지훈, 2013). 문해교실에서 대부분 실시하는 방법으로, 비문해 노인학습자의 글쓰기는 학습자 자신의 지나온 삶의 궤적과 현재, 그리고 미래를 담고 있다. 노인의 자서전 쓰기는 자신의 삶의 경험을 바탕으로 변화하는 외부세계를 역동적으로 해석해 내며, 학습자들의 상호작용을 기반으로 학습자의 잠재력과 능력을 개발하고 정체성을 확립하기 때문에 고령화사회에서 활성화할 당위성을 드러냈다(이경희, 박성희, 2008).

둘째, 비문해자의 눈높이와 삶의 맥락에 대한 이해이다. 다음의 예는 문해교사로서, 자신이 비문해자였던 경험을 기억하면서, 비문해자의 학습을 돕는 사례이다.

문해교사로 시작하는 사람도 있고, 원래 교직에 있던 선생님도 계신데, 교직에 있던 선생님들을 보면 본인이 애들을 많이 대하던 게 있고 그렇기 때문에 거기 기준이 되는 것 같아요. 애들 하실 때 그거를 벗어나질 못하는 거 같아요. 비문해자들은 성인들이고 다른데 많이 이해하고는 있다고 하지만 일방적일 때가 많고 우리랑 맘이 맞아야 되잖아요. 이 나이까지 '글 모르고 사는 게 얼마나 힘들까' 하고 이해해야 하잖아요. 그런데 교직에 있던 분들은 본인 위주로 본인 생각대로 하잖아요. "아니 이거 이렇게 하면 되잖아 이렇게 하면 쉬운데…." 아니 그거야 본인은 배웠으니까 쉽지. 우리는 어려운데 어린애들 같으면 금방 되잖아요. 그러는 우리는 어른인데 그게 쉽게 들어오나요. 금방 돌아서면 잊어버리는데…. "이거 이렇게 하면 쉬워." 하지만 그건 본인들이야 쉽지 배웠으니까. 그래서 우리가 그렇게 말하지요. "아시니까 쉽죠. 우리는 안 돼요. 애들 때 배우는 것하고 어른이 되서 배우는 것은 하늘과 땅 차이예요."(허기옥 13-35: 김종천, 2015)

학습자는 스스로 경험하고 지각하여 의미를 부여하는 과정에서의 학습을 수행하는 능동적이며, 개별적인 경험을 통해 획득되는 학습을 주관하는 주체자의 역할을 수행한다. 특히 성인학습 맥락에서는 학습자의 이러한 의도적인 성찰이나 반성적 사고를 통해 경험에 의미와 가치를 부여하고 기존의 경험과 재구조화하여 일어나는 변화에 주목하고 있다(유기웅, 2013).

학습자 자신의 삶의 경험을 통한 성찰과 반성적 사고를 통해 학습자는 문제를 인식하고 관련된 신념과 가치를 비판적으로 사고하며 그 의미를 해체하고 재구조화하여 인식과 행동의 변화를 이끌어 낼 수 있는 것이다.

(3) 지루하지 않은 의도적 반복

노인에게서 들을 수 있는 매우 비슷한 이야기는 '들어도 금방 잊어버린다.'는 것이다. 단양군은 평생교육사업의 하나로 '소백학교'를 통해 문해교육을 실시하였다. 소백학교에서 공부하는 비문해 노인들은 처음에는 "이 나이에 글을 배워 뭐해."라고 외면했다. 하지만 한글을 깨치는 기쁨을 만끽하는 다른 노인들의 손에 이끌려 소백학교 학생 수는 눈덩이처럼 불어났다. 그들 중 장 할머니는 2006년 11월 말부터 하루 2시간씩 매주 두 차례 진행되는 '소백

'학교'에 하루도 빠지지 않고 나오고 있다.

> 돌아서면 잊어버리는 90대 노인의 기억력은 어쩔 수 없다. 8일 오후 단양군 매포읍 평동1리 경로당에서 만난 장 할머니는 여전히 자신의 이름 석 자를 쓰는 데 애를 먹고 있었다. 지난주 수업시간만 해도 '이름쓰기'를 뗐다는 축하의 박수까지 다른 할머니들로부터 받았지만 오늘은 사정이 달라졌다. 어렵사리 이름 석 자를 완성한 장 할머니는 다시 박수를 받았다(인터넷 뉴스, 2007).

노인의 사회성이 떨어짐에 따라 대화의 기술이 저하되고 고립에 의한 노인 방임 및 학대가 쉽게 발생되어 노인의 사회성 향상을 위한 교육의 다양성이 필요하다. 경험에 의하여 얻은 내용들을 저장하고 보존하는 현상이 기억이며, 새로운 정보를 잘 유지하고 주의를 기울여 그 정보를 입력하며 지속적으로 반복하여 처리하는 데 충분한 시간이 필요하다. 정보를 장시간 후에도 재생시키려면 완전히 숙달될 때까지 적극적으로 반복하여 복습해야 한다. 연습하지 않으면 기억이 곧 붕괴되고 망각되기 때문에 이를 방지하기 위해서는 암송과 반복이 필요한 것이다. 즉, 모든 학습은 꾸준한 반복과 연습의 결과로 진보되고 바람직한 행동의 변화를 가져오는 것이다(권대훈, 2009; 안범희, 2007).

이러한 사회성 발달을 위한 학습동아리의 구성은 비문해 노인들이 자신과 비슷한 또래와의 만남과 소통을 통해 심리적 안정을 가지며, 정서적 교감을 할 수 있는 것이다. 다음은 동아리 활동을 통한 학습자 주도적 학습 전략을 제시한다.

(4) 동아리 활동을 통한 학습자 주도적 학습

노인 학습자의 특징에서 살펴보았듯이, 노인 학습자는 여느 성인학습자들과 같이 삶의 수많은 경험을 바탕으로 자신의 삶에 있어 매우 적극적이고 또한 자기주도적이다. 비록 '까막눈'으로 인해 주눅 들고 다른 사람의 눈치를 보면 살아온 비문해 노인이라 하더라도 이러한 특성을 잘 이해하고, 이를 존중하며 학습방법에 이용하는 것이 바람직하다.

다음의 예는 이러한 노인 학습자의 적극적인 자기주도성을 잘 보여 준다.

> 모두들 주도적으로 움직인다. 항상 시작은 먼저 온 순서대로 타인이 하지 않는 일을 찾아서 준비하고 움직인다. 특별한 지시나, 탁구 준비를 위한 각자 맡은 정해진 역할은 없지만 오는 순서대로 탁구 칠 준비를 위한 사항들을 찾아서 움직이고 몸을 아끼거나 꾀를 내는 분은 없다. 노인들은 자신들의 동아리 활동을 위한 준비를 스스로 한다는 것에 관한 책임감과 즐거움을 가지고 있었다. 이는 젊은 사람들에게 일방적인 도움을 받는 노약자가 아니라 주체적이고 능동적인 노인이라는 것을 표현하고자 하는 것이며, 자신들의 동아리에 대한 애착이 있음을 이해할 수 있다(장소은, 이병준, 2014, pp. 166-167)

자기주도학습은 평생교육의 주요 이론인 안드라고지의 학습경향성 중 하나로, 성인학습자의 적극적 · 능동적인 학습태도이다. 사회적 약자이자 주변화된 집단으로 인식되어 온 노인의 자기주도성을 존중하여 문해교육이 실시되어야 한다. 의존적 삶에서 벗어나 독립적으로 문제를 해결하고 요구를 충족하려는 노인이 더욱 증가하였기 때문이다(신용주, 2013).

전반적인 고학력화와 경제적 지위 상승과 같은 노인 집단의 인구사회학적 변화는 과거의 소극적이고 무력한 노인 학습자에서 자기주도적 학습을 추구하는 자발적인 학습 주체로서 노인에 대한 인식 개선이 필요한 것이다. 문해교육자는 이러한 노인의 특성을 이해하고, 비문해 노인학습자 스스로 자신의 삶의 주체이며 자기주도적 삶의 경험을 통한 학습이 되도록 도와야 한다.

(5) 일상생활을 통한 학습

EBS에서 방영한 〈성인 문해교육 프로젝트-공부하기 좋은 날〉 비문해 노인학습자에게 일상생활을 통한 문해로의 접근을 쉽게 하고 있다. 성인문해교과서에 맞추어 일상생활에서 게임이나 콩트 등으로 구성하여 집에서 쉽고 재미있게 한글을 공부할 수 있도록 방송하였다. 단순히 방송국 스튜디오에 머물지 않고 문해학습자들을 찾아다니며 비문해자들이 스스로 그리고 적극적으로 문해교육에 참여할 수 있는 기회를 제공하였다. 비문해라는 사실을 부끄럽게 여기는 개인적인 성향뿐만 아니라 주로 농어촌이나 산간 지역에 많이 거주하고 있기 때문에 텔레비전을 이용한 문해교육은 매우 효과적이라고 할 수 있다.

또한 신체적 변화를 겪고 있는 노인의 입장에서 보았을 때 텔레비전이 가져다주는 신속함과 편리성은 삶을 살아가는 데 있어 필요한 지식과 정보를 얻기에 적절한 도구로서의 역할을 한다(유기웅, 2013). 글자로 된 매체와는 달리 텔레비전은 영상과 소리가 결합되어 프로그램의 내용이 시청자한테 제공되기 때문에 비문해 노인의 학습 방법으로 매우 적절할 수 있다.

> 테레비전은 가만히 앉아 있어도 보고 들을 수 있잖아요. 신문이나 책은 내가 눈이 좋지 않아서 안경을 쓰고 신경을 써야 보이잖아. 이제 점점 글자로 된 것은 보기가 힘들어요. 가만히 앉아서 들을 수 있고 어두워도 방에 불 안 켜도 테레비전은 훤한 빛이 나오니까 잘 보이죠. 신문이나 책은 불을 켜도 어두워서 잘 안 보게 된다고 … 라디오하고 테레비는 달라. 좀 다르지. 테레비는 빛으로 보는 거잖아. 소리도 곁들여서 … 라디오 같은 경우는 신문을 봐 가면서 들을 수 있지만, 테레비는 신문을 봐가며 못 봐. 테레비가 그 만큼 정보지식 전달매체로서 활용이 되고 있는 거니까. 좋은 편이지. 그래서 눈으로 보면서 들을 수 있으니까(유기웅, 2013, p. 75)

비문해 노인학습자가 일상생활을 영위하면서 문해교실에 가지 않고도 글자를 읽고 쓰기를 배우는 기회를 가진다는 것은 모든 교육의 기본으로서 학습권을 보장받게 되는 것이다.

한편, 비문해자의 교육을 위한 문해교사 연수과정이 있다. 한국문해교육협회나 전국문해협회, 혹은 각 지방자치단체에서 프로그램을 통해 문해교사를 연수한다. 또한 시·도평생교육진흥원(시·도문해교육센터)에서 문해교육교원 연수과정을 운영하며, 모집 공고를 통해 대상자 선발한다. 문해교육교원 연수 과정 신청 자격은 〈표 12-3〉과 같다.

〈표 12-3〉 문해교육교원 연수 과정 신청 자격

과정	신청 자격

초등과정	• 대학* 및 전문대학** 졸업자
	• 고등학교 졸업 이후 연속 20주 이상의 기간 동안 총 120시간 이상 문해교육 관련 경력을 가진 자
	    *「고등교육법」제35조제1항에 따른 학사학위와 같은 수준의 효력을 가지는 학위 소지자
	    **「고등교육법」제50조제1항에 따른 전문학사학위와 같은 수준의 효력을 가지는 학위 소지자

중학과정	•「초·중등교육법」제21조 제2항에 따른 교원 자격 소지자 • 대학* 졸업 이후 연속 20주 이상의 기간 동안 총 140시간 이상 문해교육 관련 경력을 가진 자 *「고등교육법」제35조제1항에 따른 학사학위와 같은 수준의 효력을 가지는 학위 소지자

지금까지 평생교육 6대 영역 중 문해교육에 대해 문해의 의미와 문해교육방법을 살펴보았다. 문해능력은 단지 글을 읽고 쓸 줄 아는 능력이 아니라, 모든 교육의 토대가 되는 인간 생활의 가장 기본적인 능력으로 개인이 교육받을 수 있는 권리를 실현하는 기본전제이다. 이는 인간의 성장, 사회경제적 발전, 민주주의 가치 실현을 위해 반드시 갖추어야 할 기초능력이며, 모든 국민이 가져야 할 '권리'이다. 이러한 권리 보장을 위해 평생교육에서의 노력을 살펴보았다.

2. 학력보완교육

자아실현, 직업선택과 가치실현, 공동체에의 헌신은 올바르고 가치 있는 삶을 살아가기 위한 중요한 과업이다. 평생학습에서 추구하는 학습의 네 기둥, 즉 존재하기 위한 학습(learning to be), 알기 위한 학습(learning to know), 행동하기 위한 학습(learning to do), 더불어 살기 위한 학습(learning to live together)은 인간의 삶을 더 값지게 한다. 이러한 과업과 평생학습을 가능하게 하는 기초학력의 중요한 본질적인 측면은 인권과 교육의 기회균등이다.

평생교육 프로그램 6진 분류에서의 학력보완교육은 초·중·고등학교 학력보완 프로그램으로 되어 있다. 우리나라 「헌법」 제31조에는 모든 국민은 능력에 따라 균등하게 교육받을 권리를 명시하였다. 또한 국가는 평생교육을 진흥하여야 한다. 즉, 인간의 존엄과 가치를 지킬 수 있는 교육의 필요성과도 연관된다. 누구에게나 주어진 교육받을 권리 보장을 위하여, 정규 학교교육 외에도 다양한 경로를 통해 자신이 공부한 것을 인정하고 있다. 여기에서 학력의 의미와 학력보완교육 방법을 살펴본다.

1) 학력의 의미

학력(學歷)이란 학교나 여타 교육기관에서 일정 기간 특정 교과목을 학습해서 얻은 지식·기능의 양이나 정도를 말한다. 눈에 보이는 학력을 읽기, 쓰기, 계산하는 능력이라고 한다면, 눈에 보이지 않는 학력은 운동능력이나 감정표현 능력, 사고력, 판단력 등이다(岸本裕史, 2002).

우리나라는 의무교육은 1948년 「헌법」과 「교육법」으로 제정되었으나, 실질적인 초등학교 의무교육은 1954~1959년 '의무교육 완성 6개년 계획'에 따라 처음으로 실시됐다. 중학교 의무교육은 1985년 제정된 '중학교 의무교육 실시에 관한 규정'에 의해 도서·벽지 중학교 1학년부터 시작됐고, 이듬해

전 학년에 적용됐다. 또 1992년 이 규정의 개정으로 1992~1994년에 읍·면 지역 전 학년까지 혜택이 돌아갔다. 그러나 재정 부족으로 도시지역까지는 확대하지 못했다. 이후 전국적 시행이 미루어져 오다가 2002학년도 신입생부터 3년에 걸쳐 단계적으로 실시하기로 했다. 2002학년도 신입생부터 중학교 1학년까지 적용되었고, 2003년부터 2학년까지로 확대, 2004년에는 중학교 3학년까지 확대되었다. 국가는 모든 국민이 사회적 신분이나 경제적 지위의 차별 없이 그 능력에 따라 교육받을 권리를 인정하고 그 권리를 보호하기 위해 학교를 설립하여 교육의 기회를 평등하게 부여하고 있다.

의무교육의 본질은 공공의 책임으로 교육권(敎育權)을 보장하는 데 있으며, 이를 통하여 국력을 신장하고 사회의 발전을 도모할 수 있다는 커다란 의미가 있다. 의무교육제도는 ① 취학의 의무, ② 학교설치의 의무, ③ 교육보장의 의무로 구성되어 있다. 즉, 보호자에게는 아동을 취학시킬 의무를 주고, 지방공공단체에는 학교설치의 의무를 제3자에게는 교육보장의 의무를 부여하여 아동에게 일정한 기간 동안 교육을 받게 하고 있다. 또한 의무교육은 학령아동의 완전취학을 근본으로 하기 때문에 일반적으로 교육을 받는 학생에게 일체의 경제적 부담을 주지 않고 무료로 실시하는 무상교육의 형태를 취하게 된다.

개인적인 사정으로 이러한 의무교육을 받지 못한 사람들을 위한 학력보완교육이 이루어지고 있다. 학력보완교육(Schooling Certificate and Complementary Education)은 학력조건과 인증이 목적으로 「초·중등교육법」과 「고등교육법」에 명시된 소정의 학력을 인정받기 위해 필요한 이수단위 및 학점과 관련된 학력인증 평생교육을 말한다. 전통적 제도권 학력 시스템에서 교육을 받지 못하거나 중도에 탈락한 학습자에게 제공해 주는 교육이다. 국민 누구나 교육을 받을 권리와 의무를 가지고 있는 기초문해교육과 더불어 교육의 기본이 되는 교육으로 「초·중등교육법」, 「고등교육법」, 「평생교육법」에 명시된 소정의 학력을 인정받기 위해 필요한 이수단위 및 학점과 관련된 학력인증 평생교육을 말한다. 대표적으로 검정고시(학교의 입학자격 또는 특정한 자격에 필요한 지식 학력 기술의 유무를 검정하기 위하여 실시하는 시험), 학점은행제(수업이나 자격증 및 시험에 합격한 것을 학점으로 적립하여 일정 수준 이상이 되면 학위를 취득하는 제도), 독학사(시험을 통해 학위를 취득하는 제도) 등이 있다(광주평생교육진흥원, 2018).

학위취득 과정에서 학습자들이 겪고 있는 문제의식에 대하여 그들의 생애경험에서 밝혀진 내용들을 요약하면 다음과 같다. 첫째, 전문적 직업을 지속적으로 유지하지 못했다. 둘째, 결혼과 부부생활, 자녀양육 과정에서 안정적인 가정생활을 유지하는 데 여러 가지 어려움을 겪었다. 셋째, 성인학습에 참여하는 학습자는 초기에는 심한 열등감과 늦깎이 학업 시도에 대한 두려움을 나타냈다. 그러므로 제도권이 아닌 비제도권 내에서 학력취득을 하는 학습자를 긍정적으로 평가하고 예우해야 한다.

2) 학력보완교육방법

학교 형태의 평생교육시설 중 일정 기준 이상의 요건을 갖춘 평생교육시설에 대하여 교육감이 이를 고등학교 졸업 이하의 학력이 인정되는 시설로 지정할 수 있다(「평생교육법」 제31조 제2항 본문). 이러한 학력인정 평생교육시설은 정규 학교교육의 기회를 놓친 성인 등을 대상으로 초·중·고 교육과정에 관한 제2의 교육기회를 제공한다.

학력보완교육은 「초·중등교육법」, 「고등교육법」, 「평생교육법」에 명시된 소정의 학력을 인정받기 위해 필요한 이수단위 및 학점과 관련된 학력인증 평생교육이다. 초등학력, 중등학력 그리고 고등학력 보완 프로그램으로 구분하며, 각 인증규정에 의해 평생교육시설 및 기관에서 운영된다.

국가의 검정제도란 학력의 입학 자격 또는 특정한 자격에 필요한 지식·학력·기술의 유무를 검정하기 위하여 실시하는 시험이다. 즉, 학력이나 기능의 내용과 수준, 또는 전문직에서의 적격성에 대하여 사회적·공공적으로 통용되는 평가를 부여하는 제도이다. 학력·취직·개업면허 등에 관련되는

〈표 12-4〉 학력보완교육과 하위 영역 및 정의

6대 영역	정의	하위 영역	정의
학력 보완 교육 (학력 조건과 인증)	한글을 읽고, 쓸 수 있도록 하는 문자해득 능력과 생활 속에서 직면한 문제를 해결하고 주어진 과업을 수행할 수 있는 문해 활용 능력을 개발하는 평생교육	초등학력 보완 프로그램	초등학력의 보완 및 인증 규정에 의해 평생교육 시설 및 기관에서 운영되는 소정의 프로그램
		중등학력 보완 프로그램	중·고등학교 학력의 보완 및 인증 규정에 의해 평생교육 시설 및 기관에서 운영되는 소정의 프로그램
		고등학력 보완 프로그램	전문학사 및 학사 학력의 인증 규정에 의해 평생교육 시설 및 기관에서 운영되는 소정의 프로그램

중요한 제도로서, 보통 국가나 공적 기관 또는 각 전문 분야의 권위자에 의해 운용된다. 이는 크게 입학자격 검정과 직업자격 검정으로 나눌 수 있다. 입학자격 검정에는 중학교·고등학교·대학 입학자격 검정고시가 있으며, 이 고시에 합격하면 각 학교에 입학할 자격을 인정받게 된다. 직업자격 검정으로는 일반직 국가공무원, 교사, 판·검사, 변리사, 의·약사, 간호사, 영양사, 이·미용사, 공인노무사, 공인중개사, 손해사정인 등 각종의 면허 또는 자격 시험이 있다. 내용과 수준 또는 전문직에 있어서 적격성에 대하여 사회적·공공적으로 통용되는 평가를 부여하는 제도라 할 수 있다.

그중 학력자격에 관한 검정고시 시험에는 초등학교졸업, 중학교졸업, 고등학교졸업 학력을 부여하는 검정고시제와 학점은행제 및 독학학위제에 의한 학위취득 제도가 있다. 이 시험에 합격하면 해당 급별 학교졸업자와 동등한 학력이 인정되어 상급 학교에 입학할 자격이 주어진다. 1986년에 기존의 여러 경로로 운영되던 재건학교나 새마을학교 같은 학력 미인정 사설 교육기관들을 정규 학교에 준하는 학력을 인정받도록 하여 가정형편으로 정규 학교에 진학하지 못한 근로청소년, 중도탈락 청소년, 배움의 기회를 놓친 성인들에게 교육의 기회를 제공하고자 하는 목적으로 도입되었으며, 당초에는 전 과목이 아닌 일부 과목만 학력인정이 되는 바람에 논란이 되기도 했지만,

1980년대 후반을 거치면서 사실상 정규학교와 동일하게 전 과목 학력인정이 되었다.

우리나라의 검정고시제는 광복 후에 대학 입학자격 검정고시를 실시한 것이 효시(嚆矢)를 이룬다. 「사회교육법」에 의하여 그 제도를 실시 · 유지하여 왔고, 1999년에 「평생교육법」이 보완 · 개정되면서 국가평생교육진흥원이 설립되었으며, 그 교육목적에 기초하여 제도가 활성화되었다. 그동안의 검정고시 학력인정제도들을 보다 보편적이고 실용적으로 이해하기 위하여 〈표 12-5〉와 같이 학력인정제도 비교표를 분석 · 정리하였다.

검정고시는 개인 학습자가 초 · 중 · 고등학교 학력 인정을 위해 단계별로 학습하고 있다고 할 수 있다. 대체로 문해교육에서는 초 · 중등학교 학력 인정을 위한 프로그램을 운영하고 이를 통해 검정고시를 준비한다. 「평생교육법」 제40조에 따라 성인학습자가 문해교육 프로그램 이수를 통해 의무교육에 해당하는 초등학교와 중학교 학력을 인정받을 수 있다. 문해교육 프로그램에서는 성인문해교과서, 워크북, 교사용 지도서(38종)를 개발하였고, 성인문해교과서는 무상 보급하고 있다.

중 · 고등학교 과정은 대안학교를 통한 검정고시, 사설 학원, 혹은 학력인정 평생교육시설이나 홈스쿨링을 통한 검정고시로 학력인정을 받고 있다. 2016년까지의 학력인정 학습자의 수는 [그림 12-2]와 같다(국가문해교육센터, 2018).

〈표 12-5〉학력인정제도 비교표

구분	검정고시	학점은행	독학학위
제도적 특징	학교교육과정에 대한 자발적 학습을 통한 초·중·고 학력 인정	학교에서 뿐만 아니라 학교 밖에서 이루어지는 다양한 형태의 학습과 자격을 학점으로 인정하고, 학점이 누적되어 일정 기준을 충족하면 학위취득	독학으로 공부하여 해당 과목에 대해 시험에 합격하면 학위취득
실시 배경 및 목적	교육기회를 놓친 사람들에 대한 학력 인정 및 구제를 통하여 상급학교 진학 기회, 자아실현 기회 제공	비정규 교육기관에서의 학습 경험에 대한 사회적 인정으로 상호연계체제를 구축, 열린 평생학습사회 구현	독학자들에게 학사학위 취득의 기회를 부여함으로써 평생교육 이념 구현
실시 연도	1950년 • 초등학교 졸업학력 검정고시(2015년 변경) • 중학교 졸업학력 검정고시(2015년 변경) • 고등학교 졸업학력 검정고시(1969년 변경)	1998년	1990년
대상자	초·중·고등 학력을 갖지 못한 자	고등학교 졸업자나 동등 이상의 학력을 가진 자	고등학교 졸업자 및 기타 고등학교 졸업학력 및 자격 인정자
프로그램 내용	초·중·고등 교육과정	직업, 기술 계열 위주	인문 교양계 위주
학위취득 방법	검정고시(전 과목 평균 점수가 60점 이상이면 합격하는 절대평가, 평균 점수가 60점을 못 넘겨 불합격이 된다 하더라도, 점수가 60점이 넘은 과목은 '과목 합격' 처리)	온라인 수업뿐만 아니라 다양한 방법으로 학점을 채워서 학위취득 - 학사 140학점: 전공 60, 의무 18, 일반 32, 교양 30 - 전문학사 80학점: 전공 45, 일반 20, 교양 15	일종의 검정고시 개념으로 1~4단계의 단계별 시험 통과. 각 단계별로 1년에 1번 응시가 가능하며, 단계가 높아질수록 난이도가 매우 높아짐
주무 부서	교육부 (교육복지사회과) 각 시·도교육청	교육부 (평생학습정책과) 국가평생교육진흥원	교육부 (평생학습정책과) 국가평생교육진흥원
근거 법규	초등학교졸업검정고시규칙 (시·도규칙) 고등학교졸업검정고시규칙 (부령제882호)	「학점인정 등에 관한 법률」 (법률 제6434호)	「독학에 의한 학위 취득에 관한 법률」(법률 제4227호)

출처: 양숙현(2017)에서 재구성.

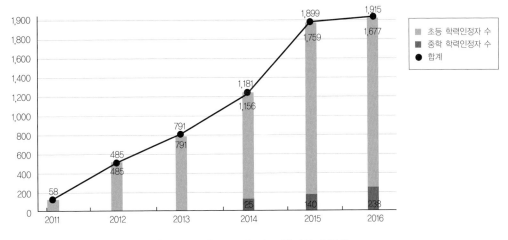

[그림 12-2] 2016년 기준 학력인정 현황

출처: 국가문해교육센터(http://le.or.kr/content/contents.do?menuId=1134).

국가문해교육센터에서는 전국의 학력인정기관을 검색할 수 있다([그림 12-3] 참조).

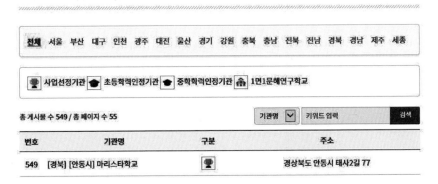

[그림 12-3] 학력인정 프로그램 운영기관 검색 방법

출처: 국가문해교육센터(http://le.or.kr/bbs/board.do?id=14&menuId=1154#1).

다만, 정규 학교를 진학하지 않고 검정고시를 통한 학력 인정의 당면과제와 평생학습 실천유형검정고시제도의 실질적인 문제는 다음과 같다(양숙현, 2017).

첫째, 검정고시 제도적인 측면이다. 검정고시제도의 합격기준은 0점 없이 평균 60점으로 과락제가 폐지된 이후 학습 참여자가 학력취득을 하는 데에는 다소 기간이 짧아졌다. 학습자의 단기적인 교육기회를 획득하고 진학이나 사회참여에 기회를 앞당겨지게 하는 과락제 폐지의 의미는 크다. 그러나 과락제를 폐지함에 따라 학력취득 비율은 높게 나타나는 반면, 특정 과목이나 외국어(영어) 점수가 극히 낮아도 학력을 취득할 수 있다는 양면성을 띠게 되었다. 특히 영어교육은 국제사회에서 더욱 요구되고 있는 언어교육이니만큼 검정고시 학력취득 성인학습자들에게는 평생교육으로 이어지는 영어를 제대로 배우고자 하는 욕구가 나타났다. 이러한 문제를 보완하기 위하여 연구자는 2015년도에 노둣돌평생교육원을 설립하고, 그 안에 인성교육은 기본, 학력보완교육과 문해교육(文解敎育) 등 다양한 평생교육 프로그램을 개발하여 서로 융합하고 연계하는 통합평생교육을 실시하고 있다.

둘째, 사설검정고시교육기관의 입장으로서 운영자나 지역적 특성에 따라 그 문제를 관찰할 필요가 있다. 연구자가 오랫동안 경험한 검정고시교육기관의 운영사례는 도·농 복합도시의 지역적 특성에서 긍정적인 면과 부정적인 면이 공존하고 있다. 충남 서산시는 2006년도에 평생학습도시로 지정되면서 지방자치단체 스스로 평생학습을 해야 한다는 당위성 때문에 모든 시민을 대상으로 무료 평생교육을 실시하게 되면서 검정고시학원 운영이 막대한 지장을 초래하게 되었다. 사설 검정고시학원은 예산과 인력을 투자하여 오랫동안 유지하여 왔고, 교육 참여자들의 생활경험과 직업 선택을 고려할 때 학력취득이라는 보람으로 지역시민의 삶의 질을 향상시켜 왔다. 실제 사설교육기관에서는 설립자의 운영정신을 함양(涵養)한 검정고시 전문 강사가 책임 있게 학습을 진행하고 검정고시 합격뿐만 아니라 학습 참여자들의 생애계획과 평생을 통해 실천할 인간의 도리(道理)와 바른 국가관(國家觀)은 물론 사회에 공헌할 수 있는 확고한 신념(信念)을 심어 주는 학습기간 이었음을 인식할 필요가 있다.

셋째, 학습 참여자의 관점으로 학습비에 대한 부담이다. 현재 초·중등교육까지 의무교육인 점을 고려한다면 학력 신장의 욕구로 인해 사설검정고시학원을 이용하는 학습자에게도 그에 상응한 경제적 지원이 효율적으로 이루어져야 한다. 평생교육센터나 평생학습관을 이용하는 학습자는 무료 또는 저렴한 학습비로 평생교육을 지속하지만, 자신이 선택한 사설교육기관을 이용한 학습자는 자부담이므로 경제적 여건이 원만하지 못한 학습자에게는 아직도 배움을 좌절한다거나 시도조차 하지 못하는 안타까운 실정에 있다. 기초교육의 「평생교육법」과 지방자치제도에 준하는 지원 방안을 검토·확대하여 평생교육기관으로서의 객관적 인식을 뿌리내릴 수 있도록 관점 전환 인식을 조성할 필요가 있다. 교육 운영자와 지방자치단체의 평생학습도시 운영자가 함께 고민하고 시민의 교육기회를 공동 운영할 수 있는 방안을 모색해야 한다.

3. 직업능력교육

1) 직업능력교육의 필요성

통계청에 따르면, 2017년 말 우리나라 65세 이상 인구가 14.2%로 고령사회에 진입했다. 그리고 2025년에는 65세 이상 인구가 20%가 될 전망이라고했다. 또한 OECD(2018) 보건통계에 따르면, 2016년 기준 한국인의 기대수명은 82.4세로 OECD 평균 수명인 80.8세보다 1.6세 긴 것으로 나타났다. 이처럼 평균수명이 점점 길어지면서 100세 시대를 준비하지 않을 수 없게 되었다. 사회 각 분야에서도 은퇴 전후인 50세를 기준으로 '50+' 이후의 생애 재설계에 대한 노력을 기울이고 있다. 특히 50~60대 이후 새로운 직업을 갖기 위한 정책들이 늘어나고 있다.

또한 청년 고용 실업률 증가도 국가 경쟁력을 제고하는 데 중요한 현안 문제가 되고 있다. OECD 회원국과 비교할 때, 우리나라는 청년 실업률이 상대적으로 낮으나 고용률도 낮다는 것이 문제로 지적되고 있다. 2014년의 15~29세 고용률은 40.7%로 10명 가운데 4명 정도가 일을 하고 있으며, 나머지 6명은 일을 하고 있지 않은 것으로 나타났다. 이처럼 우리나라의 청년 고용률이 낮은 배경에는 높은 대학 진학률과 노동시장 이행의 지연이 상호복합적으로 작용하고 있다고 할 수 있다. 이는 높은 대학 진학률의 결과로 수요와 공급 사이에 불일치(mismatch)가 발생하는 데 있다. 통계청의 경제활동인구조사의 5월 청년층 부가조사 결과에서 청년 취업자의 절반 가까이가 자신의 전공과 일치하지 않는다는 사실이 확인되었다. 이는 일시적 현상이 아니라 노동시장의 구조적 문제로 보아야 할 만큼 심각한 상황이라 할 수 있다 (고용노동부, 2015).

그리고 경력단절여성의 경우, 직업능력 개발, 취업 역량강화를 통해 노동시장 진입 가능성을 높임으로써 잠재인력의 활용도 및 여성 경제활동 참가율을 향상시키기 위해 「경력단절여성등의 경제활동 촉진법」 제10조 및 같은 법 시행령 제4조에 의거한 직업교육훈련을 실시하고 있다. 2009년부터 새일센터에서 '새일직업교육훈련'을 제공해 왔다. 그러나 새일센터를 찾는 여성들의 연령층이 30대 이후 40대에 몰려 있고 대체로 장기간 경력단절을 경험한 여성들이기 때문에 단기간에 괜찮은 일자리로 취업을 유도하기에는 여러 애로점이 있다(여성가족부, 2015).

중장년층을 위한 직업교육은 주로 고용노동부에서 주된 일자리에서 퇴직 (예정)하는 40세 이상 중장년층에게 생애설계, 재취업 및 창업, 사회참여 기회 등 고용지원 서비스를 제공하여 중장년층의 고용안정 및 취업촉진 도모하기 위해 2018년 4월 기준 전국 33개의 중장년 일자리희망센터를 운영하고 있다. 40세 이상 재직퇴직근로자 생애경력설계 프로그램, 퇴직 예정 근로자를 전직스쿨 프로그램, 40세 이상 퇴직 근로자 재도약 프로그램을 운영하고

있다. 전국적으로 직업전문학교 등 직업훈련원에서 국비를 지원받아 다양한
분야의 직업능력교육을 운영하고 있다.

청년 실업 문제, '50+' 이후의 새로운 일자리 모색, 경력단절여성 및 중장
년층 재취업 문제, 직장 내에서의 재교육, 상시학습 의무화 등 다양한 형태의
직업교육 및 훈련이 이루어지고 있다. 이러한 시대 흐름에 따라 평생교육 영
역에서도 대상, 연령의 특성을 고려한 직업능력교육 강좌가 확대되고 있다.

우리나라 평생교육 6진 분류에 의한 직업능력교육에는 직업준비, 자격인
증, 현장직무역량 프로그램이 포함된다.

〈표 12-6〉 직업능력교육과 하위 영역 및 정의

6대 영역	정의	하위 영역	정의
직업 능력 교육 (직업 준비와 직무 역량 개발)	직업에 필요한 자격과 조건을 체계적으로 준비하고, 주어진 역할과 직무를 효과적으로 수행할 수 있도록 지원하는 평생교육	직업준비 프로그램	특정 직업에 새롭게 취직하기를 희망하고 성공적인 창업에 필요한 지식, 정보, 기술, 기능을 획득하고 관련 조건을 체계적으로 준비할 수 있도록 지원하는 프로그램
		자격인증 프로그램	특정 직업의 직무수행에 필요한 전문적인 지식, 기술, 기능이 일정한 수준에 도달하여 소정의 자격을 제도적으로 인증받을 수 있도록 지원하는 프로그램
		현직직무 역량 프로그램	현직 종사자에게 보다 발전적인 직무수행에 필요한 관련 지식과 정보를 획득하게 하고, 관련 기술과 기능을 습득하고 익힐 수 있도록 지원하는 프로그램

2) 경력단절 직업능력교육 기관: 새일센터

지난 5년간 새일센터 직업훈련과정의 수는 2배 이상 증가했지만, 그 내용
을 보면 사회복지 서비스 또는 교육 서비스, 판매ㆍ음식ㆍ숙박 서비스 관련
과정이 주를 이룬다. 이 직종들은 기존 노동시장에서 여성들 다수가 종사하
는 직종으로 평균 임금이나 고용의 안정성이 열악한 분야이다.

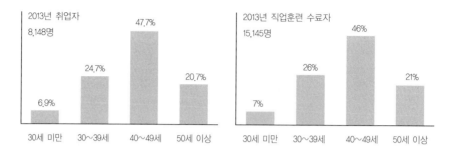

[그림 12-4] 직업훈련 수료 및 수료 이후 여성 취업자 연령대

출처: 여성가족부(2015).

[그림 12-4]를 보면 새일직업훈련의 수료자와 취업자가 가장 많은 연령대가 40대인 것으로 확인된다. 새일센터의 직업훈련에 40대 여성이 많이 몰리는 것은 40대 여성이 취업할 일자리의 직업훈련이 새일센터에서 가장 많이 제공되기 때문이다. 특히 경력단절여성이 선호하는 일자리인 교육강사 및 방과후 지도사 관련 직업훈련이 새일센터에서는 무료로 제공된다. 그러나 이런 직업훈련 직종의 취업은 대체로 시간제 일자리와 연계되는 경향이 강하다. 따라서 경력단절여성 직업교육훈련 성과분석 및 개편방안 연구에 따르면, 새일센터는 공공성이 강한 기관이며 경쟁기관이 해당 지역에 별도로 있지 않다. 새일센터에 대한 평가는 수료생의 만족도, 수료율, 취업률에 근거한다.

3) 50+ 이후의 새로운 일자리 지원 기관: 서울 50 플러스센터

50+ 이후의 새로운 일자리 지원의 대표적인 기관은 서울시의 50플러스 센터라고 볼 수 있다. 이는 50+세대(만 50~64세)의 일자리 · 복지 · 교육 · 상담 등의 지원을 위해 2016년 4월 28일 설립된 서울시 출연기관이다. 50+세대가 지금까지 살아온 50년 이후 맞게 되는 또 한 번의 50년을 위해 삶을 점검하고, 새로운 것을 공부하며, 친구를 만나고, 새로운 노년의 모습과 문화를 만

들어가도록 돕는다. 나아가 오랜 기간 쌓아온 50+의 귀한 경험을 통해 사회에 공헌하면서 더불어 새로운 일을 도모할 수 있도록 지원하는 것은 자아실현, 직업선택과 가치실현, 그리고 공동체에의 헌신은 올바르고 가치 있는 삶을 살아가기 위한 중요한 과업이다(서울시, 2018).

4) 선취업-후진학 체계 수립: 평생교육대학의 학위 비학위 과정 운영

정책적 대응으로서 고용노동부는 선취업-후진학 체계를 수립하여 보급하고 있다. 특히 독일과 스위스 등에서 실시되는 듀얼 시스템(dualsystem)을 받아들여 마이스터고등학교와 특성화고등학교를 활성화시켰다. 마이스터고등학교 활성화는 선취업-후진학 체계의 주축이라 할 수 있다. 마이스터고등학교 졸업생 취업률은 2013년과 2014년 각각 90.3%와 91.6%에 이르고 있어 초기 단계의 성과는 비교적 높은 편이라 할 수 있다. 특성화고도 직업훈련을 중심으로 하는 학업 체계를 갖추고, 졸업 후 취업을 목표로 하는 고등교육이라 할 수 있다(고용노동부, 2015).

(1) 성인친화적인 대학 평생교육체제 개편 필요성

국가가 성인친화적인 대학 평생교육체제 개편을 시도하는 이유는 다음과 같다. 첫째, 출산율이 점점 저하되고 고령화로 인한 노동력 인구가 감소되고 있으며, 새로운 것을 공부하고 학위도 받고 제2의 인생설계도 하기 위해 대학으로 다시 오는 성인이 늘어나고 있기 때문이다. 예를 들면, 얼마 전 입학상담을 통해 서원대학교 평생교육대학에 들어온 한 성인학습자의 경우, 이미 농업교육을 전공했는데 다시 평생교육 전공을 희망하였다. 평생교육 전공이 없지만, 평생교육사 자격 트랙은 운영 중이었기 때문에 사회복지학전공을 하면서 평생교육사 자격까지 취득하여 평생교육분야 강사가 되기 위해 입학한 사례도 있다.

둘째, 학사 학위가 필요해서 입학 경우이다. 새로운 고용구조가 변화되면서 중장년층의 순환교육 및 계속교육의 필요성 증가하고 있기 때문이다. 이제 직장인은 일을 하다가 부족한 분야가 있으면 학습을 하고 배운 것을 다시 일터에서 활용하고 다시 학습하는 것을 반복하는 순환교육을 하는 계속 교육을 받는다.

셋째, 선취업-후진학 기회 확대를 통한 젊은 층의 취업난 해소해야 한다는 목소리가 커지고 있다. 먼저 취업하고 추후 대학을 갈 수 있는 문이 확대되는 것을 말한다. 이제 대학은 성인에게 대학을 개방하고, 체계적·조직적으로 교육 서비스 제공해야 한다. 대학이 대부분 성인을 위한 비학위 과정을 운영하였으나, 학위를 받을 수 있는 성인친화적인 단과대학을 운영하는 체제 개편을 하고 있다.

(2) 성인친화적인 대학 평생교육체제 개편

교육부는 2008년 하반기부터 지역사회와 성인학습자의 요구에 부응하는 대학 체제 구축을 위한 '평생학습 중심대학 육성 사업'과 대학 부설 평생교육원 활성화를 위한 '대학 부설 평생교육원 활성화 사업'을 추진하였다. 교육부는 학위과정과 비학위과정으로 구분하여 공모를 통해 평생학습중심대학을 선정하였다. 학위과정은 지역의 산업기반의 수요에 맞는 학과를 신설하고 직업계고졸 재직자 성인학습자가 갈 수 있는 대학으로 국한하였다. 그리고 비학위 과정은 성인학습자가 전문적인 능력을 키워 새로운 일자리로 연계하도록 하는 데 목적을 두었다. 학위 과정, 비학위 과정, 그리고 학위와 비학위를 동시에 운영하는 대학 등 다양한 형태로 운영되어 왔다.

특히 교육부의 '제3차 평생교육진흥기본계획'(2013~2017)에 성인학습자를 위한 대학체제 전환과 지역 대학의 평생교육 역할이 강조되면서 대학의 평생교육 체제개편의 틀을 갖추게 되었다. 2016년부터 단과대학 형태인 '평생교육대학'으로 체제를 구축하는 사업이 시작되었다. 2017년부터는 2008년부터 운영해 오던 평생학습중심대학과 2016년 시작한 평생교육대학을 통합하여 '대학의 평생교육체제 지원사업'으로 발전하게 되었다(국가평생교육진흥원 홈페이지).

(3) 성인친화적인 대학 평생교육체제 개편의 효과

첫째, 특성화고 · 마이스터고의 취업률이 향상되었다. 대학의 평생교육체제 개편이 선 취업한 후 재직 경력 3년 이상이면 무시험으로 대학에 올 수 있도록 길을 열어 주는 제도이다 보니 특성화고 · 마이스터고를 졸업하고 대학으로 가는 경우가 줄고 취업하는 비율이 점점 높아지고 있다. 둘째, 재직자 특성화고 졸업자의 대학 입학 기회가 확대되었다. 무시험 '무시험 반값 등록금제 운영' 등 학사 유연화제도를 마련한 것이다(국가평생교육진흥원 홈페이지). 셋째, 자격 취득 과목 등 실용적인 교과목을 학위 과정으로 운영함으로써 성인학습자들의 제2의 인생설계를 지원하고 있다. 넷째, 지역사회 인재 육성을 통해 지역발전에 기여할 수 있다.

(4) 재직성인대학생 학습방법

필자가 5년간 평생교육대학 사업을 추진하면서 재직성인대학생들의 학습하는 방법을 살펴본 결과, 다음과 같이 학습을 하고 있는 것으로 나타났다.

- 현장중심 과제 이행을 통한 실생활 활용 학습을 한다.
- 멘토 · 멘티 활동을 통한 문제해결 학습을 한다.
- 학습동아리 활동을 통한 경험 공유 공동체 학습을 한다.
- 교수와 상담을 통한 자기성찰 학습을 한다.
- 녹음, 영상, 인터넷 자료를 활용한 자기주도학습을 한다.

📖 학습과제

1. 소개된 문해교육 방법의 실례를 좀 더 찾아 발표하고, 그 외의 방법에 대해서도 토론한다.

2. 학력보완교육에 대해 학습하고, 검정고시 과정에 대해 토론한다.

3. 직업능력교육기관에는 어떤 기관이 있는지 찾아보고, 한 기관을 선정하여 어떤 교육이 이루어지는지 토의한다.

4. 직업능력교육 기관 중 대학 평생학습체제 구축에 대해 알아보고, 성인대학생이 어떻게 학습하는 것이 효과적인지 토론한다.

□ 참고문헌

고용노동부(2015). 청년층 직업훈련참여 및 취업활성화 방안 연구. 고용노동부.

국가평생교육진흥원(2014). 성인문해능력조사. 서울: 국가평생교육진흥원.

권대훈(2009). 교육심리학의 이론과 실제. 서울: 학지사.

김종천(2015). 성인학습자의 문해학습 참여를 통한 생애경험과 인식전환에 관한 연구. 백석대학교 대학원 박사학위논문.

서울시50플러스재단(2018). 서울특별시50플러스재단2017 연차보고서. 서울시50플러스재단.

신용주(2013). 노인의 자기주도학습 가능성과 노인복지에의 시사점. *Andragogy Today: Interdisciplinary Journal of Adult & Continuing Education*, *16*(4), 61-84.

안범희(2007). 학습이론 및 심리. 서울: 도서출판 하우.

양숙현(2017). 성인학습자(成人學習者)의 학력취득경험(學歷取得經驗)을 통한 인간의 성숙 양상에 관한 연구. 한국사상과 문화, 89, 411-437.

여성가족부(2015). 경력단절여성 직업교육훈련 성과분석 및 개편방안연구. 여성가족부 여성인력개발과.

유기웅(2013). 노인의 텔레비전 시청에서의 일상학습적 탐구. *Andragogy Today: Interdisciplinary Journal of Adult & Continuing Education*, *16*(2), 59-

90.

이경희, 박성희(2008). 의미구성 학습과 노인 자서전 쓰기의 의의. *Andragogy Today: Interdisciplinary journal of adult & continuing education*, *11*(1), 179-199.

이은영(2014). 나는 참 늦복 터졌다. 파주: 푸른숲.

이이정(2006). 노인 학습자를 위한 죽음 준비교육 프로그램 개발 연구. *Andragogy Today: Interdisciplinary Journal of Adult & Continuing Education*, *9*(1), 33-65.

장소은, 이병준(2014). G. Simmel의 사회적 공간담론 관점에서의 노인동아리 사례 연구. *Andragogy Today Interdisciplinary Journal of Adult & Continuing Education*, *17*(2), 153-177.

조미경(2012). 유네스코의 비판적 성인문해교육 변천 과정 및 동향 분석: 세계성인교육회의를 중심으로. 아주대학교 대학원 박사학위논문.

조미경(2016). 비문해 노인학습자를 위한 교수전략 탐구. 한국문해교육협회 세미나 자료집. 한국문해교육협회.

태선경, 민지훈(2013). '자아 통합' 추구를 위한 노인 독서 교육과정 개발 연구. 독서연구 제28호, 352-395.

岸本裕史(2002). 보이는 학력 보이지 않는 학력. 강명숙 역(2002). 서울: 박영률출판사.

UNESCO(2016). Global education monitoring report. Paris: UNESCO.

국가문해교육센터. (http://le.or.kr/main.do)

국가평생교육진흥원. (http://www.nile.or.kr/contents/contents.jsp?bkind=html&bcode=FAEAAAA&bmode=view&idx=FAEAAAA)

국가평생교육진흥원-성인문해교육지원. (http://www.nile.or.kr/contents/contents.jsp?bkind=html&bcode=HAEAAAA&bmode=view&idx=HAEAAAA)

국가평생교육진흥원-학점은행제. (http://www.cb.or.kr/creditbank/eduIntro/eduIntro4_2.do)

광주평생교육진흥원(2018. 1.). 모두에게 평등한 교육의 기회를. 웹진 무돌씨의 마르지 않는 샘 vol.9 뉴스레터. (http://webzine.gie.kr/9/sub/page.php?page_code=interview_01_01)

대구광역시평생학습포털 학습통. (https://tong.daegu.go.kr/index.do?menu_id=00000305&menu_link=/damoa/lecture/201502260854.do)

보건복지부. OECD 보건통계 2018. (http://www.mohw.go.kr)

서울특별시평생교육진흥원. (http://smile.seoul.kr/educat)

이병찬(2007. 1. 9.). "이름 석 자는 쓰고 죽어야지" 93세 노인의 한글 깨치기. 뉴시스. (http://news.naver.com /main/read .nhn?mode=LSD&mid=sec&sid1=102&oid=003&aid=0000282433)

제13장

6진 분류 평생교육방법 2

배움을 일상화하고 배움 속에서 삶의 가치를 창조해 가는 평생교육. 국가는 「평생교육법」에 평생교육의 6대 영역(기초문해교육, 학력보완교육, 직업능력교육, 문화예술교육, 인문교양교육, 시민참여교육)을 명시하고 이에 근거한 한국 평생교육 프로그램 6진 분류표를 제시하였다.

평생교육 프로그램 6진표는 평생교육 프로그램을 분류하는 국가기준이 되고 있다.

이 장에서는 평생교육 6대 영역 중 문화예술교육, 인문교양교육, 시민참여교육에서의 평생교육방법을 살펴보고자 한다.

학습목표

1. 문화예술교육의 개념을 이해하고, 미술관·박물관에서의 문화예술교육 방법에 대해 토의하여 발표할 수 있다.

2. 인문교양교육의 영역을 이해하고 인문학 강좌의 방법에 대해 토의할 수 있다.

3. 시민참여교육의 주요 개념을 이해하고, 시민참여교육이 실시되는 사례에 나타난 방법에 대해 토론할 수 있다.

✱ 주요 용어

문화예술교육, 에듀테인먼트, 엔터테인먼트, 유머, 인문교양교육, 클라멘트코스, 인성교육, 행복학, 퍼실리테이터, 시민참여교육, 시민참여의식, 시민 '광장'

1. 문화예술교육

문화예술교육이라는 용어는 예체능교육, 예술교육, 문화교육 등으로 다양하게 불리다가 2005년 「문화예술진흥법」 제정과 함께 공식화되기 시작하였고, 국가에 의해 주도된 각종 문화예술교육사업에 의해 대중화의 길을 걷고 있다. 국가가 지향하는 문화예술교육은 크게 두 부류로 나누어 볼 수 있는데, 학교문화예술교육과 사회문화예술교육이다. 먼저, 학교문화예술교육은 문화예술경험을 통해 감수성 및 창의적 역량 함양을 주요 목적으로 진행되고 있다. 다음으로, 사회문화예술교육은 전 국민을 대상으로, 더 정확히는 현재 시점에서는 문화 소외계층을 대상으로 문화예술 경험을 통해 심리적 안정 및 조화, 사회적응 및 통합 등을 지향하여 진행되고 있다. 결국 국가가 지향하는 문화예술교육은 소수의 전유물이 아닌 전 국민의 향유 기회를 확대해 나가고, 기능 중심이 아닌 삶을 중심에 두고 문화예술을 통해 표현하고 이해하는 과정에 중점을 두고 있음을 알 수 있다(박진영, 2012).

한국문화예술진흥원의 문화예술교육사업은 그것이 학교문화예술교육이든 사회문화예술교육이든 학교교육과 달리 누구나 선택할 수 있고, 교육권이 아닌 학습권 중심의, 삶의 질을 향상시키기 위한 교육활동임을 강조하면서 "문화예술교육이란 문화예술을 통하여 삶의 질을 향상하기 위하여 누구나 언제든지 선택하여 학습할 수 있는 학교 정규과정 외 교육활동 일체를 의미 한다."라고 평생교육의 측면에서 정의하고 있다(최현묵, 2008).

우리나라 평생교육 6진 분류에 따르면, 문화예술교육은 레저생활스포츠, 생활문화예술, 문화예술향상 프로그램이 포함된다.

〈표 13-1〉 문화예술교육과 하위 영역 및 정의

6대 영역	정의	하위 영역	정의
문화예술교육 (문화예술 향유와 활용)	문화예술적 상상력과 창의력을 촉진하고 문화예술 행위와 기능을 숙련시키는 일련의 과정과 일상생활 속에서 문화예술을 향유하고 접목할 수 있는 능력을 개발하는 평생교육	레저생활 스포츠 프로그램	체력 증진 및 여가 선용을 위하여 일상생활 속에서 지속적으로 행하는 체육활동 및 전문적 스포츠 관련 프로그램
		생활문화 예술 프로그램	문화예술을 일상생활에 접목하여 생활문화의 질을 향상시키고, 삶의 문화를 보다 풍성하게 향유할 수 있도록 지원하고 인증하는 프로그램
		문화예술 향상 프로그램	문화예술 작품 및 행위를 의미있게 체험하고 문화예술적 가치가 높은 작품을 완성할 수 있도록 체계적으로 지도하고 인증하는 프로그램

이처럼 문화예술교육은 일상생활 속에서 누구나 쉽게 접할 수 있는 분야로 평생교육 6대 영역 중 가장 많은 사람이 참여하는 교육이기도 하다.

1) 박물관의 문화예술교육

박물관은 문화·예술·학문의 발전과 일반 공중의 문화 향수 증진에 이바지하기 위하여 역사·고고·인류·민속·예술·동물·식물·광물·과학·기술·산업 등에 관한 자료를 수집·관리·보존·조사·연구·전시하는 시설이다(ICOM한국위원회, 2007). 박물관은 사회적 책임과 박물관 윤리강령을 이행해야 하는 엄연한 평생교육기관이지만, 법적으로 별도의 등록 절차를 밟지 않으면 인정받지 못하는 문제가 있다. 박물관의 사회적 책임과 박물관 윤리강령에서 제시한 박물관 교육의 지향은 사회적 의제 등을 통한 공헌에 초점을 맞추어야 하고, 특히 배제된 학습자에 대한 사회적 책임을 수행해야 한다. 박물관은 평생교육 관련 기관과의 협조 아래 이들에게 전시를 이해·소통할 수 있는 교육적 지원체계를 갖출 필요가 있다(오명숙, 2014).

(1) 국제박물관협의회(ICOM) 박물관 윤리강령

국제박물관협의회(International Council of Museums: ICOM) 윤리강령에 따르면, 박물관은 인류의 자연과 문화유산을 보전, 해석하고 장려한다. 소장품을 관리하는 박물관은 사회의 공익과 발전을 위해 이를 보관한다. 박물관은 자연과 문화유산에 대한 올바른 인식, 이해, 관리를 위한 기회를 제공한다. 박물관은 공공 서비스와 공익을 위한 기회를 제공하는 자원을 보유한다. 박물관은 그들이 봉사하는 지역사회뿐만 아니라, 박물관의 소장품이 유래한 지역사회와도 긴밀히 협력하여 활동한다. 박물관은 합법적으로 운영되어야 한다. 박물관은 전문적으로 운영되어야 한다(ICOM한국위원회, 2007).

(2) 평생교육기관으로서의 박물관

박물관에서의 모든 교육과 학습은 평생교육이라는 점에서 박물관에서의 학습자도 「평생교육법」에 의한 평생교육기관과 동등하게 인정해야 하며, 그것이 「헌법」에 명시된 평생교육진흥 책임을 다하는 것이 될 것임을 강조하였다. 박물관 및 공공기관이 국제표준 ISO 26000의 사회적 책임을 수행해야 하는 책무를 갖는다는 점과, 국가는 박물관 등 타법에 의한 평생교육기관에 대한 「평생교육법」에 근거한 지원과 관리를 수행할 책임이 있음을 제기하였다(오명숙, 2014).

윤리강령 중 박물관은 교육적 역할을 개발하고, 박물관이 이바지하는 지역사회 혹은 공동체로부터 광범위한 이용자의 관심을 이끌어야 할 중요한 의무가 있다. 지역사회와의 상호작용 및 그들의 유산을 진흥하는 것은 박물관의 교육적 역할에서 매우 중요한 부분이다(ICOM한국위원회, 2007). 이러한 박물관의 교육적 역할 관점에서 볼 때 박물관의 인프라를 활용한 지역사회 기여는 매우 중요한 역할이라고 할 수 있다. 박물관이 지역사회와 상호작용하고 유산을 진흥하기 위해서는 박물관의 평생학습기관으로서의 기능이 필수가 되어야 한다.

2) 미술관의 문화예술교육

(1) 미술관 문화예술교육의 중요성

미술관 교육의 중요성이 대두된 배경은 수준 높은 미술 작품을 대중과 공유하고 사회문화교육기관으로서의 인식하면서부터 시작되었다. 미술관 교육의 중요성에 대한 이유는 다음과 같다. 첫째, 1970년대부터 미술교육에서 미적 감수성을 강조하는 경향이 두르러지기 시작하였으며, 표현보다는 이해와 감상을 중시하게 되면서부터 부각되었다. 이전의 창의력 향상에만 관심을 두었던 미술교육에서 벗어난 이해중심 미술교육은 여러 가지 새로운 형태의 미술교육적 방법을 제시하였다. 이해중심 미술교육은 학문기초 미술교육과는 다른 미술교육을 말하는데, 이러한 새로운 미술 교육방식과 가장 밀접한 관계를 가진 곳이 바로 미술관이다. 둘째, '제7차 미술관 교육과정'에서는 미술관 현장학습을 적극 권장하고 있으며, 교과서의 많은 부분에서도 미술관 자료들이 참고 작품으로 수록되어 있다. 셋째, 미술관은 방대하고 유용한 가치를 가진 현장감 있는 학습 자료를 제공할 수 있기 때문에 효율적인 교육의 장으로 활용될 수 있다(구부령, 2012).

(2) 학습사회에서의 미술교육

학습사회에서의 미술교육은 학교를 중심으로 한 제한적인 공간에 머무르지 않고 지역의 잃어버린 문화공동체 복원과 다양한 주체 · 공간 · 자원들 간의 네트워크 구축을 통해 새로운 사회의 패러다임 변화에 대응해 나가야 할 것이다(정연희, 2009; 2010)

미술교육의 정당성을 회복하는 길은 미술교육의 개인적 · 사회적 가치에 대한 논의에 그치지 않고, 실제적으로 실천(實踐, practice)하는 데 있다. 미술교육을 통하여 사회의 평화적 공존과 화합을 이루고 사회 구성원들의 적극적인 문화 참여와 실천을 이루고자 하는 '문화적 실천'은 우리가 함께 실천해 나갈 공동의 목표로서 공동선이 된다. 미술교육의 문화적 실천가는 교수활동, 연구활동, 기획활동, 작품활동 등 각자 자신의 영역에서 미술교육을 탐구하는 자로서 상호 협력체계를 구축하여 학습자에게 양질의 미술교육 경험을 제공해야 한다. 이들은 또한 뛰어난 문화적 감수성과 기술을 발휘하여 서로 다른 문화 및 지역사회와 학교를 연결하는 가교 역할을 담당할 수 있다(정연희, 2010).

(3) 지역 중심의 미술교육

미술은 모두가 일상에서 즐길 수 있는 심미적 활동이다. 자신이 살고 있는 지역에서 다양한 형태로 개발되어 있는 프로그램 등을 통하여 여가를 활용하고 심미적 삶을 영위하는 것은 개인의 관심사를 개발시켜 줄 뿐 아니라 건강한 삶을 살기 위해서도 중요한 역할을 담당한다고 할 수 있다. 사람은 누구나 필요에 의해 교육받을 권리가 있으며, 학생들의 경우에도 그러하지만, 더욱이 연령이 높을수록 자신을 계발할 수 있는 취미생활은 필수적이라 하겠다(강윤정, 노용, 2010). 지역 중심의 미술교육 실천을 위해 지역의 미술관은 지역주민의 심미적 활동에 영향을 줄 수 있는 문화예술교육 프로그램의 개발 및 운영에 노력을 기울여야 한다.

3) 문화예술 평생학습 운영 사례

(1) 박물관 · 미술관 평생학습센터 운영

박물관, 미술관, 전시관이 36개로 지붕 없는 박물관 고을이라 불리는 강원도 영월군은 박물관과 미술관을 평생학습센터로 지정하여 주민에게 박물관 특성을 살린 다양한 평생학습을 제공하고 있다. 마을 곳곳이 박물관, 미술관 등으로 둘러싸인 영월군은 지역중심의 문화예술교육을 하기에 최적화된 도시이다.

영월군은 이런 특성을 살려 박물관 · 미술관 · 전시관이 갖고 있는 문화 자원을 마을 주민들의 요구와 결합하여 그 기관만이 할 수 있는 특화된 프로그램을 개발하여 문화예술교육을 운영하고 있다. 이처럼 박물관, 미술관 등은 지역주민의 배움의 공간, 소통의 장, 공동체 활동을 하는 거점 시설로 다시 태어나고 있다. 문화예술교육이 지역주민 삶의 일상화가 되는 데 박물관과 미술관 등이 중심센터 역할을 하고 있다는 데 의미가 크다.

사례 1 영월미디어기자박물관 평생학습센터 프로그램

영월미디어기자박물관 평생학습센터 프로그램

프로그램명	대상	운영 기간	주요 내용
신문기사 어떻게 쓸까? 강사: 이신우 원장	중·고생 10명	2017.8.2.(수), 8.4.(금) 8.9.(수), 8.11.(금) 오전 10시~12시	자기표현 방식의 하나인 글쓰기 배워보기(4회)
박물관에서 숲놀이 하자! 강사: 서경순, 최은희	장애아동& 가족 10팀	2017.9.9.(토), 9.23.(토) 오전 10시~12시	박물관 주변 꽃, 풀, 새 관찰 후 자연물로 딱따구리 만들기&나 비쿠키 체험활동(2회)
엄마들의 마음치유, 원예치료 강사: 서경순	장애아동 엄마 10명	2017.9.9.(토), 9.14.(목), 9.21.(목), 9.28.(목) 오전 10시~12시	원예치료를 통한 장애아동 엄마 들의 스트레스 해소와 마음치유 (4회)
쿠키교실 강사: 최은희	지역 주민 20명	2017.10.12.(목), 10.19.(목), 10.26.(목) 오전 10시~12시	집에서 손쉽게 만들 수 있는 쿠 키 배우기(3회)
뱃말사물놀이 강사: 이용관	지역 주민 20명	2017.11.1.(수), 11.8.(수), 11.15.(수), 11.22.(수) 저녁 7시~9시	사물놀이를 통해 주민과 함께 하는 소통의 장 만들기
꼼지락 아트 강사: 이명순, 엄미경	지역 주민 20명	2017.11.9.(목), 11.16.(목), 11.23.(목), 11.30.(목) 오전 10시~12시	만들기 체험활동(4회) -냅킨아트 3회 -도우아트 1회

출처: 영월군(2017).

평생학습시설이 부족한 읍·면 주민의 근거리 학습권 보장과 건전한 여가 선용을 위해 강원도 영월군 한반도면 평생학습센터 영월미디어기자박물관에서 기획한 프로그램은 중·고등학생을 대상으로 한 '신문기사 어떻게 쓸까?'를 비롯하여 장애아 가족과 함께 하는 박물관 숲 놀이, 장애아 어머니들을 위한 원예치료반을 운영했다. 3개 프로그램과 더불어 쿠키교실, 사물놀이, 꼼지락 아트(냅킨, 도우아트) 등 총 6개 강좌를 진행하였다. 프로그램에 참여한 지역주민들은 반복되는 일상 속에서 잠시나마 배움의 재미를 만끽하고 각자 원하는 분야의 소양을 넓힐 수 있는 계기가 되었다고 말했다(영월군, 2017).

사례 2   **인도미술박물관 평생학습센터 운영**

인도는 세계 인구의 1/6에 가까운 13억 명의 대국으로 21세기 미국, 중국 등과 함께 세계 경제를 이끌어갈 3대 강국으로 도약할 것으로 전망되고 있다. 인도의 미술은 다양한 인종과 종교를 바탕으로 수많은 신화와 의식 속에 인도만의 독특한 전통이 살아 있으며, 우리나라에는 불교를 통하여 소개된 이미지 들이 많이 있을 뿐 인도의 문화와 예술은 아직 우리나라에 제대로 소개되어 있지 않다.

강원도 영월군 주천면에는 옛 금마초등학교를 리모델링하여 전시실을 꾸미고 2012년 개관한 인도미술박물관이 있다. 마을 주민들은 인도미술박물관에서 진행한 행복학습센터 프로그램 '인도의 다과' 강좌에서 인도의 차와 간식 체험을, '인도의 요가와 만다라' 강좌에서는 인도의 요가 기초 동작과 호흡법, 명상을 통해 나를 돌아보며 심신의 안정을 찾아가는 시간을 체험을, 그리고 깨달음의 경지를 도형화한 '만다라 그리기' 체험 등 다양한 인도 체험을 하고 있다.

학습자에게 인도라는 다른 나라의 문화가 막연히 매우 이질적이게 느낄

수도 있었지만, 학습자들은 이 프로그램을 통해 서로 다름 속에서도 비슷한 것들을 발견하며 즐거워하고 '사람 사는 것은 다 비슷하구나!' 하는 생각을 하게 되었다고 전한다. 이 프로그램 학습자들은 문화와 예술이 특별한 사람들만 하는 것이 아니라 일상 생활 속에서의 작은 활동이 예술로 이어질 수 있다는 것을 체험하며, 의미 있는 시간을 가지게 되었다. 특히 지역주민을 대상으로 박물관을 개방하여 행복학습 프로그램을 진행함으로써 낯선 문화에 대한 낯가림을 없애고 다양한 문화를 개방적인 마음으로 가질 수 있도록 함은 물론, 더 나아가 지역사회에서의 다양한 활동으로 이어지길 기대해 본다(평생학습타임즈, 2018).

사례 3   쾌연재 도자 미술관 행복학습센터 운영

강원도 영월군 한반도면의 쾌연재도자미술관에서는 지역 자원의 특성을 살려보고자 도자공예를 기획하였다. 마을 주민들을 대상으로 실생활에서 유용하게 사용할 수 있는 4인 식탁 꾸미기 프로젝트로 하나씩 작품을 완성해 나갈 수 있도록 구성하였다. 12주에 걸쳐 만든 도자공예 수업에 연계하여 꽃

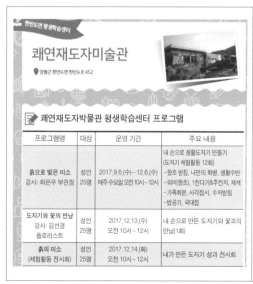

쾌연재도자미술관
영월군 한반도면 한반도로 452

쾌연재도자박물관 평생학습센터 프로그램

프로그램명	대상	운영 기간	주요 내용
흙으로 빚은 미소 강사: 최은우 부관장	성인 25명	2017.9.6.(수)~12.6.(수) 매주 수요일 오전 10시~12시	내 손으로 생활도자기 만들기 (도자기 체험활동 12회) -항초 받침, 나만의 화병, 생활수반 -워머(향초), 1천다기&주전자, 채색 -가족화분, 사각접시, 수저받침 -밥공기, 국대접
도자기와 꽃의 만남 강사: 김선경 플로리스트	성인 25명	2017.12.13.(수) 오전 10시~12시	내 손으로 만든 도자기와 꽃과의 만남(1회)
흙의 미소 (체험활동 전시회)	성인 25명	2017.12.14.(화) 오전 10시~12시	내가 만든 도자기 성과 전시회

꽂이 교육을 운영하였으며, 자신이 만든 화병에 꽂꽂이를 하고 자체 성과전 시회도 실시하였다. 색소폰 재능기부 등 마을 주민의 적극적인 참여와 지지, 호응으로 지역주민에게 평생학습에 대해 이해할 수 있는 기회가 되었다.

(2) 문화예술교육 사례

사례 1   청주시 아코디언 색소폰 동아리 공연 활동

5060세대 아코디언과 색소폰 동아리가 주민센터 노인대학의 7080실버대학에서 흥겨운 음악을 아코디언과 색소폰으로 들려주는 문화예술 공연 활동을 하고 있다. 주로 어르신과 노인병원을 찾아가는 문화예술공연을 하고 있다.

국제현대미술관

📍 영월군 영월읍 삼옥길 31

📖 국제현대미술관 평생학습센터 프로그램

프로그램명	대상	운영 기간	주요 내용
돌 문화 아카데미 강사: 이동준, 황대석	성인 15명	2017.11.16.(목) 오후 2시~4시	돌의 종류와 성질을 알고 그림과 글씨를 넣어 아름다운 작품으로 만들기(1회)
조각공 이야기 강사: 이동준, 정형근	성인 15명	2017.9.7.(목), 11.2.(목), 11.9.(목) 오전 2시~4시	조각과 공구 이용의 이해(3회)
서예교실 강사: 이동준, 신정균	성인 15명	2017.9.14.(토)~10.26.(목) 매주 목요일 오후 2시~4시	붓글씨 쓰는 방법과 조각 재료에 글씨 쓰는 방법 배우기(6회)
돌과의 만남 강사: 이동준, 황대석	성인 15명	2017.11.23.(목), 11.24.(금), 11.29.(수), 11.30.(목) 2시~4시	내가 만든 돌 작품성과전시회 (4일)

국제현대미술관은 주민의 복합문화공간으로 문화향유의 기회를 제공하기 위해 시니어 미술문화아카데미를 개설하였다. '오늘은 예술가!'는 돌을 쪼고, 나무를 깎으면서 자기 자신의 정체성과 자신감을 찾아가는 조각 프로그램이다.

사례 2   평균 연령 84세 일본 할머니 걸그룹

일본에도 특별한 매력을 가진 걸그룹이 등장했다고 하네요. 똑같은 기모노를 입고, 머리에는 붉은 띠를 두른 사람들. 평균 연령 84세를 자랑하는 할머니 걸그룹 멤버들입니다. 반주에 맞춰 추는 귀여운 춤과 노래! 어떤가요? 주름이 가득하고 허리 펴기도 쉽지 않지만 음악에 대한 열정만큼은 20대 걸그룹 못지 않습니다. 이 할머니들은 일본의 초고령 걸그룹 KBG84인데요. 최근 앨범과 뮤직비디오를 발매하면서 일본 내 화제를 모으고 있습니다. 걸그룹에 들어가기 위해선 무조건 80세가 넘어야 하고요. 만일 80세가 안 될 경우는 반드시 연습생 생활을 거쳐야만 합니다. 할머니들의 꿈은 바로 일본의 유명 연말 음악 프로그램인 'NHK 홍백가합전'에 출전하는 거라고 하는데요. 내 나이가 어때서! 춤도 추고 노래도 하고 꿈도 갖는 할머니들의 모습에 응원의 댓글이 잇따르고 있습니다.

출처: http://www.ytn.co.kr/

4) 문화예술 교육 방법

(1) 에듀테인먼트

네덜란드 문화학자인 호이징가(Huizinga)는 인간을 '호모 루덴스(Homo Ludens)', 즉 놀이하는 인간으로 정의하면서 인간이 놀이를 계속하는 유일한 동기는 놀이 자체가 정신적 활동에 기쁨을 주기 때문으로 보았다. 호이징가는 문화는 놀이에서부터 유래하였기 때문에 규칙에 따라서 놀이를 할 때 진정한 문화로 자리잡게 된다고 보았다.

에듀테인먼트(edutainment)는 교육이나 도야를 의미하는 에듀케이션(education)과 휴가나 오락을 의미하는 엔터테인먼트(entertainment)가 합해

져서 만들어진 말이다. 에듀테인먼트라는 용어를 처음 만들어 사용한 헤이먼(Heyman)은 1973년 국립지리학회의 제작자로 일하면서 서스펜스, 설화, 속도감 등 오락적 요소를 사용하여 영화를 제작하였는데, 이때부터 자신의 영화를 에듀테인먼트로 부르기 시작하였다.

이 기법을 이용한 교육방법으로 가장 대표적인 것이 퀴즈다. 즉, 즐거움을 갖고 학습하도록 하는 것이 에듀테인먼트이므로 이것은 체험교육과 비슷한 개념으로 이해될 수 있다. 유럽의 교육방법은 1960년대 이전에는 교육활동에 관심과 초점을 두는 수업(teaching)을 중시하였으나 1980년대 이전에는 학습(learning)으로, 1980년대 이후에는 생각하기(thinking)로 변화되었다(박성희 외, 2013).

이처럼 교수자가 일방적으로 내용을 이해시키려는 수업 형태가 아니라 학습자가 생각할 수 있는 교육방법이 필요하다. 교수자는 학습자와 상호작용하며, 학습자가 생각을 통해 이를 표현할 수 있도록 이끌어 주는 역할을 해야 한다. 특히 미술, 무용, 언어를 이용한 문학교육, 사진, 그림을 이용한 문예술교육은 창작이 요구되는 활동으로 생각하고 표현하며 즐겁게 놀이처럼 활동할 수 있는 엔터테인먼트 방법이 효과적이라고 볼 수 있다.

(2) 암시교육을 통한 학습 촉진

문화예술교육은 미학과 관련이 깊다. 근대 미학은 미적 판단의 자유로움과 상상력의 놀이를 바탕으로 하고 이성과 감성의 조화를 추구한다는 점에서 놀이에 대한 이해의 폭을 인간의 미적 인식능력으로까지 확장시키고 있다(연혜경, 2011). 미술을 통한 평생교육방법은 개인이 예술작품에 대하여 미적 감성과 지식을 높여 나가는 것이 아니라 예술작품이 포함하고 있는 의미를 학습자가 자기주도적으로 산출해 냄으로써 삶의 질을 개선하고 실질적인 사회의 변화를 추구하는 데 기여하도록 실행되어야 한다. 미학을 이용하여 학습자의 동기를 유발하면 학습자는 빠른 시간에 효과적으로 새것을 인식하게 된다. 학습자가 즐겁고 쉽게 배우도록 가르치는 교육방법을 '암시교육

(suggetopaedie)'이라 한다. 암시교육에서는 놀이, 음악, 율동, 이완 그리고 감각기관을 이용해 학습을 촉진할 수 있다(박성희 외, 2013).

(3) 유머를 통한 문화예술교육

맥닐(McNeil)은 웃음에 대한 이론을 7가지로 제시하였다. 즉, 상대방에 대해 우월감을 느낄 때 웃음이 나오는 자기우월감, 어떠한 차이에 의하여 웃음이 발생하는 불일치, 기분전환을 위해 유머가 필요하다는 기분전환, 인간관계를 결속시켜 주는 관계성, 긴장감이 사라지면 웃게 되는 안도감, 유머를 즐기려면 적절한 수준의 요구되는 인지능력, 사회변화 속에서 학습을 통해 진화해야 하는 사회론 등이다(박성희 외, 2013).

문화예술교육에서 웃음이 활용되는 과정으로는 웃음치료과정, 레크리에이션 과정, 콩트, 희극, 유머 과정 등을 들 수 있다.

2. 인문교양교육

평생교육은 일생에 걸쳐 삶과 경험을 성장 · 회복 · 재구성하는 적극적 활동이라고 할 수 있다. 평생교육의 흐름 속에서 이루어지는 학습은 학습자의 경험의 변화가 내적으로 통일성과 전일성(holistic)을 획득하는 전생애적 과정이다(한숭희, 2006). 이 과정에서 인간성(humanities)을 중심에 놓는 다양한 영역을 중핵적 커리큘럼으로 하는 교육의 과정들, 예컨대 인본(人本), 인권(人權), 인성(人性), 인문(人文), 인도(人道) 등이 결국 평생교육의 핵심을 채우게 된다(한숭희, 2007).

인문학에 대해 살펴보면 인문학을 지칭하는 후마니타스(humanitas)는 그리스어 파이데이아(paideia)를 라틴어로 옮긴 말로서 파이데이아란 "인간 개개인의 신체적 · 정신적 · 영적 능력이 조화롭게 계발되어 탁월한 경지에서 자아를 실현한 상태"를 의미한다(오인탁, 2001). 이는 '인간의 삶에 대한 탐구'

를 업으로 하는 인문학으로 보이며, 다른 한편에서 보면 파이데이아란 고대 그리스의 교육을 일컫는 말로서 '인간의 능력을 계발하고 자아를 실현'해 나가는 교육에 대한 정의를 지칭한다(정민승, 2008).

이러한 의미가 내포된 인문교양교육은 평생교육 6대 영역에서 건강심성, 기능적 소양, 인문학적 교양 프로그램이 포함된다. 인문교양교육은 전인적인 성품과 소양 계발, 신체적·정신적 건강 증진을 위한 교육으로 사람이 태어나서 죽음을 맞이할 때까지 발달단계에 맞는 과업을 잘 수행하는 교육이라고 볼 수 있다.

〈표 13-2〉 인문교양교육과 하위 영역 및 정의

6대 영역	정의	하위 영역	정의
인문 교양 교육 (교양 확장 및 소양 개발)	특정 직업에 필요한 전문지식 및 기술 획득을 위한 학습보다는 교양을 갖춘 현대인으로서 전인적인 성품과 다양한 소양을 개발하고, 신체적·정신적 건강을 겸비할 수 있도록 지원하는 평생교육	건강심성 프로그램	현대사회에서 건강한 삶과 생활을 위한 심리적인 안정을 촉진하고 신체 건강에 필요한 활동과 체험을 체계적으로 지원하고 인증하는 프로그램
		기능적 소양 프로그램	일상생활의 적절한 역할수행과 현대인이 갖추어야 할 다양한 소양과 관련된 기능적 자질과 능력을 개발하고 실천하도록 지원하고 인증하는 프로그램
		인문학적 교양 프로그램	전인적 품성과 지혜를 갖춘 현대인으로서 인문학적 교양과 상식을 확장하고, 문학·역사·철학과 관련된 체험과 활동을 체계적으로 지원하고 인증하는 프로그램

1) 인문교육의 평생교육적 의미

인문학의 역사적 기원은 그리스 아테네의 학문적 전통에서 찾아볼 수 있을 것이다. 그리고 아테네 시민이 갖고 있던 자유로운 정신을 함양하려는 것이 인문학적 혹은 인문주의적 교육의 효시를 이룬다고 할 수 있을 것이다.

인문학을 교육하는 과정에 성취될 수 있다고 보았다. 고대 아테네의 플라톤은 인간의 이성을 발전시키기 위해서 음악과 체육, 화성학, 기하학, 대수학, 천문학을 포함하는 광의의 인문 교과를 배워야 한다고 강조하였다. 이런 이성의 발달은 인생의 어느 시기에 발전을 하고 그 다음부터는 성장이 멈추는 것이 아니라 평생 동안 지속적으로 발전되고 또 이루어져야 한다. 이 점에서 고대 그리스의 인문교육은 오늘날의 평생교육의 필요성을 함축하고 있는 것으로 볼 수 있을 것이다.

협의의 관점에서 인문학은 철학(형이상학, 인식론, 존재론, 가치론, 윤리학, 논리학 등), 문학, 신학, 사학 등에서 논의하는 인간의 본성 혹은 인간성, 인문주의 등에서 논하는 것을 다루는 학으로서의 인문학을 포함할 수 있을 것이다. 이것은 인간 생존에 필요한 모든 내적인 것을 인간을 위해서 선용(善用)할 수 있는 인간성을 개발하는 역할을 인문학이 하는 것이라고 할 수 있다.

인문교육을 통해서 인간의 능력을 함양하는 것은 과학과 기술의 발달로 말미암아 야기된 개인주의, 이기주의, 인간의 소외, 도덕성 상실, 가치관의 혼란 등을 극복하는 가장 중요한 역할을 할 것이다. 현대사회가 급격하게 변하여 기존의 도덕, 가치, 규범이 더 이상 지속적으로 사회에서 통용되기 어려운 상황에서 올바른 판단을 내리는 데 필요한 것은 비판적 이성일 것이다. 평생교육으로서의 인문교육을 통하여 인간의 총체적 능력을 개발하고, 비판적이고 합리적 이성을 개발해야 할 필요가 있다고 여겨진다. 이를 많은 시간과 노력을 기울여야 한다(이명준, 2000).

2) 전인적인 성품 형성을 위한 인성교육

인문교양교육에서 전인적인 성품 형성과 소양 계발을 위한 프로그램으로 인성교육이 중요하다고 볼 수 있다. 기본적으로 인성에 대한 사전적 의미를 보면, 인성(人性, personality)은 각 개인이 가지는 사고와 태도 행동 특성을 말한다. 인성은 품성, 품격, 성질, 인격, 인간성, 사람됨 등 다양하게 부르기도 한다(전도근 외, 2016).

국가는 「헌법」에 따른 인간으로서의 존엄과 가치를 보장하고 「교육기본법」에 따른 교육이념을 바탕으로 건전하고 올바른 인성(人性)을 갖춘 국민을 육성하여 국가사회의 발전에 이바지함을 목적으로 2015년 1월 20일 「인성교육진흥법」을 제정하였다. 「인성교육진흥법」 제4조에 "국가와 지방자치단체는 인성을 갖춘 국민을 육성하기 위하여 인성교육에 관한 장기적이고 체계적인 정책을 수립하여 시행하여야 하며, 학교를 중심으로 인성교육 활동을 전개하고, 인성 친화적인 교육환경을 조성할 수 있도록 가정과 지역사회의 유기적인 연계망을 구축하도록 노력하여야 한다. 그리고 국민은 국가 및 지방자치단체가 추진하는 인성교육에 관한 정책에 적극적으로 협력하여야 함"을 명시하고 있다. 인성교육은 도덕적 인격의 육성과 함께 사회 구조와 제도를 개혁하는 민주시민참여교육과 같이 갈 때 소기의 성과를 낳을 수 있을 것이다(류의근 외, 2016).

2015 한국교육개발원 여론조사(임소현 외, 2015)에 따르면 '학생들이 좋은 인성을 갖도록 지도해야 할 1차적 책임이 누구에게 있느냐'의 질문에 전체적으로 가정(83.5%), 학교(9.3%), 사회(7.3%) 순으로 응답하였으며, 초·중·고 학부모 또한 가정 (83.0%), 학교 (9.5%), 사회(7.5%) 순으로 응답하였다. 이는 학교교육에서 인성교육을 강조해도 가정교육과 연계되지 않으면 효과를 얻기가 쉽지 않다는 것을 의미한다고 할 수 있다. 가정에서도 부모는 인성교육의 모델이 된다는 것을 잊어서는 안 될 것이다(임소현 외, 2015). 특히 인간의 전 생애발달 측면에서 성인기를 살아가고 있는 개인의 인성교육(character education in adulthood)에 대해서 관심을 가져야 하는 까닭은 '아동·청소년의 인성교육을 위해서는 이들을 이끄는 존재이자, 사회적 삶의 선배라고 할 수 있는 성인들이 모범으로서 올바른 인성을 갖추어야 한다.'는 논리이다(김한별, 2017). 특히 성인기의 인성교육은 한 개인이 나이 들어가는 과정 속에서 발달과업을 수행하는 데 기본이 되는 인격 함양과 성찰이며, 타인들과 함께 살아가면서 관계 형성 및 사회적 생태계의 일원으로서 시민성을 함양하

는 데 있다고 볼 수 있다(김영옥, 2017).

이처럼 인성교육에 영향을 미치는 곳은 학교 안보다 학교 밖 평생교육이라고 할 수 있다. 앞으로의 교육은 시기와 장소, 대상에 국한하지 않고 전 생애에 걸쳐 삶의 모든 영역에 걸쳐 행해지는 평생교육이다. 특히 인성교육은 아동기나 청소년기에만 국한하지 않고 학습자가 원하는 경우에 가정, 학교, 지역사회 등 생활 자체가 인성교육 장소라고 할 수 있다. 인성교육은 완성이 없고 계속 성숙해져 가는 과정이기 때문이다. 인성교육은 자발성, 상호 학습성, 다양성과 이질성, 과정 중심성, 참여와 공존성, 경험중심성 등의 특징을 갖춰야 한다(우종옥, 2013). 이러한 측면에서 아동 · 청소년의 인성교육을 이끌어 갈 수 있는 인성교육 지도자를 양성하는 것은 학교 밖 평생교육 영역에서 매우 중요한 과제가 될 수 있다.

3) 인문학 강좌

'어떻게 살아야 잘 사는 것인가?' '무엇을 하며 살 것인가?' 이러한 질문을 답을 구하기 위해 나를 찾는 프로그램, 그리고 행복을 어디에서 찾을 것인지 등에 대한 답을 구하는 인문학 강좌가 늘어나고 있다. 최근 tvN의 〈어쩌다 어른〉과 JTBC의 〈차이나는 클라스〉의 과학, 역사, 심리, 미술, 음악 등 다양한 분야의 주제로 한 인문학 강좌가 대중에게 인기를 끌고 있다. 초기에는 문학, 역사, 철학을 기반으로한 인문학 강좌 중심이었으나 최근에는 문화예술, 과학 분야 등 다양한 영역에서의 인문학 프로그램이 활발하게 이루어지고 있다. 특히 도서관에서는 대부분 문학 중심의 인문학 강좌가 주를 이룬다.

또한 제4차 산업혁명시대를 위한 과학기술 그리고 산업이 발전할수록 더욱더 인본주의(humanism)적이어야 하기에 인간에 대한 교육이 강화되어야 할 것이다(성태제, 2017).

(1) 클라멘트코스 인문학

클레멘트코스는 노숙인과 도시 빈민 등 소외계층에게 예술사와 역사, 논리학, 철학, 문학 등 정규 대학 1학년 수준의 인문학을 소크라테스의 대화법을 활용해 가르치는 프로그램이다(임철우 외, 2008).

노숙인을 대상으로 한 교육 프로그램 중 가장 잘 알려진 인문교양교육 프로그램은 1995년 미국 시카고와 뉴욕에서 시작된 클레멘트코스(Clemente Course)이다. 언론인 쇼리스(E. Shorris)는 뉴욕의 한 교도소에서 살인 사건에 연루되어 복역 중인 비니스 워커라는 여죄수를 면회하였다. 교도소에 오게 된 이유는 무엇이냐는 질문에 그녀는 "시대 중심가 사람들이 누리고 있는 정신적 삶이 없었기 때문이에요."라고 대답하였다. 쇼리스는 "그것이 뭐죠?"라고 재차 질문하였고, 이에 그녀는 "극장과 연주회, 박물관, 강연 같은 거, 그냥 인문학이요."라고 대답하였다. 여죄수의 이러한 뜻밖의 대답에 자극을 받은 쇼리스는 사회의 그늘 속에 갇힌 노숙자, 빈민, 마약중독자, 재소자 등을 대상으로 살아 있는 인문학을 가르치는 '클레멘트코스'를 열었다. 시와 그림, 철학과 역사를 배우고, 특히 연주회와 공연, 박물관과 강연 같은 살아 있는 인문학을 접하자 소외된 성인들은 자아존중감을 다시 찾게 되었다(Shorris, 2006).

임영인(2007)은 노숙인이 노숙 상태를 벗어나 자신이 속한 공동체의 당당한 일원으로 거듭나는 데는 복지 서비스 등 물질적인 혜택보다 자존감의 회복이 더욱 절실하다고 보았다. 성프란시스코대학 다시서기센터는 2005년 미국의 클레멘트코스를 모델로 삼아 인문학 과정을 열었다. 다시서기센터는 성프란시스코 인문학 강좌를 현재까지 꾸준히 운영하고 있다.

성프란시스대학 인문학 과정 12기 수료생들이 부르는 교가 합창이었다. 1년 동안의 모든 수업 과정을 마치고 졸업하는 자리. 이들의 눈빛과 목소리엔 뭉클한 감동이 가득했다. 이날 인문학 과정을 마친 노숙인 수료생은 총 15명. 생전 처음 학사모를 쓰고 졸업 가운을 입은 이들이 대부분. 수료생들은 자신들의 이름이 불리자 쑥스러운 듯 미소를 지으며 단상 앞으로 나갔다. 1년간의 대학생활을 담은 영상을 보던 중 눈물을 훔치는 이도 있었다. 공로상을 받은 이윤(59) 씨는 "교수님들께서 항상 긍정적인 마음을 강조했다."며 "졸업 후에도 인문학 수업에서 배운 것들을 잊지 않고 생활 속에서 실천할 것"이라고 포부를 전했다(다시서기센터, 인문학으로 삶이 바뀐 노숙인의 인생 스토리).

(2) 행복학 강좌

인간은 누구나 행복해지길 갈망한다. 최고의 명문대학인 하버드대학교의 최고 인기 강좌 중 하나가 탈 벤 샤하르(Tal Ben Shahar) 교수가 강의했던 행복학 강좌라고 한다. 샤하르는 "인생의 궁극적인 목표는 행복이며, 행복은 다른 모든 목표의 최종 목표다."라는 명제를 제시했다. 행복론에서 강조하는 것은 인생을 살아가면서 누구나 뜻하지 않게 놓이게 되는 힘든 상황을 어떻게 대처할 것인가이다. 샤하르는 "진정한 행복은 고난과 좌절을 이겨낸 것이다. 지금 행복하지 않다고 해서 실망하거나 포기하지 말고 행복을 찾고 발굴하라. 그 편이 훨씬 많은 것을 얻을 수 있다."고 하였다. 또한 한준상(2017)은 행복의 실체를 "사람인 생명체로서 충족한 일상을 살아가기 위해 깊은 사유와 실천으로 거듭나는 기쁨을 즐기는 삶"이라고 하였다.

많은 학자들은 행복해지려면 누구나 겪게 되는 고통과 역경을 성장의 기회로 여기고 지혜롭게 겪어 낼 수 있는 의지를 가져야 함을 강조한다. 이러한 내면의 힘을 길러 주기 위해, 예를 들어 서원대학교는 개인의 회복탄력성(resilience)을 높이고 긍정의 힘을 키워 행복한 자아, 행복한 가정, 행복한 사회를 만들어 가도록 대학의 평생교육체제지원사업으로 '행복퍼실리테이터 과정'을 개설하였다(서원대학교, 2017). 90시간 과정을 개설한 행복학 과정은 행복학 개론, 행복의 관점, 다양한 영역의 행복실천 영역(감성, 자아존중감, 의사소통, 긍정의 힘, 웃음의 미학 등), 행복 퍼실리테이션의 역할 등 이론과 실천 영역으로 구성하였다.

4) 인문교양교육 방법

강의, 체험, 스토리텔링, 실습, 성찰학습 등 다양한 방법이 활용된다. 특히 참여하는 학습자의 자발적 참여가 강조되며, 교수자는 학습자 내면의 변화를 이끌어 내야 하는 역할이 가장 중요하다고 할 수 있으므로 강사라는 역할보다 퍼실리테이터(facilitator) 역할을 해야 할 것이다.

(1) 퍼실리테이터

퍼실리테이션은 모든 지식 창조 활동을 지원하고 촉진하는 활동이며, 집단에 의한 지적 상호작용을 촉진시켜 바람직하고 창조적인 성과를 끌어내는 행위를 말한다. 퍼실리테이터의 역할은 팀이 도출할 수 있는 최대의 성과를 견인하고 리더와 협의 진행하는 것이다.

(2) 퍼실리테이터 역할
- 커뮤니케이션의 장 마련
- 사람과 사람을 이어 주어 팀으로서의 역량 견인
- 다양한 사람들의 생각을 정리
- 참가자의 주체성 함양
- 대립 상황에서의 연결 핀 역할
- 팀 활동에서의 문제해결 촉진자 역할: 문제해결 및 학습 프로세스의 컨설턴트, 집단 역학의 조정자, 창조적 아이디어 유발자

(3) 퍼실리테이션 방법: 기관 회의나 프로젝트에서의 기술
- 과정 설계 기술: 무엇을 목적으로, 누구를 불러서 어떠한 방법으로 논의할 것인가. 지적 상호작용이 장 만들기부터 퍼실리테이션이 시작된다. 목표의 공유에서 협업 의지의 고취까지 팀 구축의 성패가 활동을 좌우한다. 또한 활동 설계가 중요하다.

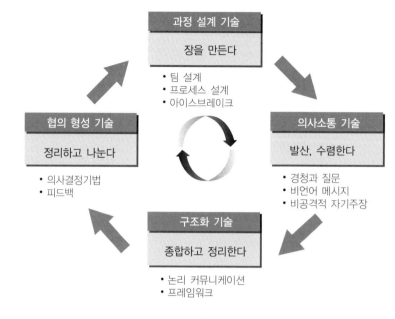

[그림 13-1] 퍼실리테이션 스킬

출처: 호리기미토시(2006), p. 47.

- 의사소통 기술: 활동이 시작되면 자유롭게 생각을 이야기하고 모든 가설을 이끌어 내면서 팀 의식과 상호 이해를 높여 간다. 문제해결의 발산 단계이다. 이때 퍼실리테이터는 상대방의 메시지에 포함된 의미나 마음속 깊은 곳에 있는 진실을 이끌어 내야 한다. 경청, 맞장구, 질문, 주장, 비언어 메시지 등의 의사소통 기술이 요구된다.
- 구조화 기술: 발산이 끝나면 수렴의 과정이다. 논리적으로 논의를 종합해 가면서 전체적인 논의 모습을 정리하고 논점을 좁혀 간다. 퍼실리테이션 그래픽이라고 불리는 도표를 활용한 구조화 수업을 통해 논이를 알기 쉽게 정리한다. 여기서는 노리적 사고가 가능한 사고계 기술이 요구된다.
- 합의 형성 기술: 논점이 어느 정도 정리되면 창조적인 '합의'를 향해 의견을 좁혀 간다. 문제해결을 위한 의사결정 단계이다. 대부분의 경우에는

여기서 대립과 갈등이 생기고, 의견이 쉽게 모이지 않는다. 퍼실리테이터의 역량이 가장 중요하게 발휘되는 단계이며, 갈등관리 기술이 요구된다(박성희 외, 2013).

3. 시민참여교육

우리가 살아가는 세계는 더욱더 복잡다단해지고 지식의 가용 주기가 짧아짐에 따라, 학교에서 배운 세계시민참여교육만으로 전 지구적 평화와 지속가능한 발전을 위한 변화를 이끌 수 없다. 인간의 학습은 언제, 어디서든, 다양한 형식, 무형식, 비형식적 차원에서 이루어지기 때문에 평화와 인권에 대한 존중과 비판적 이해, 사회 통합과 형평성을 구현하는 기술, 글로벌한 수준의 시민 참여와 지역사회에 대한 헌신을 구현할 수 있도록 평생학습 차원에서 '더불어 사는 법'을 총체적으로 전개해야 한다.

평생교육 6대 영역에서 시민참여교육에는 시민책무성, 시민리더 역량, 시민참여활동 프로그램이 포함된다. 평생교육에서의 시민참여교육을 주제로 하는 포럼 및 세미나의 증가와 시민참여교육 활성화를 위한 정책은 시민참여교육 확장을 위한 기반이 되어 줄 수 있다. 여기서는 시민의 의미와 시민참여 교육방법을 살펴본다.

1) 시민의 의미

시민이란 말은 시(市)와 민(民)이 합해진 용어이다. 여기서 시(市)는 '시가시' '장사·거래할 시'를 뜻하고, 민(民)은 '백성 민'인데, 시민은 이 두 개념을 합한 것이다. 사전에서 보는 시민은 두 가지로, 하나는 '시에 살고 있는 사람'을 말하고, 또 하나는 '국정에 참여할 수 있는 권리를 가진 사람'을 말한다. 비슷한 용어로는, 민족(民族: 같은 지역에서 오랫동안 공동생활을 함으로써 언어나 풍습 따위의 문화내용을 함께 하는 인간집단), 백성(百姓: 국민의 예스러운 말, 문벌이 높지 않은 사람), 겨레(한 조상의 피를 이어 받은 자손들, 동포, 민족) 등이 있다. 또 관련되는 용어로는, 시민권(市民權: 시민으로서의 권리, 'citizenship', 국회와 지방자치단체의 의회에 관한 선거권, 피선거권을 통하여 정치에 참여할 수 있는 지위나 자격), 공민(公民: 국가의 일원으로서 독립생활을 하는 자유민, 지방 자치 단체의 구성원으로서 시민권을 가진 사람), 서민(庶民: 일반 국민, 귀족이나 상류층이 아닌 보통 사람, 庶人, 下民, 白民, 凡民), 시민계급(市民階級: 서양 근대사회에서, 정치적으로 근대 민주주의를 신봉하여 봉건체제를 타파하고, 경제적으로는 산업혁명을 수행하여 근대 자본주의의 경제 체제를 확립한 사람들을 통틀어 이르는 말), 시민사회(市民社會: 역사적으로는 17~18세기에 유럽에서 일어난 국가의 권위에 대항하는 자율적인 의사표현의 운동이 일어난 사회) 등을 들 수 있다.

시민과 관련된 용어들은 the citizens, 또는 civil(미국, 영국), citoyen(프랑스), burgerliche(독일), 市民(일본), 公民(중국)이라 칭한다. 이러한 용어들은 민주주의, 권리, 자유, 평등, 공화국, 사회계약 등도 포함한다.

시민이란 어원을 찾아보면 라틴어인 치비스(civis)라는 말에서 온 것이며, 작은 도시국가의 정치에 참여할 수 있는 사람으로, 특권이 주어진 사람이라는 뜻이다. 로마 시대를 거치면서 그리스와 로마의 전통적인 '시민'관(觀)은 점차 잊어지게 되었다. 이후 성 안에 사람들이 필요한 물건을 공급하기 위해 모인 곳이 봉건제후의 성곽 밖이나 성당이 있는 곳의 주변에 상인과 수공업자들은 자기들이 새로이 만든 자리를 지키기 위해 새로운 구역둘레에 성벽을 쌓고 성곽 안에서 사는 사람들을 '부르주아지(Burger, bourgeoisie)'라고 하였다. 이를 우리말로 번역하면 '시민'이다. 이들 새로운 시민은 상인이었기에 돈이 많았다. 그래서 기존의 성 내에서 살고 있는 사람 중에서 금전이 필요하게 되면 '부르주아지'로 부르는 시민에게 가서 필요한 만큼의 돈을 빌려 쓰기도 하였다. 심지어 국왕이 그들로부터 재정적 보조를 받았다는 기록도 있다. 중세 말에 가서는 국왕이 주제하는 회의에 새로이 등장한 시민인 부르주아지의 대표들을 참여시키기도 하였다. 새로운 개념으로서의 '시민' 활동이 점차 커지게 되었다. 또한 시민 중심의 정부를 루소(Rousseau)는 '민주주의'라 불렀고, 또 사회정치가인 몽테스키외(Montesquieu)는 '공화국'이라 불렀다. 따라서 공화국과 민주주의는 비슷한 뜻을 가진다. 다만 민주주의는 국가의 이념이고, 공화국은 실체라 볼 수도 있다(최운실 외, 2018).

고대시민은 주로 그리스와 로마의 시민이었고, 근대에는 부르주아였고, 현대에는 민주공화국에 거주하는 사람들을 의미한다. 시민은 민주주의 형성의 현실적 주체이면서 더 나은 사회를 향한 운동을 통해 자기의 모습을 만들어 가고, 자신의 정체성을 키우고 발전시키는 주체이다.

2) 시민참여교육 방법

정치적 현실을 넘어서서 공동체적 삶의 전반에 관한 포괄적 시민의식을 위해 시민참여교육이 필요하다. 일방적 전달의 교육이 아니라 상호 관계 속에서 이루어지는 인간적 공동체적 삶의 가치를 공유함을 의미한다. 그 필요성은 다음과 같다. 첫째, 인문교양교육을 통한 성찰적 시민의식을 함양하기 위한 것으로, '완성을 향한 공부'이며, '자기완성을 향한 인류의 충동'이다. 둘째, 사회교양교육을 통해 민주적 시민의식의 강화를 위해 시민참여교육이 필요하다. 성숙한 시민은 '어떤 제도, 어떤 기구, 어떤 조직을 만들 것인가? 어떤 활동을 할 것인가?'를 고민하고 실천하여 시민 스스로 자율성과 동시에 책임도 맡아야 한다. 셋째, 공동체적 삶을 위해서이다. 공공선을 추구하는 민주시민 육성을 위해 자연과 사회로 이루어진 존재 세계를 올바로 이해하면서 교양인으로서 훌륭한 삶을 살기 위한 지적 윤리적 능력을 향상시키고 삶의 지평을 확장하면서 '개인적 만족과 공공선을 추구하는 삶'을 위해서이다. 넷째, 글로벌 시대의 세계시민 의식함양을 위해서이다. 한 나라의 시민임과 동시에 다문화 시대, 글로벌 시대를 살아가면서 지구촌 문제를 고민하고 해결하고자 하는 '세계시민'임을 체득하기 위해서 시민참여교육이 필요하

〈표 13-3〉 시민참여교육과 하위 영역 및 정의

6대 영역	정의	하위 영역	정의
시민참여교육 (사회적 책무성과 공익적 활용)	현대의 민주시민으로서 갖추어야 할 자질과 역량을 개발하고 사회통합 및 공동체 형성과 관련하여 시민참여를 촉진하고 지원하는 평생교육	시민책무성 프로그램	현대시민으로서 갖추어야 할 사회적 책무성을 개발하고 사회통합 및 공동체 형성을 촉진하고 지원하고 인증하는 프로그램
		시민리더역량 프로그램	국가 및 지역사회의 공익적 사업을 효과적으로 추진할 수 있는 시민을 발굴·육성하고 그들의 자질과 역량을 개발하고 인증하는 프로그램
		시민 참여활동 프로그램	현대사회의 구성원으로서 지역사회조직 및 공익적 사업에 대한 개인적·집단적인 참여를 촉진하고 평생학습 참여 기회를 지원하고 인증하는 프로그램

다(우기동, 2016).

최근 평생교육 분야에서 지방자치단체나 시·도평생교육 진흥원, 시민단체 등은 시민참여교육을 위한 다양한 프로그램을 운영한다. 이 절에서 앞서 살펴본 시민참여교육 필요성에 기초하여 시민참여교육을 위한 평생교육방법으로 '평생학습타임즈'에 소개된 사례를 참고하여 재구성하였다.

(1) 인문교양교육을 통한 성찰적 시민의식을 함양하기

인문학적 성찰은 성찰적 시민의식을 갖춘 교양인의 필수 교육과정이고, 삶의 자세라고 할 수 있다. 흔히 교양이란 '교육이 도달할 수 있는 최고의 높이'이다. 교양인으로 살아가는 삶은 '훌륭한 삶'이라고 할 수 있다. 교양은 '일생 동안의 삶의 방식'이며, 이를 위한 평생교육은 그 핵심이라고 할 수 있다.

시민에게 교양과 생활 개선 교육을 위한 시민교육방법으로 광주 YMCA 사례를 들 수 있다. 광주 YMCA는 1921년에 북문 밖 교회에 유치원을 설치하여 어린이 보육 활동을 시작한 이후로 서북(瑞北)여자 야학, 노동 야학, 농민 강습소를 설립하여 시민에게 교양과 생활 개선 교육을 실시하였다. 광복 직후에 농업실습학교 경영, 교육 영화회 및 계몽운동, 풍기 숙청 운동 등에 매진하였고, 1950년대에는 국학, 현대사상, 철학, 독서회 등을 통해 청년학생들을 계몽하였다. 1978년에는 어린이 스포츠단을 설립하여 어린이들에게 균형 있는 지덕체(智德體) 교육을 하기도 했다. 2000년대에는 요코하마, 상하이, 마닐라 YMCA와 결연하여 지역 협력과 지구촌 평화를 위해 활동하기 시작했고, 청소년들이 미얀마, 캄보디아 등에 가서 지역과 국제 봉사 체험을 하는 활동을 확대하고 있다.

1920년 광주 YMCA가 창립총회를 한 오웬기념각은 광주 최초의 문화센터이자, 시민 플랫폼이었다. 또한 숭일학교 학생 Y연극반은 순회공연을 통해 문화를 전파하고 계몽의 수단으로 삼았다. 1930~1940년대에는 동서고금 음악, 무용, 가극대회, 중창단 공연 등을 열기도 했고, 삼애학원을 만들어 농촌운동을 계속했다. 축구, 야구, 배구, 탁구, 유도, 권투를 보급하여 체력을 단련하였고, 또 이것이 국권 회복의 토양이 되도록 하였다. 1970년대에는 노래하기(sing along), Y극회, 포크댄스, 레크리에이션, 문학반, 가면극회를 만들어 시민의 사회문화적 역량 함양에 힘썼다. 또 '10대의 광장'과 '시민논단'으로 청소년과 시민의 사회적 담론의 장을 마련하였다. 이는 현재도 운영 중이다. 또 '시민대학'을 개설하여 광천동 지역 개발, 노동자 권익 향상, 리어카 보내기 운동 등 사회개발운동으로 발전시켰다. 그리고 요코하마 YMCA와 유소년 축구단의 교류를 통해 친선과 국제관계개선에 기여하였다. 1980년대에 양담배 불매, 외채문제 해결, 언론민주화, 공정선거실천운동 등을 펼쳐 시민문화를 건강하게 조성하였다. 1992년 '십대의 전화' 개설과 광주 청소년 종합상담실을 맡아 청소년 문화의 기반을 닦는 데 힘썼다. 2000년대에는 좋은 동네 만들기로 새로운 시민 문화 운동의 활성화를 도모하였으며, 통일·탈핵 운동을 위해 '피스메이커 500인 위원회'를 만들어 지구촌의 평화를 위해 일하기로 다짐하고 있다. 특히 "청소년에게 꿈을, 지역 사회에 밝음을, 지구촌에 평화를"이라는 표어처럼 생명과 평화의 가치를 구현하기 위해 노력하고 있다.

또 다른 예로, 단양군평생학습센터는 저녁 7시부터 두 시간씩 5강에 걸쳐 10시간 『논어』를 중심으로 인문독서아카데미를 열었다. 그 첫 강에는 '공자와 그의 시대 해법'이란 제목으로 공자의 삶과 사상을 이야기하였다. 이야기화법으로 공자가 살던 시절의 전후 중국 왕조의 흐름과 주나라 왕실을 시작으로 공자의 삶을 풀어 나가며 제나라〈노나라〈주 땅의 태생이며 주공을 평생 그리워한 공자는 스스로 공부하는 자숙형이었다는 치밀한 면모는 '춘추필법'의 사례로 이어졌다. '노래로 듣는 논어' '논어에서 살핀 인간관계론' '논어로 살피는 마음의 건강'은 공자의 삶과 사상을 배경으로 구체화된 확장이다. 제3강에는 '논어 구절을 단양주민과 사회에 대한 이야기로 구성하고 음악으로 재해석하기'라는 부제가 붙었다. 『춘추』는 공자가 노나라의 역사를 기록한 책이다. 공자 사상의 핵심이 '어질다(인)'인데 그 '어질다'는 설문해자로 풀면 두 사람이 친하다…곧 사람을 사랑하는 것, 사람을 사람답게 대하는 것이다. 공자 사상의 핵심인 '인(仁)'은 윤리의 기본 이념이자 일체의 덕목을 포괄한다면, 단양군 새 일꾼들(위정자)의 참여가 절실하다.

(2) 민주적 시민의식의 강화를 위한 '광장'

민주시민을 위한 교육과정은 민주사회를 유지하고 발전시키는 원동력이다. 학습자가 시민참여교육을 통해 정치의식을 개발하고 민주적 가치를 발전시킨다면 이전보다 살기 좋은 인간적인 사회인 학습사회 건설이 가능할 것이다. 학습사회는 적극적인 시민정신, 자유민주주의, 기회균등을 지지하는 사회로 표상되며, 사회 구성원에 대한 시민참여교육 차원에서의 평생교육을 강조하는 유형의 사회이다. 이처럼 평생교육은 시민참여교육 활성화 및 시민참여교육의 확장을 위해 적극적인 역할을 하고 있다(이은미, 2014).

그 예로, 안산시는 21C 핵심역량인 소통의 자질을 지닌 전문인력을 양성하는 '의사소통 활동가' 과정을 개강했다. 의사소통 활성가 양성과정은 성숙한 시민의식을 함양하고 더불어 사는 공동체 실현하기 위해서 안산시평생학습원에서 추진 중인 ABC 민주시민참여교육의 일환으로 기획된 교육과정이다. ABC 민주시민참여교육이란 'Ansan Balance Customized learning'의 약자이다. 의사소통 활동가 양성 과정은 사회적 소통지수를 높이고 사회적 갈등을 줄이고자 기획된 과정으로 개인 및 가족, 이웃 더 나아가 지역의 긍정적인 변화를 기대해 보고, 교육과정 후 강사 활동까지 연계되는 학습형 일자리 창출을 목적으로 하였다. 안산시민의 서로 균형을 이루고 성숙한 시민의식을 형성할 수 있도록 맞춤형 시민참여교육을 지원한다는 뜻으로, 안산의 민주시민참여교육을 기본부터 한 단계씩 시작하자는 의미를 내포하고 있다.

또한 경기도평생교육진흥원의 민주시민참여교육 지원센터(이하 센터)의 '정서적인' 광장 혹은 경기 '아고라'로도 불릴 수 있는 플랫폼을 조성 노력을 예로 들 수 있다. 민주주의든, 경제와 취업 문제든, 환경·인권 문제든 모든 이슈에 대한 논의와 토론의 '시작'은 도민의 제안과 참여로부터 출발한다고 할 수 있다. 아고라(agora)는 고대 그리스 도시국가의 광장으로 민회(民會)나 재판, 상업, 사교 등의 다양한 활동이 이루어진 곳을 말한다. 센터는 '물리적인' 광장이 아니라, 모든 도민이 거부감 없이 편하게 모일 수 있는 '정서적인' 광장, 즉 플랫폼을 만들고자 한다. 오늘날에는 공적인 의사소통이나 직접 민주주의를 상징하는 말로 널리 사용되고 있다. 우리 사회 내부에서는 민주주의에 대한 '답'을 '교육'을 통해 찾으려는 시도가 커지고 있다. 시민이 민주주의에 대한 실천과 참여를 '무엇을 통해 어떻게 해야 하는지'에 대한 배움의 기회를 갖기 힘들었기 때문이다. 이는 학습을 통해서만 체득 가능한 경험이 아님에도 불구하고, 상당수의 시민에게는 그것을 '배우고 경험해 보겠다.'는 의지를 가질 기회도 찾기 힘들었다.

(3) 공동체적 삶을 위한 모두가 더불어 배우는 도시

인간은 더불어 함께 살아가는 특성이 있어 공동체적으로 살아가는 존재이며, 이를 바탕으로 공공선을 추구한다. 평생교육의 네 기둥의 하나는 '더불어 살기 위한 학습'이다. 이를 위한 시민참여교육은 지적이고 윤리적인 능력을 향상시키고, 삶의 지평을 확장하면서 '개인적 만족과 공공선을 추구하는 삶'을 위한 것이다.

유네스코의 평생학습도시는 '더불어 함께하기 위한 학습'을 실천하고 있다고 볼 수 있다. 독일 함부르크에 본부가 있는 유네스코 평생학습연구소(UNESCO Institute for Lifelong Learning: UIL)에서는 유네스코 평생학습도시 글로벌 네트워크(Global Network of Learning Cities: GNLC)를 구축하고 있다. GNLC는 평생학습도시를 추구하는 도시들의 구체적인 전략 개발을 돕기 위한 네트워크로 2013년 베이징에서 개최한 평생학습도시 국제 컨퍼런스에서 있었던 '평생학습도시 구축 선언(Beijing Declaration on Building Learning Cities)'이 그 시발점이다. GNLC의 미션은 회원 도시 간의 정책 공유와 상호 학습 촉진, 연계 강화, 파트너십 구축, 역량강화, 학습도시의 구축을 촉진하는 도구와 절차 이해를 돕는 도구의 개발을 통한 전 세계에서의 평생학습 실천을 지원하고 촉진하는 것이다.

GNLC의 회원 도시가 되면 다음과 같은 혜택을 누릴 수 있다. 첫째, 평생학습 구축 과정상의 가이드와 각종 지원을 받을 수 있다. 구체적으로 보면, 평생학습도시 구축을 위한 측정 도구 및 전략을 제공받을 수 있으며, 최신 연구와 실천 보고서 공유를 통한 우수사례 시사점을 파악할 수 있다. 또한, GNLC 팀으로부터 전 세계의 평생학습도시 개발에 대한 최신 뉴스를 수신할 수 있다. 둘째, 역동적인 네트워크의 일원이 될 수 있고, 회원 도시를 위한 자체 파트너십과 네트워크를 강화할 수 있다. 예를 들어 국제 컨퍼런스나 지역회의 개최 시 지원을 받을 수 있으며, 유사한 이슈에의 대처나 개발 의제(agenda)의 실현 등 공동의 관심사를 가진 도시와의 연계 구축, 지속 발전을 위한 평생학습 분야의 전문가 네트워크와의 커뮤니케이션이 가능하다. 마지막으로, 회원 도시의 노력에 대한 전 세계적 인지도 확산 및 회원 도시의 활동의 공유가 가능하다. 즉, GNLC의 채널을 통해 회원 도시의 혁신적 사례 및 발전 사항의 공유가 가능하고, 회원 도시와 도시의 활동, 혁신적 진척, 우수사례, 시사점 등을 공유하기 위한 평생학습도시 사례연구에도 참여가 가능하다. 아울러, 유네스코 학습도시 대상(Learning City Award) 후보 자격도 부여된다. GNLC 회원 도시는 시장이나 해당 도시를 공식적으로 대표하는 사람이 참여를 승인한 도시를 말한다. 회원 도시는 개념적으로 시의회나 선거에 의해 운영되는 기구가 있는 최소 10,000명 이상의 주민이 거주하는 행정적 단위를 의미한다.

유네스코 평생학습도시인 수원시에서 2011년 개관한 수원시평생학습관은 수원시 평생교육의 '허브' 역할을 하고 있다. 대표적인 평생학습 프로그램은 '뭐라도 학교'와 '누구나 학교'다. 뭐라도 학교는 40대에서 70대 중반에 이르는 중장년층의 '제2의 인생'을 지원하는 학교다. '뭐라도 배우고, 뭐라도 나누고, 뭐라도 즐기고, 뭐라도 행하자.'를 주제로 학생 자신의 재능과 경험, 지식과 삶의 자산을 발견하고 다른 이와 나누는 학교다. '누구나 학교'는 이름 그대로 누구나 자신의 지식, 재능, 경험, 삶의 지혜를 나눌 수 있는 학교다. 연령 제한 없이 누구나 강의를 개설할 수 있고, 배우고 싶은 이는 누구나 참여할 수 있다. 자신의 동네, 학교, 직장에서도 '누구나 학교'를 열 수 있다. 홈페이지(nuguna.suwonedu.org)에서 학교를 만들 수 있다. 수강자가 단 1명이라도 학교 개설자가 원하면 학교를 열 수 있다. 이 밖에도 인문사회 프로그램(명사 특강, 시민 인문학교 등), 삶의 기술 프로그램(손기술 배우기, 생태적 생활 기술·지혜 쌓기), 시민 리더 프로그램(뭐라도·누구나 학교 등), 지역연계 프로그램(누구나 학습마을, 찾아가는 학교 등), 생활문화 프로그램 등 다양한 프로그램을 운영한다.

(4) 글로벌 시대의 세계시민의식 함양

시민참여교육은 한 나라의 시민임과 동시에 다문화 시대, 글로벌 시대를 살아가면서 지구촌 문제를 고민하고 해결하고자 하는 것이다. 세계시민은 지구적 거버넌스의 요청을 수행할 시민의 덕목, 즉 공감, 나눔, 참여, 연대 등을 갖춘 사람들이다. 지구적 차원의 공정과 정의, 세계 평화를 실현하기 위함이다.

유네스코의 글로벌 시민참여교육은 학습자가 실생활의 이슈를 비판적으로 분석하고 가능한 해결 방법을 창의적이고 혁신적으로 찾아보도록 격려한다. 또한 그들이 글로벌 사회의 주류 담론과 연관된 가정, 세계를 보는 관점, 권력관계를 수정할 수 있도록 도와주고 제도적으로 주변부화되어 있거나 제 목소리를 내지 못하는 사람이나 집단들을 고려하도록 도와주려고 한다. 글로벌 시민참여교육은 글로벌 사회의 바람직한 변화를 가져올 수 있는 개인적·집합적 행동에 학습자들이 참여하는 것에 초점을 맞추고 있다(UNESCO, 2017).

또한 영국의 옥스팜(Oxfam, 2006)은 지구 공동체의 구성원으로서의 글로벌 시민의 속성을 다음과 같이 제시하였다. 글로벌 시민은 지구적 문제를 인지하고 세계 시민으로서 그들의 역할을 인식하고, 다양성을 존중하고 인정하며, 사회 정의를 위해 평등하고 지속가능한 공동체 형성을 위해 노력하며, 지역사회와 글로벌 사회의 제 문제의 해결을 위해 노력하고 자신의 행동에 책임을 지는 시민이다. 옥스팜의 글로벌 시민은 편협하지 않은 넓은 안목을 가지며, 관용적이며, 윤리적이고, 실천적이고, 변화지향적인 특성을 지닌 시민을 의미한다. 전 세계적인 자원의 불균등한 사용과 이에 따른 자원의 고갈, 국가 간 빈부 격차 확대와 가난한 자들의 기본적 인권 부실 문제 등을 인식하고 지구촌에 대한 관리와 배려, 같이 살아가는 사람들에 대한 공감과 적극적 관심을 강조하고 있다. 이러한 논쟁적인 이슈들에 대하여 옥스팜의 글로벌 시민참여교육은 하나의 정답을 찾도록 하는 것이 아니라 다른 사람들의 의견을 듣고, 존중하면서 자신들의 가치나 의견을 탐색·계발·표현할 수 있도록 하는 것을 강조한다. 이러한 과정을 통하여 자신의 권리를 행사하는 법을 배우고 타인에 대하여 책임감을 느낄 수 있게 된다. 이 두 국제기구의 시민참여교육을 정리하면 〈표 13-2〉와 같다.

이러한 글로벌 시민참여교육의 예로는 오산백년시민대학의 지역 연계형

〈표 13-2〉 유네스코와 옥스팜의 글로벌 시민참여교육 핵심 내용

영역	내용
지식	글로벌 이슈에 대한 지식, 보편적 가치에 대한 인식(인권, 사회정의와 평등, 다양성), 세계화와 상호 의존, 지속 가능한 발전
기능	비판적 사고, 자기주장 능력, 협력과 갈등 해결, 공감, 소통능력, 책임 있는 행동
가치와 태도	자기 정체성과 자기 존중감, 관용, 환경 보전과 지속 가능한 발전에 헌신, 변화 지향적 관점

출처: 최종덕(2014).

평생학습 서비스를 들 수 있다. 오산공작소 과정의 일환으로 '세상과 만나는 100분' 시민참여교육이 실시되었다. 오산백년시민대학의 '세상과 만나는 100분' 시민참여교육 특강은 21세기 세계화·개방화·지방화 시대를 맞이하여 오산 시민이 변화하는 시대의 트렌드를 학습할 수 있는 계기를 마련하고, 오산시가 환경보전·경제성장·사회통합·평생학습 등 글로벌 이슈를 통해 어떻게 지속 가능한 발전을 할 수 있을지에 대한 고민의 계기를 제공하기 위해 기획되었다.

유네스코 글로벌 학습도시 네트워크 회원인 오산시는 UN이 2015년에 21세기 인류 미래 발전 패러다임으로 선언한 지속 가능 발전 목표(Sustainable Development Goals: SDGs)를 콘셉트로 매월 마지막 월요일 '세상과 만나는 100분' 시민참여교육 특강을 총 8회 차에 걸쳐 진행하였다. 첫 번째 특강은 '세상과 만나는 100분' 시민참여교육 특강의 전체적인 콘셉트인 지속 가능 발전 목표를 이해하기 위한 내용으로 유네스코 한국위원회 부위원장이자 통영 지속가능발전교육재단의 박은경 이사장이 '전 지구적 SDGs 이해하기'라는 주제로 진행하였다.

요즈음 제주의 예멘 난민 문제로 SNS는 찬반 의견을 내놓고 있다. 이는 우리나라만의 문제가 아니고, 이미 서구 여러 나라에서 문제가 되었다. 이러한 사회 이슈를 통한 글로벌 세계시민참여교육을 위한 독일의 사례이다.

사람들이 대량 탈출하고 추방하여 이들을 받아들이는 사회의 주요 당면과제가 되고 있다. 여기에 평생교육이 필요하다. 독일은 주택과 금전, 직장을 필요로 하는 수천 명의 난민을 돌보고, 난민이 생활하고 일하는 새로운 환경에 통합될 수 있도록 하기 위해 언어를 배우게 해야 하는 역사적 임무를 맡고 있다. 독일 성인교육센터(VHS)에서는 특히 난민 통합과정에 힘쓰고 있다. 국제적으로 독일 성인교육협회(DVV International)은 그 무엇보다 시리아 난민을 수용하는 국가에서 수년간 활동해 왔으며, VHS와 마찬가지로 난민을 위한 추가 교육을 제공하고 통합을 지원하는 업무에 전념하고 있다. 요르단이나 터키에서처럼, 독일 성인교육협회는 심리적 지원, 갈등 예방 및 직업 교육이라는 세 가지 주요 주제에 중점을 두고 청년 및 성인을 위한 교육 프로그램을 실시하는 파트너 기관을 지원하고 있다. 국제적 관점에서 성인교육(International Perspectives in adult Education: IPE) 76호는 (난민) 탈출 및 추방의 맥락에서 VHS와 독일 성인교육협회의 국내외 교육 활동을 조명하고 있다. 76호는 난민을 위한 초기 오리엔테이션, 언어 지원 및 주류 사회 구성원이 되기 위한 추가 교육 기회를 특별히 다루면서, 이문화 역량, 그리고 청년 및 성인 교육의 구체적인 국내외 사례를 제시함으로써 이러한 측면을 논의하고 있다. 이 과정에서의 경험은 국내외 모두의 성인 교육을 고무시키는 동력이 된다. 독일 VHS는 성인교육협회의 국제적인 지원으로부터 배울 것이 있으며, 그 반대의 경우도 마찬가지이다.

지금까지 시민참여교육을 위한 평생교육방법을 살펴보았다. 시민의 개념과 교육의 필요성에 기초하여 인문교양교육을 통한 성찰적 시민의식을 함양하기, 민주적 시민의식의 강화를 위한 '광장', 공동체적 삶을 위한 모두가 더불어 배우는 도시, 글로벌 시대의 세계시민 의식함양 등에서 평생교육 실천 현장의 방법을 소개하였다. 또한 평생학습도시에서 육성하고 있는 다양한 분야의 학습동아리 활동은 시민참여교육 방법으로 매우 중요한 부분이며, 이는 이 책의 9장을 참고하면 된다.

📖 학습과제

1. 박물관 · 미술관에서 실시되고 있는 문화예술교육과 방법에 대해 조사한 후 토의하여 발표한다.

2. 인문교양교육 사례를 선정한 후 어떤 교육방법이 효과적인지 토의한 후 발표한다.

3. 이 절에 기술한 사례와 방법 외에도 다양한 시민참여교육이 실시되고 있다. 이를 검색하고 정리하여 발표한 후 토론한다.

🗐 참고문헌

강윤정, 노용(2010). 지역중심 미술센터(Community-Based Arts Cente) 활용을 위한 사례연구. 조형교육, 제36호, 1-31.

구부령(2012). 미술관교육 프로그램 활성화 연구. 동아대학교 석사학위논문.

김영옥(2017). 성인 인성교육 지도자 프로그램 개발 과정 연구. 학습자중심교과교육연구, 17(22), 443-468.

김한별(2017). 2017 충북교육학회 추계학술심포지엄. 지역주민을 위한 인성교육: 지역사회와 함께하는 교육혁신의 징검다리. 충북교육학회, 26-34.

류의근, 이기홍, 소병철, 민황기, 임종진, 이영경, 하갑룡, 강손근, 조수경, 전종윤, 차봉준(2016). 인성교육의 철학적 성찰. 경기: 교육과학사.

박진영(2012). 사회문화예술교육 수업사례 연구-사례내적 및 사례간 분석을 중심으로. 평생교육학연구, 18(4), 173-205.

박성희, 송영선, 나항진, 황치석, 문정수, 박미숙(2013). 평생교육방법론. 서울: 학지사.

성태제(2017). 제4차 산업혁명시대의 인간상과 교육의 방향 및 제언. 교육학연구, 55(2), 1-21.

양은아, 석지혜(2010). 교육으로 다시 쓰는 계술-"가르치는 예술가"로 거듭나는 과정에 나타난 예술가들의 학습경험을 중심으로. 평생교육학연구, 16(3), 65-99.

영월군(2017). 영월군 평생학습센터 성과집. 영월군.

오명숙(2014). 박물관교육의 평생교육적 함의. 평생교육학연구, 20(2), 121-141.

우기동(2016). 시민참여교육의 필요성과 전망: 서울시민대학의 사례를 중심으로. 인문저널창-그 두 번 째 이야기. 기획특집 2. "시민참여교육의 필요성과 전망". 인문학국연구소협의회. (http://m.post.naver.com/viewer/postView.nhn?volumeNo=8083497&emberNo=32000989&vType=VERTICAL)(2018. 1. 19. 인출)

우종옥(2013). 21세기 교육의 큰 두 개의 축-창의력 교육과 인성교육. 경기: 교육과학사.

윤여각(2003). 문화 · 예술 교육에 대한 재검토. 교육원리연구, 8(1), 143-163.

이명준(2000). 인문교육과 평생교육의 철학적 근거와 의미. *Andragogy Today*, *3*(3), 127-152.

이병준(2009). 문화예술교육과 평생교육. 한국평생교육학회 춘계학술대회 논문집 (pp. 317-355).

이성(2016). 유네스코 평생학습도시 글로벌 네트워크.(http://lltimes.kr/?p=2203) (2018. 6. 7. 인출)

이은미(2014). 시민참여교육의 확장을 위한 평생교육의 의의: 지역사회기반 시민참여교육을 중심으로. 시민교육연구, 46(3), 195-221.

이지민(2010). 지역사회에서 미술관 교육의 역할-영은미술관 사례를 중심으로. 박물관학보, 제18호, 183-203.

임소현, 강영혜, 김홍주, 조옥경(2015). 한국교육개발원 교육여론조사. 한국교육개발원.

임영인(2007). 인문학 교육으로 노숙인에게 희망을. 경향잡지 5월호. 한국천주교중앙협의회, 22-25.

임철우, 고영직, 고인환, 김종길, 김준혁, 도종환, 박남희, 박성준, 양훈도, 우기동, 이명원, 이병수, 최준영(2008). 행복한 인문학: 세상과 소통하는 희망의 인문학 수업. 서울: 이매진.

전도근, 김영옥, 김정일, 이민수(2016). 인성교육지도방법론. 경기: 교육과학사.

정민승(2008). 출구로서의 평생교육:인문학의 위기에 대한 평생교육적 진단. 평생교육학연구, 14(3), 1-19.

장샤오형(2014). 하버드대 행복학 명강의-느리게 더 느리게. 경기: 다연.

장인경(2014). 박물관 윤리 강령. 박물관교육연구, 2014(11), 1-9.

정연희(2010). 미술교육의 사회적 가치와 실천 역량. 미술교육논총, 24(1), 1-26.

최종덕(2014). 글로벌 시민참여교육의 쟁점과 과제. 시민참여교육연구, 46(4), 207-227.

최운실, 송성숙, 최라영, 조미경, 이주석(2018). 평생교육론. 경기: 공동체.

최현묵(2008). 평생교육으로서 문화예술교육의 의미(한국문화예술교육진흥원 사업을 중심으로). 모드니예술, 1(1), 169-184.

호리기미토시(2006). 돈 잘버는 회사들이 선택한 퍼실리테이션테크닉 65. (임성 역). 서울: 비즈니스 맵.

한숭희(2006). 평생교육론. 서울: 학지사.

한숭희(2007). 평생교육 맥락에서의 인문학습의 새 지평—인문학 위기론의 재해석. 평생교육학연구, 13(4), 27-54.

한준상(2017). 행복. 서울: 학지사.

황연주(2005). 문화교육과 예술교육의 관계 고찰. 예술교육연구 3. 한국예술교육학회. 83-96.

ICOM한국위원회(2007). ICOM 박물관 윤리강령. ICOM한국위원회.

Oxfam(2006). *Education for Global Citizenship: A Guide for Schools*. London: Oxfam Development Education.

Shorris, E . (2006). 희망의 인문학 클레멘트 코스, 기적을 만들다. (고병헌 외 역). 서울: 이매진.

UNESCO(2017). Global education first initiative. (http://www.unesco.org/new/en/gefi/home/)(2018. 6. 17. 인출)

다시서기센터. 인문학으로 삶이 바뀐 노숙인의 인생 스토리 (http://www.homelesskr.org/)

평생학습타임즈. (http://lltimes.kr/)
  1. 2018년 인문독서아카데미, 단양을 행복하게 만드는 인문학 여행: 논어로 보는 단양의 길(2018. 6. 13.).
  2. 우리에겐 '광장'이 필요하다—2018 경기도 민주시민참여교육(2018. 6. 20.).
  3. 광주평생교육史—광주YMCA 100년의 교육과 문화(2018. 6. 20.).
  4. 안산시, 의사소통 활동가 양성과정 개강: 성숙한 민주시민사회를 위한 '소통'의 첫걸음!(2017. 4. 5.).
  5. 수원시, '글로벌 평생학습도시'로 자리매김(2017. 12. 27.).

서울평생교육진흥원. (http://smile.seoul.kr/educat)

YTN NEWS. (http://www.ytn.co.kr/)

찾아보기

【 내용 】

저자 소개

김영옥(Kim Youngok)
아주대학교 대학원 교육학박사(평생교육 및 HRD 전공)
현 서원대학교 평생교육대학 생활경영학부 교수
　　충북평생교육사협회 회장
　　한국평생교육협회 이사

〈저서〉
인성교육지도방법론(공저, 교육과학사, 2016)

최라영(Choi Rayoung)
아주대학교 대학원 교육학박사(평생교육 및 HRD 전공)
현 안산대학교 교수
　　안산시평생학습관 관장
　　한국성인교육학회 이사

〈저서〉
평생교육론(공저, 공동체, 2018)
노인교육론(공저, 양서원, 2017)
지역사회교육(공저, knoupress, 2018)

조미경(Cho Migyoung)
아주대학교 대학원 교육학박사(평생교육 및 HRD 전공)
한국문해교육협회 이사
평생학습타임즈 글로벌동향 수석 전문 기자
현 한경대학교 융합레포츠학과 외래교수

〈저서〉
평생교육론(공저, 공동체, 2018)

평생교육방법론

Methodology of Lifelong Education

2019년 3월 5일 1판 1쇄 인쇄
2019년 3월 10일 1판 1쇄 발행

지은이 • 김영옥 · 최라영 · 조미경
펴낸이 • 김진환
펴낸곳 • (주) **학지사**
　　　　04031 서울특별시 마포구 양화로 15길 20 마인드월드빌딩
대표전화 • 02)330-5114　　　팩스 • 02)324-2345
등록번호 • 제313-2006-000265호

홈페이지 • http://www.hakjisa.co.kr
페이스북 • https://www.facebook.com/hakjisa

ISBN 978-89-997-9270-0 93370

정가 19,000원

이 도서의 국립중앙도서관 출판시도서목록(CIP)은 서지정보유통지
원시스템 홈페이지(http://seoji.nl.go.kr)와 국가자료공동목록시스템
(http://www.nl.go.kr/kolisnet)에서 이용하실 수 있습니다.
(CIP 제어번호: CIP2019006682)

교육문화출판미디어그룹 **학지사**

심리검사연구소 **인싸이트** www.inpsyt.co.kr
원격교육연수원 **카운피아** www.counpia.com
학술논문서비스 **뉴논문** www.newnonmun.com
간호보건의학출판 **학지사메디컬** www.hakjisamd.co.kr